Corporate Governance in Deutschland und Spanien

Schriften der Deutsch-Spanischen Juristenvereinigung

Schriftleitung:
Lutz Carlos Moratinos Meissner, LL.M
(Vorstandsmitglied der DSJV)

Band 41

PETER LANG
Frankfurt am Main · Berlin · Bern · Bruxelles · New York · Oxford · Wien

Bettina Janka

Corporate Governance in Deutschland und Spanien

PETER LANG
Internationaler Verlag der Wissenschaften

Bibliografische Information der Deutschen Nationalbibliothek
Die Deutsche Nationalbibliothek verzeichnet diese Publikation in der Deutschen Nationalbibliografie; detaillierte bibliografische Daten sind im Internet über http://dnb.d-nb.de abrufbar.

Zugl.: Bayreuth, Univ., Diss., 2011

Umschlagabbildung:
Logo der Deutsch-Spanischen Juristenvereinigung e.V.
Abdruck mit freundlicher Genehmigung
der Deutsch-Spanischen Juristenvereinigung e.V.

Gedruckt auf alterungsbeständigem,
säurefreiem Papier.

D 703
ISSN 1433-884X
ISBN 978-3-631-61843-1

www.peterlang.de

Für Nicola, Phileas und Smilla

Danksagung

An dieser Stelle möchte ich mich ganz herzlich bei Herrn Prof. Leible dafür bedanken, dass er mich mit Rat und Tat bei der Arbeit unterstützt hat und mir gleichzeitig den Freiraum gelassen hat, die Arbeit nach meinen Vorstellungen zu gestalten. Besonders möchte ich mich auch bei seinem Sekretariat, Frau Freitag, bedanken, die immer für mich ansprechbar war und mir viel weitergeholfen hat.

Auch bei den Herren Prof. Windthorst und Prof. Michalski möchte ich mich für die lebhafte und spannende Disputation bedanken.

Ebenso bin ich Maria dankbar, dass sie mir während der schwierigen Zeit der Recherche und der Abfassung der Dissertation den Rücken freigehalten hat und sich liebevoll um meine zwei Kinder, die im Laufe der Dissertationsarbeit geboren wurden, und auch um meinen größeren Sohn gekümmert hat.

Nicht zuletzt möchte ich auch meinem Mann für die konstruktiven Diskussionen und äußerst hilfreichen Hinweise aus der Praxis danken, die mir diese Arbeit so erst möglich gemacht haben.

Bettina Janka

Inhaltsübersicht

Seite

Inhaltsverzeichnis

Seite

Abkürzungsverzeichnis

a.A.	anderer Ansicht
ABl.	Amtsblatt
a.F.	alter Fassung
AG	1. Aktiengesellschaft; 2. Die Aktiengesellschaft
AktG	Aktiengesetz
AktG-E	Aktiengesetzentwurf
AnSVG	Anlegerschutzverbesserungsgesetz
ARUG	Aktionärsrechterichtlinie-Umsetzungsgesetz
BAG	Bundesarbeitsgericht
BAnz.	Bundesanzeiger
BB	Betriebsberater
BCCG	Berlin Center of Corporate Governance
BGB	Bürgerliches Gesetzbuch
BilKoG	Bilanzkontrollgesetz
BilMoG	Bilanzrechtsmodernisierungsgesetz
BilReG	Bilanzrechtsreformgesetz
BiRiLiG	Bilanzrichtliniengesetz
BGBl.	Bundesgesetzblatt
BGH	Bundesgerichtshof
BGHZ	Entscheidungen des Bundesgerichtshofs in Zivilsachen
BKR	Zeitschrift für Bank- und Kapitalmarktrecht
BMJ	Bundesministerium der Justiz
BOE	Boletín Oficial del Estado
BörsG	Börsengesetz
BörsZulVO	Börsenzulassungs-Verordnung
BT	Bundestag
BVerfG	Bundesverfassungsgericht
CCom	Código de Comercio
CDC	Cuadernos de derecho y comercio
CEO	Chief Executive Officer
CG	Corporate Governance
CNMV	Comisión Nacional de Mercado de Valores (Staatliche Wertpapiermarktaufsichtsbehörde)
CUBG	Código Unificado de Buen Gobierno

DAI	Deutsches Aktieninstitut
DAX	Deutscher Aktienindex
DB	Der Betrieb
DBW	Die Betriebswirtschaft
DCGK	Deutscher Corporate Governance Kodex
DNotZ	Deutsche Notar-Zeitschrift
D&O-Versicherung	Directors´ & Officers´ Liability Insurance
Drs.	Drucksache
DStR	Deutsches Steuerrecht
EBIT	Earnings before Interest and Taxes
EBITDA	Earnings before Interest, Taxes, Depreciation and Amortization
EG	Europäische Gemeinschaft
EGAktG	Einführungsgesetz zum Aktiengesetz
EHUG	Gesetz über elektronische Handelsregister und Genossenschaftsregister sowie das Unternehmensregister
Einl.	Einleitung
EU	Europäische Union
EUBestG	EU-Bestechungsgesetz
EUR	EURO
FMStBG	Finanzmarktstabilisierungsbeschleunigungsgesetz
FMStErgG	Finanzmarktstabilisierungsergänzungsgesetz
FMStG	Finanzmarktstabilisierungsgesetz
FS	Festschrift
FTD	Financial Times Deutschland
GesRZ	Der Gesellschafter, Zeitschrift für Gesellschafts- und Unternehmensrecht
GmbH	Gesellschaft mit beschränkter Haftung
GroßKomm	Großkommentar
HGB	Handelsgesetzbuch
h.M.	herrschende Meinung
HS	Halbsatz
IAS	International Accounting Standards
IBEX	spanischer Aktienindex
ICAC	Instituto de Contabilidad y Auditoría de Cuenta

IFRS	International Financial Reporting Standards
IntBestG	Gesetz zur Bekämpfung internationaler Bestechung
InsO	Insolvenzordnung
IT	Informationstechnologie
i.V.m.	in Verbindung mit
IZA	Forschungsinstitut zur Zukunft der Arbeit
JBE	Journal of Business and Entrepreneurship
JCLS	The Journal of Corporate Law Studies
JuS	Juristische Schulung
JZ	Juristenzeitung
KapInHaG	Kapitalmarktinformationshaftungsgesetz
KapMuG	Kapitalanleger-Musterverfahrensgesetz
KIT	Karlsruher Institut für Technologie
KöKo	Kölner Kommentar
KonTraG	Gesetz zur Kontrolle und Transparenz im Unternehmensbereich
KoR	Kapitalmarktorientierte Rechnungslegung
KPMG	Internationales Wirtschaftsprüfungs- und Beratungsunternehmen
LG	Landgericht
LMV	Ley del Mercado de Valores
LSA	Ley de Sociedades Anónimas
MDAX	Mid-Cap-DAX (Deutscher Aktienindex)
MitbestG	Mitbestimmungsgesetz
MontanMitbestErgG	Montanmitbestimmungsergänzungsgesetz
MontanMitbestG	Montanmitbestimmungsgesetz
MüKo	Münchener Kommentar
m.w.N.	mit weiteren Nachweisen
NASDAQ	National Association of Securities Dealers Automated Quotations
NaStraG	Gesetz zur Namensaktie und zur Erleichterung der Stimmrechtsausübung (Namensaktiengesetz)
NJW	Neue Juristische Wochenschrift
NYSE	New York Stock Exchange

NZA	Neue Zeitschrift für Arbeitsrecht
NZG	Neue Zeitschrift für Gesellschaftsrecht
OECD	Organization for Economic Cooperation and Development
OLG	Oberlandesgericht
PublG	Gesetz über die Rechnungslegung von bestimmten Unternehmen und Konzernen (Publizitätsgesetz)
RDBB	Revista de Derecho Bancario y Bursátil
RDM	Revista de Derecho Mercantil
Rdnr.	Randnummer
RdS	Revista de Derecho de Sociedades
RdW	Recht der Wirtschaft
RegBegr	Regierungsbegründung
RGD	Revista General de Derecho
RIW	Recht der internationalen Wirtschaft
RJN	Revista Jurídica del Notariado
RRM	Reglamento del Registro Mercantil
S.	1. Satz; 2. Seite
SA	Sociedad Anónima
SE	Europäische Gesellschaft
SEEG	Gesetz zur Einführung der Europäischen Gesellschaft
S.L.	Sociedad Limitada
SRL	Sociedad de Responsabilidad Limitada
TransPuG	Gesetz zur weiteren Reform des Aktien- und Bilanzrechts, zu Transparenz und Publizität (Transparenz- und Publizitätsgesetz)
TUG	Transparenzrichtlinie-Umsetzungsgesetz
UK	United Kingdom
UMAG	Gesetz zur Unternehmensintegrität und Modernisierung des Anfechtungsrechts
UmwG	Umwandlungsgesetz
US	United States
USA	United States of America

VorstAG	Gesetz zur Angemessenheit der Vorstandsvergütung
VorstOG	Vorstandsvergütungs-Offenlegungsgesetz
WM	Wertpapier-Mitteilungen
WpAIV	Wertpapierhandelsanzeige- und Insiderverzeichnis-verordnung
WPg	Die Wirtschaftsprüfung
WpHG	Wertpapierhandelsgesetz
WPO	Wirtschaftsprüferordnung
WpÜG	Wertpapiererwerbs- und Übernahmegesetz
ZCG	Zeitschrift für Corporate Governance
ZfgK	Zeitschrift für das gesamte Kreditwesen
ZfRV	Zeitschrift für Rechtsvergleichung
ZGR	Zeitschrift für Unternehmens- und Gesellschaftsrecht
ZHR	Zeitschrift für das gesamte Handels- und Wirtschaftsrecht
ZIP	Zeitschrift für Wirtschaftsrecht

A. Einleitung

Spätestens seit den spektakulären Unternehmenskrisen, Skandalen und Zusammenbrüchen ab Ende des 20. Jahrhunderts – man erinnere sich u.a. an Enron, Worldcom, Philipp Holzmann AG – ist der englische Begriff „Corporate Governance" fester Bestandteil der internationalen Diskussion über „gute" Unternehmensführung und -aufsicht[1] sowie deren zweckmäßiger rechtlicher Organisation.

Diese Diskussion steht im Zentrum der grundlegenden Neuorientierungen von Wirtschaft, Management und Gesellschaft angesichts der zunehmend international agierenden Großunternehmen und Finanzinvestoren[2] und erfährt durch die Wirtschafts- und Finanzkrise der jüngsten Vergangenheit eine neue Brisanz[3].

Auch in Deutschland und Spanien wurde und wird die Frage nach der richtigen Corporate Governance öffentlich und interdisziplinär diskutiert, jedoch sind die in den beiden Ländern aufgestellten Fragen und Antworten keineswegs identisch[4]. Zudem werden die Corporate Governance Bestrebungen in unterschiedlichem Maße von Politik und Gesellschaft umgesetzt.

Die Entwicklung dieser Diskussion zur Corporate Governance, deren Hintergründe und der aktuelle Stand in Deutschland und Spanien sind Gegenstand dieser rechtsvergleichenden Arbeit, wobei der Schwerpunkt auf der Auseinandersetzung mit den jeweiligen Corporate Governance Kodizes der beiden Länder liegt.

---

1 Vgl. Dörner/Orth in Pfitzer, Deutscher Corporate Governance Kodex, S. 5, Feddersen in Feddersen/Hommelhoff/Schneider, Corporate Governance, S. 1; Sell, S. 17; Grundmann/Mülbert, ZGR 2001, S. 215; Clarke S. 315 ff

2 Vgl. Malik, Die neue Corporate Governance, S. 23, Tricker in Tricker, Corporate Governance, S. XXI

3 Vgl. dazu Schiltknecht S. 17

4 Siehe auch Feddersen in Feddersen/Hommelhoff/Schneider, Corporate Governance, S. 1

B. Begriffliche und theoretische Grundlagen von Corporate Governance

I. Definition des Begriffs „Corporate Governance"

Der Begriff „Corporate Governance" bedeutet wörtlich übersetzt „Unternehmensführung und Unternehmensleitung"[5]. Allerdings reicht diese Übersetzung für die Beschreibung, was in der –umstrittenen[6] - internationalen Diskussion unter Corporate Governance verstanden wird, bei weitem nicht aus.

Corporate Governance umschreibt zum einen den Prozess der Unternehmenskontrolle und zum anderen das System der Unternehmensleitung. Damit bezieht sich Corporate Governance auf die Organisation und Machtverteilung innerhalb eines Unternehmens, auf die Arbeitsweise dessen Leitungsorgans, auf die Eigentümerstruktur und die Beziehungen zwischen Unternehmens-leitung, Aktionären (shareholder) und anderen am Unternehmen Beteiligten (stakeholder), wie z.B. den Arbeitnehmern und Gläubigern[7].

Dabei legt die US-amerikanische Corporate Governance Diskussion den Schwerpunkt mehr auf die Beziehung zwischen Shareholder und Unternehmensleitung[8] während die europäische und wohl auch die internationale Diskussion die Interessen der Stakeholder mehr berücksichtigt sehen möchte[9].

Der Versuch, Corporate Governance nicht durch kodifiziertes Recht, sondern durch freiwillige Verhaltenskodices zu verwirklichen, hat seinen Ursprung in Großbritanniens Cadbury Report von 1992[10]. Mit seinen Empfehlungen in

---

5 Abeltshauser in Abeltshauser/Buck, Corporate Governance, S. 4; zur Geschichte des Begriffs und der Corporate Governance Bewegung siehe Tricker in Tricker, Corporate Governance, S. XVIII und Hopt in Hommelhoff/Hopt/von Werder, Handbuch Corporate Governance, S. 30 f

6 Vgl. dazu näher Dörner/Orth in Pfitzer, Deutscher Corporate Governance Kodex, S. 6 f

7 Vgl. Hopt, ZGR 2000, S. 782; Abeltshauser in Abeltshauser/Buck, Corporate Governance, S. 7; Sell, S. 2

8 Siehe Hopt in Hommelhoff, Gedächtnisvorlesung, S. 9, 12; Wentges, S. 144; Abeltshauser in Abeltshauser/Buck, Corporate Governance, S. 5; Hess in Feddersen/Hommelhoff/Schneider, Corporate Governance, S. 10; anders hingegen die anglo-amerikanische Kapitalmarkt-Sprache, die unter Corporate Governance auch die Interessen der stakeholder subsumiert –vgl. Schneider DB 2000, S. 2413

9 Vgl. Hopt in Hommelhoff, Gedächtnisvorlesung, S. 12; Schneider DB 2000, S. 2414; Abeltshauser in Abeltshauser/Buck, Corporate Governance, S. 6, zur konträr geführten Diskussion in UK siehe Tricker in Tricker, Corporate Governance, S. XXI f

10 Hopt in Hommelhoff/Hopt/von Werder, Handbuch Corporate Governance, S. 32 f; Huwer S. 61; Ferrarini in Hopt/Wymeersch S. 232

Form eines Code of Best Practice hatte dieser Report[11] international den Anstoß zur Code-of-Conduct-Bewegung gegeben, also zur Tendenz, Corporate Governance Regeln in Kodizes zu fassen.

Mittlerweile sind dem britischen Modell zahlreiche europäische und aussereuropäische Staaten gefolgt. Die OECD hat ebenfalls, insbesondere in Entwicklungsländern sehr beachtete[12] Principles herausgegeben und auch verschiedene EU-Institutionen beschäftigen sich verstärkt mit der Erarbeitung von „Codes of Best Practice“[13].

II. Grundkonzepte der Corporate Governance

1. Principal-Agent-Theorie

Bereits in den dreißiger Jahren[14] erkannte man, dass sich in Kapitalgesellschaften eine Trennung zwischen Eigentum und Unternehmensleitung vollzieht, die zu Interessenkonflikten führen kann: Die Eigentümer der Gesellschaft überlassen die Leitung des Unternehmens Externen, woraus der sogenannte „Principal-Agent-Konflikt“ als Kernpunkt der Corporate Governance Diskussion entstand[15]. Demnach stellt sich für die Ausgestaltung von Corporate Governance Regeln die Frage, wie die Eigentümer (principal) sicherstellen können, dass der von ihnen beauftragte Geschäftsleiter (agent) trotz dessen gegebenenfalls entgegengesetzter persönlicher Interessen dennoch die Gesellschaft im Interesse der Eigentümer sorgfältig führt[16].

---

11 Mit den darauf folgenden Greenbury (1995), Hampel (1998) und Turnbull (1999) Reports – vgl. Hopt in Hommelhoff/Hopt/von Werder, Handbuch Corporate Governance, S. 32 f

12 Siehe Hopt in Hommelhoff/Hopt/von Werder, Handbuch Corporate Governance, S. 33

13 Vgl. dazu Abeltshauser in Abeltshauser/Buck, Corporate Governance, S. 15; Hopt in Hommelhoff/Hopt/von Werder, Handbuch Corporate Governance S. 33 f, 37 ff

14 Vgl. Berle/Means, The Modern Corporation and Private Property, 1932; Tricker in Tricker, Corporate Governance, S. XIVund Hopt in Hommelhoff/Hopt/von Werder, Handbuch Corprorate Governance S. 31 führen die Corporate Governance Diskussion auf Adam Smith 1776 und dessen Ausführungen zurück, wobei sie zugestehen, dass der Begriff noch nicht existierte.

15 Vgl. Schneider-Lené in Scheffler, Corporate Governance, S. 29; Abeltshauser in A-beltshauser/Buck, Corporate Governance, S. 5; Teichmann, ZGR 2001, S. 646; Wentges, S. 29 ff

16 Vgl. Teichmann, ZGR 2001, S. 646; Abeltshauser in Abeltshauser/Buck, Corporate Governance, S. 5; Blum S. 16ff, der auch die weniger beachtete Stewardship-Theorie

2. Shareholder- und Stakeholder-Ansatz

Aus Sicht des Anfang der Achtziger Jahre des 20. Jahrhunderts insbesondere in den USA populär gewordenen Shareholder-Ansatzes ist die Unternehmensführung allein an den Zielen der Aktionäre auszurichten[17], da die Aktionäre als Inhaber des Unternehmens lediglich die Residualzahlungen erhalten und damit auf eine hohe Rendite ihres eingebrachten Kapitals angewiesen seien, während die Interessen der übrigen stakeholder durch vertraglich vereinbarte und marktgerechte Zahlungen vollständig abgegolten seien[18].

Im Rahmen des Stakeholder-Ansatzes wird hingegen betont, dass der Erfolg eines Unternehmens entscheidend auf den wertsteigernden unternehmensspezifischen Investitionen aller Beteiligten beruhe. Dementsprechend müsse es Ziel guter Unternehmensführung sein, geeignete Anreize für wertsteigernde Investitionen aller mit dem Unternehmen verbundenen Parteien zu setzen und diese an das Unternehmen zu binden[19].

Die landesspezifische sinnvolle Austarierung der Interessen aller relevanten Bezugsgruppen –Shareholder und Stakeholder - eines Unternehmens rückt damit in den Mittelpunkt von Corporate Governance Diskussionen[20].

3. Externe versus interne Corporate Governance

Entsprechend den unterschiedlichen Schwerpunkten bei den Corporate Governance–Zielen haben sich auch unterschiedliche Systeme entwickelt, um die Unternehmensleitung und Unternehmenskontrolle effizient zu gestalten. Dabei wird grundlegend zwischen externer, kapitalmarktorientierter Corporate Governance (auch Outsider-System genannt) und interner Corporate Governance (Insider-System) unterschieden[21].

Die externe Corporate Governance setzt für die Steuerung der Unternehmensleitung vor allem auf die externen Marktkräfte. Konkret bedeutet dies, dass verschiedene Steuerungsmechanismen wie Aktienoptions-Programme und der

---

darstellt, wonach der Geschäftsleiter rein loyal und selbstlos die Interessen des Unternehmens vertrete.

17 Vgl. Wentges, S. 75; Blum S. 20 f

18 Vgl. Wentges, S. 143

19 Vgl. Teichmann, ZGR 2001, S. 649; Wentges, S. 87, S. 143 mit weiteren Hinweisen zu den verschiedenen Stakeholder-Ansätzen; ablehnend Sternberg in Tricker, Corporate Governance, S. 391 ff

20 Vgl. Grundmann/Mülbert ZGR 2001, S. 220

21 von Werder in Hommelhoff/Hopt/von Werder, Handbuch Corporate Governance, S. 12 f; ausführlich dazu Kreitmeier, S. 31 ff und Heinrich, S. 12, 111 ff

Arbeitsmarkt für die Leitungsorgane oder die Drohung der feindlichen Übernahme des Unternehmens durch andere Marktteilnehmer bei sinkenden Aktienkursen, dazu führen, dass die Interessen der Geschäftsleitung und der Aktionäre beidseits auf einen steigenden Aktienkurs ausgerichtet sind[22].

Die externe Corporate Governance hat vor allem in Ländern mit einem einstufigen (monistischen) Boardsystem und einem ausgeprägten Kapitalmarkt, wie beispielsweise den USA und Großbritannien, große Bedeutung[23].

Dieses Modell hat aufgrund einiger praktischer Schwachstellen vermehrt zu Kritik geführt, so dass gefordert wird, die Unternehmenskontrolle nicht allein dem freien Spiel der Marktkräfte zu überlassen, sondern auch in diesen Systemen interne Corporate Governance Prinzipien einzuführen[24].

Das Gegenmodell – die interne Corporate Governance – besteht aus einer Struktur von „checks and balances“ innerhalb eines Unternehmens[25]. Sie beruht auf der Trennung zwischen Unternehmensleitung und Unternehmenskontrolle und der Zuweisung dieser beiden Funktionen an zwei unterschiedliche Organe – an den Vorstand und an den Aufsichtsrat, das sogenannte Dualistische System[26], das sich vor allem in wenig fragmentierten Kapitalmärkten, in denen eine Unternehmenskontrolle über den Markt nur schwer möglich ist, wie z.B. dem deutschen, entwickelt hat.[27]

De facto hat sich mittlerweile allerdings auch in den Ländern mit externer Corporate Governance häufig eine ähnliche Form der Aufgabenteilung zwischen

---

22 Vgl. Teichmann, ZGR 2001, S. 647; Abeltshauser in Abeltshauser/Buck, Corporate Governance, S. 10 f; Kreitmeier, S. 32; Baums/Scott S. 46f, die die feindliche Übernahmemöglichkeit eines Unternehmens als wirksamstes Mittel zum Erreichen einer guten Corporate Governance sehen.

23 Vgl. Merkt ZGR 2003, 677; Abeltshauser in Abeltshauser/Buck Corporate Governance, S. 9; Teichmann ZGR 2001, S. 651

24 Vgl. Hess in Feddersen/Hommelhoff/Schneider, Corporate Governance, S. 9 ff; Abeltshauser in Abeltshauser/Buck, Corporate Governance, S. 10 f

25 Teichmann, ZGR 2001, S. 647; Abeltshauser in Abeltshauser/Buck, Corporate Governance, S. 11 f; Aktienoptionsprogramme als interne Corporate Governance definierend: Kreitmeier, S. 37

26 Abeltshauser in Abeltshauser/Buck, Corporate Governance, S. 11 f; kritisch dazu Davies, ZGR 2001; S. 268 ff; im Gegensatz zum monistischen System mit einem einzigen Organ – vgl. Böckli in Hommelhoff/Hopt/von Werder, Handbuch Corporate Governance, S. 201 ff

27 Vgl Abeltshauser in Abeltshauser/Buck, Corporate Governance, S. 11 f

Geschäftsführern und Überwachern herauskristallisiert[28], so dass einige schon von der Konvergenz der beiden Systeme sprechen[29].

28 Davies, ZGR 2001, S. 283; Teichmann ZGR 2001, S. 647; Hopt in Hopt, Comparative Corporate Governance, S. 14

29 Vgl. Böckli in Hommelhoff/Hopt/von Werder, Handbuch Corporate Governance, S. 219; Hopt ZGR 2000,
S. 784 ff; Wiesner in Hoffmann-Becking § 19 Rdnr. 2 ff; von Werder in Ringleb S. 54; Berrar DB 2001, S. 2186

C. Politische und sozioökonomische Einflussfaktoren

I. Deutschland

1. Weitgehend gesetzlich dominiertes Corporate Governance Modell

Die Unternehmensführung und –überwachung deutscher Aktiengesellschaften ist weitgehend gesetzlich determiniert und neben dem AktG in zahlreichen Rechtsvorschriften wie z.B. HGB, InsO, UmwG, BiRiLiG, KonTraG, TransPuG etc. ausführlich und zumeist zwingend geregelt[30]. So schreibt § 23 V AktG vor, dass von den Vorschriften des Aktiengesetzes nur abgewichen werden darf, wenn es das Gesetz ausdrücklich zulässt. Dies gilt auch für die Konzeption des dualistischen Systems, also die Zweiteilung der Leitung in Vorstand und Aufsichtsrat[31].

In zunehmendem Maße gewinnt auch das Recht der EU an Bedeutung für das deutsche Aktienrecht, da die entsprechenden Richtlinien in nationales Recht umzusetzen sind[32].

Dementsprechend verbleibt für einen deutschen Corporate Governance Kodex bei der Ausgestaltung der „zwangsgeregelten Rechtsperson" der AG wenig Spielraum[33].

2. Aktionärsstruktur

Nur ca. 10 % aller Aktien der ca. 900 börsennotierten deutschen Aktiengesellschaften[34] werden von Individualaktionären gehalten und der Anteil sinkt beständig[35]. Demgegenüber haben die in- und ausländischen institutionellen Inves-

---

30 Siehe Hommelhoff ZGR 2001, S. 239, 241; Semler in MüKo AktG, Einl. S. 56 ff

31 Anders nur für die Europäische Aktiengesellschaft, vgl. Art. 38 b) der Verordnung (EG) Nr. 2157/2001 des Rates vom 8.10.2001 über das Statut der Europäischen Gesellschaft (SE) sowie § § 15, 20 des Gesetzes zur Einführung der Europäischen Gesellschaft (SEEG) vom 22.12.2004, BGBl. 2004 I, Nr. 73, S. 3675 ff, wonach für die SE auch das monistische System gewählt werden kann.

32 Vgl. Heider in MüKo AktG, Einl. S. 52 ff

33 Vgl. kritisch Hirte ZGR Sonderheft 13, S. 63; Hommelhoff ZGR 2001, S. 241 f; Hecker BB 2009, S. 1658

34 In 2005, S. Henssler/Wiedemann in Bayer/Habersack S. 5; vgl. auch DAI-Factbook 2007 S. 02-3, 02-4

35 Peters, S. 4

toren, wie beispielsweise Versicherungen, Banken, Pensionsfonds etc, ihre Beteiligungen kontinuierlich erhöht[36]. Damit nähert sich Deutschland den in angloamerikanischen Aktiengesellschaften üblichen Aktionärsstrukturen an, wobei aber der Großteil der Aktiengesellschaften immer noch Mehrheitsaktionäre, d.h. Aktionäre, die mehr als 5% der Aktien halten, aufweist[37]. Dabei haben ca. 85 % der börsennotierten Gesellschaften einen kontrollierenden Aktionär, also einen Aktionär, der mehr als 25 % des Gesellschaftskapitals hält.[38]

3. Einfluss der Banken und Rolle des Kapitalmarkts

Traditionell war in Deutschland der Einfluss der Banken bei der Unternehmensbeaufsichtigung vor allem aufgrund von Aktienbesitz der Banken und aufgrund von Bankmanagern im Aufsichtsrat der Bankkunden hoch. Dies hat sich jedoch in den letzten Jahren u.a. aufgrund Steuerrechts- und Wahlrechtsänderungen, aber auch aufgrund des geänderten Finanzierungsverhaltens der großen deutschen Unternehmen signifikant verringert[39].

Der Kapitalmarkt hat in Deutschland bis in die Neunziger Jahre eine eher untergeordnete Rolle gespielt. Die Unternehmen finanzierten sich vor allem aus einbehaltenen Gewinnen sowie aus Bankkrediten und entdeckten erst in den 90er Jahren die privaten, insbesondere institutionellen, Anleger als potenzielle Financiers.[40] Zum Teil wird auch argumentiert, dass die Universalbanken das Management, gelegentlich auch zum Nachteil der Aktionäre gestützt haben, so dass sich der Kapitalmarkt langsamer entwickelt habe.[41]

In Deutschland sind Kapitalanlagegesellschaften zudem häufig noch Tochtergesellschaften von Kreditinstituten und Versicherungsunternehmen. Auch gibt es in Deutschland kein durch die Finanzierung der Altersversorgung angefallenes hohes Anlagevermögen, da die Finanzierung der deutschen Altersversorgung nach dem Umlageverfahren erfolgt[42].

---

36 Vgl. Baums/Scott, S. 30 f; Feddersen, Hommelhoff, Schneider in Feddersen/Hommelhoff/Schneider, Corporate Governance, S. 2 f; Garrido/Rojo in Hopt/Wymeersch S. 438

37 Vgl. Baums/Scott, S. 30

38 Vgl. Mateu de Ros Cerezo S. 29

39 Vgl. Von Werder/Talaulicar in Mallin, Handbook S. 32 f; Baums/Scott, S. 31; Lutter in Hommelhoff/Hopt/von Werder, Handbuch Corporate Governance, S. 739; Hopt in Hommelhoff/Hopt/von Werder, Handbuch Corporate Governance S. 35

40 Vgl. Baums/Scott S. 18; Lutter in Hommelhoff/Hopt/von Werder, Handbuch Corporate Governance, S. 739; Peltzer NZG 2002, S. 593; Cromme in Corporate Governance Report 2008, S. 30; Bress S. 27 f

41 Vgl. Hopt ZGR 2000, S. 803

42 Vgl. Feddersen u.a. in Feddersen/Hommelhoff/Schneider, Corporate Governance, S. 3 f

Insgesamt ist allerdings festzustellen, dass sich das Finanzsystem, angestoßen durch das Vorbild USA, von einem bankorientierten hin zu einem kapitalmarktorientierten Finanzsystem verändert.[43]

4. Internationalisierung der Wirtschaft

Die Internationalisierung der Wirtschaft bedeutet eine steigende Anzahl grenzüberschreitender Unternehmenszusammenschlüsse und –übernahmen, eine Angleichung der internationalen Rechnungslegung[44] und insbesondere eine zunehmende Anzahl institutioneller ausländischer Anleger. Der Anteil der ausländischen Aktionäre ist bei den deutschen Aktiengesellschaften in den vergangenen Jahren beständig gestiegen, so dass die ausserdeutschen Anleger 2006 bereits 47% der deutschen Aktien hielten[45].

Damit verbunden ist nicht nur der internationale Wettbewerb der Unternehmen um die Gunst der global agierenden Kapitalgeber, sondern vor allem die Tatsache, dass sich auch deutsche börsennotierte Aktiengesellschaften auf die Anforderungen der ausländischen Kapitalgeber und deren Märkte[46] einrichten müssen bzw. diesen das deutsche Aktien- und Gesellschaftsrecht transparent und verständlich dargestellt werden muss[47].

Da die meisten Kapitalgeber aus den USA und Großbritannien kommen und diese beiden Länder Vorreiter einer intensiven Corporate Governance Diskussion waren bzw. diese noch führen[48] verbunden mit der Tatsache, dass diese beiden Länder über das monistische Boardmodell verfügen, besteht erheblicher Erklärungsbedarf gegenüber diesen Investoren bezüglich der deutschen Aktiengesellschaften[49].

---

43 Siehe Grundmann/Möslein in Bayer/Habersack S. 105; Coffee in Hopt/Wymeersch S. 679 ff; Garrido/Rojo in Hopt/Wymeersch S. 438; Seibert in Henn/Frodermann/Jannott S. 10 f

44 Zu den Auswirkungen der Globalisierung auf die Bilanzierung: siehe Schulze-Osterloh, ZIP 2001, 1433, 1437 ff

45 Peters, S. 4, Feddersen, Hommelhoff, Schneider in Feddersen/Hommelhoff/Schneider, Corporate Governance, S.3

46 Vgl. die Anforderungen der Londoner Börse und insbesondere das Sarbanes-Oxley-Act vom 23.1.2002 – dazu näher Peltzer S. 141 m.w.N.

47 Vgl. auch Streitbörger, S. 27 f; Bress S. 27 f

48 Zur Corporate Governance in Großbritannien: Allvey in Scheffler, Corporate Governance S. 57 ff; zur Corporate Governance in USA: Hess in Feddersen/Hommelhoff/Schneider, Corporate Governance S. 9 ff

49 Vgl. Teichmann ZGR 2001, S. 677

II. Spanien

1. Geringer Grad an kodifiziertem Recht der Aktiengesellschaften

Im Gegensatz zu Deutschland ist das spanische Aktienrecht vom Grundsatz der Privatautonomie geprägt (Art. 10 LSA) und setzt auf die weitgehende Selbstregulierung der Gesellschaften[50].

Damit ist in Spanien die Grundlage für eine sofortige praktische Umsetzung von Corporate Governance Grundsätzen gegeben, ohne dass eine vorherige Deregulierung des Aktienrechts notwendig wäre[51].

Weiterhin ist das spanische Aktienrecht – anders als das deutsche – nicht primär auf die großen börsennotierten Aktiengesellschaften zugeschnitten, was insbesondere mit der Einbeziehung von Kleinunternehmern und Familienbetrieben in die Konzeption des Aktiengesetzes zusammenhängt[52]. Dies ist vor dem Hintergrund verständlich, dass Mitte des zwanzigsten Jahrhunderts eine Vielzahl von spanischen Familienbetrieben in Form der Aktiengesellschaft organisiert waren[53].

Mit der Einführung eines Mindestgrundkapitals 1989 wandelten sich viele Familien-Aktiengesellschaften in GmbHs um[54].

2. Privatisierungsprogramm der Regierung

Noch 1992 belief sich der Anteil der vom spanischen Staat gehaltenen Aktien auf 16,64 %. Im Jahr 2002 waren es nur noch 0,43 %[55]. Ursache war die 1985 begonnene Privatisierung der Staatsunternehmen als Antwort auf die Wirtschaftskrisen in den späten 70er und frühen 80er Jahren, als Spanien unter hohen Inflationsraten, Zinsen und Arbeitslosigkeit litt.

Von 1985 bis 2003 wurden 131 spanische Staatsbetriebe privatisiert. Als Konsequenz der unter Preis angebotenen Staatsaktien kam es zu einem „popular

---

50 Vgl. Águila-Real, RDM 1999, S. 936; Grechenig S. 9

51 Vgl. Streitbörger S. 3

52 Vgl. zur Geschichte der spanischen Aktiengesellschaft Grechenig S. 9 ff; das Gesetz 3/2009 vom 3.4.09 sieht eine Ermächtigung an die spanische Regierung vor, binnen 12 Monaten ein neues „Gesetz über Kapitalgesellschaften" zu erarbeiten – vgl. Fischer RIW 2009, S. 436

53 Siehe auch zur Diskussion um die Familiengesellschaften heute Fernández-Tresguerres García RdS 2002, S. 89 ff

54 Vgl. Grechenig S. 12

55 Gómez Ansón in Mallin, Handbook S. 12

capitalism", so dass der Anteil der im Privat- und Familienbesitz befindlichen Aktien, und damit auch der Kleinanleger, deutlich stieg[56].

3. Aktionärsstruktur

Konsequenterweise unterscheidet sich die Eigentümerstruktur in Spanien vor dem o.a. Hintergrund in einigen Punkten von der in Deutschland.

Ein Großteil der derzeit gut 3.000 in Spanien börsennotierten Aktiengesellschaften[57] wird – wie in Deutschland - von einem Mehrheitsaktionär oder wenigen Aktionären, die gemeinsam die Mehrheit besitzen, beherrscht[58]. Während aber in Deutschland ca. 85% der börsennotierten Unternehmen einen kontrollierenden Großaktionär haben, der mehr als 25% des Gesellschaftskapitals innehat, sind dies in Spanien nur ca. 42%.[59] Allerdings verfügt Spanien über mehr bedeutende Aktionäre als Deutschland, d.h. über mehr Aktionäre, die über 5% aber unter 25% des Gesellschaftskapitals liegen.[60]

Ungewöhnlich hoch ist auch die Rate der von Familien dominierten Unternehmen im spanischen IBEX-35 mit über 20 %.[61]

Die wichtigsten Anleger sind dabei mittlerweile institutionelle Investoren, deren Beteiligung am spanischen Kapitalmarkt in den letzten Jahren ebenfalls rasant zugenommen hat.

1999 hielten institutionelle Anleger etwa die Hälfte des Kapitals börsennotierter Gesellschaften[62], während die Beteiligungsrate neun Jahre zuvor noch unter 1% lag[63].

Im Ergebnis zeigt sich in Spanien eine vielfältige Eigentümerstruktur, die den Erlass von Corporate-Governance-Richtlinien komplizierter gestaltet[64] als in Deutschland.

---

56 Vgl. Gómez Ansón/Bonet Madurga in Mallin, S. 86

57 Vgl. CNMV Informe Annual 2002, S. 128; DAI-Factbook 2007 S. 02-3, 02-4

58 Siehe Ledesma in Velasco S. 661; Bisbal Mendez RDM 1997, S. 1684; McKean S. 107

59 vgl. Olcese Santonja S. 153, 223; Sánchez Alvarez RdS 2006, S. 257 ff; Mateu de Ros Cerezo S. 29

60 Vgl. Mateu de Ros Cerezo S. 29 ; Arlt/Bervoets/Grechenig/Kalss GesRZ 2002, S. 66

61 Vgl. Olcese Santonja S. 153, 223; Crespí Cladera/García Cestona in Barca/Becht S. 225; Sánchez Alvarez RdS 2006, S. 257 ff; vgl. auch Gómez Ansón in Mallin, Handbook S. 15 f, die den vergleichbaren Quotienten für Deutschland mit ca. 8 % angibt.

62 So Tapia Hermida in Homenaje Sánchez Calero S. 2953

63 Vgl. Roncero Sánchez in Velasco S. 676

64 So auch Arlt/Bervoets/Grechenig/Kalss GesRZ 2002, S. 66

4. Einfluss der Banken und Rolle des Kapitalmarktes

Mit diesen gezeigten Entwicklungen einhergehend trug die Kapitalmarktöffnung seit Ende der Franco-Diktatur, die Inkraftsetzung der Verfassung 1978 als Basis für eine marktwirtschaftliche Wirtschaftsordnung und der Beitritt zur EG 1986 zu einem rapiden Wirtschaftswachstum in Spanien bei.[65]

Die Entwicklung des Kapitalmarktes in Spanien war - wie in Deutschland - traditionell eher gering[66]. Durch die oben beschriebene Privatisierungswelle sowie umfassende Restrukturierungen im Finanzsektor und öffentlichen Bereich gewann der Spanische Aktien- und Kapitalmarkt in den letzten Jahren zunehmend an Bedeutung, so dass festzustellen ist, dass sich Spanien – ähnlich wie Deutschland - von einem bankorientierten zu einem kapitalmarktorientierten Finanzsystem entwickelt[67].

Der Anteilsbesitz der Banken ist Anfang des 21. Jahrhunderts zwar geringer als in der Vergangenheit, verleiht aber immer noch in vielen Bereichen, insbesondere im Bankensektor selbst und in der Kommunikationsindustrie, wo die Banken als beherrschende Aktionäre auftreten, eine Vormachtstellung[68].

III. Gesamtbetrachtung

Deutschland verfügt über ein weitgehend ausdifferenziertes strenges Reglement in Bezug auf die Ausgestaltung und Führung von börsennotierten Aktiengesellschaften während in Spanien dieser Bereich vor allem durch das Prinzip der Privatautonomie und dementsprechend geringer Kodifizierung geprägt ist.

Trotz einer unterschiedlichen Aktionärsstruktur in beiden Ländern und trotz der deutlich verschiedenen historischen, politischen und sozialen Entwicklung in Deutschland und Spanien, finden sich dennoch die Gemeinsamkeiten, dass beide Länder aufgrund des in der Vergangenheit schwach ausgeprägten Kapitalmarkts und trotz des wachsenden Einflusses von institutionellen, insbesondere ausländischen Anlegern kein Vertrauen in eine alleinige Kapitalmarkt-gebundene Regelung der Unternehmen und der Unternehmenskontrolle besitzen und demnach die externe Corporate Governance in den Hintergrund tritt.

---

65 Vgl. Bisbal Méndez RDM 1997, S. 1694; Arlt/Bervoets/Grechenig/Kalss GesRZ 2002, S. 68

66 Vgl. Gómez Ansón in Mallin, Handbook S. 12

67 So Grechenig S. 20; McKean S. 109; Grundmann/Möslein in Bayer/Habersack S. 105

68 Vgl. Crespí Cladera/García Cestona in Barca/Becht S. 218

D. Die Entwicklung von Corporate Governance

I. Deutschland

1. Entstehungsgründe für die Corporate Governance Diskussion

a) Nationale und internationale Unternehmenskrisen

Der Zusammenbruch des US-amerikanischen Enron-Konzerns, der Bilanzskandal bei Worldcom sowie das daraufhin seitens der US-Regierung verabschiedete Sarbanes-Oxley Act von 2002 und die verschärften Zulassungsbedingungen für NYSE und NASDAQ zwangen deutsche Unternehmen, die im amerikanischen Markt tätig sein wollten, zur Auseinandersetzung mit Corporate Governance.

Aber auch innerhalb Deutschlands führten der Zusammenbruch der Philipp Holzmann AG, die Verluste der traditionsreichen Metallgesellschaft AG sowie die Krisen der Flortex AG und Balsam AG dazu, dass die deutsche Wissenschaft und Praxis sich plötzlich fragte, ob die offenbaren Schwächen tatsächlich nur bei unfähigen Managern zu suchen waren oder doch im gesetzlichen System von Aufsicht und Kontrolle lagen.[69]

Auch die feindliche Übernahme von Mannesmann durch Vodafone AirTouch trug dazu bei, dass sich „Corporate Governance" zu einem festen Bestandteil des allgemeinen Sprachgebrauchs in deutschen Unternehmen entwickelte und die Notwendigkeit zur Vertiefung dieser Diskussion von Wirtschaft, Politik und Wissenschaft allgemein anerkannt wurde.[70]

Die Diskussion verschärfte sich im Zuge der weltweiten Finanz- und Wirtschaftskrise in den vergangenen Monaten, wobei eine Welle der Kritik an der Unternehmensführung deutscher Vorstände und Aufsichtsräte durch die deutsche Presselandschaft schwappte.[71] Als Folge davon reagierte der Gesetzgeber mit einer Reihe normativer Regelungen[72], zum Teil auch, um der öffentlichen Kritik

---

69 Vgl. Lutter in Hommelhoff/Hopt/von Werder, Handbuch Corporate Governance, S. 738 f; Bress S. 26

70 Vgl. von Werder/Talaulicar in Mallin, Handbook S. 35; Dörner/Orth in Pfitzer Deutscher Corporate Governance Kodex S. 5; Lutter in Hommelhoff/Hopt/von Werder, Handbuch Corporate Governance S.738f

71 Vgl. Hecker BB 2009, S. 1654 m.w.N.

72 So z.B. das Gesetz zur Angemessenheit der Vorstandsvergütung (VorstAG) vom 5.8.2009, BGBl. I 2009, S. 2509; das Bilanzrechtsmodernisierungsgesetz (BilMoG) vom 29.5.2009, BGBl. I 2009, S. 1102 ff; das Finanzmarktstabilisierungsgesetz (FMStG) und das Finanzmarktstabilisierungsbeschleunigungsgesetz (FMStBG) vom

an der Vergütung einiger Vorstandspositionen aufgrund bekannt gewordener spektakulärer Fälle zu begegnen[73].

b) Kapitalmarktgetriebene internationale Entwicklung von Grundsätzen

In den vergangenen Jahren haben anglo-amerikanische Investoren und internationale Organisationen Grundsätze guter Corporate Governance bekannt gegeben, so insbesondere den „Combined Code of Best Practice“ von 1998[74] und die OECD-Principles of Corporate Governance[75]. Die Organisation für wirtschaftliche Zusammenarbeit und Entwicklung (OECD) veröffentlichte 1999 unverbindliche Leitlinien zur Corporate Governance und deren Implementierung. Diese Richtlinien fanden sowohl in OECD-Mitgliedstaaten als auch insbesondere in Schwellen- und Entwicklungsländern große Beachtung.[76]

In Deutschland war jedoch aufgrund der unterschiedlichen Regelwerke (AktG, HGB, WpHG etc.), der Gesetzesfülle und dessen Detaillierungs- und Abstraktionsgrades ein unmittelbarer Vergleich zwischen diesen Grundsätzen und der deutschen Rechtslage nur schwer möglich. Zudem betrieben deutsche Unternehmen meist eine restriktivere Informationspolitik als ihre ausländischen Mitbewerber.

Da aber der internationale Kapitalmarkt, d.h. insbesondere die angloamerikanischen Investoren als Aktionäre und Financiers rasant an Bedeutung gewannen und dieser Kapitalmarkt eine Informations-Bringschuld einforderte, bestand für die deutschen Unternehmen die Notwendigkcit, die Besonderheiten des deutschen Systems verständlich darzulegen.[77]

Die Standortsicherung des Finanzplatzes Deutschland und dessen internationale Wettbewerbsfähigkeit waren damit 1998 nicht zuletzt Auslöser für die Verabschiedung des ersten Meilensteins zur Verbesserung der Corporate Gover-

---

17.10.2008, BGBl. I 2008, S. 1982; das Finanzmarkt-stabilisierungsergänzungsgesetz (FMStErgG) vom 7.4.2009, BGBl. I 2009, S. 725

73 Vgl. dazu Lingemann BB 2009, S. 1918

74 Siehe dazu Davies GesRZ 2002, Sonderheft, S. 14 ff; Lutter GesRZ 2002, Sonderheft, S. 19

75 Siehe dazu AG 1999, 337 ff mit Vorbemerkung Seibert

76 Vgl. Hommelhoff ZGR 2001, S. 239, der die OECD-Grundsätze in Deutschland aufgrund des Aktien-, Handels- und Kapitalmarktrechts sowie der gelebten Praxis börsennotierter Aktiengesellschaften als längst verwirklicht betrachtet; ebenso Seibert in AG 1999, S. 339

77 Vgl. Dörner/Orth in Pfitzer Deutscher Corporate Governance Kodex, S. 16; Lutter in Hommelhoff/Hopt/von Werder, Handbuch Corporate Governance S. 739; Seibert BB 2002, S. 581; Peltzer/von Werder AG 2001, S. 2; Bress S. 27 f

nance in Deutschland – dem Gesetz zur Kontrolle und Transparenz im Unternehmensbereich (KonTraG).[78]

c) Die Deutschland-AG

Die ungewöhnlich starke Stellung der Banken in der deutschen Wirtschaft führte auch zu einer engen personellen Verflechtung zwischen Unternehmen und Banken, die unter dem Schlagwort „Deutschland-AG" bekannt wurde.[79] Ende der 80iger Jahre zählte bei den deutschen Unternehmen häufig mehr die Größe als die Ertragskraft. Auch glücklose Vorstände führten ein relativ ruhiges Leben. Sie kannten sich zum Großteil persönlich und hielten in einer Art „Old-Boys-Network" zusammen, so dass sie sich ihre Kontrolleure selber aussuchten und sich hinter Höchst-, Mehrstimmrechten und Überkreuzverflechtungen verschanzen konnten, ohne dass eine nennenswerte Kontrolle ihrer Tätigkeit stattfand.

Das Aufbrechen dieser Deutschland-AG und damit die Stärkung des Aufsichtsrats gegenüber dem Vorstand sowie die Stärkung der Aktionärsrechte waren die politischen Forderungen der 90iger Jahre.[80] Die Corporate Governance Diskussion war in Gang geraten. Zwar haben sich seit 2002 die Banken in Deutschland von 90 Prozent ihrer Unternehmensbeteiligungen getrennt, aber ihre Präsenz in den Aufsichtsräten sank nur um ca. 40 Prozent[81], so dass bislang nicht vom Ende der Deutschland-AG gesprochen werden kann.

2. Initiativen, Kommissionen und der Deutsche Corporate Governance Kodex

a) Initiativen und Kommissionen zur Corporate Governance

Zunächst haben sich in Deutschland private Initiativen mit dem Thema Corporate Governance befasst. Im Januar 2000 legte der „Frankfurter Initiativkreis" um den Rechtswissenschaftler Prof. Theodor Baums (auch Grundsatzkommission Corporate Governance genannt) einen juristisch geprägten Code of Best Practice zu generellen Fragen der Corporate Governance und zu den Anforderungen an Vorstand und Aufsichtsrat vor. Darauf aufbauend wurde von der Deutschen Vereinigung für Finanzanalyse und Asset Management eine Balanced Scorecard entwickelt, die die Kriterien des Code of Best Practice operationalisierte und von Praxis und Wissenschaft positiv aufgenommen wurde. Im selben Jahr wurde

78 BGBl. I 1998, S. 786 ff
79 Vgl. Lutter in Hommelhoff/Hopt/von Werder, Handbuch Corporate Governance S. 739
80 Vgl. Zypries in Corporate Governance Report 2007, S. 4
81 So Storbeck, Handelsblatt vom 14.4.2008, S. 1 m.w.N.

vom sogenannten „Berliner Initiativkreis“ um Prof. Axel von Werder ein eher betriebswirtschaftlich an Fragen zur Geschäftsführung ausgerichteter „German Code of Corporate Governance“ veröffentlicht.[82]

Die durch die Frankfurter und Berliner Initiativen erfolgte Anregung zur Erarbeitung eines deutschen Corporate Governance Kodex nach internationalem Vorbild erhielten zwar grundsätzlich eine positive Resonanz. Als problematisch wurde jedoch angesehen, dass es zwei unterschiedliche Kodizes waren, die so auf Dauer nicht existieren sollten.[83]

Im Mai 2000 berief der Bundeskanzler die Mitglieder einer Regierungskommission (auch Baums-Kommission genannt) “Corporate Governance – Unternehmensführung – Unternehmenskontrolle – Modernisierung des Aktienrechts” ebenfalls unter dem Vorsitzenden Prof. Theodor Baums ein mit dem Auftrag, aufgrund der Erkenntnisse aus dem Fall Holzmann sich mit möglichen Defiziten des deutschen Systems der Unternehmensführung und –kontrolle zu befassen und Vorschläge für eine Modernisierung des rechtlichen Regelwerks zu unterbreiten[84].

Neben 130 Anregungen zur Änderung und Ergänzung insbesondere des AktG und des HGB, welche alle von der Bundesregierung insbesondere im Juli 2002 durch das TransPuG[85] aufgegriffen wurden, schlug die Kommission als ein essentielles Ergebnis ihrer Ausarbeitungen vor, einen Deutschen Corporate Governance Kodex für die Unternehmensleitung und -überwachung börsennotierter Gesellschaften zu entwickeln, um damit ein einheitliches Standardwerk zur Corporate Governance in Deutschland zu schaffen.[86]

---

82 Siehe dazu Strieder ZCG 1/07, S. 1; Lieder S. 590; neben diesen beiden bedeutendsten privaten Initiativen hatten damals auch die Schmalenbach-Gesellschaft/Deutsche Gesellschaft für Betriebswirtschaft, das Institut der Wirtschaftsprüfer in Deutschland e.V. sowie die Deutsche Schutzvereinigung für Wertpapierbesitz e.V. zu Verbesserungsbedarfen im Bereich Corporate Governance öffentlich Stellung genommen, vgl. dazu Dörner/Orth in Pfitzer Deutscher Corporate Goverance Kodex, S. 18 f; von Werder in Ringleb S. 16

83 Vgl. Hopt ZHR 2002 Beiheft 71, S. 29; von Werder in Ringleb S. 16; gegen einen Einheitskodex Bernhardt DB 2002, S. 1841 ff

84 Vgl. dazu Berrar DB 2001, S. 2181

85 Vgl. dazu BGBl. 2002 I S. 2681 Gesetz zur weiteren Reform des Aktien- und Bilanzrechts, zu Transparenz und Publizität; ferner stellte die Regierung ein 10-Punkte-Programm bezüglich der übrigen Vorschläge der Baums-Kommission auf, welche Grundlage für Gesetzesinitiativen zum UMAG, KapMuG, AnSVG, BilReG, BilKoG und KapInHaG waren, vgl. von Werder/Talaulicar in Mallin, Handbook S. 36; siehe auch Bress S. 34

86 Siehe Lutter in Hommelhoff/Hopt/von Werder, Handbuch Corporate Governance, S. 740; von Werder in Ringleb S. 16

Daraufhin wurde im August 2001 die sogenannte Kodex-Kommission mit 13 Vertretern aus Wirtschaft, Wissenschaft und dem öffentlichen Leben, im Gegensatz zur Baums-Kommission jedoch ohne Regierungsvertreter und Politiker, unter Leitung von Dr. Gerhard Cromme, Aufsichtsratsvorsitzender der ThyssenKrupp AG, eingesetzt. Sie hatte den Auftrag, auf der Basis des geltenden Rechts einen Deutschen Corporate Governance Kodex zu erarbeiten und ihn in regelmäßigen Abständen zu überprüfen und anzupassen.[87] Dies bedeutete gleichzeitig, dass es nicht Aufgabe der Kodex-Kommission – im Gegensatz zur Baums-Kommission – war, Änderungen der geltenden Gesetze vorzuschlagen, falls in der Kommission ein entsprechender Handlungsbedarf erkannt worden wäre, sondern lediglich Handlungsspielräume zu konkretisieren.[88] Zielsetzung war, durch die Aufnahme von Best Practice Regeln in den Kodex möglichst breite Akzeptanz der Grundsätze guter Unternehmensführung bei der deutschen Wirtschaft zu finden und gleichzeitig bei den nationalen und internationalen Investoren Vertrauen in das deutsche System aufzubauen.[89] Dabei hat die Kodex-Kommission die Empfehlungen der Baums-Kommission detailliert geprüft und zu einem großen Teil übernommen.[90]

Der Kodex wurde im Februar 2002 einstimmig fertiggestellt und der Bundesjustizministerin übergeben.[91] Er wurde seitdem mehrfach überarbeitet, wobei die letzte Anpassung von Mai 2010 datiert.[92]

b) Deutscher Corporate Governance Kodex (DCGK)

Der Kodex enthält drei Kategorien: Etwa zur Hälfte findet sich darin eine bloße Darstellung des geltenden Gesetzesrechts. Ferner werden ca. 60 Empfehlungen an die Gesellschaftsorgane erteilt (durch den Ausdruck „soll" gekennzeichnet), welche die Grundsätze einer „best practice" formulieren, wie sie nach Überzeugung der Kommission in einem gut geführten Unternehmen schon heute beachtet werden bzw. werden sollten. Schließlich enthält der Kodex noch einen gerin-

87 Vgl. Strenger DStR 2001, S. 2227

88 Vgl. Ringleb in Ringleb S. 21; Dörner/Orth in Pfitzer Deutscher Corporate Governance Kodex, S. 20

89 Vgl. Lutter in Hommelhoff/Hopt/von Werder, Handbuch Corporate Governance, S. 739 f; Ringleb in Ringleb S. 19f; von Werder DB 2002, S. 801 f; Seibt AG 2002, S. 250; Lieder S. 591 f

90 Zu den abgelehnten Vorschlägen der Baums-Kommission siehe Ringleb in Ringleb S. 26 f

91 Abgedruckt in AG 2002, 236 ff; NZG 2002, 273 ff; ZIP 2002, 452 ff; im Internet abrufbar unter www.corporate-governance-code.de

92 Der Kodex wird in der Regel einmal jährlich vor dem Hintergrund nationaler und internationaler Entwicklungen überprüft und bei Bedarf angepasst – DCGK 1. 13. Abs.

gen Prozentsatz von ca. 10% an Verhaltensanregungen (die durch „sollte" oder „kann" ausgedrückt werden[93]) und von denen die Kommission glaubt, dass sie sich zukünftig zu „best practice"-Regeln entwickeln werden.[94] Nur die Abweichung von den Empfehlungen, nicht von den Anregungen, ist gemäß § 161 AktG offenlegungspflichtig.

Der DCGK behandelt die Rechte und Pflichten der Aktionäre und Hauptversammlung, das Zusammenwirken von Vorstand und Aufsichtsrat sowie deren Rechte und Pflichten und geht auf die Problematik von Transparenz, Rechnungslegung und Abschlussprüfung ein.[95]

Die Auseinandersetzung mit den Ausarbeitungen des Kodex in seiner Fassung vom 26. Mai 2010[96] bilden den Schwerpunkt dieser Arbeit zur Corporate Governance in Deutschland.

II. Spanien

1. Entstehungsgründe für die Corporate Governance Diskussion

a) Nationale und internationale Unternehmenskrisen

Auch in Spanien waren Finanzkrisen und Zusammenbrüche großer internationaler Unternehmen, aber auch die schlecht funktionierenden Verwaltungsräte, die zu Krisen in den eigenen Unternehmen in Spanien führten, wie beispielsweise die Krise der Banco Español de Crédito, mitentscheidend für den Beginn der Corporate Governance Diskussion[97], obwohl teilweise auch die Meinung vertreten wurde, dass diese Skandale Einzelfälle von wenigen „bösen Jungs" seien, die nun im Gefängnis sitzen und dass damit diese Geschichten beendet sein müssten.[98]

Durchgesetzt hat sich jedoch die u.a. von der spanischen Regierung vertretene Auffassung, dass faktisch unkontrollierte Machtkonzentrationen und -missbräuche bei der Geschäftsführung zu vermeiden seien und die Transparenz

93 Siehe DCGK 1. 10. Abs.

94 Vgl. Lutter in Hommelhoff/Hopt/von Werder, Handbuch Corporate Governance, S. 741 f

95 Vgl. auch Seibert BB 2002, S. 582 f; Seibt AG 2002, S. 250

96 Abrufbar unter www.corporate-governance-code.de/ger/kodex/index.html

97 Vgl. Informe Olivencia RDM 1998, 735 f; Streitbörger S. 35; Olivencia RGD 1994, S. 12840; Mateu de Ros Cerezo S. 14; Lozano JBE 2000, S. 177; Torrent RdS 2006, S. 219 f

98 Vgl. McKean S. 105; Grima RGD 1998, 9378 f

und der Informationsfluss zwischen Geschäftsleitung und Anlegern verbessert werden müsse, so dass nicht nur die Diskussion sondern auch eine Kodifizierung guter Corporate Governance notwendig sei.[99]

b) Veränderung der Aktionärsstruktur und Globalisierung

Als weitere Einflussfaktoren, die die Diskussion über gute Unternehmensführung intensiviert haben, sind die Privatisierungsmaßnahmen der neunziger Jahre und damit die steigende Anzahl kleiner Anleger und die zunehmend hohe Beteiligung ausländischer Investoren, sowie die Kapitalmarktöffnung zu nennen,[100] die dazu beitrug, dass sich spanische Unternehmen verstärkt an cross-border-Transaktionen beteiligen und an ausländischen Börsen listen.[101]

Auch in Spanien sahen sich die Unternehmen im Wettbewerb um die finanzstarken ausländischen Investoren gezwungen, den Interessen dieser Investoren entgegenzukommen und die bereits etablierten anglo-amerikanischen Reformbewegungen bezüglich Corporate Governance Regelungen aufzugreifen. Vorbild waren dabei insbesondere die britischen Cadbury, Greenbury und Hampel-Reports sowie die bereits über zwanzig Jahre währende Corporate Governance Diskussion in den USA.[102]

In Spanien wurde darauf basierend weniger der Erklärungsbedarf der Organisationsverfassung wie in Deutschland, sondern vor allem Handlungsbedarf hinsichtlich der Interessenkonflikte zwischen Kleinanlegern und der die Verwaltungsräte dominierenden Aktionäre als auch bezüglich der Einführung von Mechanismen zur Kontrolle des Verwaltungsrates gesehen.

2. Der Kodex zur Corporate Governance

a) Código Olivencia 1998

Am 28. Februar 1997 wurde durch Ministerratsbeschluss die „Kommission zur Ausarbeitung eines Verhaltenskodex der Verwaltungsräte von Gesellschaften" unter dem Vorsitz von Prof. Manuel Olivencia Ruíz eingerichtet. Die Kommis-

---

99 Vgl. Streitbörger S. 35

100 Vgl. auch Grechenig S. 56, Sison JBE 2000, S. 182; insbesondere ausführlich Streitbörger S. 30 ff zur Rolle der Privatisierungen bei der Entstehung der Corporate Governance Diskussion in Spanien

101 Vgl. McKean S. 105

102 Vgl. Recalde Castells RdS 1999, S. 175; Roncero Sánchez in Velasco S. 665 f; institutionelle Investoren sollten sich sogar verstärkt im Verwaltungsrat engagieren und damit die Corporate Governance voranbringen, vgl. Díaz Ruiz RDM 2007, S. 197

sion war mit zehn Mitgliedern aus Wirtschaft und Wissenschaft besetzt und wurde insbesondere von der Staatlichen Wertpapiermarkt-kommission (CNMV) angeregt und intensiv unterstützt, welche vor allem die Transparenz, die Wertbildung und den Investorenschutz in den Kapitalmärkten überwacht.[103]

Die Kommission präsentierte ein Jahr später, im Februar 1998, einen Kodex der guten Unternehmensführung – den Código de Buen Gobierno, auch Código Olivencia oder Código Ético genannt.[104] Der Kodex enthielt 23 unverbindliche Empfehlungen für die Organisationsverfassung von börsennotierten Gesellschaften. Ferner wurde ein ausführlicher Bericht über die Problemsituation in den spanischen Verwaltungsräten und die Motive des erarbeiteten Kodex veröffentlicht.[105]

Besonderer Schwerpunkt des Código Olivencia war die Zusammensetzung des Verwaltungsrates und des geschäftsführenden Ausschusses. Erstmals wurde darin u.a. gefordert, dass der Verwaltungsrat nicht nur aus Verwaltungsräten der Aktionäre mit maßgeblicher Beteiligung, sondern zusätzlich aus unabhängigen Verwaltungsräten bestehen solle, um damit die Interessen der Streubesitzaktionäre besser zu berücksichtigen und einen Ausgleich zu den als übermächtig empfundenen Großaktionären zu schaffen. Damit sollte die Aufsicht über die geschäftsführenden Direktoren im Verwaltungsrat effektiver gestaltet werden als dies bislang der Fall war. Der Código geht davon aus, dass die Hauptversammlung nicht als Kontrollinstrument gegenüber dem Verwaltungsrat geeignet ist.[106] Vor dem Hintergrund, dass bis zur Reform Ley 44/2002 in der spanischen Aktiengesellschaft nicht einmal die Installierung eines Verwaltungsrates vorgeschrieben war und auch die Trennung zwischen Geschäftsführung und Überwachung nicht gesetzlich zwingend war, ist dies als Meilenstein in der Diskussion um die Organisationsverfassung der Aktiengesellschaft, aber auch als erster wichtiger Versuch zur Implementierung einer Corporate Governance Politik in Spanien zu sehen.[107]

Der Código Olivencia hatte allerdings nicht den durchschlagenden Erfolg bei den Unternehmen wie erhofft: Nach einer Umfrage der spanischen Wertpapiermarktkommission in 2001 hatten gerade einmal fünf Unternehmen der 67

103 Vgl. Grechenig S. 56, 70; Streitbörger S. 25, 36; Die CNMV hatte bereits im Oktober 1996 einen Vorschlag zum besseren Funktionieren des Verwaltungsrates mit Empfehlungen publiziert, vgl. Arlt/Bervoets/Grechenig/Kalss GesRZ 2002, S. 67 m.w.N.; ausführlich zur Funktion des CNMV: Trías Sagnier RdS 2000, S. 235 f oder im Internet unter www.cnmv.es

104 Grechenig S. 56

105 Bericht (Informe) und Código abgedruckt in RDM 1998, S. 733 ff

106 Vgl. Teichmann ZGR 2001, 667; Grechenig S. 59; Calzada Terrados S. 68 ff, S. 82

107 Vgl. Streitbörger S. 38 f; Grechenig S. 68; McKean S. 120; Olivencia S. 27

größten börsennotierten Gesellschaften die 23 Empfehlungen des Código voll übernommen[108]. Es wurde vor allem kritisiert, dass die Kriterien nicht klar genug gefasst seien und eine fehlerhafte Erklärung über die Annahme der Empfehlungen keine Sanktionen nach sich ziehen würde.[109]

Allerdings folgte auf die Veröffentlichung des Código eine Reihe von gesetzgeberischen Maßnahmen, welche vor allem zu einer Flexibilisierung der Finanzverfassung börsennotierter Gesellschaften und zu einer Intensivierung der Zweiteilung spanischer Aktiengesellschaften in börsen- und nicht-börsennotierte Gesellschaften führte. [110] Hervorzuheben ist dabei die Reform des Verwaltungsrates durch die zwingende Einrichtung eines Überwachungsausschusses und entsprechender Mindestkompetenzen in 2002. Damit rückte der spanische Gesetzgeber von der traditionellen Selbstregulierung der Kompetenzen ab und gab die bisherige Flexibilität der Organisationsverfassung erstmals teilweise auf.[111]

b) Informe Aldama 2003

Um den Veränderungsprozess im Bereich Corporate Governance insbesondere angesichts der Anfang des 21. Jahrhunderts erfolgten Unternehmensskandale in Gang zu halten und bestehende Lücken im Código Olivencia zu füllen, setzte das spanische Wirtschaftsministerium im Juli 2002 eine zweite Kommission ein.[112] Diese Kommission unter dem Vorsitz des Unternehmers Don Enrique Aldama y Miñón untersuchte die praktische Wirkung des Código Olivencia und verstand sich als Ergänzung zu den existierenden 23 Empfehlungen des Código Olivencia.[113]

Dementsprechend wurden die Ergebnisse der Kommissonsuntersuchungen Anfang 2003 in einem Bericht, bekannt als Informe Aldama, veröffentlicht.[114] Darin wird festgehalten, dass der Código Olivencia lediglich bei den Kapitalmarktexperten und Verwaltungsräten bekannt war, die meisten Aktionäre aber

---

108 Vgl. Gómez Ansón in Mallin, Handbook S. 18; vgl. auch Wagner RIW 2004, S. 259

109 Siehe Sánchez Álvarez in Pérez-Ardá S. 101 ff; Grechenig S. 61; Velasco San Pedro S. 3027

110 Insbesondere wurden rückerwerbbare Aktien eingeführt und das Remunerationssystem gesetzlich novelliert. Ferner hat die CNMV eine Mustergeschäftsordnung für Verwaltungsräte im Internet veröffentlicht; dazu näher Grechenig S. 67 ff

111 Vgl. Calzada Terrados S. 99 ff; Grechenig S. 67 ff

112 Zwischenzeitlich hatte auch die Winter-Gruppe ihren Bericht zum Gesellschaftsrecht und die EU-Kommission einen daraufhin erstellten Aktionsplan zur Modernisierung des Gesellschaftsrechts und zur Verbesserung der Corporate Governance in der Europäischen Union veröffentlicht (vgl. Wagner RIW 2004, S. 258 m.w.N.).

113 Vgl. Calzada Terrados S. 67; McKean S. 109

114 Bericht (Informe) Aldama abgedruckt in RdS 2003 (1), S. 257 ff

kaum etwas davon gehört hatten. Als Konsequenz konnte sich die von der Olivencia Kommission gehegte Hoffnung, dass sich die Unternehmen den Empfehlungen des Código freiwillig unterwerfen würden, um Aktionäre und Investoren anzulocken, nicht erfüllen, da der Bekanntheitsgrad des Código nicht breit genug war.[115]

Inhaltlich setzte der Informe Aldama den Schwerpunkt auf Vorschläge für Regelungen zur Transparenz des Unternehmens im Markt und gegenüber den Aktionären. Die rechtzeitige und umfassende Veröffentlichung von Informationen, z.B. gegenüber der Hauptversammlung, im Internet etc. beispielsweise über die Struktur und Verwaltung der Gesellschaft stehen im Informe Aldama ebenso verstärkt im Vordergrund wie die Ausgestaltung der Loyalitäts- und Sorgfaltspflichten der Verwaltungsräte, auch im Falle von Interessenkonflikten. Die Hauptversammlung wird als nützlich für die gute Unternehmensführung angesehen, stellt aber noch kein wirkliches Gegengewicht zum Verwaltungsrat dar.[116]

Damit wird sehr deutlich, dass sich der Informe Aldama insbesondere als Ergänzung und Weiterführung des Código Olivencia ansieht, um das Vertrauen der Märkte und Aktionäre in die Aktiengesellschaft zu stärken.[117] Im Gegensatz zum Código Olivencia spricht der Informe Aldama nicht nur die Freiwilligkeit der Befolgung der Empfehlungen an, sondern geht zumindest zum Teil einen Schritt weiter[118]. Der Informe Aldama betont die Selbstregulierung der Unternehmen, schlägt aber gleichzeitig dem Staat konkrete Maßnahmen zur Gesetzgebung vor. Unter anderem will er die börsennotierten Unternehmen zur Veröffentlichung ihrer Corporate Governance Regeln gesetzlich verpflichten oder fordert die konkrete normative Ausgestaltung der Loyalitätspflichten von Verwaltungsräten.[119]

Der Informe Aldama wurde als noch weniger klar und konkret empfunden als der Código Olivencia und als zu „schüchtern" in seinen Forderungen, um die Interessen der Anleger tatsächlich besser schützen zu können oder um die Reformbewegung Corporate Governance voranzubringen.[120] Allerdings griff das kurz nach Veröffentlichung des Informe Aldama im Juli 2003 in Kraft getretene Transparenz-Gesetz einige der Empfehlungen des Informe auf. Beispielsweise wurden die Verwaltungsräte darin nun gesetzlich zur Offenlegung von Interes-

---

115 Vgl. Wagner RIW 2004, S. 259; Calzada Terrados S. 85; Velasco San Pedro S. 3029

116 So Calzada Terrados S. 79, 82

117 Vgl. Calzada Terrados S. 68, 84

118 Vgl. auch Olivencia S. 29

119 Informe Aldama II.1.3. und III.2.2.; McKean S. 111; ausführlich dazu Wagner RIW 2004, S. 258 ff

120 Vgl. Torrent RdS 2006, S. 235 f; Sánchez Álvarez in Pérez-Ardá S. 111; McKean S.118; Olivencia S. 30; anderer Ansicht: Paz-Ares in McKean S.122

senkonflikten verpflichtet und die Verantwortung für den Bruch von Treuepflichten erweitert.[121]
Daraufhin erließ im Dezember 2003 das Wirtschaftsministerium eine Anordnung, die den jährlichen Corporate Governance Bericht und weitere Informationsverpflichtungen der Aktiengesellschaften vorschrieb, die insbesondere vom Informe Aldama vorgeschlagen worden waren.[122] Die Umsetzung der Anordnung erfolgte im März 2004 und April 2005 durch die spanische Wertpapiermarktkommission, welche seitdem einen jährlichen Bericht in Formularform von den Aktiengesellschaften zur Corporate Governance einfordert.[123]

Damit stellt der Informe Aldama, trotz der dazu erfolgten Kritik, einen weiteren wichtigen Meilenstein auf dem Weg zur Entwicklung eines Corporate Governance Bewusstseins und entsprechender Regelungen in Spanien dar.[124]

c) Vereinheitlichter Kodex – Código Unificado de Buen Gobierno 2007 (CUBG)

Im Juli 2005 setzte die spanische Regierung eine Spezialistengruppe ein, die die Wertpapiermarktkommission bei der Harmonisierung und Aktualisierung der Empfehlungen des Código Olivencia und des Informe Aldama beraten sollte[125].

Gleichzeitig sollte damit das Verständnis der Aktiengesellschaften für den jährlichen Fragebogen der Wertpapiermarktkommission erleichtert und verbessert werden. Auch die Aktionäre, Analysten und sonstigen Interessenten sollten leichter einen Überblick über die Systeme und Personen in den Unternehmen erhalten, die mit Corporate Governance betraut wurden.[126]

Die Arbeitsgruppe setzte sich, im Gegensatz zu den Olivencia bzw. Aldama Kommissionen und völlig entgegengesetzt zur deutschen Kodex-Kommission, aus überwiegend zur staatlichen Verwaltung gehörenden Personen zusammen, was ihr auch den Beinamen einer „interministerialen Kommission mit privaten Repräsentanten“[127] einbrachte. Den Vorsitz der Kommission hielt Manuel Conthe, Präsident der CNMV, inne. Die 13 Mitglieder der Kommission legten im Januar 2006 ein Gutachten vor, das die Ausarbeitungen des Código Olivencia und des Informe Aldama sowie Empfehlungen der Europäischen Union, der Ba-

121 Siehe McKean S. 111, 118 f; Wagner RIW 2004, S. 259; Alfonso Sánchez/Sánchez Ruiz RDM 2007, S. 1052
122 Vgl. Calzada Terrados S. 108
123 Siehe näher dazu Calzada Terrados S. 111 ff
124 So auch McKean S. 127
125 Vgl. Rodríguez Artigas RdS 2006, S. 32
126 Vgl. Calzada Terrados S. 125
127 Calzada Terrados S. 126; ähnlich kritisch Olivencia S. 28

seler Bankenüberwachungskommission sowie der OECD aufgriff.[128] Das Gutachten wurde in den folgenden Monaten öffentlich über die Wertpapiermarktkommission diskutiert und von der Arbeitsgruppe abgeändert, so dass das endgültige Gutachten und der vereinheitlichte Kodex, auch Código Conthe genannt[129], im Mai 2006 präsentiert wurde.

Das Gutachten besteht aus einer Einführung, in der die Hintergründe der Entstehung des Kodex dargestellt werden. Anschließend folgen im Anhang 1 des Gutachtens die Grundprinzipien des Kodex sowie die Erläuterungen zu den insgesamt 58 Empfehlungen des Kodex. Diese beziehen sich auf die Hauptversammlung, das Verwaltungsratsgremium, die Verwaltungsräte sowie die Ausschüsse. Zuletzt werden Definitionen zu einzelnen Begriffen aufgeführt. Als Anhänge zum Vereinheitlichten Kodex wird auf die entsprechenden spanischen Rechtsnormen, die Zusammenhänge mit internationalen Corporate Governance Empfehlungen und den bisherigen Ausarbeitungen der Kommissionen Olivencia und Aldama eingegangen. Auch wird die genaue Zusammensetzung der Arbeitsgruppe dargestellt.[130] Im Anhang 2 des Gutachtens folgen dann die Empfehlungen der Kommission an die Regierung, an die Wertpapiermarktkommission und an die Finanzinstitute.[131]

Die Ausarbeitungen des Gutachtens werden, wie bereits erwähnt, den Schwerpunkt in dieser Auseinandersetzung mit der Corporate Governance in Spanien bilden.

III. Gesamtbetrachtung

Sowohl in Deutschland als auch in Spanien fiel der Entstehungszeitpunkt der Corporate Governance Diskussion beinahe zeitgleich auf Ende der 90er Jahre des zwanzigsten Jahrhunderts zusammen, wobei allerdings in Spanien drei Jahre früher als in Deutschland eine Regierungskommission zu diesem Thema eingesetzt wurde.

In beiden Ländern hatten internationale und nationale Unternehmenskrisen, die zunehmend global agierenden Unternehmen und Investoren sowie insbesondere die anglo-amerikanischen Initiativen zur Entwicklung von Corporate

128 Vgl. Díaz Ruiz RDM 2007, S. 201; Torrent RdS 2006, S. 241; Rodríguez Artigas RdS 2006, S. 32

129 Vgl. Corella S. 1; Díaz Ruiz RDM 2007, S. 201; Olivencia S. 27

130 Das gesamte Gutachten ist abrufbar unter www.cnmv.es/index.htm.

131 Vgl. dazu kritisch Mateu de Ros Cerezo S. 375, der der Kommission u.a. vorwirft, nicht deutlich gemacht zu haben, ob es sich um konkrete Vorschläge zu Gesetzesänderungen handelt oder um reine Gedankenanregungen.

Governance Regeln dazu beigetragen, die Corporate Governance Diskussion in Gang zu setzen.

Die deutschen Aktiengesellschaften hatten begonnen, verstärkt um die Gunst der internationalen Investoren zu ringen und sahen sich dabei mit der Problematik konfrontiert, dass das deutsche dualistische System von Aufsichtsrat und Vorstand sowie der deutsche Gesetzesdschungel für ausländische Investoren schwer verständlich und damit hinderlich war[132]. Dementsprechend formulierte die deutsche Regierung den Auftrag an die Kodex-Kommission dahingehend, das deutsche System leicht verständlich zu erläutern und lediglich Handlungsspielräume auf Basis des geltenden Rechts darzustellen.

In Spanien hingegen konzentrierte sich die Diskussion auf die Ausarbeitung von Regeln zur Füllung der Gesetzeslücken, um sich an die internationalen Standards bezüglich Corporate Governance anzupassen und damit den Interessen der steigenden Anzahl der Kleinanleger und ausländischen Investoren entgegenzukommen.

Es ist davon auszugehen, dass Investoren zukünftig noch stärker und aktiver in das Unternehmensgeschehen eingreifen und mit eigenen Forderungen an die Unternehmen herantreten werden, so dass sich beide Länder verstärkt auf die Anforderungen des Kapitalmarkts ausrichten müssen.[133] Beide Länder haben dementsprechend auf die Empfehlungen der eingesetzten Kommissionen reagiert und eine Reihe von Gesetzen zu deren Umsetzung erlassen.

132 Vgl. Schneider DB 2000, S. 2415; Teichmann ZGR 2001, S. 677

133 Vgl. Blum S. 3

E. Grundlagen der Organisationsverfassung

I. Grundsätzliche Unterschiede

Während das deutsche Aktiengesetz gemäß § 23 V AktG eine Abweichung von diesen Vorschriften nur zulässt, wenn es das Gesetz ausdrücklich erwähnt, stellt das spanische Aktiengesetz zum weitaus größten Teil kein zwingendes Recht dar, sondern setzt auf die Privatautonomie und weitgehende Selbstregulierung durch die Gesellschaften.[134]

Auch in der Verwaltung der Aktiengesellschaft liegt zwischen Deutschland und Spanien ein großer Unterschied: Während in Deutschland das duale Führungssystem mit Aufsichtsrat und Vorstand vorgeschrieben ist, sind spanische Aktiengesellschaften einstufig, d.h. mit nur einem Verwaltungsorgan aufgebaut. Ein Aufsichtsrat darf auch nicht eingerichtet werden.[135] Die Einführung des Dualistischen Modells wurde in Spanien zwar immer wieder diskutiert, aber nicht realisiert[136]. Allerdings ist auch in monistisch geprägten Ländern mittlerweile die internationale Tendenz zur faktischen Trennung zwischen Geschäftsführung und Überwachung erkennbar: während wegen des gleichzeitig intensiveren Zusammenwirkens von Vorstand und Aufsichtsrat im dualen Führungssystem bereits von einer praktischen Annäherung der beiden Systeme gesprochen wird[137].

Ferner liegt dem dualistischen System das Kollegialprinzip zugrunde, wonach grundsätzlich eine kollegiale Willensbildung innerhalb der beiden Organe vorgesehen ist.[138] In der monistischen Organisationsstruktur hingegen findet sich vorherrschend das Führerprinzip, wonach die Entscheidungsmacht auf eine zum Teil omnipotente Führungsperson, z.B. den Chief Executive Officer (CEO), konzentriert ist.[139]

---

134 Vgl. Águila-Real RDM 1999, S. 936; Streitbörger S. 3; Embid Irujo/Martínez Sanz ZGR 1997, S. 232; Millentrup S. 16

135 De la Cámara Rdnr. 54; anders nur für die Europäische Aktiengesellschaft – Art. 327 LSA, dazu näher Padrós Reig Informaciones 2006, S. 34, siehe auch oben Fußnote 30

136 Polo Díez S. 592; Tapia Hermida in Baums, Institutional Investors S. 405

137 Vgl. dazu Baums ZIP 1995, S. 15; Sánchez Calero S. 470; Lutter GesRZ 2002, S. 23; Hopt ZGR 2000, S. 779 ff; Börsig in Corporate Governance Report 2006, S. 7 f; Berrar DB 2001, S. 2186; Ringleb in Ringleb S. 20 m.w.N.; auch Teichmann ZGR 2001, S. 668, 678; von einer europaweiten Annäherung spricht Schwarz Rdnr. 713; kritisch dagegen Davies ZGR 2001, S. 268 ff

138 Vgl. Bleicher/Leberl/Paul S. 933

139 Vgl. Pfitzer/Orth in Pfitzer Deutscher Corporate Governance Kodex, S. 74; auch einem Vorstands- oder Aufsichtsratsvorsitzendem kommt nicht die starke Position zu, wie sie ein CEO im monistischen System innehat, vgl. von Werder in Ringleb S. 39

Der vierte große Unterschied in der Organisationsverfassung der beiden Länder liegt in der Mitbestimmung der Arbeitnehmer, die sich nur in einer Unternehmensstruktur verwirklichen lässt, welche die Unternehmensleitung und –überwachung konsequent trennt, so wie das dualistische Modell es tut.[140]

In Deutschland hat die Mitbestimmung einen bedeutenden Einfluss auf die Arbeit und Funktionsweise der Gesellschaftsorgane[141] und gilt als deutsche Besonderheit, die v.a. mit sozialethischen, sozialpolitischen und gesellschaftsrechtlichen Argumenten eingefordert wird.[142] Unterliegt eine Aktiengesellschaft der Montanmitbestimmung, setzt sich der elfköpfige Aufsichtsrat aus jeweils vier Vertretern der Anteilseigner und der Arbeitnehmer sowie drei Vertretern des öffentlichen Interesses zusammen (§ 4 I MontanmitbestG). Bei Aktiengesellschaften, die lediglich dem Mitbestimmungsgesetz unterfallen, d.h. mehr als 2.000 Arbeitnehmer beschäftigen, ist der Aufsichtsrat paritätisch mit Anteilseignern und Arbeitnehmervertretern besetzt. Falls das MitbestG nicht einschlägig ist, greifen bei den börsennotierten deutschen Aktiengesellschaften in der Regel § § 1, 4 des Gesetzes über die Drittelbeteiligung der Arbeitnehmer im Aufsichtsrat, wonach sich der Aufsichtsrat einer Aktiengesellschaft mit in der Regel mehr als 500 Arbeitnehmern zu zwei Dritteln aus Vertretern der Anteilseigner und zu einem Drittel aus Vertretern der Arbeitnehmer zusammensetzt.

Aufgrund dieser Regelungen kann sich ein deutscher Aufsichtsrat aus bis zu 21 Mitgliedern zusammensetzen.

Das spanische Recht kennt keine der deutschen vergleichbare Mitbestimmung der Arbeitnehmer in den Organen der Gesellschaft. Die Mitwirkung der Belegschaft erfolgt allein auf betrieblicher Ebene, auf der die Arbeitnehmerrechte zudem deutlich schwächer ausgeprägt sind als in Deutschland.[143] Entsendungsrechte in den Verwaltungsrat sind gesetzlich nicht normiert und können auch in der Satzung nicht vorgesehen werden.[144] Lediglich einige Sonderbestimmungen sehen in verschiedenen Regionen Spaniens eine Entsendung durch Gewerkschaftsmitglieder vor. Insgesamt ist die spanische Mitbestimmung im Vergleich zu Deutschland sehr schwach ausgeprägt,[145] was sich auch an dem 1999 erfolgten Veto Spaniens zum Kompromiss bezüglich der Europäischen Ak-

140 Vgl. Abeltshauser in Abeltshauser/Buck, Corporate Governance, S. 13

141 Vgl. Baums ZIP 1995, S. 14; Zöllner AG 1994, S. 338

142 Siehe dazu näher Kanavelis S. 25 ff

143 Siehe Figge S. 88 f; Rebhahn NZA 2001, S. 763 ff. Während des Franco-Regimes war eine Arbeitnehmervertretung im Verwaltungsorgan der Gesellschaft gesetzlich vorgesehen. Diese Regelungen wurden allerdings 1980 mit der Arbeitnehmercharta aufgehoben, siehe dazu näher Broseta RDM 1970, S. 265 ff

144 Sánchez Calero S. 27 f

145 Vgl im europäischen Vergleich Figge S. 88 f

tiengesellschaft ablesen lässt, der wegen der minimalen Mitbestimmungsregeln im Entwurf als immer noch zu nachteilig für die Unternehmen und die Arbeitswelt in Spanien angesehen wurde.[146]

II. Leitungsgremien

1. Deutschland

a) Vorstand

Der Vorstand trägt gemäß § 76 I AktG für die Leitung der Gesellschaft, d.h. für die Geschäftsführung und Vertretung, die alleinige Verantwortung und ist damit als notwendiges Unternehmensorgan gegenüber Aufsichtsrat und Hauptversammlung grundsätzlich weisungsunabhängig.[147]

Dieses in Deutschland historisch etablierte[148] dualistische Modell vom Vorstand als Leitungsorgan und Aufsichtsrat als Überwachungsorgan entspricht dem Konzept der Fremdkontrolle und unterscheidet sich dadurch vom monistisch ausgeprägten Board-Modell mit lediglich einem Leitungs-/ Überwachungsorgan wie es insbesondere in den angelsächsischen Unternehmen, aber auch in Spanien charakteristisch ist.[149]

aa) Zusammensetzung

Der Vorstand kann aus ein oder mehreren Personen bestehen (§ 76 II AktG), wobei die Satzung die Zahl der Mitglieder oder die Regeln, nach denen diese Zahl bestimmt wird, festlegen muss (§ 23 III Nr. 6 AktG). Bei Gesellschaften, deren Grundkapital 3 Mio. EUR übersteigt, muss der Vorstand – vorbehaltlich einer abweichenden Regelung in der Satzung – aus mindestens zwei Personen bestehen.[150] Sofern der Vorstand aus mehreren Personen besteht, gilt nach §§ 77 I, 78 II AktG das Kollegialprinzip, wonach sämtliche Mitglieder nur gemeinschaftlich zur Geschäftsführung bzw. Vertretung befugt sind, es sei denn, die Satzung sieht etwas anderes vor. In diesem Fall eines mehrköpfigen Vorstands

146 Vgl. Hopt ZGR 2000, S. 802

147 Vgl. Seibt in Schmidt/Lutter AktG S. 871ff; von Werder in Ringleb S. 43; Jäger, Aktiengesellschaft, S. 381

148 Zur Geschichte des AktG siehe Schmidt in Schmidt/Lutter AktG S. 124 ff

149 Vgl. dazu von Werder in Ringleb S. 43

150 Bei Aktiengesellschaften mit regelmäßig mehr als 2.000 Arbeitnehmern und im Bereich der Montanmitbestimmung besteht der Vorstand zwingend mindestens aus zwei Mitgliedern, da in diesen Fällen ein Arbeitsdirektor bestellt werden muss, § 76 II S. 3 AktG, § 33 I S. 1 MitbestG 1976, § 13 I MontanMitbestG, § 13 MontanMitbestErgG.

ist die Berufung eines Vorsitzenden oder Sprechers des Vorstands zwar möglich (vgl. § 84 II AktG) und empfehlenswert, aber nicht gesetzlich zwingend vorgeschrieben. Auch die Geschäftsverteilung und Zusammenarbeit im Vorstand muss nicht zwingend durch eine Geschäftsordnung geregelt werden (vgl. § 77 II AktG).

bb) Aufgaben und Zuständigkeiten

Der Vorstand hat das Unternehmen unter eigener Verantwortung zu leiten (§ 76 I AktG) und die Geschäfte zu führen (§ 77 I AktG). Im Einzelnen zählen dabei zu seinen wesentlichen Aufgaben die Konkretisierung der Unternehmensziele und die Festlegung der Strategien, mit denen diese Ziele erreicht werden sollen. Dazu gehört auch, dass der Vorstand dafür Sorge trägt, dass im Unternehmen entsprechend geeignete Organisations-, Planungs- und Kontrollsysteme[151] vorhanden und in Kraft sind, die die Umsetzung der unternehmenspolitischen Vorstellungen des Vorstands im Rahmen der Rechtsordnung sicher stellen. Nicht zuletzt ist der Vorstand auch für essentielle Einzelentscheidungen und für die Auswahl, Überwachung und Leitung der Führungsebene[152] zuständig und hat das Unternehmen nach aussen hin zu vertreten.[153]

Seine Vertretungsmacht kann nicht beschränkt werden (§ 82 I AktG). Damit hat der Vorstand eine umfassende Leitungsmacht, die erst dort ihre Grenze findet, wo seine Pflicht betroffen ist, für den Bestand des Unternehmens und damit für dauerhafte Rentabilität zu sorgen.[154] Dies bedeutet, dass er die Gesellschaft in eigener Verantwortung und nach eigenem Ermessen leitet, ohne an die Weisungen anderer Gesellschaftsorgane gebunden zu sein. Dem Vorstand steht dabei ein weiter unternehmerischer Ermessensspielraum zu („business judgement rule"),[155] wobei er die Sorgfalt eines ordentlichen und gewissenhaften Geschäftsleiters anzuwenden hat (§ 93 I S. 1 AktG).

151 § 91 II AktG bestimmt explizit, dass der Vorstand für die Einrichtung eines Überwachungssystems zu sorgen hat, damit den Fortbestand des Unternehmens gefährdende Entwicklungen früh erkannt werden, was insbesondere für deutsche Unternehmen, die an der US-Börse notiert sind, mit dem Sarbanes-Oxley-Act spezifiziert wurde, vgl. dazu näher Wiemken/Hempel S. 58 ff

152 Vgl.Witt in Hommelhoff/Hopt/von Werder, Handbuch Corporate Governance S. 247 f

153 Vgl. § 78 I AktG; ferner von Werder in Ringleb S. 44

154 OLG Hamm, AG 1995, S. 514; Hüffer AktG § 76 Rdnr. 13

155 Damit soll sichergestellt werden, dass unternehmerische Fehlentscheidungen, die ohne grobe Fahrlässigkeit zustande kommen, in den haftungsfreien Bereich des unternehmerischen Ermessens fallen, vgl. dazu Dörner in FS Röhricht S. 827; Schmidt S. 804 f; auch BGH NJW 1997, S. 1926

Der umfassenden Leitungsmacht des Vorstands entspricht auch das umfassende Wettbewerbsverbot des § 88 I AktG, wonach es dem Vorstand nur mit Einwilligung des Aufsichtsrats erlaubt ist, ein Handelsgewerbe zu betreiben, Vorstand, Geschäftsführer oder persönlich haftender Gesellschafter einer anderen Handelsgesellschaft zu sein oder im Geschäftszweig der Gesellschaft für eigene oder fremde Rechnung Geschäfte zu machen.

Ferner hat der Vorstand gemäß § 90 AktG dem Aufsichtsrat regelmäßig bzw. frühzeitig über die beabsichtigte Geschäftspolitik und andere grundsätzliche Fragen der Unternehmensplanung, über die Rentabilität der Gesellschaft und den Gang der Geschäfte sowie über Geschäfte, die für die Rentabilität bzw. Liquidität der Gesellschaft von erheblicher Bedeutung sein können, zu berichten.

cc) Ernennung und Abberufung

Der Vorstand wird durch den Aufsichtsrat auf höchstens fünf Jahre bestellt, wobei eine wiederholte Bestellung bzw. Verlängerung zulässig ist (§ § 30 IV, 84 I AktG). Dabei kann und soll der Aufsichtsrat den Vorstand einbinden, muss aber zu jeder Zeit Herr des Verfahrens bleiben. Eine faktische Kooptation neuer Mitglieder durch den Vorstand entspricht damit nicht dem Gesetz.[156]
Als Vorstand kann nur berufen werden, wer eine unbeschränkt geschäftsfähige natürliche Person ist, und weder gemäß § 1903 BGB betreut wird, noch wegen einer Insolvenzstraftat verurteilt wurde oder einem Berufs- oder Gewerbeverbot unterliegt (vgl. § 76 III AktG).

Der Aufsichtsrat kann die Bestellung des Vorstands aus wichtigem Grund, z.B. wegen grober Pflichtverletzung, Unfähigkeit zur ordnungsgemäßen Geschäftsführung oder Vertrauensentzug durch die Hauptversammlung, widerrufen und den Anstellungsvertrag kündigen (§ 84 III AktG).

dd) Vergütung

Als Ausfluss seiner Personalkompetenz entscheidet der Aufsichtsrat als Plenum[157] auch über die Festsetzung der Bezüge der Vorstandsmitglieder. Dazu zählen neben dem Gehalt Gewinnbeteiligungen, Aufwandsentschädigungen, Versicherungsentgelte und Provisionen auch anreizorientierte Vergütungszusagen wie z.B. Aktienbezugsrechte und Nebenleistungen jeder Art.

---

156 Von Werder in Ringleb S. 47

157 Die Delegation an einen Ausschuss ist damit seit dem VorstAG vom 5.8.2009 nur noch zur Vorbereitung der Entscheidung im Plenum zulässig. Kritisch dazu Lingemann BB 2009, S. 1922, der insbesondere die dadurch bedingte fehlende Vertraulichkeit und Flexibilität bei den Verhandlungen kritisiert.

Das Gesetz gibt allerdings nicht vor, aus welchen Vergütungsbestandteilen sich die Vergütung der Vorstandsmitglieder zusammensetzen muss.[158] Dementsprechend finden sich zahlreiche Varianten der Vorstandsvergütung, z.B. Ermessens- und Umsatztantiemen, Mindesttantiemen, Gewährung von Aktienoptionen, etc. plus Cafeteria-Systeme mit verschiedenen flexiblen Wahlmöglichkeiten, z.B. Direktversicherungen, Dienstwagen, betriebliche Altersversorgung, Dienstwohnung etc., wobei für die Festlegung der Vorstandsvergütung eine Kombination aus leistungs- und erfolgsbezogenen Komponenten dominiert.

In Deutschland erhalten Vorstände durchschnittlich einen relativ hohen fixen Vergütungsanteil und die Vergütungshöhe hängt bislang weitaus stärker von der Unternehmensgröße als vom erzielten Unternehmenserfolg ab.[159]

Der Aufsichtsrat muss – trotz seiner grundsätzlich weiten Gestaltungsfreiheit – dafür sorgen, dass die Gesamtbezüge in einem angemessenen Verhältnis zu den Aufgaben und Leistungen des einzelnen Vorstandsmitglieds sowie zur Lage der Gesellschaft stehen (§ 87 I AktG). [160] Sie dürfen zudem die übliche Vergütung nicht ohne besondere Gründe übersteigen[161], wobei für die Festlegung der Üblichkeit Unternehmen derselben Branche, ähnlicher Größe und Komplexität in die Bemessung einzubeziehen sind und als landesüblich nur die Üblichkeit im Geltungsbereich des Gesetzes anzusehen ist.[162] Ferner kann zur Ermittlung der Üblichkeit auch das Lohn- und Gehaltsgefüge im Unternehmen selbst herangezogen werden.[163]

Durch das VorstAG[164] wurde im AktG zudem die Berücksichtigung der nachhaltigen Unternehmensentwicklung bei der Festlegung der Vergütungsstruktur vorgeschrieben[165], wobei diese Nachhaltigkeit auch dadurch erreicht werden soll, dass variable Vergütungen auf einer mehrjährigen Bemessungsgrundlage erfolgen sollen[166]. Wie diese mehrjährige Bemessungsgrundlage aus-

158 Durch das TransPuG vom 19.7.2002 wurde § 86 AktG gestrichen, wonach der Vorstand am Gewinn der Gesellschaft zu beteiligen war. Diese Regelung wurde als überholt und überflüssig betrachtet, vgl. BT-Drs. 14/8769, S. 13

159 Vgl. Schwetzler DBW 1999, S. 336 m.w.N.

160 Vgl. dazu ausführlich Jäger S. 463 ff

161 § 87 I S. 1 letzter HS. AktG, der durch das VorstAG vom 5.8.2009 eingefügt wurde.

162 Siehe die Begründung des Rechtsausschusses unter BT-Drs. 16/13433, S. 15

163 Vgl. Lingemann BB 2009, S. 1919

164 Gesetz zur Angemessenheit der Vorstandsvergütung vom 5.8.2009, BGBl. I 2009, S. 2509

165 Vgl. § 87 I S. 2 AktG; siehe auch (6), (8), II 3.2 der Empfehlung der Kommission vom 30.4.2009 zur Ergänzung der Empfehlungen 2004/913/EG und 2005/162/EG zur Regelung der Vergütung von Mitgliedern der Unternehmensleitung börsennotierter Gesellschaften unter www.eur-lex.europa.eu

166 Vgl. § 87 I S. 3 AktG, ebenfalls durch das VorstAG vom 5.8.2009 neu eingefügt.

sehen soll, erläutert der Gesetzgeber nicht, sondern nennt lediglich Bonus-Malus-Systeme und Performance-Betrachtungen über die Gesamtlaufzeit. Es soll zudem nicht ausreichen, wenn nur die Auszahlung hinausgeschoben wird. Vielmehr müssen die variablen Bestandteile auch an negativen Entwicklungen im gesamten Bemessungszeitraum teilnehmen.[167] Flankiert wird diese Nachhaltigkeitsausrichtung durch eine Änderung des § 193 II Nr. 4 AktG, wonach Aktienoptionen künftig frühestens vier Jahre nach Einräumung der Option ausgeübt werden dürfen.

Um exzessive Vergütungen zu vermeiden, soll der Aufsichtsrat nach dem neuen § 87 I S. 3 2. HS AktG für ausserordentliche Entwicklungen eine Begrenzungsmöglichkeit („Cap“) vorsehen und damit verhindern, dass der Vorstand von solchen Entwicklungen ungehindert profitiert.[168] Ferner soll der Aufsichtsrat bei einer Verschlechterung der Lage der Gesellschaft und gleichzeitiger Unbilligkeit der Weiterzahlung der Bezüge diese auf die angemessene Höhe herabsetzen (§ 87 II AktG).

Bei unverhältnismäßig hohen Vergütungsleistungen galt bislang, dass die allgemeinen Grundsätze der Sittenwidrigkeit (§ 138 BGB) und Insolvenzanfechtung (§ § 129 ff InsO) zum Schutz der Gläubiger weiterhelfen sollten. Ein weitergehender Aktionärsschutz bei der Festlegung der Vorstandsvergütung war vom Gesetz nicht für notwendig erachtet worden.[169]
Das VorstAG vom 5.8.2009 betont nunmehr die Schadensersatzpflicht des Aufsichtsrates gemäß § 116 S. 2 AktG, falls er eine unangemessene Vorstandsvergütung festsetzt.[170]

Durch das Transparenz- und Publizitätsgesetz wurden die aktienbasierten Vergütungsbestandteile in den Begriff der Gesamtbezüge gemäß § 285 S. 1 Nr. 9a HGB einbezogen, so dass das VorstOG[171] in Verbindung mit § § 285 S. 1 Nr. 9a, S. 5, 314 I Nr.6 S. 5 HGB sowie das VorstAG[172] die Aktiengesellschaft nun verpflichtet, die Vorstandsvergütung individualisiert im Anhang, aufgeteilt nach erfolgsabhängigen und erfolgsunabhängigen Komponenten sowie solchen mit langfristiger Anreizwirkung und auch die zugesagten und ausbezahlten Leistungen bei Beendigung der Vorstandstätigkeit offen zu legen. Auch sind Leis-

---

167 Siehe BT-Drs. 16/13433, S. 16; Bosse BB 2009, S. 1651

168 Siehe BT-Drs. 16/13433, S. 16; Lingemann BB 2009, S. 1919

169 Im Gegensatz zur früheren Gesetzesfassung, vgl. Jäger S. 465 f

170 Kritisch dazu Lingemann BB 2009, S. 1923

171 Gesetz über die Offenlegung von Vorstandsvergütungen vom 3.8.2005, BGBl. I 2005, S. 2267; siehe hierzu z.B. Fleischer DB 2005, S. 1611 ff

172 Gesetz zur Angemessenheit der Vorstandsvergütung vom 5.8.2009, BGBl. I 2009, S. 2509

tungen Dritter sowie sonstige Angaben, die der Jahresabschluss zu bestimmten Bezügen enthält, individualisiert anzugeben.[173]

b) Aufsichtsrat

Die Überwachungsfunktion des Aufsichtsrates ist in § 111 I AktG festgelegt, während gleichzeitig die sogenannte Inkompatibilitätsregelung des § 105 I AktG gewährleistet, dass eine strikte Trennung zwischen Vorstand und Aufsichtsrat, d.h. zwischen Leitung und Kontrolle der beiden Pflichtorgane sichergestellt bleibt.[174]

Der Aufsichtsrat muss jährlich mindestens viermal zusammentreten (§ 110 III S. 1 AktG). Im übrigen ist die innere Organisation des Aufsichtsrats durch den Grundsatz der Selbstorganisation geprägt.[175]

aa) Wahl und Zusammensetzung

Grundsätzlich[176] werden die von den Anteilseignern in den Aufsichtsrat zu entsendenden Mitglieder des Aufsichtsrates von diesem vorgeschlagen und von der Hauptversammlung ohne Bindung an Wahlvorschläge gewählt. Welches Wahlverfahren dabei anzuwenden ist, schreibt das Gesetz nicht vor, so dass drei verschiedene Wahlverfahren zur Verfügung stehen: die Einzelwahl, die Listen-/Globalwahl oder die Simultanwahl. In der Praxis vorherrschend ist derzeit die Listenwahl, bei der die Kandidaten in einer Liste zusammengestellt werden und die Anteilseigner diese zur Abstimmung stehende Liste nur insgesamt annehmen oder ablehnen können.[177]

Die Wahl des Aufsichtsratsvorsitzenden, der im Gesetz nur an wenigen Stellen erwähnt wird,[178] obliegt als Angelegenheit der inneren Ordnung dem Aufsichtsrat selbst (§ 107 I AktG). Die Dauer der Amtszeit sowie die Abberufung der Aufsichtsratsmitglieder sind in § § 102, 103 AktG geregelt.

---

173 Vgl. Seibt in Schmidt/Lutter AktG S. 992; Lingemann BB 2009, S. 1923

174 Siehe dazu Lieder S. 178

175 Vgl. Pfitzer/Höreth in Pfitzer Deutscher Corporate Governance Kodex, S. 160; die § § 107 bis 110 AktG geben lediglich einen organisatorischen Rahmen vor.

176 § § 124 III S. 1, 101 I AktG; Ausnahmen gelten für Entsendungen, vgl. § 101 I, II AktG sowie für die Bindung an Wahlvorschläge im Montanmitbestimmungsbereich, vgl. Hüffer AktG § 101 Rdnr. 4

177 Vgl. Semler in MüKo AktG, § 101 Rdnr. 33

178 Vgl. § § 90 I S. 3, 107 I, 110 I, 184 I AktG; zur Zusammenfassung seiner Aufgaben und Befugnisse siehe Sihler WPg-Sonderheft 2001, S. 12

Hinsichtlich der Qualifikation der Kandidaten hält sich das Gesetz weitestgehend zurück[179]. Die Rechtsprechung fordert als Mindestvoraussetzung, dass alle normalerweise anfallenden Geschäftsvorgänge ohne fremde Hilfe verstanden und sachgerecht beurteilt werden können.[180] Lediglich nach § 100 V AktG muss mindestens ein unabhängiges Mitglied über Sachverstand auf den Gebieten Rechnungslegung oder Abschlussprüfung verfügen.

Durch das VorstAG[181] wurde der in Deutschland bislang häufige Wechsel vom Vorstand in den Aufsichtsrat durch die Einführung einer „cooling-off period" in § 100 II Nr. 4. AktG erschwert. Demnach kann kein Mitglied des Aufsichtsrates sein, wer in den letzten zwei Jahren Vorstandsmitglied derselben börsennotierten Gesellschaft war. Eine Ausnahme gilt nur dann, wenn seine Wahl auf Vorschlag von Aktionären beruht, die mehr als 25 Prozent der Stimmrechte an der Gesellschaft halten (§ 100 II Nr. 4. 2. HS AktG).

Der Aufsichtsrat besteht aus mindestens drei Mitgliedern.[182] In der Satzung kann auch eine höhere Anzahl von Aufsichtsratsmitgliedern festgelegt werden, wobei diese aber stets durch drei teilbar sein muss (§ 95 S. 1-3 AktG). Die Höchstzahl der Aufsichtsratsmitglieder hängt von der Höhe des Grundkapitals ab und beträgt bei einem Grundkapital von bis zu 1, 5 Millionen Euro neun, von mehr als 1,5 Millionen Euro fünfzehn und von mehr als 10 Millionen Euro einundzwanzig Aufsichtsratsmitglieder (§ 95 S. 4 AktG).

Eine deutsche Besonderheit besteht in der teilweisen Besetzung des Aufsichtsrates mit Arbeitnehmervertretern. In Gesellschaften mit mehr als 2.000 beschäftigten Arbeitnehmern ist der Aufsichtsrat je nach Unternehmensgröße paritätisch mit je sechs, acht oder zehn Vertretern der Anteilseigner und der Arbeitnehmer besetzt. Bei Pattentscheidungen gibt das Votum des Aufsichtsratsvorsitzenden, der praktisch immer ein Vertreter der Anteilseignerseite ist, den Ausschlag.[183] Bei kleineren Aktiengesellschaften, die in der Regel mehr als 500 und bis zu 2.000 Arbeitnehmer beschäftigen, besteht der Aufsichtsrat zu zwei Dritteln aus Vertretern der Anteilseigner und zu einem Drittel aus Vertretern der Arbeitnehmer (§ 96 AktG, § § 1, 4 DrittelbG).

---

179 § 100 AktG legt einige persönliche Voraussetzungen fest, die insbesondere die effektive Überwachungstätigkeit des Aufsichtsrates bezwecken, vgl. Hüffer AktG § 100 Rdnr. 1

180 Vgl. BGH Urteil vom 15.11.1982 in NJW 1983, S. 991

181 Gesetz zur Angemessenheit der Vorstandsvergütung vom 5.8.2009, BGBl. I 2009, S. 2509

182 Zu den Ausnahmen von dieser Regelung für das Mitbestimmungsgesetz, das Montan-Mitbestimmungsgesetz sowie das Mitbestimmungsergänzungsgesetz siehe § 95 S. 5 AktG.

183 § 96 AktG, § § 27 II, 29 II, 31 IV MitBestG; zu den Ausnahmen für den Montanbereich siehe § 4 I MontanmitbestG.

Auf die Zusammensetzung der Arbeitnehmerseite des Aufsichtsrates hat die Gesellschaft keinen Einfluss. Die Arbeitnehmervertreter werden aufgrund ihres Ansehens als Funktionäre in den Arbeitnehmervertretungen von den Mitarbeitern gewählt.[184]

Das deutsche Mitbestimmungsrecht wurde und wird heftig diskutiert, insbesondere, da ausländische Belegschaften an der deutschen Mitbestimmung nicht beteiligt werden können und befürchtet wird, dass sich diese deutsche Spezialität im weltweiten Wettbewerb um Investitionskapital als nachteilig erweisen könnte.[185]

bb) Aufgaben und Zuständigkeiten

Die Überwachungsfunktion des Aufsichtsrates ist explizit im Gesetz (§ 111 I AktG) festgelegt und erstreckt sich auf die Legalität, die Ordnungsmäßigkeit, die Zweckmäßigkeit und die Wirtschaftlichkeit der Geschäftsführung des Vorstands. Dies konkretisiert sich in weiteren gesetzlich geregelten Einwirkungsmöglichkeiten des Aufsichtsrates wie vor allem der Entgegennahme, der Anforderung und dem Studium der Vorstandsberichte (§ 90 AktG) und der Prüfung von Jahresabschluss, Lagebericht und Gewinnverwendungsbeschluss sowie der schriftlichen Berichterstattung über das Ergebnis dieser Prüfung an die Hauptversammlung (§ 171 II AktG). Insbesondere obliegt dem Aufsichtsrat wie gezeigt[186] auch die Personalkompetenz über die Vorstandsmitglieder. Er fasst Beschluss über die Kreditgewährung an diese (§ 89 AktG) und entscheidet über Dienst- und Werkverträge eines Aufsichtsrates mit der Gesellschaft[187].

Der Aufsichtsrat ist gemäß § 124 III S. 1 AktG befugt, einen Abschlussprüfer vorzuschlagen, er erteilt den Prüfungsauftrag[188] und beruft die Hauptversammlung ein (§ 111 III AktG).

Durch das BilMoG vom 29.5.2009[189] wurde in § 107 III AktG zudem die Überwachungsfunktion des Aufsichtsrates hinsichtlich des Risikomanagements, der internen Revision sowie der Abschlussprüfung und der Unabhängigkeit des Abschlussprüfers konkretisiert.

---

184 Vgl. Schwark ZHR 2002, S. 103

185 Vgl. ausführlich zur Diskussion um das deutsche Mitbestimmungsrecht Höpner, Die Mitbestimmung 9/2003,

S. 52 ff; Ulmer ZHR 2002, S. 271 ff; Baums/Scott S. 45; siehe auch unten F.IV.1.g)

186 Siehe dazu E.II.1.a) cc), dd)

187 Vgl. § 114 AktG

188 Vgl. § 111 II S. 3 AktG; Der Aufsichtsrat hat auch die Möglichkeit, bei der Feststellung des Jahresabschlusses gemäß § 172 AktG mitzuwirken.

189 Bilanzrechtsmodernisierungsgesetz BGBl. I 2009, S. 1102 ff

Der Aufsichtsrat hat ferner bestimmte Arten von Geschäften festzulegen, die nur mit seiner Zustimmung vorgenommen werden dürfen (§ 111 IV S. 2 AktG). Dabei handelt es sich um alle wesentlichen Geschäfte mit Auswirkung auf die Vermögens-, Finanz- und Ertragslage des Unternehmens, welche dem Aufsichtsrat zur Zustimmung vorzulegen sind.[190] Abgesehen von dieser Bestimmung in § 111 IV S. 2 AktG kann die Satzung dem Aufsichtsrat jedoch weder weitere Aufgaben zuweisen noch Befugnisse entziehen.[191]

Die Überwachungsfunktion des Aufsichtsrates gegenüber der Unternehmensleitung ist weniger als eine ex-post-Kontrolle ausgestaltet, sondern soll vielmehr einer kooperativen, aktiven Beratung des Vorstands als gleichberechtigter Partner, insbesondere bei strategischen Grundsatzentscheidungen für das Unternehmen entsprechen, wie es schon seit längerem von der höchstrichterlichen Rechtsprechung und von der Literatur gefordert wird.[192]

cc) Vergütung

Die Aufsichtsratsmitglieder haben keinen direkten gesetzlichen Vergütungsanspruch. Ihnen kann allerdings eine Vergütung gewährt werden, die in der Satzung festgelegt oder von der Hauptversammlung bewilligt wird (§ 113 I S. 1, 2 AktG).

Die Vergütung soll gemäß § 113 I S. 3 AktG in einem angemessenen Verhältnis zu den Aufgaben der Aufsichtsratsmitglieder und zur Lage der Gesellschaft stehen und muss für den Aufsichtsrat als Gesamtorgan im Anhang zum Jahresabschluss veröffentlicht werden.[193] Eine weitergehende inhaltliche Vorgabe zur Vergütung von Aufsichtsratsmitgliedern sieht das Gesetz nicht vor, sondern erwähnt in § 113 III AktG lediglich, dass ihnen ein Anteil am Jahresgewinn der Gesellschaft gewährt werden kann.

Inwieweit weitere Formen erfolgsabhängiger Vergütung für Aufsichtsratsmitglieder zulässig sind, ist heftig umstritten.[194] Insbesondere die Frage, ob Aktienoptionsprogramme eine zulässige Vergütungsform für Aufsichtsratsmitglieder darstellen, wird in Literatur und Rechtsprechung kontrovers diskutiert.

---

190 Zur Historie dieser Vorschrift vgl. Pfitzer/Orth in Pfitzer Deutscher Corporate Governance Kodex, S. 81; Baums, Bericht der Regierungskommission, Rdnr. 34

191 Hüffer AktG § 111 Rdnr. 1

192 Vgl. Potthoff/Trescher S. 295 f; Schmidt S. 686; Ruhwedel/Epstein BB 2003, S. 162; Bleicher/Leberl/Paul S. 59 f; BGH Urteil vom 23.3.1991 in DB 1991, S. 1212

193 So bezüglich der Publizierung § 285 Ziffer 9 HGB

194 Näher z.B. zum Streit, ob die Anknüpfung der Vergütung an Ergebniszahlen der Gesellschaft, wie z.B. EBIT oder EBITDA zulässig sind: Marsch-Barner FS Röhricht S. 417; Hoffmann-Becking ZHR 2005, S. 176 f; Krieger FS Röhricht S. 358 f

Einerseits wird diese Vergütungsform bejaht, da sie zu einer Aufwertung des ohnehin, gemessen an Aufwand und Verantwortung relativ niedrigen Vergütungsniveaus von Aufsichtsräten[195] und der Aufsichtsratstätigkeit an sich führen würde und zudem bei den Aufsichtsräten die Verantwortung und damit die Motivation für den Erfolg des Unternehmens steigern würde.[196]

Andererseits werden Stock Options für Aufsichtsratsmitglieder als mit ihrer Überwachungsfunktion unvereinbar angesehen.[197] Durch Aktienoptionspläne würde es unvermeidlich zu Interessenkollissionen kommen und damit könnte die Kontrolle über den Vorstand nicht mehr sachgerecht und neutral ausgeübt werden, da die Aufsichtsräte ebenfalls von kurzfristigen Kurssteigerungen der Aktie profitieren würden.[198]

dd) Ausschüsse

§ 107 III S. 1 AktG sieht vor, dass der Aufsichtsrat aus seiner Mitte einen oder mehrere Ausschüsse bestellen kann und dass diese Ausschüsse befugt sind, Verhandlungen des Aufsichtsrates sowie Aufsichtsratsbeschlüsse vorzubereiten und deren Ausführung zu überwachen. Darüber, ob und inwieweit Ausschüsse gebildet werden und welche Aufgaben ihnen zugewiesen werden, entscheidet der Aufsichtsrat autonom. Weder die Satzung noch die Hauptversammlung können die Einsetzung eines bestimmten Ausschusses verlangen oder verbieten.[199] Sofern jedoch ein Ausschuss gebildet wird, muss dieser aus mindestens zwei, bei beschließenden Ausschüssen, d.h. bei Ausschüssen, die endgültig Beschlüsse fassen, ohne dass es der Mitwirkung des gesamten Aufsichtsrates bedarf, wegen § 108 II S. 3 AktG aus mindestens drei Aufsichtsratsmitgliedern bestehen.

Über die Arbeit des Ausschusses muss dem Aufsichtsrat regelmäßig berichtet werden (§ 107 III S. 4 AktG).

Bestimmte Beschlussgegenstände müssen allerdings dem Votum des gesamten Aufsichtsrates vorbehalten bleiben, so z.B. die Vorstandsvergütung, die Wahl des Aufsichtsratsvorsitzenden, der Beschluss über die Bestellung von Vorstandsmitgliedern und den Widerruf aus wichtigem Grund, die Einberufung der

195 Vgl. Peltzer Rdnr. 304

196 Vgl. Hüffer AktG § 192 Rdnr. 21; Claussen FS Röhricht, S. 72 ff

197 Vgl. BGHZ 158, 125 ff = NJW 2004, S. 1109; Habersack ZGR 2004, S. 728 ff

198 So Habersack ZGR 2004, S. 725; Pfitzer/Höreth in Pfitzer Deutscher Corporate Goverance Kodex, S. 192, wobei die Ablehnung durch den BGH mit dem dahinterstehenden politischen Willen dargestellt wird. Siehe näher zu dieser Diskussion unten F.II.1b)dd).

199 Vgl. Hüffer AktG § 107 Rdnr. 16; BGHZ 122, 342, 355 = NJW 1993, S. 2307; siehe allerdings auch § 324 I HGB, wonach bestimmte Kapitalgesellschaften einen Prüfungsausschuss einrichten müssen.

Hauptversammlung, die Prüfung des Jahresabschlusses nebst Lagebericht und die Stellungnahme zum Vorschlag des Vorstands über die Verwendung des Bilanzgewinns, die Billigung des Jahresabschlusses oder der Beschluss über die Zustimmungsvorbehalte des Aufsichtsrates.[200] Ferner folgt aus dem Selbstorganisationsrecht des Aufsichtsrates auch, dass das Gesamtplenum u.a. für den Erlass einer Geschäftsordnung des Aufsichtsrates und für die Bildung von Ausschüssen zuständig bleiben muss.[201]

c) Transparenzvorschriften

Der Vorstand muss Insiderinformationen, die die Gesellschaft unmittelbar betreffen, grundsätzlich unverzüglich veröffentlichen (sogenannte Ad-hoc-Mitteilung). Dabei sind unter Insiderinformationen konkrete Informationen über nicht öffentlich bekannte Umstände zu verstehen, die sich auf einen oder mehrere Emittenten beziehen und die geeignet sind, im Falle ihres öffentlichen Bekanntwerdens den Börsen- oder Marktpreis der Insiderpapiere erheblich zu beeinflussen.[202]

Eine Befreiung von der Pflicht zur unverzüglichen Ad-hoc-Mitteilung ergibt sich nur in engen Grenzen gemäß § 15 III WpHG, wenn der Schutz der berechtigten Interessen des Emittenten größer ist als das Interesse des Kapitalmarkts an einer vollständigen und zeitnahen Veröffentlichung, eine Irreführung der Öffentlichkeit nicht zu befürchten ist und der Emittent die Vertraulichkeit der Information gewährleisten kann.

Weitere hier relevante Mitteilungs- und Veröffentlichungspflichten finden sich in § § 21, 25 WpHG, wonach die börsennotierte Gesellschaft die Mitteilung des Kapitalmarktteilnehmers über dessen Erwerb oder Veräusserung von 3 %, 5 %, 10 %, 15 %, 20 %, 25 %, 30 %, 50 % oder 75 % der Stimmrechte an dieser Gesellschaft in einem überregionalen Börsenpflichtblatt veröffentlichen muss. Diese Regelungen dienen dazu, der Öffentlichkeit genauere Zahlen über die Zusammensetzung des Aktionärskreises einer Gesellschaft zur Verfügung zu stellen.[203]

---

200 Dazu näher § 107 III S. 3 AktG; Pfitzer/Höreth in Pfitzer Deutscher Corporate Goverance Kodex, S. 176

201 Siehe Hüffer AktG § 107 Rdnr. 23; Lieder S. 752

202 Vgl. § § 15, 13 WpHG, § 4 I WpAIV; Ein Katalog mit Fallkonstellationen, die grundsätzlich für eine Ad-hoc-Mitteilung infrage kommen, befindet sich im Emittentenleitfaden der Bundesanstalt für Finanzdienstleistungsaufsicht vom 28.4.2009, S. 56 f, abrufbar unter www.bafin.de>Veröffentlichungen>Leitfäden.

203 Vgl. zur Gesetzesbegründung BT-Drs. 12/6679, S. 52

Ferner haben insbesondere die Vorstands- und Aufsichtsratsmitglieder eines Unternehmens sowie zu ihnen in enger Beziehung stehende Personen die Pflicht, eigene Geschäfte mit Aktien des Unternehmens diesem und der Bundesanstalt für Finanzdienstleistungsaufsicht innerhalb von fünf Werktagen mitzuteilen (§ 15 a I WpHG).

2. Spanien

a) Verwaltungsorgan

Im Gegensatz zu Deutschland ist die spanische Aktiengesellschaft auf gesetzlicher Ebene zwingend nach dem einstufigen Verwaltungssystem organisiert und kennt damit als Organe nur die Hauptversammlung und die Verwalter bzw. den Verwaltungsrat.[204] Die Organisation der Verwaltung ist in den Statuten festzulegen. Dabei bietet das Gesetz verschiedene Gestaltungsmöglichkeiten an, aus denen die Gesellschaft eine wählen und von einer Struktur in eine andere wechseln kann[205]:

Demnach können einem Verwalter sämtliche Geschäftsführungs- und Vertretungsbefugnisse zukommen, mehrere Verwalter Einzelgeschäftsführungsbefugnis haben, zwei Verwalter gesamtgeschäftsführungsbefugt sein oder ein Verwaltungsrat eingerichtet werden, der aus mindestens drei Mitgliedern besteht und die gemäß Festlegung in den Statuten einzel- oder gesamtvertretungsberechtigt sind.

Für die börsennotierte Aktiengesellschaft wurde mit der Reform durch das Ley 44/2002 die Einrichtung eines Verwaltungsrates zwingend vorgeschrieben[206], was in der Praxis bereits der Regelfall war.[207]

aa) Zusammensetzung und Qualifikation

Der spanische Gesetzgeber sieht nur bei bestimmten Gesellschaften eine Mindestanzahl von drei Verwaltern vor[208], überlässt es ansonsten jedoch der Gesellschaft, wie viele Verwalter sie bestellt.

---

204 Vgl. Jiménez Sánchez S. 318

205 Vgl. Sánchez Calero S. 18; siehe auch Berger/Eckert/Grechenig ZfRV 2002, S. 169

206 Vgl. Art. 47 des Ley 44/2002, wonach ein Verwaltungsrat den Prüfungsausschuss bestellen muss; dazu auch Sánchez Calero RDBB 2003, S. 191 ff; Guerra Martín S. 603 ff; Alfonso Sánchez/Sánchez Ruiz RDM 2007, S. 1052; Martín de Vidales/López-Jorrín in Pérez-Ardá S. 264

207 Grechenig S. 24

Verwalter kann nur werden, wer nicht minderjährig ist (Art. 124 LSA) und die notwendige Fähigkeit in Bezug auf die Geschäftsführung hat (Art. 4 Código de Comercio). Dazu gehört laut Gesetz für bestimmte Gesellschaften ein „kaufmännisches und berufsspezifisches Ansehen“[209]. Personen mit Krankheiten oder anhaltenden physischen bzw. psychischen Mängeln, die eigene Entscheidungen unmöglich machen, können ebenso wenig zum Verwalter bestellt werden wie Personen bei Einleitung eines Konkursverfahrens und bei Ausschluss von bzw. Inkompatibilität mit öffentlichen Ämtern sowie bei Verurteilungen wegen schwerwiegenden Verstößen gegen Gesetzes- und Satzungsbestimmungen (Art. 124 LSA).

Die Satzung kann zusätzliche Anforderungen an die Verwalter stellen. Soweit dies nicht der Fall ist, unterliegt die Hauptversammlung bei der Personalauswahl nur der allgemeinen Treuepflicht. Eine Beschränkung der Verwaltungsposten, die ein Verwalter maximal innehaben darf, ist nach spanischem Recht grundsätzlich nicht vorgesehen.[210] Ebensowenig ein Wettbewerbsverbot, wobei jedoch Verwaltungsräte, die bei der Konkurrenz tätig sind, auf Antrag eines Aktionärs ihr Amt verlieren (Art. 132 II LSA).

bb) Präsident des Verwaltungsrates

Der Vorsitzende des Verwaltungsrates (Präsident) wird – sofern die Satzung nichts anderes bestimmt – vom Verwaltungsrat aus dessen Mitte gewählt und abberufen.[211] Er ist primus inter pares und kann von der Hauptversammlung jederzeit als Verwalter abberufen werden, so dass er auch sein Amt als Vorsitzender verliert.[212]

Seine Aufgaben liegen in der Einberufung des Verwaltungsrates, der Feststellung der Beschlussfähigkeit desselben und der Verkündung der Ergebnisse der Abstimmungen. Allerdings ermöglicht es die Organisationsautonomie den Aktiengesellschaften, dem Präsidenten neben den gesetzlich vorgesehenen Funktionen durch Satzung oder Geschäftsordnung weitere Kompetenzen zu übertragen. Dementsprechend wurde die Erweiterung der Entscheidungsmacht des Präsidenten über das gesetzlich vorgesehene Ausmaß in der Praxis zum Re-

---

208 So z.B. Sportaktiengesellschaften, Wertpapiergesellschaften, Privatbanken, Versicherungsgesellschaften und börsennotierte Aktiengesellschaften, vgl. Sánchez Calero S. 344

209 So z.B. für Banken, Wertpapiergesellschaften, Sportgesellschaften, vgl. Pérez Carillo RdS 2000, S. 299 f

210 Spezifische Ausnahmen gelten z.B. für Privatbanken, vgl. Streitbörger S. 11

211 Vgl. Sacristán Represa in Velasco S. 252 ff

212 Siehe Sánchez Calero S. 458; Sacristán Represa in Velasco S. 253

gelfall, so dass dem Präsidenten die Verantwortung für das gesamte Funktionieren des Verwaltungsrates übertragen ist.[213]

Zudem kann der Präsident des Verwaltungsrates gleichzeitig Vorsitzender des Geschäftsführungsausschusses und der Hauptversammlung sein, was zu einer erheblichen Kompetenzakkumulation führt, deren Einschränkung häufig gefordert wird.[214]

cc) Aufgaben und Zuständigkeiten des Verwaltungsorgans

Das Verwaltungsorgan führt die ordentlichen und ausserordentlichen Geschäfte der Gesellschaft und vertritt diese nach aussen, womit auch die gesamte Planung, Kontrolle und Koordination des Unternehmens umfasst ist.[215] Dabei entscheidet der Verwaltungsrat als Kollegialorgan durch mehrheitlichen Beschluss der anwesenden Verwalter (Art. 140 I LSA), wobei – sofern die Satzung kein höheres Quorum vorsieht[216] - mehr als die Hälfte der Verwalter an der Sitzung teilnehmen muss (Art. 139 LSA). Verwalter können sich nicht von Dritten, sondern nur von anderen Mitgliedern des Verwaltungsrates in den Sitzungen vertreten lassen (Art. 97 I S. 4 RRM).

Dem Verwaltungsorgan obliegt beispielsweise die Einberufung der Hauptversammlung (Art. 94 LSA), die Information der Aktionäre (Art. 112 LSA), die Aufstellung und die Unterschrift von Jahresabschluss und Lagebericht (Art. 171 LSA), die Bestellung und Abberufung der Mitglieder der Ausschüsse[217] etc.. Das Verwaltungsorgan besitzt damit, ähnlich dem Vorstand im deutschen Recht[218], eine sehr umfassende Handlungskompetenz, die Dritten gegenüber nicht eingeschränkt werden kann, selbst wenn die Beschränkung der Verwalterkompetenzen im Handelsregister eingetragen ist (Art. 129 I LSA) oder die Handlung der Verwalter nicht vom Gesellschaftszweck umfasst ist (Art. 129 II LSA).

Bedeutsam ist dabei auch, dass der Verwaltungsrat seine Geschäftsordnung selbst regeln muss[219] und damit seine eigene Geschäftsführung bestimmen, sowie Aufgaben delegieren kann. Nicht delegierbar sind lediglich die Befugnisse zur Rechnungslegung und zur Vorlage der Bilanzen in der Hauptversammlung sowie grundsätzlich die Befugnisse, die die Hauptversammlung dem Verwal-

---

213 Vgl. Sacristán Represa in Velasco S. 252 ff; Streitbörger S. 49

214 Vgl. Sacristán Represa in Velasco S. 266f; Sánchez Calero S. 457; Grechenig S. 44; Martínez Sanz in Arroyo/Embid Band II, S. 1492 f

215 So Rodríguez in Velasco S. 422; Sánchez Calero S. 298

216 Vgl. Uría in Uría/Menéndez S. 907

217 Vgl. Martínez Sanz in Arroyo/Embid Band II S. 1507; Sánchez Calero S. 402

218 Vgl. § 82 I AktG

219 Siehe Art. 115.1 LMV

tungsrat erteilt hat.[220] Allerdings kann die Satzung die Strukturierungskompetenz des Verwaltungsrates weitgehend einschränken und z.B. die Übertragung bestimmter Kompetenzen verbieten.[221]

dd) Ernennung und Abberufung der Verwalter

Das Verwaltungsorgan wird von der Hauptversammlung durch einfachen mehrheitlichen Beschluss auf maximal sechs Jahre bestellt mit der Möglichkeit der Wiederberufung (Art. 123 I, 126 LSA). Die Gesellschaftssatzung kann diese Dauer verringern, wobei jedoch die Amtsdauer für alle Verwalter gleich sein muss[222].

Von dieser zwingenden Bestellungskompetenz durch die Hauptversammlung macht das Gesetz allerdings zwei Ausnahmen: Auch die Aktionärsminderheitenvertreter und der Verwaltungsrat selbst können Mitglieder in das Verwaltungsorgan bestellen.

Die Regelung des Minderheitenvertreters stellt ein wichtiges Element in der Verfassung spanischer Aktiengesellschaften dar, obwohl zur praktischen Umsetzung zwischen Judikatur und Lehre kontrovers diskutiert wird[223]. Abhängig von der Anzahl der Verwaltungsratsmitglieder ist ein entsprechend gestufter Anteil am Grundkapital notwendig, um einen Minderheitenvertreter in den Verwaltungsrat zu entsenden, d.h. z.B. bei fünf Verwaltern ist ein Fünftel, bei vier Verwaltern ein Viertel des Grundkapitals notwendig etc. (Art. 137 LSA – Verhältniswahl). Die Minderheit muss sich vor Abhaltung der Hauptversammlung zusammenschließen und dem Verwaltungsrat spätestens fünf Tage vorher mitteilen, dass sie einen Minderheitenvertreter entsenden will.

---

220 Vgl. Art. 141 LSA; Sánchez Calero S. 448 ff ; Martínez Sanz in Arroyo/Embid Band II, S. 1489

221 Vgl dazu näher Martínez Sanz in Arroyo/Embid Band II S. 1498 ff

222 Die Berufungsdauer war ursprünglich auf 5 Jahre beschränkt, wurde jedoch mit Gesetz 19/2005 vom 14. November 2005 auf 6 Jahre verlängert, vgl. dazu Mateos Werner Informaciones 2006, S. 154 ff; Padrós Reig Informaciones 2006, S. 31 ff

223 Die Judikatur geht in ständiger Rechtsprechung davon aus, dass die Hauptversammlung den Verwaltungsrat nachträglich drastisch reduzieren und damit das Minderheitenrecht untergraben kann, vgl. Entscheidungen des Höchstgerichts vom 29.11.1969, 2.3.1977, 10.10.1980, 18.3.1981, 30.6.1981; während die Lehre dies heftig kritisiert vgl. Sánchez Calero S. 374 ff; Alcover Garau RdS 1994, S. 93; Uría in Uría/Menéndez S. 899; Streitbörger S. 13; Candelario Macías S. 205; ausführlich dazu siehe auch Martínez Sanz S. 1 ff

In der Hauptversammlung selbst erfolgt die Ernennung der Minderheitenvertreter und ihrer Ersatzmitglieder durch direkte Abstimmung der Aktionärsminderheits-Gruppierung, ohne Zustimmungspflicht der Hauptversammlung.[224]

Eine weitere Besonderheit gegenüber dem deutschen Recht findet sich in der spanischen Regelung der Kooptation (Art. 138 LSA). Bei vorzeitigem Ausscheiden eines Verwalters kann der Verwaltungsrat die Stelle bis zur nächsten Hauptversammlung selbst nachbesetzen. Diese Regelung dient der raschen Nachbestellung bei unvorhergesehener Personalknappheit im Verwaltungsrat. Da es keinen Aufsichtsrat gibt, müsste anderenfalls erst die zeitaufwändig einzuberufende Hauptversammlung entscheiden. Der so nachbestellte Verwalter muss – im Gegensatz zur allgemeinen Regel – aus dem Kreis der Aktionäre gewählt werden und ist bis zur Bestätigung oder Verwerfung in der nächsten Hauptversammlung gültig bestellt.[225]

Die Abberufung der Verwalter erfolgt ebenfalls zwingend durch die Hauptversammlung mit Mehrheitsbeschluss und ohne weitere Voraussetzungen, d.h. ein wichtiger Grund ist hierfür – im Gegensatz zum deutschen Recht[226] – nicht erforderlich. Eine Ausnahme davon bildet lediglich die Abberufung des Minderheitenvertreters, wofür ein wichtiger Grund zwingend notwendig ist, um das Minderheitenrecht aufrecht zu erhalten.[227] Die Abberufung eines Verwalters kann jederzeit beschlossen und muss nicht in die Tagesordnung aufgenommen werden.[228] Der Verwalter kann nicht dagegen vorgehen. Auch Schadensersatz kann ihm nicht vorher für den Fall der Abberufung vertraglich zugesagt werden, da dies die Hauptversammlung von einer Abberufung abschrecken könnte.

Damit stellt der spanische Gesetzgeber klar, dass das Vertrauen der Hauptversammlung in den Verwalter zwingende Voraussetzung für dessen Tätigkeit ist.[229]

Allerdings ist die Hauptversammlung verpflichtet, bei Eintreten eines andauernden Interessenkonfliktes den Verwalter abzuberufen. Ein solcher Interessenkonflikt liegt vor, wenn der Verwalter bei einer in Konkurrenz stehenden Gesellschaft tätig ist oder gegen die Interessen der Gesellschaft handelt.[230] Ein aus-

---

224 Vgl. näher zur Konzeption und zum Verfahren der Bestellung/Abberufung des Minderheitenvertreters Berger/Eckert/Grechenig ZfRV 2002, S. 167 ff und Candelario Macías RdS 2001, S. 181 ff

225 De la Cámara RJN 1992, Rz. 108

226 Siehe § 84 III AktG

227 Vgl. Sánchez Calero S. 212 f; Grechenig / Berger / Eckert ZfRV 2002, S. 163 ff

228 Siehe Sánchez Calero S. 197; Grechenig S. 31

229 Vgl. dazu Streitbörger S. 14

230 Grechenig S. 32, 129

drückliches Wettbewerbsverbot sieht das spanische Gesetz im Gegensatz zum deutschen (vgl. § 88 AktG) aber nicht vor.

Der Verwaltungsrat kann einen Verwalter nicht selbst abberufen, sondern kann lediglich die Eigen-Kündigung des Verwalters akzeptieren. Diese strikte Kompetenzzuweisung an die Hauptversammlung im Rahmen der Trennung von Verwaltern führt dazu, dass diese Regelung relativ starr und unflexibel ist, da die Einberufung einer Hauptversammlung Kosten und Zeit erfordert. Dementsprechend tauchen viele noch ungelöste Folgeprobleme mit diesem gesetzlich nur unzureichend geregelten Bereich auf, z.B. wie Verwalter, die einen Pflichtverstoß oder ein Verbrechen begangen haben, bis zur Einberufung der Hauptversammlung zu behandeln sind und wie die übrigen Verwalter damit umzugehen haben.[231]

ee) Vergütung der Verwalter

Der spanische Gesetzgeber lässt den Aktiengesellschaften hinsichtlich ihrer Vergütungspolitik weitgehende Gestaltungsfreiheit und sieht auch keine Trennung zwischen in- und externen Verwaltern oder eine sonstige Unterscheidung bei der Festlegung der Vergütungsarten vor.[232] Daran hat weder der spanische Gesetzgeber noch der CUBG trotz der weltweiten Wirtschafts- und Finanzkrise – im Gegensatz zu Deutschland – etwas geändert.

Die Vergütung der Verwalter muss lediglich in der Satzung festgelegt werden, wobei die Angabe von Höchst- und Mindestgrenzen oder die Art der von der Hauptversammlung wählbaren Renumerationssysteme nicht ausreicht[233]. Zudem muss die Vergütung im Anhang zum Jahresabschluss angeführt werden.

Die Hauptversammlung und – anders als in Deutschland[234] – nicht das Verwaltungsorgan legt die konkrete Entlohnung im Rahmen der Satzungsbestimmungen fest, wobei eine gesetzliche Obergrenze der Verwaltervergütung zwar nicht vorgeschrieben ist, unangemessen hohe Entlohnungen allerdings wegen Rechtsmissbrauch von den Aktionären angefochten werden können.[235]

Das spanische Aktiengesetz sieht die Gewinnbeteiligung und Aktienoptionen als zwei Sonderfälle der Vergütung vor. Sofern eine Gewinnbeteiligung in

---

231 Vgl. Mateu de Ros Cerezo S. 312 f, der weitere Folgeprobleme aufzählt.

232 Vgl. kritisch dazu Farrando Miguel RdS 2006, S. 388 f

233 So Martínez Sanz in Arroyo/Embid Band II, S. 1346; Montero García-Noblejas RdS 2008, S. 180 f; Valpuesta Gastaminza S. 317

234 Siehe E.II.1.a)dd); allerdings kann die deutsche Hauptversammlung seit dem VorstAG vom 5.8.2009 einen – rechtsfolgenlosen – Beschluss über die Billigung des Systems der Vorstandsvergütung fassen, vgl. § 120 IV AktG.

235 Siehe Martínez Sanz in Arroyo/Embid Band II, S. 1349, Grechenig S. 45

der Satzung festgesetzt ist, darf diese nur vom ausschüttbaren Gewinn berechnet werden und erst ausgezahlt werden, nachdem die Aktionäre eine mindestens vierprozentige Dividende erhalten haben (Art. 130 I LSA). Damit will das Gesetz sowohl das Kapital der Gesellschaft schützen als auch ein angemessenes Verhältnis zwischen dem Ertrag der Aktionäre und der Vergütung der Verwalter gewährleisten, ohne eine dem deutschen § 87 AktG vergleichbare Höchstgrenze festzulegen.[236]

Bei der Einführung von Aktienoptionsplänen muss die Hauptversammlung die Anzahl der Aktien, den Preis, zu dem die Option ausgeübt werden kann, den Wert der Aktien, an den der Plan geknüpft ist und die Zeitspannen vorsehen[237]. Die Gesellschaften haben der CNMV ihre Aktienoptionspläne mitzuteilen und die Information über den Ankauf der Aktien und deren Einlösung detailliert und individualisiert für jeden Verwalter aufzulisten. Diese Daten werden von der CNMV dann publiziert.[238]

ff) Verantwortung bei Verletzung von Treuepflichten

Die Gesetzesnovelle 26/2003 hat die Sorgfaltspflichten der Verwalter nach anglo-amerikanischem Vorbild als Treuepflichten inhaltlich ausgestaltet, d.h. den Bereich von Interessenkonflikten zwischen Verwaltern bzw. verbundenen Personen und Aktionären geregelt (vgl. Art. 127 ter. LSA).[239] Demnach dürfen Verwalter bei Geschäften, die sie im eigenen Namen abschließen, nicht den Namen der Gesellschaft oder die Eigenschaft als Verwalter vorschieben.[240] Damit will das Gesetz verhindern, dass ein Verwalter die Reputation der Gesellschaft zu Privatzwecken verwendet.

Ferner dürfen die Verwalter keine der Gesellschaft gehörenden Geschäfts- und Investitionsgelegenheiten für sich nutzen. Eine solche Geschäfts- bzw. Investitionsgelegenheit liegt dann vor, wenn der Verwalter von der Sache in Ausübung seines Amtes erfahren hat, wenn der Dritte an die Gesellschaft und nicht an die Verwalter herangetreten ist oder die Gesellschaft sonst Interesse gezeigt hat. Der Verwalter darf im eigenen Namen erst dann tätig werden, wenn die Gesellschaft – ohne Mitwirkung des betreffenden Verwalters – erklärt, kein Interesse zu haben.[241]

---

236 Vgl. Viera González S. 443 f

237 Vgl. Art. 130 II LSA und Disposición Adicional Cuarta.

238 Vgl. näher dazu Grechenig S. 45

239 Vgl. Grechenig S. 40

240 Art. 127 ter. 1. LSA

241 Art. 127 ter. 2. LSA

Generell darf ein Verwalter im Falle eines Interessenkonfliktes nicht an der Beschlussfassung bzw. der Mitwirkung an der Abstimmung teilnehmen und muss jeden Interessenkonflikt dem Verwaltungsrat mitteilen (vgl. Art. 127 ter. 3. LSA). Diese Interessenkonflikte sind, ebenso wie Beteiligungen oder Verwaltermandate in Konkurrenzgesellschaften, in den Jahresbericht zur Corporate Governance aufzunehmen.[242]

Nach spanischem Recht entscheidet die Hauptversammlung über die Erhebung einer Haftungsklage gegen die Verwalter. Sofern sie dies nicht tut, kann eine fünfprozentige Aktionärsminderheit die Hauptversammlung zum Zweck der Erhebung einer Haftungsklage einberufen und bei negativem Beschluss selbst Klage gegen die Verwalter erheben.[243] Eine dem deutschen ähnliche actio pro socio des einzelnen Gesellschafters kennt das spanische Recht nicht.[244]

b) Ausschüsse

Eine strikte Kompetenzverteilung innerhalb des Verwaltungsrates ist – entgegen dem deutschen dualistischen System – in Spanien gesetzlich nicht vorgeschrieben, so dass die Gesellschaft die Verteilung der Geschäftsführungs- und Überwachungsaufgaben durch die Einrichtung von Ausschüssen und Zuweisung von Aufgaben selbst regeln muss.[245] Bestimmte Aufgaben[246] sind allerdings zwingend dem Verwaltungsrat als Plenum vorbehalten, so dass nicht nur die Mitwirkung der Minderheitenvertreter sichergestellt ist (welche in der Regel nicht im geschäftsführenden Ausschuss sitzen)[247], sondern auch die nicht geschäftsführenden Verwalter mit einbezogen werden. Diese Aufgaben können mit den Angelegenheiten, die im deutschen System Vorstand und Aufsichtsrat gemeinsam entscheiden, verglichen werden.[248]

Die Ausschüsse können aus ein[249] oder mehreren Personen bestehen und werden mit einer Zweidrittelmehrheit vom Verwaltungsrat eingerichtet.

---

242 Art. 127 ter. 3. II, 4. LSA

243 Vgl. Art. Art. 134 4. LSA; Arroyo/Boet in Arroyo/Embid Band II S. 1429 ff; Sánchez Calero S. 304 ff

244 Vgl. Grechenig S. 133; Candelario Macías S. 331, 354

245 Siehe Jiménez de Parga RDBB 1998, S. 130 ; Sánchez Calero S. 448 ff ; z.B. ist auch die Einrichtung von faktischen Verwaltern, die nicht dem Verwaltungsrat angehören, zulässig – vgl. Art. 133 2. LSA.

246 Vgl. bereits oben unter E.II.2.a)cc)

247 Vgl. Polo Sánchez S. 396 f; Sánchez Calero S. 361 f

248 Dazu Grechenig S. 36, 83

249 Das Gesetz spricht dann von abgeleiteten Verwaltern (consejeros delegados), Art. 141 LSA.

Die Delegation von Geschäftsführungskompetenzen an einen geschäftsführenden Ausschuss (comisión ejecutiva)[250] führt dazu, dass die nicht geschäftsführenden Verwalter sich primär auf Aufgaben ausserhalb des täglichen Geschäfts konzentrieren, d.h. also insbesondere Aufsichts- und Beratungsfunktionen wahrnehmen und als Informationsmittler zu den Aktionären fungieren.[251]

Eine Ausnahme von der Privatautonomie zur Einrichtung von Ausschüssen sieht mittlerweile das Gesetz[252] in der zwingenden Einrichtung eines Prüfungsausschusses für börsennotierte Aktiengesellschaften vor. Die Mitglieder des Prüfungsausschusses werden vom Verwaltungsrat bestellt und abberufen. Der Ausschuss hat mehrheitlich aus nicht geschäftsführenden Verwaltern sowie mindestens drei Mitgliedern zu bestehen.[253] Ferner muss der Vorsitzende des Prüfungsausschusses alle vier Jahre neu gewählt werden, wobei eine Wiederwahl nach Ablauf von einem Jahr seit seinem Austritt möglich ist.[254]

Die Satzung bestimmt die Kompetenzen und die Organisation des Prüfungsausschusses, wobei sie stets die Unabhängigkeit und Funktionsweise des Ausschusses gewährleisten muss.[255]

Allerdings obliegen dem Prüfungsausschuss nach dem Gesetz zwingend die Überwachung der Unabhängigkeit der Abschlussprüfer, die Erteilung eines Vorschlags zur Bestellung des Abschlussprüfers an den Verwaltungsrat, sowie die Überwachung des internen Kontrollsystems der Gesellschaft. Dabei soll er als zusätzlicher Informationsmittler und Auskunftspflichtiger gegenüber der Hauptversammlung dienen.[256]

Damit nimmt der Prüfungsausschuss aufgrund seines zwingenden Charakters und seiner gesetzlich vorgegebenen Mindestkompetenzen eine Sonderstellung ein und bedeutet eine weitere Annäherung des einstufigen Verwaltungssystems an das dualistische Modell.[257]

---

250 Was insbesondere bei größeren Verwaltungsräten geschieht, vgl. Sánchez Calero S. 478; Arlt/Bervoets/Grechenig/Kalss GesRZ 2002, S. 67

251 Vgl. Sánchez Calero S. 270, 466; Arlt/Bervoets/Grechenig/Kalss GesRZ 2002, S. 67

252 Art. 47 des Ley 44//2002 vom 22. 11.2002; vgl. Guerra Martín S. 603 ff

253 Sánchez Calero RDBB 2003, S. 209; Guerra Martín S. 604 f

254 Disposición Adicional Decimoctava zum Ley del Mercado de Valores 24/1988 vom 28. Juli 1988 3.

255 Grechenig S. 69

256 Vgl. Sánchez Calero RDBB 2003, S. 204 f

257 Kritisch dazu Sánchez Calero RDBB 2003, S. 199 ff sowie die Disposición Adicional Decimoctava zum Ley del Mercado de Valores 24/1988 vom 28. Juli 1988 4.

III. Die Hauptversammlung

1. Deutschland

Die Hauptversammlung ist in Deutschland nicht mehr das oberste Organ der Aktiengesellschaft[258], sondern ist Teil eines Kompetenzgefüges zwischen Vorstand, Aufsichtsrat und Hauptversammlung, wobei die Zielsetzung der gesetzlichen Regelungen die Machtbalance zwischen den drei Organen ist.[259]

a) Zusammensetzung, Einberufung und Ablauf der Hauptversammlung[260]

Die Hauptversammlung ist vom Vorstand mindestens einmal jährlich (§ § 175 I, 121 II S. 1 AktG) unter Angabe der Tagesordnung, der Beschlussvorschläge sowie der dazu erforderlichen Informationen einzuberufen[261] und im Internet zu veröffentlichen (§ 124 a AktG).

Nach dem durch das ARUG[262] neu gefassten § 121 IV a AktG ist die Einberufung der Hauptversammlung nicht nur in allen Gesellschaftsblättern bekannt zu machen[263], wobei die Satzung auch das Internet als Gesellschaftsblatt bezeichnen kann,[264] sondern sie muss zusätzlich auch in solchen Medien veröffentlicht werden, bei denen von einer europaweiten Verbreitung ausgegangen wer-

---

258 BVerfG NJW 2000, S. 350; Hüffer AktG § 118 Rdnr. 4; Geßler FS Stimpel S. 773 ff; Kubis in MüKo AktG § 119 Rdnr. 1; zur früheren Rechtslage bis 30.1.1937 vgl. Kanavelis S. 14 ff und von Rechenberg S. 24, 165

259 Vgl. Spindler in Schmidt/Lutter AktG S. 9; Zöllner in KöKo AktG § 119 Rdnr. 2 f; Goette AG 2006, S. 523

260 Durch das Gesetz zur Umsetzung der Aktionärsrechterichtlinie (ARUG) vom 30.7.2009, BGBl. I 2009, S. 2479, das die Richtlinie 2007/36/EG über die Ausübung bestimmter Rechte von Aktionären in börsennotierten Gesellschaften umsetzt, wurden eine Reihe von Änderungen in Bezug auf die Vorbereitung und Durchführung der Hauptversammlung verwirklicht, die insbesondere die Einbeziehung des Internets zum Gegenstand haben, vgl. Pressemitteilung des BMJ „Bundestag verabschiedet ARUG: Gute Zeiten für Online-Aktionäre – schlechte Zeiten für Berufskläger“ vom 29.5.2009 unter www.bmj.de/ARUG und Seibert ZIP 2008, S. 906 ff

261 Vgl. § 124 I – III AktG; Der Aufsichtsrat hat eine Hauptversammlung einzuberufen, wenn das Wohl der Gesellschaft dies erfordert, vgl. § 111 III AktG.

262 Gesetz zur Umsetzung der Aktionärsrechterichtlinie vom 30.7.2009, BGBl. I 2009, S. 2479

263 Die Einberufung ist damit stets zumindest in den elektronischen Bundesanzeiger einzurücken, § § 121 IV S. 1, 25 S. 1 AktG.

264 Vgl. § 25 S. 2 AktG; die Einfügung der elektronischen Medien geht auf Art. 1 Nr. 1NaStraG vom 18.1.2001 zurück.

den kann. Für die Einberufung ist eine Frist von mindestens 30 Tagen einzuhalten (§ 123 I AktG).

Das Teilnahmerecht der Aktionäre an der Hauptversammlung ergibt sich direkt aus § 118 I AktG, wonach diese ihre Rechte in der Hauptversammlung wahrnehmen und ihr Stimmrecht ausüben. Das Teilnahmerecht an der Hauptversammlung ist grundsätzlich unentziehbar und kann auch durch die Satzung nicht beschränkt werden.[265] Die ausschließliche Durchführung der Hauptversammlung per Internet wahrt das Teilnahmerecht der Aktionäre nicht und ist auch dann nicht möglich, wenn die Satzung diese Art der Durchführung vorsieht.[266] Dementsprechend ist die Durchführung einer Präsenzhauptversammlung derzeit noch notwendig, wobei diese in Ton und Bild übertragen werden darf (§ 118 III AktG).

Allerdings kann die Satzung seit Inkrafttreten des ARUG[267] am 1.9.2009 vorsehen, dass Aktionäre an der Hauptversammlung auch ohne persönliche Anwesenheit im Wege der elektronischen Kommunikation teilnehmen und zudem per „Briefwahl" abstimmen dürfen.[268]

Der Ablauf der Hauptversammlung ist im Gesetz nur rudimentär geregelt.[269] In der Praxis übernimmt der Vorsitzende des Aufsichtsrates auch den Vorsitz der Hauptversammlung und leitet diese unter Einsatz sachgerechter und verfahrensleitender Maßnahmen.[270]

---

265 Vgl. Semler in Hoffmann-Becking § 36 Rdnr. 7 f; allerdings verlieren Aktionäre bei Verletzung ihrer Mitteilungspflichten gemäß § 21 WpHG ihr Teilnahmerecht (§ 28 WpHG). Einzelne Bestimmungen sehen zudem ein Ausübungsverbot vor: § 71b AktG, § 136 AktG, § 5 I S. 2 EGAktG; vgl. zudem das Formerfordernis der Anmeldung zur Hauptversammlung gemäß § 123 II S. 1 AktG.

266 Siehe Hüffer AktG § 118 Rdnr. 12 m.w.N.; die virtuelle oder internetgestützte Hauptversammlung wird seit einigen Jahren breit diskutiert, vgl. Claussen AG 2001, 161 ff; Grumann/Soehlke DB 2001, S. 576 ff; Habersack ZHR 2001, S. 172 ff; Hirte FS Buxbaum 2000, S. 283 ff; Noack in Zetzsche S. 13 ff; mit dem In-Kraft-Treten des ARUG wurde sie allerdings lediglich dahingehend Wirklichkeit, dass die Satzung die Online-Zuschaltung von Aktionären erlauben kann, vgl. auch Art. 8 der Richtlinie 2007/36/EG vom 11.7.2007 und § 118 I S. 2 AktG

267 Gesetz zur Umsetzung der Aktionärsrechterichtlinie vom 30.7.2009, BGBl. I 2009, S. 2479

268 Vgl. § 118 I S. 2, II AktG sowie näher dazu Bosse NZG 2009, S. 809

269 Vgl. § § 129, 130 AktG; siehe auch Semler in Hoffmann-Becking § 36 Rdnr. 1

270 Vgl. Langenbucher/Schmidt in Pfitzer Deutscher Corporate Governance Kodex, S. 57; Hüffner AktG § 129 Rdnr. 18

b) Kompetenzen der Hauptversammlung

Die Hauptversammlung besitzt keine uneingeschränkte Beschlusskompetenz, sondern nur die ihr durch Gesetz und dementsprechend in der Satzung zugewiesenen Zuständigkeiten, von denen § 119 I AktG die wichtigsten aufzählt.

Dazu zählen vor allem die Bestellung der Anteilseignervertreter im Aufsichtsrat (§ 101 I S. 1 AktG), die Verwendung des Bilanzgewinns (§ 174 I S. 1 AktG), die Entlastung der Mitglieder des Vorstands und des Aufsichtsrates (§ 120 II S. 1 AktG), Satzungsänderungen (§ 179 I S. 1 AktG), die Bestellung des Abschlussprüfers (§ 119 I Nr. 4 AktG, § 318 I S. 1 HGB) und von Prüfern zur Prüfung von Vorgängen bei der Geschäftsführung (§ 142 I S. 1 AktG).

Durch das VorstAG[271] neu eingefügt wurde die Möglichkeit der Hauptversammlung, über die Billigung des Systems zur Vergütung der Vorstandsmitglieder zu beschließen (§ 120 IV AktG), wobei dieser Beschluss allerdings nicht rechtsverbindlich ist und den Aufsichtsrat durch die damit verbundene Öffentlichkeitswirkung lediglich zu besonderer Gewissenhaftigkeit bei der Festlegung der Vorstandsvergütung anhalten soll.[272]

Im übrigen hat die Hauptversammlung in Fragen der Geschäftsführung grundsätzlich keine Zuständigkeit (§ 119 II AktG).

Allerdings herrscht eine kritische Diskussion in Rechtsprechung und Literatur zur Frage, ob der Vorstand verpflichtet ist, die Zustimmung der Hauptversammlung einzuholen, wenn es sich bei der Geschäftsführung um grundlegende unternehmerische Entscheidungen handelt.

Zum Teil wird argumentiert, dass der Vorstand nicht jegliche Geschäftsführungsmaßnahme allein ergreifen könne, für die das Gesetz nicht ausdrücklich eine Hauptversammlungszuständigkeit begründet, da es sich dabei nicht um eine abschließende gesetzliche Regelung handele. Wenn der Vorstand vernünftigerweise nicht annehmen kann, dass er die Entscheidung in ausschließlich eigener Verantwortung treffen dürfe, ohne die Hauptversammlung zu beteiligen, dann habe er eine Pflicht zur Vorlage an letztere.[273]

Diese Einschränkung der alleinigen Geschäftsführungsbefugnis des Vorstands ohne konkrete und brauchbare Kriterien wurde vor allem in der Literatur

---

271 Gesetz zur Angemessenheit der Vorstandsvergütung vom 5.8.2009, BGBl. I 2009, S. 2509

272 Vgl. Lingemann BB 2009, S. 1923; BT-Drs. 16/13433, S. 18 f

273 BGHZ 83, 122, 131 („Holzmüller"); OLG München AG 1995, S. 232 f; LG Duisburg AG 2003, S. 390 f; falls der Vorstand diese Vorlagepflicht verletzt, so ändere dies allerdings nichts an der Wirksamkeit der Maßnahme im Aussenverhältnis.

kritisiert.[274] Dementsprechend wurde diese Vorlagepflicht von der Rechtsprechung begrüßenswerterweise[275] dahingehend konkretisiert, dass der Hauptversammlung eine Sonderzuständigkeit für „satzungsnahe" Ausnahmesachverhalte[276] zukommen müsste.

Zum Teil wird diese Argumentation allerdings so weit ausgedehnt, dass die Hauptversammlung sogar eine ungeschriebene Kompetenz für alle grundlegenden Entscheidungen habe,[277] was sicherlich nicht mehr mit der Rechtslage und dem vom BGH intendierten Ausnahmecharakter der Erweiterung der Hauptversammlungszuständigkeit vereinbar ist.

c) Nichtigkeit und Anfechtung von Hauptversammlungsbeschlüssen

Das deutsche Aktienrecht präzisiert die Nichtigkeitsgründe katalogartig in § 241 AktG und legt insbesondere[278] unter § § 243 I, 246 I AktG fest, dass Hauptversammlungsbeschlüsse wegen Verletzung des Gesetzes oder der Satzung durch Klage innerhalb eines Monats angefochten werden können. Dabei gelten sowohl jede Rechtsnorm als auch Generalklauseln als Gesetz im Sinne des § 243 I AktG.[279]

Von besonderer Bedeutung ist in diesem Zusammenhang die Verletzung der gesellschaftsrechtlichen Treupflicht, was bedeutet, dass Hauptversammlungsbeschlüsse gesetzeswidrig sind, wenn sie in die Mitgliedschaft der Minderheitsaktionäre eingreifen.[280]

Nach § 243 IV S. 1 AktG ist die Anfechtung wegen unrichtiger, unvollständiger oder verweigerter Erteilung von Informationen nur noch zulässig, wenn die Informationspflicht potenziell kausal für die Wahrnehmung der Aktionärsrechte eines objektiv urteilenden Aktionärs sein könnte.[281]

---

274 Vgl. dazu Götz AG 1984, S. 85; Sünner AG 1983, S. 169; Werner ZHR 1983 (147), S. 429; verfassungsrechtliche Bedenken äussert Wank ZGR 1988, S. 364 ff; generell gegen die Einführung ungeschriebener Kompetenzen für die Hauptversammlung äussert sich von Rechenberg S. 165 ff, da die Hauptversammlung v.a. in Bezug auf die Geschäftsführung mit der Wahrnehmung zusätzlicher Kompetenzen überfordert wäre.

275 So auch Goette AG 2006, S. 523 ff; Liebscher ZGR 2005, S. 1; Fleischer NJW 2004, S. 2335

276 So BGHZ 159, 30, 42 f = NJW 2004, S. 1860 („Gelatine")

277 So Lutter FS Stimpel S. 843 ff

278 Vgl. weitere Anfechtungsregelungen in z.B. § § 257, 254, 255 AktG.

279 Hüffer AktG § 243 Rdnr. 5

280 Vgl. Hüffer AktG § 243 Rdnr. 21, 24

281 Diese Regelung wurde von der Regierungskommission Corporate Governance vorgeschlagen und im Rahmen des UMAG umgesetzt, siehe Langenbucher/Schmidt in Pfitzer Deutscher Corporate Governance Kodex, S. 55; vgl. auch Seibert ZIP 2008, S. 906 ff

Ferner sind lediglich die in § 245 AktG genannten Personen anfechtungsbefugt, insbesondere ist grundsätzlich die Teilnahme an der Hauptversammlung Voraussetzung für die Anfechtungsbefugnis nach § 245 Nr.1 AktG. Auch ist für bestimmte Fälle ein Freigabeverfahren vorgesehen, um nachteilige Auswirkungen insbesondere missbräuchlicher Anfechtungsklagen möglichst auszuschließen.[282]

2. Spanien

Bereits bedingt durch das einstufige System ist die Hauptversammlung in Spanien stärker in die Gesellschaftsverwaltung mit mehr Kompetenzen eingebunden als in Deutschland, wo die Aufgaben zwischen Vorstand, Aufsichtsrat und Hauptversammlung verteilt sind. Die Bedeutung der Hauptversammlung wird u.a. auch dadurch deutlich, dass sich die spanische Hauptversammlung eine Geschäftsordnung geben muss[283], während dies nach deutschem Recht nur als fakultative Option besteht.

a) Zusammensetzung, Einberufung und Ablauf der Hauptversammlung

Die Hauptversammlung wird vom Verwaltungsrat oder auf Antrag von fünf Prozent der Aktionäre einberufen und vom Vorsitzenden der Hauptversammlung (presidente de la junta general) geleitet.[284] Dieser wird durch die Satzung bestimmt und kann zugleich Präsident des Verwaltungsrates sein. Die Stellung des Vorsitzenden der Hauptversammlung ist eine Schlüsselposition in der Gesellschaft, da er das rechtmäßige Zusammenkommen der Hauptversammlung prüft, die Diskussion leitet, die Wirksamkeit der Beschlüsse bestätigt und über die Auskunftserteilung entscheidet, wenn die Verwalter die Auskunftserteilung wegen der Beeinträchtigung von Gesellschaftsinteressen verweigern.[285]

Die Einberufung der Hauptversammlung mittels öffentlicher Bekanntmachung muss unter Angabe der Tagesordnung mindestens einen Monat im voraus erfolgen (Art. 97 1. LSA), wobei Aktionäre, die mindestens 5 % des Gesellschaftskapitals halten, innerhalb einer Frist von fünf Tagen nach der Veröffentli-

282 Vgl. Hüffer AktG § 246a Rdnr. 1; insbesondere zu den kürzlich dazu erfolgten Änderungen durch das ARUG siehe Bosse NZG 2009, S. 810 ff; zur Schwierigkeit der Definition von missbräuchlichen Anfechtungsklagen siehe näher Teichmann JuS 1990, S. 269 ff

283 Siehe Art. 113.1 LMV

284 Vgl. Art. 100, 110 LSA

285 Vgl. Morral Soldevila in Arroyo/Embid Band II, S. 1055 ff

chung der Einberufung eine Ergänzung der Tagesordnung verlangen können (Art. 97 3. LSA).

Das Aktiengesetz gibt den Aktionären das unentziehbare Recht, sich in der Hauptversammlung vertreten zu lassen, ihre Stimme auf elektronischem Weg abzugeben oder auf telematischem Weg teilzunehmen, was insbesondere vor dem Hintergrund bedeutsam ist, dass in Spanien die persönliche Teilnahme an der Hauptversammlung durch Satzung an einen Mindestanteilsbesitz geknüpft werden kann.[286]

Anders als in Deutschland kann die Gesellschaft selbst die Vollmacht des Aktionärs zu seiner Vertretung in der Hauptversammlung erhalten, so dass in Spanien der überwiegende Teil des Kapitals bei der Hauptversammlung durch von den Kleinanlegern bevollmächtigte Depotbanken oder durch die Geschäftsführung der Gesellschaft selbst vertreten wird.[287]

Die Hauptversammlung fasst ihre Beschlüsse mit einfacher Mehrheit des anwesenden Kapitals, wobei für bestimmte Angelegenheiten Sonderquoren vorgeschrieben sind und die Satzungen – insbesondere von börsennotierten Gesellschaften – zusätzliche Regelungen enthalten, die erhöhte Präsenzquoren, z.B. bei Einberufung durch die Minderheit, festlegen.[288]

b) Kompetenzen der Hauptversammlung

Der Hauptversammlung obliegen nach dem Gesetz die Bestellung und Abberufung aller Verwalter (Art. 123 I, 131 LSA), die Festlegung der Verwaltervergütung (Art. 130 LSA) und die Feststellung des Jahresabschlusses (Art. 212 1. LSA). Weiter gehören zu ihren Kompetenzen Satzungsänderungen[289] und die Bestellung des Abschlussprüfers (Art. 204 LSA) sowie die Entscheidung über die Verwendung des Gewinns (Art. 213 1. LSA).

Wie in Deutschland, so fehlt auch in Spanien eine weitere Konkretisierung, was in die Zuständigkeit der Hauptversammlung fallende Angelegenheiten sind.[290] In der spanischen Literatur[291] wird dies als Ausdruck der Souveränität der Hauptversammlung gewertet, da die Hauptversammlung in Spanien nach

---

286 Siehe Miquel Rodríguez in Arroyo/Embid Band II, S. 1036; vgl. Art. 105 1., 4., 106 1., 97 5. LSA

287 Vgl. Streitbörger S. 141; Grechenig S. 52; Bólas S. 83 ff

288 Dazu Tapia Hermida in Homenaje Sánchez Calero S. 2938; näher zum Streit über die Voraussetzungen der Beschlussfassung Garrigues/Uria/Menéndez Band I, S. 497; Girón Tena S. 304; Pala Berdejo RDM 1965, S. 51; Millentrup S. 70

289 Art. 25 1. b. LSA

290 Vgl. Millentrup S. 94 ff

291 Siehe Carrera Giral S. 476

herrschender Meinung[292] – und im Gegensatz zur deutschen Hauptversammlung[293] – oberstes Organ der Gesellschaft ist und nicht nur die Grundlagenkompetenz, sondern auch die Personalhoheit über alle Verwalter innehat.

Ihre Rolle als effizientes Kontrollorgan zur Überwachung der Gesellschaftsorgane wird jedoch eher negativ bewertet, da für die Mehrheit der Aktionäre die hohen Informationskosten und der geringe Ertrag dazu führen, dass der Verkauf der Aktien die einzig wirtschaftlich sinnvolle Maßnahme bei Unzufriedenheit mit der Geschäftsführung ist[294].

Dementsprechend spielt die Hauptversammlung in der Praxis, wohl auch aufgrund der relativ geringen Präsenz der Aktionäre[295] eine eher untergeordnete Rolle bei der Kontrolle der Geschäftsführung.[296]

c) Nichtigkeit und Anfechtung von Hauptversammlungsbeschlüssen

Das spanische Aktienrecht erklärt Hauptversammlungsbeschlüsse für nichtig, die gegen das Gesetz oder die öffentliche Ordnung verstoßen, während sie anfechtbar sind, wenn sie gegen die Satzung verstoßen oder die Interessen der Gesellschaft zum Vorteil von Aktionären oder Dritten verletzen.[297] Die Frist zur Geltendmachung dieser Rechte beträgt bei Nichtigkeit ein Jahr und bei anfechtbaren Beschlüssen vierzig Tage. Aktivlegitimiert ist jeder Aktionär, insbesondere auch die nicht bei der Hauptversammlung anwesenden Aktionäre, die Verwalter und jeder Dritte, der ein rechtliches Interesse nachweist.[298]

Dieses im Vergleich zu Deutschland[299] relativ bedingungslose Anfechtungsrecht sowie die lang bemessene Frist zur Geltendmachung dieser Rechte bedeuten für die Gesellschaft eine hohe Rechtsunsicherheit und könnten gleichzeitig

---

292 Vgl. Sánchez Calero S. 25; Carmen Alonso in Velasco S. 620; De la Cámara RJN 4/1992, Rz. 52; Grechenig S. 33, 47; Mateu de Ros Cerezo S. 151; Carrera Giral S. 474; Millentrup S. 266; Alonso Ureba RdS 2006, S. 65

293 Siehe E.III.1.

294 Vgl. Alcalá Díaz in Rodríguez Artigas Vol. I, S. 627

295 Durchschnittlich sind z.B. in Deutschland nur ca. 40% der Stimmrechte auf einer Hauptversammlung vertreten, vgl. Claussen in FS Priester S. 47

296 Vgl. Streitbörger S. 140; Tapia Hermida in Homenaje Sánchez Calero RDBB 2006, S. 11 ff; Roth ZIP 2003, S. 369 ff; Trías Sagnier RdS 2000, S. 199 f; Alcover Garau RDM 2004, S. 1346

297 Vgl. Art. 115 I, II LSA; siehe dazu auch Millentrup S. 222 ff

298 Vgl. Art 115 ff LSA

299 Das deutsche AktG sieht einen eng umfassten Personenkreis als für die Anfechtungs- und Nichtigkeitsklage aktivlegitimiert vor und nennt konkrete Anfechtungs- bzw. Nichtigkeitsgründe, vgl. § § 241, 243, 245, 249 ff AktG. Siehe auch E.III.1.c)

das Erpressungspotenzial steigern, weshalb zum Teil über die Rechtsprechung versucht wird, die weite Auslegung des Gesetzes einzuschränken.[300]

IV. Aktionärsrechte

1. Deutschland

Das deutsche Aktiengesetz befasst sich zunächst mit Vorstand und Aufsichtsrat, bevor es sich den Aktionären und der Hauptversammlung widmet,[301] wodurch sich bereits die Gewichtung des Aktiengesetzes andeutet.

Allerdings enthält das AktG auch eine Reihe von Regelungen zum Schutz der Aktionäre, darunter § 186 AktG[302]. Demnach haben Aktionäre bei der Ausgabe neuer Aktien grundsätzlich ein gesetzlich verbrieftes Bezugsrecht, das ihrem Anteil am Grundkapital entspricht und das nur in eng begrenzten Fällen ausgeschlossen werden kann.[303] Ohne dieses gesetzliche Bezugsrecht würde der Anteil jedes einzelnen Aktionärs am Grundkapital im Rahmen einer Kapitalerhöhung prozentual sinken und seine Stimmkraft und sein Einfluss entsprechend reduziert werden (Verwässerungseffekt). Darüber hinaus führen Kapitalerhöhungen regelmäßig zur Verwässerung des Aktienkurses.[304]

a) Aktie und Stimmrecht

Das Gesetz gewährt nach dem „one share –one vote“-Prinzip jeder Aktie das Stimmrecht und sieht bei börsennotierten Gesellschaften weder eine Beschränkung auf Höchststimmrechte vor noch Mehrstimmrechte oder Vorzugsstimmrechte (§ § 12, 134 I AktG). Allerdings können Aktien als Vorzugsaktien, d.h. als solche, die mit einem nachzuzahlenden Vorzug bei der Verteilung des Gewinns ausgestattet sind, ohne Stimmrecht ausgegeben werden (§ 139 I AktG).

Die Ausübung des Stimmrechts kann auch durch einen Stimmrechtsvertreter erfolgen, der abwesenden Aktionären (z.B. also auch ausländischen Investoren,

300 Vgl. Grechenig S. 124 m.w.N.
301 Siehe § § 76 bis 116, sowie § § 118 bis 147 AktG
302 Vgl. Hüffer AktG § 186 Rdnr. 2
303 § 186 I S. 1, III S. 1 AktG; Langenbucher/Schmidt in Pfitzer Deutscher Corporate Governance Kodex, S. 52; Wiedemann in Hopt/Wiedemann, GroßKomm AktG, § 186 Rdnr. 104 ff; Lutter in KöKo, AktG § 186 Rdnr. 50 ff
304 Vgl. Hüffer AktG § 186 Rdnr. 2, der weitere Folgen darstellt; Zöllner AG 2002, S. 585

die nicht durch Banken vertreten werden) die Stimmabgabe in der Hauptversammlung ermöglicht.[305]

Die strikte Ablehnung der Vertretung von Aktionären durch die Gesellschaft selbst wurde in Deutschland durch Art. 1 Nr. 13 b NaStraG zwar zugunsten des Proxy-Voting eingeschränkt (vgl. § 134 III S. 3 AktG), aber nicht aufgehoben. Demnach kann die Gesellschaft einen Stimmrechtsvertreter benennen, der vom Aktionär als Vertreter bevollmächtigt wird.

Allerdings darf dieser Stimmrechtsvertreter weder Organ noch Organmitglied, also insbesondere kein Vorstandsmitglied, sein, da diese nicht über den notwendigen Abstand zu den Wünschen der Verwaltung verfügen.[306] Ferner muss in Deutschland die Bevollmächtigung durch den Aktionär zum Gegenstand der Beschlussfassung seit dem Inkrafttreten des ARUG[307] keine ausdrückliche Weisung mehr beinhalten[308], wie dies vorher aufgrund der Gesetzesintention und des Rechtsgedankens des § 135 I S. 2 AktG a.F. angenommen wurde[309].

b) Informations- und Verfolgungsrechte

Den Aktionären sind im Vorfeld der Hauptversammlung Informationen und Unterlagen zu den dort zu fassenden Beschlüssen zu übermitteln (§ § 121 III, 125 I AktG). Ferner können Aktionäre u.a. den Jahresabschluss, den Lagebericht und den Bericht des Aufsichtsrates sowie den Vorschlag des Vorstands für die Verwendung des Bilanzgewinns nach Einberufung der Hauptversammlung in den Geschäftsräumen der Gesellschaft einsehen oder eine Abschrift davon verlangen, sofern diese Unterlagen nicht über die Internetseite der Gesellschaft zugänglich sind.[310]

Weiterhin ist gemäß § 131 I S. 1 AktG jedem Aktionär auf Verlangen in der Hauptversammlung vom Vorstand Auskunft über Angelegenheiten der Gesell-

---

305 Vgl. Pikó/Preissler S. 227; Bachmann AG 2001, S. 635 ff; siehe auch die Änderungen durch das ARUG, die die Präsenz der Aktionäre und ihres Willens in der Hauptversammlung insbesondere durch eine Flexibilisierung des Depotstimmrechts der Banken verbessern sollen, unter www.bmj.de/ARUG sowie Seibert ZIP 2008, S. 906 ff

306 Vgl. Habersack ZHR 2001 (165), S. 187; Hüffer § 134 Rdnr. 26 b; Kindler NJW 2001, S. 1687; Köndgen in Baums Institutional Investors S. 541; Zöllner in KöKo AktG § 134 Rdnr. 79; a.A. Bunke AG 2002, S.59 ff

307 Gesetz zur Umsetzung der Aktionärsrechterichtlinie vom 30.7.2009, BGBl. I 2009, S. 2479

308 Siehe § 135 I S. 4 AktG

309 Vgl. Spindler in Schmidt/Lutter AktG S. 56; Habersack ZHR 2001 (165), S. 187 f; Pikó/Preissler AG 2002, S. 227

310 § 175 II AktG; Die Regelung zur Internetseite geht auf Art. 9 Nr. 8 a EHUG vom 10.11.2006 zurück.

schaft zu geben, soweit sie zur sachgemäßen Beurteilung des Gegenstandes der Tagesordnung erforderlich ist. Dieses Auskunftsrecht wird aber dadurch eingeschränkt, dass der Vorstand die Auskunft verweigern darf, wenn diese auf der Internetseite der Gesellschaft über mindestens sieben Tage vor Beginn und in der Hauptversammlung durchgängig zugänglich ist.[311]

Die Aktionäre haben auch das Recht, Anträge zu stellen, die allerdings unter bestimmten gesetzlich festgelegten Umständen nicht zugänglich gemacht werden müssen (vgl. § 126 AktG). Den Aktionären steht weiterhin das o.a. Anfechtungsrecht[312] gegen Hauptversammlungsbeschlüsse, nicht jedoch gegen Aufsichtsratsbeschlüsse[313], zu.

Zudem müssen Ersatzansprüche der Gesellschaft aus der Geschäftsführung gegen die Mitglieder des Vorstands und des Aufsichtsrates geltend gemacht werden, wenn es die Hauptversammlung mit einfacher Stimmenmehrheit beschließt (§ 147 I S. 1 AktG).

c) Minderheitenschutz

Aktionäre mit mindestens 5 % Anteil am Grundkapital steht das gesetzlich verbriefte Recht zu, vom Vorstand die Einberufung einer Hauptversammlung zu verlangen (§ 122 I AktG). Kommt der Vorstand seiner Pflicht nicht nach, kann das für die Gesellschaft zuständige Amtsgericht die Aktionärsminderheit ermächtigen, die Hauptversammlung selbst einzuberufen.

Dieses zum Zwecke des Minderheitenschutzes[314] etablierte Recht wird durch das gemäß § 127 a I AktG im elektronischen Bundesanzeiger neu zu errichtende Aktionärsforum unterstützt, wodurch die Möglichkeit geschaffen werden soll, andere gleich gesinnte Aktionäre anzusprechen und ein Quorum für die Durchsetzung gemeinsamer Interessen zu schaffen. Dabei darf das Aktionärsforum nur dazu genutzt werden, zu einem Antrag oder einem Verlangen nach dem AktG oder zu einer gemeinsamen Stimmrechtsausübung in einer bestimmten Hauptversammlung aufzufordern.[315] Die Initiative dazu geht allein von den Ak-

---

311 § 131 III S. 1 Nr. 7. AktG, welcher durch das am 1.11.2005 in Kraft getretene Gesetz zur Unternehmensintegrität und Modernisierung des Anfechtungsrechts (UMAG) eingefügt wurde.

312 Siehe E.III.1.c)

313 Gemäß BGH-Rechtsprechung ist eine Anfechtungsklage gegen Aufsichtsratsbeschlüsse nicht zulässig, insbesondere da § § 241, 243 AktG nicht auf Aufsichtsratsbeschlüsse passen, vgl. BGH NJW 1993, S. 2307, BGH NJW 1994, S. 520; a.A. Baums ZGR 1983, S. 305 ff; Rellermeyer ZGR 1993, S. 101; siehe dazu auch Zöllner ZGR 1988, S. 421 ff

314 Vgl. Hüffer § 122 AktG Rdnr. 1

315 So § 127a II AktG; Holzborn/Bunnemann BKR 2005, S. 54

tionären aus. Die Gesellschaft wird dabei nicht tätig und wird auch nicht mit den Kosten dafür belastet.[316]

Ferner können Aktionäre, die zusammen 1 % des Grundkapitals halten oder einen Börsenwert von 100.000 EUR erreichen, eine Haftungsklage, insbesondere gegen den Vorstand bzw. den Aufsichtsrat wegen Treupflichtverletzung gemäß § 147 I S. 1 AktG, beim Gericht am Sitz der Gesellschaft beantragen (§ 148 I AktG). Das vorgeschaltete Klagezulassungsverfahren soll nicht nur Rechtsmissbrauch vorbeugen, sondern auch dazu beitragen, dass eine Aktionärsminderheit die Möglichkeit hat, einen ex ante aussichtsreichen Prozess in die Wege zu leiten, ohne das Risiko tragen zu müssen, im späteren Rechtsstreit mit den Kosten dafür belastet zu werden.[317]

Einen Einschnitt in das Minderheitenrecht wurde durch das ARUG[318] vollzogen, wonach Aktionäre mit geringem Aktienbesitz (unter 1.000 EUR Nennbetrag), welche gravierende Gesetzes- oder Satzungsverstöße geltend machen, gegen die überwiegende Mehrheit der anderen Aktionäre Hauptversammlungsbeschlüsse nicht mehr aufhalten können, sondern nur noch Schadensersatz beanspruchen können.[319]

2. Spanien

Die Aktionärsrechte wirken in Spanien unmittelbarer auf die Gesellschaftsverwaltung als im deutschen Recht, da deren Geltendmachung nicht über ein aufsichtsratsähnliches Organ läuft, sondern die Aktionäre zwingt, ihre Interessen selbstständiger wahrzunehmen.[320]

a) Aktie und Stimmrecht

Das spanische Aktienrecht folgt ebenso wie das deutsche grundsätzlich dem „one share-one vote"-Prinzip und verbietet die Schaffung von Mehrstimmrechtsaktien (Art. 50 2. LSA). Auch Vorzugsaktien sind, ebenso wie in Deutschland, zulässig (Art. 50 3. LSA).

Allerdings ist die in der Satzung festzulegende Stimmrechtsbeschränkung durch Höchststimmrechte – im Gegensatz zu Deutschland – erlaubt, was gene-

316 Holzborn/Bunnemann BKR 2005, S. 54

317 Siehe Regierungsbegründung in BT-Drs. 15/5092, S. 20

318 Gesetz zur Umsetzung der Aktionärsrechterichtlinie vom 30.7.2009, BGBl. I 2009, S. 2479

319 Vgl. § 246 a II Nr. 2 AktG; Bosse NZG 2009, S. 811; Noack NZG 2008, S. 446; Seibert ZIP 2008, S. 906 ff

320 Vgl. Grechenig S. 125

rell ein weit verbreitetes Mittel zur Abwehr feindlicher Übernahmen darstellt.[321] Ein Mindestanteilsbesitz zur Ausübung des Stimmrechts kann nach spanischem Recht ebenso wie nach deutschem Recht nicht vorgesehen werden.

b) Informations- und Verfolgungsrechte

Die Ausübung der Aktionärsrechte ist nicht unbedingt an die Teilnahme an der Hauptversammlung gebunden. So können die Aktionäre ihr Auskunftsrecht zu Angelegenheiten auf der Tagesordnung vor Abhaltung der Hauptversammlung auch schriftlich ausüben (Art. 112 LSA) und haben ein Recht auf schriftliche Antwort. Die Auskunft kann nur verweigert werden, wenn der Vorsitzende der Hauptversammlung entscheidet, dass die Erteilung der Auskunft die Interessen der Gesellschaft beeinträchtigen würde. Sofern die Satzung nichts anderes bestimmt, muss die Auskunft jedenfalls erteilt werden, wenn 25% der Aktionäre dies verlangen.[322]

Neben dem generellen Auskunftsrecht hat jeder Aktionär das Recht, zur Feststellung des Jahresabschlusses die zu genehmigenden Unterlagen, den Geschäftsbericht und den Prüfbericht des Abschlussprüfers zu verlangen, welche ihm unverzüglich und kostenlos zur Verfügung gestellt werden müssen.[323] Ferner kann jeder Aktionär die Identität sowie den Anteilsbesitz der übrigen Aktionäre erfahren (Art. 55 3. LSA).

Die börsennotierte Gesellschaft muss im übrigen nicht nur Jahres-, sondern auch Halbjahres- und Quartalsberichte vorlegen sowie solche maßgeblichen Umstände veröffentlichen, die bei Publizierung den Handel beeinflussen würden.[324]

Eines der wichtigsten Schutzrechte der Aktionäre liegt, wie oben gezeigt[325], in ihrer Macht, Hauptversammlungsbeschlüsse, die gegen das Gesetz oder die

321 Vgl. dazu Recalde Castells in Arroyo/Embid Band II, S. 1029; Nowotny RdW 2001, S. 130; Schneider AG 1990, S. 56; siehe dazu auch den Report on the Proportionality Principle in the European Union commissioned by the European Union S. 15 unter www.ec.europa.eu/internal_market/company/docs/shareholders/study/final_report_en.pdf

322 Vgl. Morral Soldevila in Arroyo/Embid Band II, S. 1076 ff

323 Art. 212 LSA; Candelario Macías S. 248

324 Vgl. Trías Sagnier RdS 2000, S. 211 ; Art. 27, 35, 82, 92 LMV; siehe auch Art. 4 I, Art. 5 I der Richtlinie 2004/109/EG des Europäischen Parlaments und des Rates zur Harmonisierung der Transparenzanforderungen in Bezug auf Informationen über Emittenten, deren Wertpapiere zum Handel auf einem geregelten Markt zugelassen sind und zur Änderung der Richtlinie 2001/34/EG vom 15.12.2004 (unter www.eur-lex.europa.eu).

325 Siehe E.III.2.c)

öffentliche Ordnung verstoßen, innerhalb eines Jahres für nichtig erklären zu lassen bzw. innerhalb von 40 Tagen solche Beschlüsse anzufechten, die gegen die Satzung verstoßen oder die Interessen der Gesellschaft zum Vorteil von Aktionären oder Dritten verletzen (Art. 115, 116 LSA).

Dieses Schutzrecht wird dadurch ergänzt, dass auch Beschlüsse des Verwaltungsrats und anderer kollegialer Verwaltungsorgane, wie z.B. der Ausschüsse gemäß Art. 143 LSA von fünf Prozent der Aktionäre innerhalb von 30 Tagen ab Kenntnis und einem Jahr seit Beschlussfassung angefochten werden können. Dieses Anfechtungsrecht steht den Aktionären alternativ zur Haftungsklage zur Verfügung.[326] Eine ebenfalls fünfprozentige Aktionärsminderheit kann die Hauptversammlung zum Zweck der Erhebung einer Haftungsklage gegen die Verwalter oder den Abschlussprüfer einberufen und bei einem negativen Beschluss selbst Klage gegen die Verwalter bzw. den Abschlussprüfer erheben.[327]

Allerdings gestaltet sich die Fünfprozentklausel als in der Praxis hinderlich bei der Durchsetzung dieser Rechte, da insbesondere bei großen Aktiengesellschaften diese Prozentzahl durch die Akkumulation von Kleinaktionären vielfach praktisch nicht erreicht werden kann.[328]

Die Aktionäre haben zudem das Recht, Schadensersatzansprüche gegen die Verwalter klageweise geltend zu machen, sofern der Schaden nicht die Gesellschaft, sondern direkt das Vermögen von Aktionären betrifft, was in der Praxis in der Regel die Konkursverschleppungshaftung betrifft.[329]

c) Minderheitenschutz

Nach der Konzeption des spanischen Aktienrechts sind die Aktionäre wegen des Fehlens eines Aufsichtsrates, also eines Organs, das insbesondere die Interessen der Aktionäre und Minderheitsaktionäre wahrt, stärker auf die Ausübung der Aktionärsrechte angewiesen als in Deutschland.[330]

Dazu dienen nicht nur die Möglichkeiten der o.a. Informations- und Auskunftsrechte, sondern insbesondere die Anfechtungsrechte gegen Hauptversammlungs- und Verwaltungsratsbeschlüsse[331] und die Möglichkeit zur Erhe-

---

326 Sánchez Calero S. 551; im Gegensatz zu Deutschland, s.o. E.IV.1.b)

327 Dasselbe gilt, wenn die Hauptversammlung nicht zusammentritt bzw. nicht innerhalb eines Monats Klage erhebt, Art. 134 4., 100 2., 211 LSA; Arroyo/Boet in Arroyo/Embid Band II, S. 1429 ff, 2030 ff; Sánchez Calero S. 304 ff

328 Vgl. dazu Streitbörger S. 18 f

329 Siehe Art. 135 LSA, vgl. dazu Sánchez Calero S. 323; Arroyo/Boet in Arroyo/Embid Band II, S. 1439 f

330 Vgl. Sánchez Calero S. 450; Grechenig S. 144

331 Siehe dazu Embid Irujo/Pedraza Bochóns in Lutter GesRZ 2002, Sonderheft 3, S. 777

bung von Haftungsklagen gegen Verwalter und Abschlussprüfer, die auch von einer fünfprozentigen Minderheit der Aktionäre wahrgenommen werden können.

Zudem hat jeder einzelne Aktionär das Recht, die Abberufung des Abschlussprüfers aus wichtigem Grund bei Gericht zu beantragen.

Ferner können die Minderheitsaktionäre durch die Entsendung eines Minderheitenvertreters[332] in den Verwaltungsrat – in der Regel als nicht geschäftsführende Verwalter – eine Interessenwahrung in der Gesellschaftsverwaltung etablieren, die teilweise mit der Wirkungsweise eines Aufsichtsrats verglichen wird.[333]

V. Rechnungslegung und Jahresabschluss

1. Deutschland

a) Konzern- und Jahresabschluss

Der Konzernabschluss wird häufig als ein zentrales Informationsinstrument über börsennotierte Unternehmen betrachtet, da er im Unterschied zum Jahresabschluss ausschließlich der Information für Anteilseigner und Dritte dient und nicht wie der Jahresabschluss als Bemessungsgrundlage für die Ausschüttung und Steuer.[334]

Dies wird insbesondere vor dem Hintergrund deutlich, dass im Konzernabschluss auch Angaben über Beteiligungsunternehmen gemäß § 313 II bis IV HGB sowie über Beziehungen zu nahe stehenden Unternehmen und Personen[335] erfolgen.

Der Vorstand ist verpflichtet, binnen vier Monaten einen Konzernabschluss und -lagebericht aufzustellen, der durch einen Abschlussprüfer und durch den Aufsichtsrat zu prüfen ist[336]. Zusätzlich sind die Deutsche Prüfstelle für Rechnungslegung als staatlich anerkanntes privatrechtliches Gremium und das Bundesamt für Finanzdienstleistungsaufsicht als öffentlich rechtliche Anstalt befugt, die Übereinstimmung des Konzernabschlusses mit den einschlägigen Rechnungslegungsvorschriften zu überprüfen (sog. Enforcementverfahren).[337] Kon-

332 Siehe unter E.II.2.a)dd)

333 Vgl. dazu Berger/Eckert/Grechenig ZfRV 2002, S. 163 ff

334 Vgl. Pfitzer/Wader in Pfitzer Deutscher Corporate Governance Kodex, S. 256

335 Vgl. IAS 24, die für die Rechnungslegung nach den IFRS einschlägig sind.

336 Vgl. § 13 I S. 2 PublG

337 Siehe § § 290 I, 316 II HGB, § 171 I S. 1 AktG sowie BilKoG in BGBl. I 2004, S. 3408; zu diesem zweistufigen Enforcementverfahren näher Pfitzer in Pfitzer/Oser/Orth S. 72 ff; Ringleb in Ringleb S. 318 f

zernabschluss und –lagebericht sind binnen 12 Monaten (§ 325 I HGB), Zwischenberichte binnen 60 Tagen nach Ende der Berichtsperiode (§ 61 I BörsZulVO) offen zu legen, wobei börsennotierte Aktiengesellschaften jährlich mindestens einen Halbjahresbericht veröffentlichen müssen,[338] und zusätzlich in einem Zeitraum zwischen zehn Wochen nach Beginn und sechs Wochen vor Ende der ersten und zweiten Hälfte des Geschäftsjahres jeweils eine Zwischenmitteilung der Geschäftsführung bzw. nach ihrer Wahl einen Quartalsfinanzbericht (gemäß § 37 w II Nr. 1, 2, III, IV WpHG) veröffentlichen müssen.[339]

Aufgrund der Verabschiedung der EU-Verordnung über die Anwendung internationaler Rechnungslegungsgrundsätze i.V.m. § 315 a HGB haben u.a. börsennotierte Aktiengesellschaften seit 2005 konsolidierte Abschlüsse unter Beachtung der IFRS aufzustellen, wobei der deutsche Gesetzgeber diese Vorschrift bislang nicht auf den Jahresabschluss erstreckt hat.[340]

b) Abschlussprüfer

Der Abschlussprüfer eines Unternehmens ist wichtiger Garant der öffentlichen Rechnungslegung[341] und übt zugleich eine Unterstützungsfunktion für den Aufsichtsrat bei dessen Überwachungstätigkeit aus.[342] Bedingung dafür ist die Unabhängigkeit des Abschlussprüfers. Dementsprechend bestehen im deutschen Recht vielfältige Regelungen hinsichtlich der Unabhängigkeit des Abschlussprüfers, vor allem aber in § § 319, 319a HGB.[343]

---

338 § 40 I BörsG, § 53 BörsZulVO; siehe auch die Berichterstattungspflichten der Börsen, dazu näher Pfitzer/Wader in Pfitzer Deutscher Corporate Governance Kodex, S. 257.

339 Das Transparenzrichtlinie-Umsetzungsgesetz hat damit die Richtlinie des Europäischen Parlaments und des Rates 2004/109/EG zur Harmonisierung der Transparenzanforderungen im Bezug auf Informationen über Emittenten, deren Wertpapiere zum Handel auf einem geregelten Markt zugelassen sind und zur Änderung der Richtlinie 2001/34/EG vom 15.12.2004 (unter www.eur-lex.europa.eu) im Wesentlichen vorgabengetreu umgesetzt, vgl. Ringleb in Ringleb S. 316 f

340 Vgl. Verordnung (AG) Nr. 1606/2002 des Europäischen Parlaments und des Rates betreffend die Anwendung internationaler Rechnungslegungsstandards in ABl. EG L 243 vom 11.9.2002 S. 1 sowie das Gesetz zur Einführung internationaler Rechnungslegungsstandards und zur Sicherung der Qualität der Abschlussprüfung (Bilanzrechtsreformgesetz) vom 4.12.2004, BGBl. I, S. 3166 ff; vgl. aber § 325 II a HGB, wonach Jahresabschlüsse nach IFRS mit befreiender Wirkung offengelegt werden können.

341 Vgl. Nonnenmacher WPg-Sonderheft 2001, S. S 15

342 Vgl. Hommelhoff/Mattheus AG 1998, S. 251

343 Weitere Vorschriften zur Unabhängigkeit des Abschlussprüfers finden sich auch in § § 43, 49 WPO; vgl. auch § 171 I S. 3 AktG

Danach sind Wirtschaftsprüfer als Abschlussprüfer grundsätzlich ausgeschlossen, wenn Gründe, insbesondere Beziehungen geschäftlicher, finanzieller oder persönlicher Art vorliegen, nach denen die Besorgnis der Befangenheit besteht, welche z.B. angenommen wird, wenn er an der Buchführung oder Aufstellung des Abschlusses oder an der Durchführung der internen Revision mitgewirkt hat sowie Unternehmensleitungs- oder Finanzdienstleistungen erbringt.

Dasselbe gilt, wenn der Wirtschaftsprüfer zu mehr als 20 % an Unternehmen beteiligt ist, die diese Dienstleistungen durchführen oder wenn die Ehegatten oder Lebenspartner davon betroffen sind. Auch wer in den letzten fünf Jahren mehr als 15 % der Gesamteinnahmen aus der Prüfung und Beratung der zu prüfenden Gesellschaft erzielt hat und bei dem dies auch für das laufende Geschäftsjahr zu erwarten ist, muss als Abschlussprüfer ausgeschlossen werden. Wenn ein Wirtschaftsprüfer sieben Mal den Bestätigungsvermerk unterzeichnet hat, entsteht die Verpflichtung zur internen Rotation bei der Bearbeitung des Abschlussprüfermandats, es sei denn, seit der letzten Unterzeichnung sind mindestens drei Jahre vergangen (§ 319a I Nr.2HGB).

Der Abschlussprüfer erhält seinen Prüfungsauftrag direkt vom Aufsichtsrat (§ 111 II S. 3 AktG). Er ist zur gewissenhaften und unparteiischen Prüfung verpflichtet und legt beim Aufsichtsrat auch seinen Bericht vor (§ § 323 I S. 1, 321 V S. 2 HGB). Dabei soll er dem Aufsichtsrat bei dessen Prüfung von Jahres- und Konzernabschluss sowie Lagebericht als unabhängige sachverständige Auskunftsperson zur Verfügung stehen.[344]

Damit wurde per Gesetz eine gewisse Distanz zum Vorstand und eine größere Nähe zum Aufsichtsrat, quasi als Partner des Aufsichtsrates, geschaffen[345], womit deutlich wird, dass der Prüfer in die Überwachung der Geschäftsführung eingebunden werden soll.[346]

Der Abschlussprüfer hat ferner die Verpflichtung, über bei der Durchführung der Prüfung festgestellte Unrichtigkeiten und Verstöße gegen gesetzliche Vorschriften in einem gesonderten Teil des Prüfungsberichts Mitteilung zu machen. Er muss zudem über Tatsachen berichten, die den Bestand des Unternehmens gefährden können.[347]

---

344 § 171 I S. 2 AktG; Hüffer AktG § 171 Rdnr. 1; vgl. auch die Neuregelung des § 124 III AktG, wonach sich der Aufsichtsratsvorschlag zur Wahl des Abschlussprüfers auf die Empfehlung des Prüfungsausschusses stützen muss.

345 So Hopt ZGR 2000, S. 795; Mattheus ZGR 1999, S. 682; Hommelhoff/Mattheus AG 1998, S. 257; Hopt/Leyens S. 9 f

346 So Teichmann ZGR 2001, S. 673

347 Vgl. § 321 I S. 3 HGB

2. Spanien

a) Jahresabschluss

Seitens des Verwaltungsrates ist mit entsprechender Prüfung durch einen Abschlussprüfer ein Jahresabschluss zu erstellen[348], der aus Bilanz, Gewinn- und Verlustrechnung sowie einem Anhang zum Jahresabschluss bestehen muss. Ferner muss ein Lagebericht und ein Vorschlag über die Verwendung des Ergebnisses unterbreitet werden. Die Bilanz, Gewinn und Verlustrechnung sowie der Anhang zum Jahresabschluss müssen die wahre wirtschaftliche und vermögensrechtliche Lage der Gesellschaft widerspiegeln. Der Lagebericht hat eine klare Darstellung des Geschäftsverlaufs, der tatsächlichen Lage der Gesellschaft sowie eine Vorausschau auf die zukünftigen Geschäfts- und Entwicklungsmöglichkeiten der Gesellschaften zu enthalten (Art. 202 LSA).

Der Jahresabschluss und die damit zusammenhängenden Berichte sind innerhalb von sechs Monaten nach Ende des Geschäftsjahres von der Hauptversammlung zu genehmigen (Art. 95 LSA). Spätestens einen Monat nach der Genehmigung sind der Jahresabschluss, der Beschluss über die Gewinnverwendung, der Lagebericht sowie der Prüfungsbericht des Abschlussprüfers beim Handelsregister zu hinterlegen (Art. 218 LSA, 329 f RRM).

Unterbleibt die Hinterlegung drohen Geldstrafen und Registersperren, d.h. dass Beschlüsse der Gesellschaft nicht ins Handelsregister, Grundbuch etc. eingetragen werden.[349]

Die spanischen Vorschriften der Rechnungslegung gleichen im wesentlichen[350] denen des deutschen HGB und wurden zuletzt durch das königliche Dekret 1514/2007 sowie Gesetz 16/2007 vom 4.7.2007 und Verordnung JUS/206/2009 vom 28.1.2009 insbesondere hinsichtlich der Vorlage für Jahresabschlüsse an das europäische Gemeinschaftsrecht angepasst.[351]

348 Vgl. Art. 171 f, 203 – 211 LSA; Art. 34 ff CCom; Art. 1 ff Ley de Auditoría de Cuentas 19/1988; noch als « spektakuläre Neuerung » wurde Art. 203 LSA nach der Reform des Aktiengesetzes 1989 bezeichnet, wonach die Prüfung des Jahresabschlusses durch unabhängige, externe Abschlussprüfer zu erfolgen habe, vgl. Reckhorn-Hengemühle S. 60

349 Näher dazu León Sanz in Arroyo/Embid Band III, S. 2116 ff

350 Vgl. allerdings Ausnahmen wie z.B. die Plausibilitätskontrolle durch den Aufsichtsrat gemäß § 171 AktG oder die fehlende Registersperre im deutschen Recht. Auch in Spanien gelten die IFRS, vgl. Verordnung (AG) Nr. 1606/2002 des Europäischen Parlaments und des Rates betreffend die Anwendung internationaler Rechnungslegungsstandards in ABl. EG L 243 vom 11.9.2002 S. 1

351 Vgl. dazu auch Jordan/Kühlmann informaciones I/2009, S. 35 f

b) Abschlussprüfer

Die Abschlussprüfung dient nach spanischem Recht sowohl dem Aktionärs- als auch dem Gläubigerschutz und soll feststellen, ob der Jahresabschluss und der Lagebericht ein den tatsächlichen Verhältnissen entsprechendes Bild der Vermögens-, Finanz- und Ertragslage vermittelt.[352] Der Abschlussprüfer prüft jedoch nicht – ebensowenig wie der Abschlussprüfer in Deutschland – die Wirtschaftlichkeit und Zweckmäßigkeit der Geschäftsführung und ersetzt damit nicht den Aufsichtsrat als Interessenvertretung der Aktionäre.[353]

Die Ernennung der Abschlussprüfer erfolgt durch Beschluss der Hauptversammlung, wobei die Prüfer – im Gegensatz zu Deutschland[354] – für mindestens drei und höchstens neun Jahre bestellt werden können. Der Prüfer kann nach Ablauf dieser ersten Frist wiederernannt werden mit einer jeweiligen Höchstbestellungsdauer von drei Jahren (Art. 204 1. LSA). Damit wollte der Gesetzgeber die Unabhängigkeit des Abschlussprüfers sicherstellen.[355]

Gleichzeitig verfügt das spanische Recht über ein relativ flexibles System hinsichtlich der Zulässigkeit von anderweitigen Dienstleistungen, die der Abschlussprüfer für die zu prüfende Gesellschaft übernehmen kann (vgl. Art. 8 2. a) – l) Ley 19/1988), ohne dass seine Unabhängigkeit gefährdet wäre. Eine solche Gefährdung erkennt das Gesetz dann, wenn die Einnahmen aus dem Prüfauftrag für einen Mandanten einen „über Gebühr erhöhten" Prozentsatz des jährlichen Gesamteinkommens des Abschlussprüfers in Bezug auf den Durchschnitt der letzten fünf Jahre ausmacht, wobei dieser Prozentsatz nicht näher definiert wird und in den Unternehmen unterschiedlich gehandhabt wird.[356]

Dies trägt nicht zu einer rechtlich abgesicherten Unabhängigkeit des Abschlussprüfers bei.

---

352 Vgl. Art. 1.2 des Ley de Auditoría de Cuentas 19/1988 vom 12.7.1988 sowie ausführlich dazu Galán in Arroyo/Embid Comentarios S.L., S. 1960; García Luengo/Soto Vázquez S. 836 ff; Jané Bonet S. 143 f

353 So Boet Serra in Arroyo/Embid Band III, S. 2015; Grechenig S. 188

354 Vgl. § 318 I S. 3 HGB, wonach die jährliche Bestellung vorgeschrieben ist. Auch kann in Spanien die Bestellung eines Abschlussprüfers durch Minderheitsaktionäre – wie z.B. die Bestellung eines Sonderprüfers gemäß Art. 142 II AktG, vgl. Schmidt in Rodriguez Artigas Vol. I, S. 35 - nicht mehr erfolgen. Das spanische Aktiengesetz sah allerdings noch 1951 die Möglichkeit vor, dass 10 % der Aktionäre einen zusätzlichen Abschlussprüfer bestellen und ein Drittel der Aktionäre eine ausserordentliche Prüfung durchsetzen konnten, vgl. Art. 108 f LSA 1951.

355 Vgl. Galán in Arroyo/Embid Comentarios S.L., S. 1977 f

356 Art. 8 2.l) Ley 19/1988 vom 12.7.; z.B. 2 % bei Santander y Banesto, 5 % bei Ferrovial etc. – vgl. Mateu de Ros Cerezo S. 108 m.w.N.

Zudem vergibt der Verwaltungsrat weiterhin den Prüfungsauftrag, so dass eine die Prüferunabhängigkeit gefährdende Nähe zur Unternehmensleitung – ähnlich der früheren deutschen Rechtslage[357] – entstehen kann.

Bei Vorliegen eines wichtigen Grundes kann die Hauptversammlung – anders als in Deutschland – ohne richterliche Mitwirkung den Prüfer mit einfacher Mehrheit abberufen. Ein wichtiger Grund liegt z.B. vor bei Anteilsbesitz größer als 0,5% der zu prüfenden Gesellschaft, bei Anteilsbesitz, der mehr als 10% des Vermögens des Prüfers darstellt, bei Blutsverwandtschaft oder Verwandtschaft zweiten Grades mit Verwaltern der Gesellschaft, bei Nichterfüllung der Prüfpflicht, bei Verletzung des Geschäftsgeheimnisses oder bei Verwendung der Informationen zum eigenen Vorteil.[358]

Auch die Verwalter und jeder Aktionär können bei Vorliegen eines wichtigen Grundes die Abberufung des Abschlussprüfers vor Gericht beantragen.[359]

Durch diese Regelungen wird nicht nur die Intention des Gesetzgebers zur Wahrung der Unabhängigkeit des Abschlussprüfers, sondern auch der enge Bezug der Gesellschaft zum Abschlussprüfer deutlich, welche im einstufigen System dadurch erklärbar ist, dass der Abschlussprüfer als teilweiser Ersatz für den Aufsichtsrat gesehen wird.[360]

VI. Gesamtbetrachtung

Die strengen und ausdifferenzierten deutschen Gesetzesregelungen versus dem Primat der Privatautonomie in Spanien bilden die Grundlage für eine Reihe von Unterschieden in der Ausgestaltung der jeweiligen Organisationsverfassung der börsennotierten Aktiengesellschaft, welche wiederum von Bedeutung für die Ausprägung der Corporate Governance in den beiden Ländern sind.

Die im deutschen monistischen System verankerte strikte Trennung zwischen Überwachung und Geschäftsführung findet in Spanien ihr Äquivalent darin, dass viele dem deutschen Aufsichtsrat übertragene Aufgaben in Spanien von der Hauptversammlung und vom Abschlussprüfer wahrgenommen werden.

Der deutsche Aufsichtsrat besteht aus von den Aktionären gewählten Vertretern sowie aufgrund des spezifisch deutschen Mitbestimmungsrechts aus Vertre-

357 Vgl. vor der Änderung des § 111 I AktG durch das KonTraG, wonach früher der Vorstand den Prüfungsauftrag vergab, während dies, wie unter E.V.1.b) dargestellt, nun Aufgabe des Aufsichtsrates ist.

358 Vgl. Jané Bonet S. 114 f; Galán in Arroyo/Embid Comentarios S.L., S. 1978 f

359 Arroyo/Martínez in Arroyo/Embid Band III, S. 1992 f

360 Vgl. Grechenig S. 187

tern der Arbeitnehmerseite, die im Rahmen der mitbestimmungsrechtlichen Vorschriften gewählt werden.

Als unabhängiges Überwachungsorgan muss der Aufsichtsrat die seiner Zustimmung unterliegenden Geschäfte festlegen, während in Spanien eine Kompetenzverteilung innerhalb des von der Hauptversammlung gewählten Verwaltungsrates nicht gesetzlich vorgesehen ist. Lediglich die Einrichtung eines Prüfungsausschusses ist seit 2002 zwingend, während dies in Deutschland für den Großteil der börsennotierten Aktiengesellschaften nicht gesetzlich verpflichtend verankert ist.

So entscheidet der Aufsichtsrat über die Vergütung und die Einsetzung bzw. Abberufung des Vorstands während in Spanien die Zuständigkeit dafür bei der Hauptversammlung liegt, mit Ausnahme der Kooptation, d.h. der möglichen Bestellung eines Verwaltungsratsmitglieds durch den Verwaltungsrat selbst. Die Kooptation ist in Deutschland nicht zulässig[361], ebensowenig wie die Möglichkeit der Vertretung der Aktionäre durch die Organe des Unternehmens, was in Spanien hingegen an der Tagesordnung ist.

Mit dieser spanischen Vertretungsregelung korrespondiert die Möglichkeit des Satzungsgebers, die persönliche Teilnahme an der Hauptversammlung zu beschränken, was vor dem Hintergrund verständlich wird, dass in Spanien die Aktionärsrechte, wie z.B. das Stimmrecht, das Auskunftsrecht oder das Anfechtungsrecht, auch ausserhalb der Hauptversammlung geltend gemacht werden können.

Diese Beschränkungsmöglichkeit wird u.a. auch als Korrelat zur zentralen Stellung der Hauptversammlung gesehen[362], die im spanischen System als oberstes Organ der Aktiengesellschaft betrachtet wird. Die quantitativ und qualitativ umfangreichen Hauptversammlungszuständigkeiten und deren Überordnung über den Verwaltungsrat machen eine verstärkte Kontrolle der Mehrheitsherrschaft in der spanischen Hauptversammlung nötig, zumal in Spanien Hauptversammlungsbeschlüsse im Allgemeinen mit niedrigeren Quoren gefasst werden können als in Deutschland.[363]

Eine im Vergleich zu Deutschland relativ starke Stellung nehmen daher die Minderheitsaktionäre in der spanischen Aktiengesellschaft ein, die als weiteres

---

361 Das Nachrücken eines Ersatzmitgliedes, das nach vorzeitigem Ausscheiden eines Aufsichtsratsmitgliedes für den Rest der Amtszeit die Position übernimmt, stellt keine Kooptation dar, vgl. Messerschmidt in Deilmann/Lorenz S.25

362 So auch Becker S. 169

363 So sieht das spanische Recht beispielsweise nur eine einfache Mehrheit für Satzungsänderungen vor, während in Deutschland dafür eine Dreiviertel-Mehrheit notwendig ist, vgl. Tapia Hermida in Homenaje Sánchez Calero S. 2944; Miquel Rodríguez in Arroyo/Embid Band II, S. 954; Millentrup S. 108

Äquivalent für die fehlende Interessenwahrung durch ein von der Hauptversammlung unabhängiges Organ wie dem deutschen Aufsichtsrat angesehen werden[364].

Die Minderheitsaktionäre können nicht nur Anfechtungsklagen gegen Hauptversammlungs- und Verwaltungsratsbeschlüsse erheben, sondern auch Haftungsklagen gegen Verwalter und Abschlussprüfer sowie die Absetzung der beiden bewirken. Ergänzt wird die starke Stellung der Minderheitsaktionäre noch dadurch, dass sie einen Minderheitenvertreter in den Verwaltungsrat entsenden können.

Das deutsche Aktiengesetz hingegen sieht zwar ebenfalls Regelungen zum Schutz der Minderheitsaktionäre vor, allerdings in bedeutend geringerem Umfang.

Die enge Verflechtung der Aktionäre mit der spanischen Aktiengesellschaft findet ihr Pendant in der ebenfalls engen Verbindung, die der Abschlussprüfer mit der Gesellschaft innehat. Zwar erkennen sowohl der spanische als auch der deutsche Gesetzgeber, dass die Unabhängigkeit des Abschlussprüfers für den Aktionärs- und Gläubigerschutz eine zentrale Rolle spielt. Während in Deutschland der Abschlussprüfer allerdings dem Aufsichtsrat bei seiner Überwachungsfunktion als Partner zur Seite stehen soll und dementsprechend diverse gesetzliche Regelungen die Unabhängigkeit und Neutralität insbesondere gegenüber dem Vorstand sicherstellen sollen, bleibt der spanische Abschlussprüfer u.a. auch aufgrund mangelnder gesetzlicher Vorgaben weiterhin im Einflussbereich des Verwaltungsrats und eng mit der Gesellschaft verbunden.

Beide Organisationsverfassungen weisen weiterhin die Gemeinsamkeit auf, dass sie das Prinzip des „one share – one vote" weitgehend umgesetzt haben, auch wenn beide Staaten Vorzugsaktien zulassen und in Spanien zusätzlich Höchststimmrechtsregelungen möglich sind.

Ferner räumen beide Länder dem Vorstand bzw. Verwaltungsrat eine unbeschränkte Vertretungsmacht ein, die – wenn auch durch unterschiedliche – interne Kontrollmechanismen in ihrer Ausuferung behindert werden soll, wozu u.a. die Corporate Governance Kodizes ihren Beitrag leisten müssen.

364 Vgl. Grechenig S. 143

F. Die Vorschläge der beiden Kodizes – Diskussion und Würdigung

I. Grundlegende Betrachtungen

1. Die Zielsetzungen der Kodizes

Die deutsche Kodex-Kommission nennt als Zielsetzungen des DCGK, das deutsche System transparent und nachvollziehbar zu machen und dadurch das Vertrauen der internationalen und nationalen Anleger, der Kunden, der Mitarbeiter und der Öffentlichkeit in die Leitung und Überwachung deutscher börsennotierter Aktiengesellschaften zu fördern[365].

Dies gilt nach Ansicht des Vorsitzenden der Deutschen Regierungskommission Corporate Governance umso mehr in Zeiten der weltweiten Wirtschafts- und Finanzkrise, in der es gilt, das Verständnis und die Sensibilität für die Verantwortung gegenüber Gesellschaft und Öffentlichkeit durch die Manager und Unternehmenskontrolleure neu aufzubauen.[366]

Dementsprechend verwundert nicht, dass der DCGK in der Präambel das duale Führungssystem deutscher Aktiengesellschaften erläutert und auf die deutsche Besonderheit der Mitbestimmung im Aufsichtsrat eingeht[367]. Insbesondere verdeutlicht der Kodex, dass sich das monistische und das duale Führungsmodell in der Praxis aufgrund der engen Zusammenarbeit zwischen Vorstand und Aufsichtsrat aufeinander zu bewegen und gleichermaßen erfolgreich sind.[368] Allerdings wird auch auf die Möglichkeit eingegangen, sich in Deutschland im Rahmen einer Europäischen Gesellschaft (SE) für das einstufige Organisationsmodell zu entscheiden.[369]

Einen völlig anderen Ansatz wählt die spanische Kommission, die als grundlegende Prinzipien des Código die Freiwilligkeit der Befolgung der Empfehlungen ausspricht und klarstellt, dass nur die gesetzlichen Regelungen, die im Anhang zum Código aufgelistet sind, für die Unternehmen verpflichtend zu beachten

365 Vgl. DCGK 1. Präambel 1. Absatz, S. 2, 3

366 Müller S. 5

367 Vgl. DCGK 1. Präambel 5. Absatz

368 So DCGK 1. Präambel 8. Absatz.; vgl. auch Cromme in Corporate Governance Report 2008, S. 3

369 Siehe DCGK 1. Präambel 6., 7. Abs.

sind und dass im übrigen Empfehlungen, die in anderen Ländern üblich sind, in Spanien aufgrund der Gesetzeslage nicht notwendig waren.[370]

Die spanische Kommission geht also – im Gegensatz zur deutschen Kommission - davon aus, dass die Organisationsverfassung der Aktiengesellschaften für die Öffentlichkeit und insbesondere für ausländische Investoren nicht weiter erklärungsbedürftig ist und richtet den Blick eher auf die Akzeptanz des – freiwillig zu beachtenden – Código durch die einheimischen Unternehmen.

Ferner bestand der Auftrag an die spanische Kommission vor allem darin, nicht nur einen Kodex mit „best practice – Regeln“ in Fortführung des Código Olivencia und des Informe Aldama zu erarbeiten, sondern auch entsprechende Gesetzesänderungen und Empfehlungen vorzuschlagen.

Im Gegensatz dazu beschränkte sich die deutsche Regierung auf den Auftrag, einen Kodex guter Unternehmensführung auf Grundlage der bestehenden Gesetzeslage zu erarbeiten und lediglich Handlungsspielräume aufzuzeigen, so dass die unterschiedliche formelle Ausgestaltung der beiden Kodizes verständlich wird: während der spanische Código sich in zahlreichen Empfehlungen nebst Erläuterungen, Rechtsgrundlagen und Empfehlungen an die Regierung und sonstige Institutionen unterteilt stellt der deutsche Kodex relativ kurz und prägnant vorwiegend die deutsche Gesetzeslage dar.

2. „Soft law“ und „comply or explain“

Corporate Governance Kodizes werden vielfach als soft law bezeichnet, da es sich um bloße Empfehlungen handelt und die Kodizes keine Gesetzesqualität oder satzungsgleiche Wirkung haben.[371]

In Deutschland haben gemäß § 161 AktG Vorstand und Aufsichtsrat einer börsennotierten Aktiengesellschaft[372] jährlich zu erklären, dass den Empfehlungen des DCGK, d.h. also den „soll“-Bestimmungen, entsprochen wurde und auch zukünftig entsprochen werden wird sowie welche Empfehlungen nicht angewendet wurden oder werden und warum nicht[373]. Jedes Unternehmen hat die

370 Vgl. Informe CUBG I.

371 Z.B. Vetter NZG 2008, S. 123, 126; Lutter ZGR 2001, S. 225; von Werder in Ringleb S. 15; Marsch-Barner in Marsch-Barner/Schäfer § 2 Rdnr. 45; zum Streit über die Rechtsnatur vgl. Lieder S. 599 m.w.N.; siehe auch die Entscheidung des LG München I vom 22.11.2007, ZIP 2007, S. 2360 ff, wonach die Justitiabilität der Empfehlungen des DCGK verneint wurde.

372 Im Sinne von § 3 II AktG ; es muss sich nicht notwendigerweise um eine an einer deutschen Börse notierten Aktiengesellschaft handeln, vgl. Hüffer AktG § 3 Rdnr. 6

373 Die Begründungspflicht wurde erst mit Inkrafttreten des BilMoG am 29.5.2009 (BGBl. I 2009, S. 1102 ff) in § 161 AktG eingefügt.

Möglichkeit, die über 60 Empfehlungen des DCGK vollständig, teilweise oder gar nicht zu erfüllen und muss dann eine darauf basierende Entsprechenserklärung abgeben.

Diese Entsprechenserklärung ist den Aktionären dauerhaft, d.h. über die Webseite des Unternehmens, zugänglich zu machen. [374] Im Anhang zum Jahresabschluss und zum Konzernabschluss einer börsennotierten Gesellschaft ist die Angabe zu machen, dass die nach § 161 des AktG vorgeschriebene Erklärung abgegeben und den Aktionären zugänglich gemacht worden ist (vgl. § § 285 S. 1 Nr. 16, 314 I Nr. 8 HGB).

Durch das BilMoG[375] wurde zudem die Verpflichtung der börsennotierten Aktiengesellschaften eingeführt, eine Erklärung zur Unternehmensführung in ihren Lagebericht aufzunehmen, die u.a. die nach § 161 AktG vorgeschriebene Erklärung beinhaltet und eine Beschreibung der Arbeitsweise von Vorstand und Aufsichtsrat sowie der Zusammensetzung und Arbeit der Ausschüsse abgibt (vgl. § 289 a HGB).

Auch in Spanien besteht seit 2003 dieses Prinzip des „comply or explain" („cumplir o explicar" – Art. 116 4.f. LMV i.V.m. Abs. 1 f. der ersten Bestimmung der Ausführungsverordnung). Demnach ist jede börsennotierte Aktiengesellschaft verpflichtet, einen jährlichen Bericht über die Corporate Governance des Unternehmens zu erstellen und diesen der CNMV (Nationale Wertpapiermarktkommission) zu übermitteln, sowie als wesentliche Tatsache zu veröffentlichen (Art. 116 2., 3. LMV). In diesem Bericht muss das Unternehmen u.a. angeben, ob es den Empfehlungen des Código Unificado gefolgt ist bzw. erklären, welche Kodex-Empfehlungen nicht befolgt wurden und warum nicht.[376] Jeder Gesellschaft steht es – ebenso wie in Deutschland - frei, die Empfehlungen des Código vollständig, teilweise oder gar nicht zu übernehmen.[377]

Zuständig für die Erstellung des Corporate Governance Berichts ist der Verwaltungsrat. Einer Zustimmung der Hauptversammlung bedarf es – ebensowenig wie in Deutschland – nicht.[378]

Die Erklärung soll dazu dienen, dass sich die Aktionäre, Investoren und die Märkte im allgemeinen ein Bild von der Vorgehensweise des Unternehmens ma-

---

374 Vgl. RegBegr BT-Drs. 14/8769, S. 21 f; Seibert BB 2002, S. 584

375 Bilanzrechtsmodernisierungsgesetz vom 29.5.2009, BGBl. I 2009, S. 1102 ff

376 Vgl. Torrent RdS 2006, S. 223 ; Mateu de Ros Cerezo S. 51 ; Olivencia S. 30; Olivera in Pérez-Ardá S. 1031; Sánchez Álvarez in Pérez-Ardá S. 754, der die Begründungspflicht damit erklärt, dass die CNMV gemäß Art. 116.5 LMV dementsprechende Erklärungen verlangen kann.

377 Siehe Mateu de Ros Cerezo S. 45

378 Vgl. Sánchez Calero RdS 2003, S. 48 f ; Wagner RIW 2004, S. 261

chen können.[379] Während sich die vergleichbare deutsche Erklärung gemäß Art. 161 S. 1 AktG allerdings sowohl auf die Vergangenheit als auch auf die Zukunft beziehen muss, d.h. dass Vorstand und Aufsichtsrat nicht nur eine Wissenserklärung über das Verhalten in der Vergangenheit abgeben müssen, sondern auch eine Absichtserklärung über ihr zukünftiges Verhalten bezüglich der Corporate Governance Kodex – Empfehlungen[380], bezieht sich die spanische Erklärung gemäß Art. 116 4. f. LMV lediglich auf die Vergangenheit.[381]

Die Zweckmäßigkeit dieser auf die Zukunft gerichteten deutschen Absichtserklärung bleibt jedoch fraglich, da diese rechtlich nicht bindend ist und von ihr jederzeit abgewichen werden kann. Die Abweichung muss dann lediglich gemäß § 161 II AktG den Aktionären gegenüber bekanntgemacht werden bzw. in Form einer aktualisierten Entsprechenserklärung veröffentlicht werden.[382]

3. Nichtabgabe der Entsprechenserklärung

Die Nichtabgabe der Entsprechenserklärung stellt sowohl im deutschen als auch im spanischen Recht einen Verstoß gegen zwingendes Gesetzesrecht dar.[383] Während jedoch in Deutschland die Nichtabgabe der Erklärung zur Verhängung eines Bußgeldes bzw. Ordnungsgeldes gegenüber den Mitgliedern des Vorstands und Aufsichtsrates führen kann[384], besteht in Spanien bei einem Verstoß gegen die Veröffentlichung des jährlichen Corporate Governance Berichtes oder einer unterlassenen Entsprechenserklärung schlimmstenfalls sogar die Möglichkeit, von der Börsennotierung durch die CNMV ausgeschlossen zu werden (vgl. Art. 100 b.bis, 103 LMV i.V.m. Art. 116 LMV) [385]. Damit wird jedoch lediglich die formale Abgabe der Erklärung erzwungen und nicht die Einhaltung der inhaltlichen Regelungen der Kodizes.

Der tragende Gedanke hinter dieser Freiwilligkeit der Kodex- bzw. Código-Regelungen besteht darin, dass der Kapitalmarkt an hohen Corporate Gover-

---

379 So Mateu de Ros Cerezo S. 125

380 Vgl. RegBegr BT-Drucks 14/8769, S. 22 linke Spalte; Seibert BB 2002, S. 583 ; Vetter DNotZ 2003, S. 755; Hüffer § 161 Rdnr. 20; Peltzer NZG 2002, S. 594 ; Messerschmidt in Deilmann/Lorenz S. 48; Pathe in Schwerdtfeger S. 1556; a.A.: Schüppen ZIP 2002, S. 1273; Seibt AG 2003, S. 467

381 Vgl. Mateu de Ros Cerezo S. 122

382 Vgl. Vetter NZG 2008, S. 122; Hüffer § 161 Rdnr. 20 ; Lutter in KöKo AktG § 161 Rdnr. 53

383 Vgl. Lutter ZHR 2002, S. 527

384 Siehe § § 334, 335a HGB und die Bemängelung einer fehlenden Abgabe durch den Abschlussprüfer § 322 IV HGB.

385 Vgl. Sánchez Álvarez in Pérez-Ardá S. 754; kritisch dazu Mateu de Ros Cerezo S. 45

nance – Standards interessiert ist und diejenigen Unternehmen mit Kursabschlägen bestraft, die den Empfehlungen nicht folgen.[386] Gleichzeitig soll den Gesellschaften dadurch die Berücksichtigung branchen- oder unternehmensspezifischer Bedürfnisse ermöglicht werden.[387]

II. Die Rolle der Leitungsorgane

Die Arbeitsteilung innerhalb der Leitungsorgane ist im deutschen zweistufigen System im Kernbereich zwingend geregelt, während sie im spanischen einstufigen System der Privatautonomie der Gesellschaft unterliegt. Dabei kann der Verwaltungsrat als Gesamtorgan verstanden werden, das die Aufgaben von Vorstand und Aufsichtsrat in sich vereint.

Beide Kodizes stellen die Leitungsorgane in den Mittelpunkt ihrer Ausführungen.

1. Deutschland

a) Der Vorstand

Der Vorstand ist das Geschäftsführungs- und Vertretungsorgan der Gesellschaft und spielt damit für die Aktionäre und Investoren eine entscheidende Rolle. Erstaunlicherweise wird trotz seiner Bedeutung bezüglich der Qualifikation der Vorstandsmitglieder keine Empfehlung ausgesprochen. Der Kodex empfiehlt lediglich, eine Altersgrenze für Vorstandsmitglieder festzulegen[388], um den erheblichen Belastungen, die eine Vorstandstätigkeit mit sich bringt, Rechnung zu tragen. Auch wenn der Zusammenhang zwischen Kompetenz, individueller Leistungsfähigkeit und Alter sicher diskussionsfähig ist[389], kann durch eine Altersgrenze des Vorstands die für ein Unternehmen notwendige Verjüngung und Flexibilität in den Ideen und Strukturen gefördert werden.

386 So Ort/Wader in Pfitzer Deutscher Corporate Governance Kodex, S. 313; Mateu de Ros Cerezo S. 45

387 Vgl. auch DCGK 1. Präambel 10. Abs.

388 DCGK 5.1.2, 2. Absatz, S. 3

389 Siehe dazu Kremer in Ringleb S. 246 m.w.N.

aa) Zusammensetzung

Der Kodex empfiehlt, dass der Vorstand aus mehreren Personen bestehen und einen Vorsitzenden oder Sprecher haben soll, der die Arbeit der Vorstandsmitglieder koordiniert. Eine maximale Größe des Vorstands wird nicht erwähnt.[390]

Um die Arbeit des Vorstands zu strukturieren, soll eine Geschäftsordnung insbesondere die Ressortzuständigkeiten einzelner Vorstandsmitglieder, die dem Gesamtvorstand vorbehaltenen Angelegenheiten und die erforderliche Beschlussmehrheit für Vorstandsbeschlüsse, d.h. also Einstimmigkeit oder Mehrheitsbeschlusserfordernis, regeln.[391]

Durch die Forderung nach mindestens zwei Vorstandsmitgliedern geht der Kodex über § 76 II AktG hinaus und setzt auf Transparenz und auf das System von checks and balances, indem er das Vieraugenprinzip als Best Practice darstellt.[392]

Gleichzeitig geben diese Empfehlungen die in den börsennotierten Aktiengesellschaften übliche Praxis in Deutschland wieder.[393]

Bei Gesellschaften mit mehr als drei Millionen EURO Grundkapital oder sobald ein Arbeitsdirektor zu bestimmen ist, muss bereits von Gesetzes wegen[394] der Vorstand aus mindestens zwei Mitgliedern bestehen. Bei einem mehrköpfigen Vorstand wird in der Praxis häufig ein Vorstandsvorsitzender oder ein Vorstandssprecher bestimmt, wobei der Vorstandsvorsitzende durch den Aufsichtsrat (§ 84 II AktG) und der Vorstandssprecher per Geschäftsordnung durch den Vorstand selbst ernannt wird.[395]

Diese Empfehlung bedeutet aber nicht, dass die Kommission den Weg zum CEO nach dem Vorbild des monistischen Führungssystems ebnen will, da der Vorstandsvorsitzende/-sprecher grundsätzlich als „primus inter pares" agieren soll und nach deutschem Aktienrecht keine Machtbefugnisse auf sich konzentrieren darf wie ein CEO.[396] Der vom Gesetz eingeräumte weite Spielraum bei der Geschäftsverteilung und der Beschlussfassung im Rahmen einer Geschäftsordnungsregelung wird durch den Kodex aufgegriffen und soll von den Gesellschaften präzisiert werden, um das Spannungsfeld zwischen Gesamtverantwor-

---

390 Dies scheint, im Gegensatz zur Besetzung des Verwaltungsrates im monistischen System und im Gegensatz zur Diskussion um die Größe des Aufsichtsrates (siehe dazu F.II.1.b)aa)(1)) bislang auch in der Praxis kein Problem zu sein.

391 Vgl. DCGK 4.2.1

392 So Ringleb in Ringleb S. 186

393 Vgl. Müller/Stelzer in Pfitzer Deutscher Corporate Governance Kodex S. 117, 119

394 Siehe E.II.1.a)aa)

395 Vgl. § 77 II S. 1 AktG ; Hüffer AktG § 84 Rdnr. 22

396 Vgl. § 77 I S. 2 2.HS AktG; Müller/Stelzer in Pfitzer Deutscher Corporate Governance Kodex S. 117

tung[397] und Ressortverteilung im Vorstand transparent auszugestalten[398]. Der Kodex selbst gibt dazu keine Anforderungen an die konkrete Ausgestaltung vor und ermöglicht damit eine flexible Anpassung an die Unternehmenswirklichkeit.

bb) Aufgaben und Zuständigkeiten

(1) Unternehmensleitung und strategische Ausrichtung

Bezüglich seiner Rolle als unternehmerisches Initiativzentrum der Gesellschaft[399] gibt der Kodex hier lediglich den gesetzlich vorgegebenen Aufgabenbereich des Vorstands wieder, d.h. dass der Vorstand das Unternehmen in eigener Verantwortung leitet und dabei an das Unternehmensinteresse gebunden und der Steigerung des nachhaltigen Unternehmenswertes verpflichtet ist.[400]

Um der „öffentlichen Kapitalismuskritik"[401] der jüngsten Vergangenheit Rechnung zu tragen, betont der DCGK das Ziel der nachhaltigen Wertschöpfung unter Berücksichtigung der Belange der Aktionäre, der Arbeitnehmer und der sonstigen dem Unternehmen verbundenen Gruppen (Stakeholder).[402]
Damit soll deutlich gemacht werden, dass der Vorstand nicht einseitig den Interessen der Kapitalgeber, dem „shareholder value", verpflichtet ist, sondern dass die Unternehmensleitung auf eine nachhaltige Steigerung des Unternehmenswertes auszurichten ist[403] und alle Stakeholder mit einzubeziehen sind.[404]

Ferner stellt der Kodex klar, dass der Vorstand für die strategische Ausrichtung des Unternehmens zuständig ist und für deren Umsetzung auch Sorge tragen muss.[405] Diese strategische Ausrichtung des Unternehmens stimmt der Vorstand mit dem Aufsichtsrat ab und erörtert mit ihm in regelmäßigen Abständen den Stand der Strategieumsetzung.[406] Damit soll sichergestellt werden, dass der Vorstand die zentralen Strategien, insbesondere also die Unternehmensziele, die Geschäftsfeld- und die Geostrategie, ebenfalls aus Gründen des checks and balances mit dem Aufsichtsrat erörtert.[407] Dabei hat er laut Kodex die gesetzlichen

397 Siehe 1. Präambel 3. Absatz S. 2
398 Vgl. Cromme in Corporate Governance Report 2007, S. 26
399 Vgl. Von Werder DB 2002, S. 804
400 So DCGK 4.1.1 ; 1. Präambel 3. Absatz S. 1; siehe auch § § 76, 93 AktG
401 Müller S. 10
402 Vgl. DCGK 4.1.1
403 Vgl. Müller/Stelzer in Pfitzer Deutscher Corporate Governance Kodex, S. 110; Kuhner ZGR 2004, S. 244 ff; Berrar S. 27 f
404 Siehe auch Hecker BB 2009, S. 1654 f
405 DCGK 4.1.2
406 DCGK 3.2
407 Vgl. dazu näher von Werder in Ringleb S. 171 f

Bestimmungen und die unternehmensinternen Richtlinien einzuhalten und wirkt auf deren Beachtung durch die Konzernunternehmen hin (Compliance).[408]

Diese Kodexregelung beschreibt zwar die gesetzliche Lage, empfiehlt jedoch nicht explizit den Erlass von unternehmensinternen Richtlinien oder die Einführung eines Compliance Programms, obwohl der Trend dazu, ausgehend von den USA, mittlerweile in den Gesellschaften unverkennbar ist, um schädigende Ereignisse und Haftungsrisiken für die Unternehmen zu vermeiden[409]. Angesichts der Fülle von gesetzlichen Ge- und Verboten, die den deutschen Unternehmen insbesondere in den letzten Jahren auferlegt wurden[410] und der damit verbundenen Haftungsrisiken, ist diese Formulierung des Kodex zu begrüßen, da sie die Thematik zwar aufgreift, aber gleichzeitig flexibel genug ist, um den Unternehmen die für ihre jeweilige spezifische Situation notwendige Ausgestaltung der Compliance zu ermöglichen.

(2) Risikomanagement

Dasselbe gilt für die Zuständigkeit des Vorstands bezüglich der Ausgestaltung des Risikomanagements (vgl. DCGK 4.1.4). Durch die Kodexformulierung, dass der Vorstand für ein angemessenes Risikomanagement und Risikocontrolling im Unternehmen sorge, werden den Unternehmen keine konkreten organisatorischen Vorgaben gemacht, sondern es verbleibt dadurch bei der gesetzlichen Regelung des § 91 II AktG, wonach der Vorstand geeignete Maßnahmen treffen muss und insbesondere ein Überwachungssystem einrichten muss, um den Fortbestand der Gesellschaft gefährdende Entwicklungen frühzeitig zu erkennen.

Der Kodex stellt zudem durch seine Formulierung klar, dass sich das Risikomanagement und –controlling nicht nur auf die Gesellschaft an sich, sondern auf das Unternehmen im Sinne des gesamten Konzerns bezieht[411].

cc) Vergütung

Ausführungen zur Vergütung des Vorstands nehmen einen gewichtigen Teil des Kodex ein.[412] Bereits dadurch wird die Bedeutung des Themas für die deutsche Corporate Goverance Kommission ersichtlich, welche nicht zuletzt auf die ver-

408 Vgl. DCGK 4.1.3

409 So Rodewald/Unger BB 2006, S. 117; Ringleb in Ringleb S. 175 f

410 Vgl. Ringleb in Ringleb S. 175

411 Siehe DCGK 1. Präambel, 11. Abs.; vgl. auch § 289 V HGB und § 315 II Nr. 2 HGB, wonach seit Inkrafttreten des BilMoG am 29.5.2009 die wesentlichen Merkmale des Kontroll- und Risikomanagementsystems im Lagebericht beschrieben werden müssen.

412 DCGK 4.2.2 bis 4.2.5 behandeln auf über einer Seite nur die Vergütung des Vorstands.

stärkte Diskussion der Vorstandsgehälter in der Öffentlichkeit[413] reagieren musste, zumal das Gesetz nicht vorgibt, aus welchen Vergütungsbestandteilen sich die Vergütung zusammensetzen muss.

Durch den Erlass des VorstAG[414], das Gesetzesänderungen betreffend der Festlegung von Vorstandsvergütungen, der Vergütungsstruktur sowie der Offenlegung mit sich brachte, soll nach dem Willen des Gesetzgebers die Angemessenheit und Nachhaltigkeit der Bezüge gewährleistet werden und gleichzeitig Anreize für eine übertriebene kurzfristige Erfolgsorientierung und zu hohe Risikofreudigkeit bei Vorständen verhindert werden.[415]

Dies wird über den Gesetzeswortlaut hinaus im Kodex so auch ausdrücklich dargelegt[416].

(1) Vereinbarung der Vorstandsvergütung

Die Vereinbarung über die Vorstandsvergütung erfolgt im Rahmen des Anstellungsvertrages zwischen der Gesellschaft und dem Vorstandsmitglied. Zuständig für den Abschluss dieses Vertrages ist gemäß § § 84 I S. 1, 5, 112, 87 I AktG der Aufsichtsrat, wobei die Entscheidung über den Anstellungsvertrag nicht mehr wie bisher an einen Ausschuss überlassen werden kann.[417]

Diese geänderte Gesetzeslage greift der Kodex auf und stellt klar, dass das Aufsichtsratsplenum auf Vorschlag des Gremiums, das die Vorstandsverträge behandelt, die Gesamtvergütung der einzelnen Vorstandsmitglieder festsetzt und das Vergütungssystem für den Vorstand beschließen sowie regelmäßig überprüfen soll.[418] Diese Überprüfungen sollen sicherstellen, dass sich im Laufe der Zeit keine Diskrepanzen zwischen der Vorstandstätigkeit und den vertraglichen

413 Siehe beispielsweise Büschemann/Knipper in Süddeutsche Zeitung vom 4.4.2008, S. 30 f; Lutter ZIP 2003, S. 739; Tartler in FTD 25.3.2009, S. 5; Ringleb in Ringleb S. 192 m.w.N.

414 Gesetz zur Angemessenheit der Vorstandsvergütung vom 5.8.2009, BGBl. I 2009, S. 2509

415 Vgl. BT-Drs. 16/13433, S. 15 f; Müller S. 10; Hecker BB 2009, S. 1656

416 Vgl. DCGK 4.2.3 2. Absatz S. 5, 2. HS

417 Vgl. § 107 III S. 3 AktG, der durch das VorstAG vom 5.8.2009 abgeändert wurde. Kritisch dazu Müller S. 11, der erläutert, dass die Regierungskommission die Möglichkeit der Festlegung von Bandbreiten durch das Aufsichtsratsplenum für die Vergütungen einzelner Vorstandspositionen präferiert hätte, um sich seine Flexiblität zu erhalten; ebenfalls kritisch DAV-Handelsrechtsausschuss NZG 2009, S. 615, der den Aufsichtsrat damit überfordert sieht.

418 Vgl. DCGK 4.2.2 1. Absatz

Rechten und Pflichten ergeben, wobei aber keine zeitlichen Angaben zu den Prüfabständen im Kodex genannt werden.[419]

Der Kodex legt ferner dar, dass die Gesamtvergütung der Vorstandsmitglieder vom Aufsichtsratsplenum unter Einbeziehung etwaiger Konzernbezüge in angemessener Höhe auf der Grundlage einer Leistungsbeurteilung festgelegt wird. Kriterien für die Angemessenheit der Vergütung bilden dabei sowohl die Aufgaben des jeweiligen Vorstandsmitglieds, seine persönliche Leistung sowie die wirtschaftliche Lage, der Erfolg und die Zukunftsaussichten des Unternehmens. Zudem werden als weitere Parameter die Üblichkeit der Vergütung unter Berücksichtigung des Vergleichsumfeldes und der Vergütungsstruktur der Gesellschaft vom Kodex benannt.[420]

Mit dieser Auflistung gibt der Kodex letztlich die – durch das VorstAG geänderten -gesetzlichen Bestimmungen des § 87 I AktG wieder. Der unbestimmte Begriff der „Üblichkeit" wird durch den DCGK entsprechend der Gesetzesbegründung[421] dahingehend konkretisiert, dass neben dem Vergleichsumfeld (horizontale Vergleichbarkeit) auch die Vergütungsstruktur des Unternehmens (vertikale Vergleichbarkeit) als Maßstab herangezogen werden sollen.[422]

Der eigentliche Evaluierungsvorgang dürfte zu den schwierigsten Aufgaben des Aufsichtsrates[423] gehören und findet durch diese Kodex-Ausführungen Leitlinien, die unternehmensspezifisch umgesetzt werden können.

Um weitere unliebsame Einflussmöglichkeiten auf die Bemessung der Vergütung zu verhindern, spricht der Kodex die Empfehlung aus, bei Hinzuziehung eines externen Vergütungsexperten zur Beurteilung der Angemessenheit der Vergütung auf die Unabhängigkeit dieses Experten vom Vorstand und vom Unternehmen zu achten.[424]

(2) Komponenten der Vorstandsvergütung

Der Kodex stellt klar, was unter der Gesamtvergütung der Vorstandsmitglieder zu verstehen ist. Dazu gehören die monetären Vergütungsteile, die Versorgungszusagen, die sonstigen Zusagen, insbesondere für den Fall der Beendigung der Tätigkeit, Nebenleistungen jeder Art und Leistungen von Dritten, die im Hinblick auf die Vorstandstätigkeit zugesagt oder im Geschäftsjahr gewährt wurden (vgl. DCGK 4.2.3 1. Absatz).

419 Vgl. Müller/Stelzer in Pfitzer Deutscher Corporate Governance Kodex, S. 120
420 DCGK 4.2.2 2. Absatz
421 Siehe BT-Drs. 16/13433, S. 15; Müller S. 11
422 Vgl. Hecker BB 2009, S. 1656
423 So auch Ringleb in Ringleb S. 198
424 Siehe DCGK 4.2.2 3. Absatz; Hecker BB 2009, S. 1657

Um auch für den ausländischen Investor nachvollziehbar zu machen, was das deutsche Recht unter Gesamtbezügen versteht[425], listet der Kodex die einzelnen Vergütungsteile auf. Die monetären Vergütungsteile sollen dabei nach Auffassung der Kodex-Kommission fixe und variable Bestandteile umfassen, wobei die Vergütungsstruktur auf eine nachhaltige Unternehmensentwicklung auszurichten ist.[426] Um diese Nachhaltigkeit zu erzielen, hat der Aufsichtsrat dafür zu sorgen, dass variable Vergütungsteile grundsätzlich eine mehrjährige Bemessungsgrundlage haben.[427] Damit greift der Kodex lediglich die gesetzlichen Neuregelungen durch das VorstAG auf,[428] fügt jedoch in Form einer Empfehlung noch klarstellend hinzu, dass bei der Ausgestaltung der variablen Vergütungsteile sowohl positiven als auch negativen Entwicklungen Rechnung getragen werden soll (DCGK 4.2.3 2. Absatz S. 4).

Die Kodex-Empfehlung zu einer Aufteilung der Vergütung in fixe und variable Bestandteile steht im Einklang mit dem Prinzip der Leistungsabhängigkeit der Vergütung und entspricht der gängigen Praxis der börsennotierten Aktiengesellschaften.[429]

Die Kommission lässt damit weiterhin sowohl jährlich wiederkehrende, an den geschäftlichen Erfolg gebundene Komponenten als variable Vergütung zu, distanziert sich aber auch nicht von einmaligen nachträglichen Anerkennungsprämien, deren grundätzliche Zulässigkeit nach völlig herrschender Meinung zwar gegeben ist[430], jedoch in Bezug auf die Höhe der Anerkennungsprämien insbesondere in den letzten Jahren wieder zu öffentlichen Diskussionen führte[431].

---

425 Siehe § 285 S. 1 Nr. 9a HGB bzw. § 314 I Nr. 6a HGB

426 Vgl. DCGK 4.2.3 2. Absatz S. 1, 2

427 Vgl. DCGK 4.2.3 2. Absatz S. 3

428 Vgl. § 87 I S. 2, 3 AktG; siehe auch (6), (8), II 3.2 der Empfehlung der Kommission vom 30.4.2009 zur Ergänzung der Empfehlungen 2004/913/EG und 2005/162/EG zur Regelung der Vergütung von Mitgliedern der Unternehmensleitung börsennotierter Gesellschaften unter www.eur-lex.europa.eu

429 Vgl. Ringleb in Ringleb S. 201 f; Müller/Stelzer in Pfitzer Deutscher Corporate Governance Kodex, S. 124

430 Vgl. Hoffmann-Becking NZG 2006, S. 128; Peltzer ZIP 2006, S. 208; Ringleb in Ringleb S. 203; a.A. Martens ZHR 2005 (169), S. 139 mit der Begründung, dass die vertragliche Entgeltregelung alle Leistungen innerhalb der Amtsperiode abgelte und damit kein Rechtsgrund für Sonderzahlungen bestehe. Dies widerspricht jedoch dem allgemeinen Grundsatz der Angemessenheit von Leistung und Gegenleistung.

431 Insbesondere die mit der Übernahme der Mannesmann AG bezahlten Anerkennungsprämien sorgten für entsprechende Diskussionen, vgl. auch Hoffmann-Becking ZHR 2005 (169), S. 155 ff; Martens ZHR 2005 (169), S. 124 ff .

Dementsprechend ist auch hier der Rekurs des Kodex auf die gesetzliche Diktion der Angemessenheit zu begrüßen. Mit der Äusserung, dass sämtliche Vergütungsbestandteile für sich und insgesamt angemessen sein müssen,[432] gibt der Kodex die – allerdings höchst allgemein gehaltene[433] – gesetzliche Forderung nach der Angemessenheit der Vorstandsbezüge (vgl. § 87 I S. 1 AktG) wieder. Die zusätzliche Erläuterung des DCGK unter 4.2.3 2. Absatz S. 5 2. HS., dass sämtliche Vergütungsteile insbesondere nicht zum Eingehen unangemessener Risiken verleiten dürfen, spiegelt dabei die Lehren aus der Wirtschafts- und Finanzkrise am deutlichsten wider.[434]

Als variable Vergütungsteile kommen nach Auffassung der Kommission z.B. auf das Unternehmen bezogene aktien- oder kennzahlenbasierte Vergütungselemente in Betracht, die auf anspruchsvolle, relevante Vergleichsparameter bezogen sein sollen, wobei eine nachträgliche Änderung der Erfolgsziele oder der Vergleichsparameter ausgeschlossen sein soll.[435] Die langfristige Anreizwirkung und der Risikocharakter der variablen Vergütungskomponenten sollen dafür sorgen, dass die Vorstandsmitglieder unmittelbar an die Entwicklung des Aktienkurses gebunden werden, ohne auf einen kurzfristigen Gewinn hinzuarbeiten.[436]

Von besonderer Bedeutung für aktien- und kennzahlenbasierte Vergütungselemente ist die Festlegung des Erfolgsziels, da hierdurch der wirtschaftliche Wert z.B. von Aktienoptionen maßgeblich bestimmt wird.[437] Welche Erfolgsziele und welche Vergleichsparameter als tauglich erachtet werden, lässt sich dem Wortlaut des Kodex nicht entnehmen. Insofern liegt der Kodex auf einer Linie mit der Baums-Kommission, die feststellte, dass sich ein für alle Fälle gültiges Erfolgsziel nicht normieren lässt.[438] Aus dem Angemessenheitsgebot des § 87 AktG folgt jedoch, dass es sich um anspruchsvolle und relevante Erfolgsziele und Vergleichsparameter handeln muss, um sicher zu stellen, dass die Vorstandsmitglieder nicht von durch sie unbeeinflussbaren Umständen profitieren[439] und ein den Aktionären vergleichbares Risiko tragen.

---

432 DCGK 4.2.3 2. Absatz , 2. Satz

433 So Lutter ZIP 2003, S. 740

434 Vgl. Müller S. 11

435 Vgl. DCGK 4.2.3 3. Absatz

436 So Ringleb in Ringleb S. 205

437 Müller/Stelzer in Pfizer, Deutscher Corporate Governance Kodex, S. 127

438 Vgl. Baums, Bericht der Regierungskommission, Rdnr. 42; vgl. auch § 193 II Nr. 4 AktG; zum Begriff des Erfolgsziels siehe Beschlussempfehlung des Rechtsausschusses, BT-Drs. 13/10038, S. 9, 26

439 Sogenannte „Windfall Profits“, siehe dazu näher Ringleb in Ringleb S. 207 f; Baums, Bericht der Regierungskommission, Rdnr. 42 ff

Eine nachträgliche Änderung der Erfolgsziele oder der Vergleichsparameter würde dem Sinn und Zweck einer variablen Vergütung nicht gerecht. Das Vorstandsmitglied soll im Falle einer positiven Geschäftsentwicklung daran partizieren können, z.B. über den Erhalt von Gesellschaftsanteilen zu einem niedrigeren Preis als den, der zum Zeitpunkt der Übernahme der Geschäftsleitung bestand und der sich positiv entwickelt hat. Würde der Ausgabebetrag nachträglich herabgesetzt, käme dem Vorstandsmitglied auch dann ein Vorteil zugute, wenn es das Erfolgsziel der Steigerung des Aktienwerts deutlich verfehlt hätte.[440]

(3) Grenzen der Vorstandsvergütung

Die häufig anzutreffende Forderung nach einer Deckelung der Optionsgewinne („cap") wurde im Jahr 2003 abgeschwächt in den Kodex aufgenommen und erfuhr durch das VorstAG[441] eine Verschärfung. Demnach hat der Aufsichtsrat nun für ausserordentliche Entwicklungen grundsätzlich eine Begrenzungsmöglichkeit (Cap) zu vereinbaren[442], um z.B. zu vermeiden, dass Börsenkurse kurz vor der Ausübung der Aktienoptionen künstlich in die Höhe getrieben werden und damit der weiteren Unternehmensentwicklung geschadet werden könnte.[443] Allerdings wird die Begrenzungsmöglichkeit auf ausserordentliche und damit auch nicht näher definierte Entwicklungen beschränkt.

In dieselbe Richtung, jedoch präziser ausgestaltet, gehen die Empfehlungen des Kodex zu einer Deckelung der Abfindungszahlungen. Demnach soll beim Abschluss von Vorstandsverträgen darauf geachtet werden, dass Zahlungen an ein Vorstandsmitglied bei vorzeitiger Beendigung der Vorstandstätigkeit ohne wichtigen Grund einschließlich Nebenleistungen den Wert von zwei Jahresvergütungen nicht überschreiten (Abfindungs-Cap) und nicht mehr als die Restlaufzeit des Anstellungsvertrages vergüten. Für die Berechnung des Abfindungs-Caps soll auf die Gesamtvergütung des abgelaufenen Geschäftsjahres und gegebenenfalls auch auf die voraussichtliche Gesamtvergütung für das laufende Geschäftsjahr abgestellt werden.[444] Als wichtiger Grund ist dabei auf § 626 BGB abzustellen, da der Ausschluss einer Abfindung trotz eines an sich laufenden Vertrags materiell nur gerechtfertigt ist, wenn dem Vorstand ein schuldhaftes

440 Vgl. Müller/Stelzer in Pfitzer, Deutscher Corporate Governance Kodex, S. 129

441 Gesetz zur Angemessenheit der Vorstandsvergütung vom 5.8.2009, BGBl. I 2009, S. 2509

442 So DCGK 4.2.3 3. Absatz, S. 4; demgegenüber befand sich in der Kodexfassung von 2008 noch eine reine Empfehlung.

443 Vgl. Lutter ZIP 2003, S. 739 f; Müller/Stelzer in Pfitzer, Deutscher Corporate Governance Kodex, S. 130; Baums ZHR 2002 (166), S. 380 f

444 Vgl. DCGK 4.2.3 4. Absatz

Verhalten vorzuwerfen ist, das die Fortsetzung des Vertrags für die Gesellschaft unzumutbar macht.[445]

Allerdings ist die praktische Durchsetzbarkeit dieser Empfehlung zweifelhaft, da die Dienstverträge von Vorstandsmitgliedern in aller Regel eine feste Laufzeit haben und die Beendigung des Dienstvertrages ohne Vorliegen eines wichtigen Grundes meist nur durch einen Aufhebungsvertrag möglich ist, zu dem das Vorstandsmitglied sein Einverständnis geben muss[446]. Letzterer wird aber versuchen, sein Einverständnis von der Abgeltung der Vertragsrestlaufzeit oder einer höheren Zahlung abhängig zu machen, so dass die Gesellschaft selbst hier kaum eine Möglichkeit hat, den Empfehlungen des Kodex praktisch nachzukommen.[447] Insofern ist diese Empfehlung eher als moralische Aufforderung an das Management zu verstehen, unseriös hohe Abfindungen an Vorstandsmitglieder zu vermeiden.

In dieselbe Richtung geht die Empfehlung des Kodex, eine Zusage für Leistungen aus Anlass der vorzeitigen Beendigung der Vorstandstätigkeit infolge eines Kontrollwechsels (Change of Control) 150 % des Abfindungs-Caps nicht übersteigen zu lassen[448]. Angesichts der Zielrichtung einer Change-of-Control-Klausel, das Vorstandsmitglied im Falle einer Übernahmesituation lediglich an das Unternehmensinteresse und nicht an das eigene Interesse zu binden, scheint die Erhöhung des Abfindungs-Caps im Falle eines Kontrollwechsels auf drei Jahresgehälter vertretbar.[449]

Insgesamt ist festzustellen, dass der Kodex mit diesen – trotz der gesetzlichen Verschärfungen – noch relativ offen gehaltenen Passagen zur Vorstandsvergütung die flexible Gestaltung der deutschen Unternehmensverfassung weiterhin ermöglicht, da er den Unternehmen ausreichend Handlungsfreiheit belässt und dennoch die drängenden Probleme aufgreift.

b) Der Aufsichtsrat

Neben dem Vorstand kommen den Rechten und Pflichten des Aufsichtsrats im Hinblick auf die Unternehmensführung eine große Bedeutung zu, die durch die Bestimmungen des DCGK noch gestärkt werden.[450] Der Aufsichtsrat wird durch

445 So Dörrwächter/Trafkowski NZG 2007, S. 848

446 Vgl. Lutter BB 2009, S. 1874

447 Vgl. Dörrwächter/Trafkowski NZG 2007, S. 848 f

448 Vgl. DCGK 4.2.3 5. Absatz

449 Siehe Dörrwächter/Trafkowski NZG 2007, S. 850 unter Verweis auf ein Interview mit Dr. Gerhard Cromme

450 Vgl. Erhardt/Nowak AG 2002, S. 341; Peltzer NZG 2002, S. 594; von Werder/Wieczorek DB 2007, S. 297

den DCGK „revitalisiert und als effektives und qualifiziertes Kontrollgremium mobilisiert“[451].

Um die zahlreichen Empfehlungen und Anregungen des DCGK, welche den Aufsichtsrat betreffen, umzusetzen, bietet sich die vom Gesetz gegebene Möglichkeit[452] an, eine Geschäftsordnung für den Aufsichtsrat zu erlassen. Der Kodex greift dies auf und empfiehlt, dass sich der Aufsichtsrat eine Geschäftsordnung geben soll.[453]

aa) Anforderungen und Wahlen

(1) Persönliche, fachliche und zeitliche Anforderungen an das Aufsichtsratsmandat

Im Gegensatz zur persönlichen Qualifikation der Vorstandsmitglieder, die weder gesetzlich noch im DCGK angesprochen wird, empfiehlt der Kodex, bei Vorschlägen zur Wahl von Aufsichtsratsmitgliedern darauf zu achten, dass dem Aufsichtsrat jederzeit Mitglieder angehören, die über die zur ordnungsgemäßen Wahrnehmung der Aufgaben erforderlichen Kenntnisse, Fähigkeiten und fachlichen Erfahrungen verfügen. Dabei sollen nach Vorstellung der Kommission auch die internationale Tätigkeit des Unternehmens, potenzielle Interessenkonflikte und eine festzulegende Altersgrenze für Aufsichtsratsmitglieder berücksichtigt werden.[454]

Die persönlichen und fachlichen Voraussetzungen für die Übernahme eines Aufsichtsratsmandats sind derzeit vom Gesetz noch äusserst zurückhaltend geregelt[455], so dass die Empfehlung des Kodex zur Berücksichtigung der persönlichen und fachlichen Qualifikationen und Erfahrungen insbesondere im internationalen Kontext begrüßenswert ist. Damit werden nicht nur die gesetzlichen Mindestanforderungen auf ein Niveau ausgefüllt, das eine effiziente Kontrolle und Begleitung des Vorstands sicherstellen sollte, sondern es wird auch eine Absage an die in der Praxis anzutreffende Besetzungspolitik erteilt, wonach sich die Auswahl der Aufsichtsratsmitglieder an der Pflege der Geschäftsbeziehungen orientiert[456].

451 Seibert AG 2002, S. 419

452 Vgl. Hüffer AktG § 107 Rdnr. 1; BGHZ 64, S. 325; Messerschmidt in Deilmann/Lorenz S. 27

453 Vgl. DCGK 5.1.3

454 Vgl. DCGK 5.4.1

455 Siehe dazu § 100 I S. 1, V AktG und oben unter E.II.1.b)aa)

456 Vgl. Schiessl AG 2002, S. 597 f; Ulmer NJW 1980, S. 1607

Mit der Festlegung einer Altersgrenze sollen nicht nur den gewachsenen Anforderungen an die Ausübung eines Aufsichtsratsmandats Rechnung getragen[457], sondern auch zu lange Amtszeiten eines Aufsichtsratsmitgliedes vermieden werden, um neue Leute mit neuen Ideen in die Unternehmen zu bekommen.[458] Sinnvoller wäre hier jedoch gewesen, die Amtsdauer selbst zu begrenzen und nicht auf das Lebensalter eines Aufsichtsratsmitgliedes abzustellen.

Eine genauere Definition der Mindestanforderungen für die Tätigkeit als Aufsichtsrat enthält der Kodex nicht, so dass diese Anforderungen an die jeweilige spezifische Situation des Unternehmens angepasst werden können.

Allerdings geht der Kodex auf die Problematik der Eignung der Arbeitnehmervertreter im Aufsichtsrat nicht ein. Diese Konstellation führt dazu, dass keine generellen Standards für die Eignung von Aufsichtsratsmitgliedern existieren und bislang die Qualifikation dafür auch nicht nachgewiesen werden muss,[459] was insbesondere vor dem Hintergrund der immer noch bestehenden „Deutschland-AG“, aber auch im Zusammenhang mit der Diskussion um die Mitbestimmung als kritisch bewertet werden muss.

Ferner hat die Kommission zutreffend erkannt, dass die verantwortungsvolle Ausübung des Aufsichtsratsmandats ausreichend Zeit erfordert, so dass sie klarstellt, dass jedes Aufsichtsratsmitglied darauf achtet, dass ihm für die Wahrnehmung seiner Mandate genügend Zeit zur Verfügung steht. Dementsprechend empfiehlt der DCGK unter Verschärfung der gesetzlichen Regelungen[460], dass ein Vorstand einer börsennotierten Gesellschaft insgesamt nicht mehr als drei Aufsichtsratsmandate in konzernexternen börsennotierten Gesellschaften wahrnehmen soll (DCGK 5.4.5 S. 2).

Fraglich bleibt jedoch, ob die Börsennotierung eines Unternehmens ein sachgerechtes Abgrenzungskriterium für die maximal zulässige Anzahl von Aufsichtsratsmandaten darstellt oder ob man nicht zweckmäßiger auf die Größe des Unternehmens und den damit unmittelbar in Zusammenhang stehenden Umfang der Tätigkeit als Aufsichtsrat abstellen sollte.[461]

---

457 So Kremer in Ringleb S. 264

458 Vgl. Perina in DIE ZEIT 15.3.2007, S. 33

459 Vgl. Hopt/Leyens S. 8, die dadurch einen Nachteil im internationalen Anlegermarkt sehen.

460 § 100 II Nr. 1 AktG sieht vor, dass Mitglied des Aufsichtsrats nicht sein kann, wer bereits in zehn Handelsgesellschaften, die gesetzlich einen Aufsichtsrat zu bilden haben, Aufsichtsratsmitglied ist. Hintergrund dafür ist, dass der Gesetzgeber die Wahrnehmung eines Aufsichtsratsmandats nicht als hauptberufliche Tätigkeit angesehen hat, vgl. Mertens in KöKo AktG § 116 Rdnr. 18

461 Vgl. Schwark ZHR 2002, S. 107; kritisch ebenfalls Hecker BB 2009, S. 1658

Ferner zählen nach dem Kodex, im Gegensatz zur gesetzlichen Regelung des § 100 II S. 3 AktG, Vorsitzmandate nicht doppelt, so dass angesichts des notwendigerweise größeren Engagements als Vorsitzender diese Regelung nochmals von der Kommission überdacht werden müsste.

In dieselbe Richtung geht die Empfehlung des Kodex, wonach für den Fall, dass ein Mitglied des Aufsichtsrats in einem Geschäftsjahr an weniger als der Hälfte der Sitzungen des Aufsichtsrats teilgenommen hat, dies im Bericht des Aufsichtsrats vermerkt werden soll (DCGK 5.4.7).

Bei einer gesetzlich vorgeschriebenen Sitzungsfrequenz von vier Sitzungen pro Jahr ist dieser sanfte Druck zur Ausübung der Aufsichtsratstätigkeit unter Androhung der Publizierung angesichts der gestiegenden Bedeutung des Aufsichtsrats im Rahmen der Unternehmensführung ein Minimum, was von einem Aufsichtsrat verlangt werden kann.[462]

(2) Unabhängigkeit der Aufsichtsratsmitglieder

Eine Kernthematik bei der richtigen Auswahl von Aufsichtsratsmitgliedern ist die Unabhängigkeit, die international als Heilmittel für bessere Aufsichtsräte vorgeschlagen wird.[463]

Um eine unabhängige Beratung und Überwachung des Vorstands durch den Aufsichtsrat zu ermöglichen, empfiehlt der DCGK, dass dem Aufsichtsrat eine nach seiner Einschätzung ausreichende Anzahl unabhängiger Mitglieder angehören soll. Als unabhängig definiert der Kodex ein Aufsichtsratsmitglied, das in keiner geschäftlichen oder persönlichen Beziehung zu der Gesellschaft oder deren Vorstand steht, die einen Interessenkonflikt begründet. Aufsichtsratsmitglieder sollen auch keine Organfunktion oder Beratungsaufgaben bei wesentlichen Wettbewerbern des Unternehmens ausüben.[464]

Die Kommission hat zutreffend erkannt, dass eine der Grundvoraussetzungen für ein Kontrollgremium die Unabhängigkeit seiner Mitglieder ist, weshalb bei der Berufung der Aufsichtsratsmitglieder potenzielle Interessenkonflikte bedacht werden sollen. Aufgrund der in den Aufsichtsräten von großen Aktiengesellschaften häufig anzutreffenden Vertreter von Banken und anderen Ge-

---

462 Vgl. von Werder DB 2002, S. 806

463 Siehe Hopt ZIP 2005, S. 461; Spindler ZIP 2005, S. 2038 f; Claussen in FS für Priester, S. 49; Lieder S. 695 m.w.N.; vgl. auch den Aktionsplan der EU-Kommission vom 21.5.2003 zur Modernisierung des Gesellschaftsrechts und Verbesserung der Corporate Governance in der EU in NZG 2003, Beil. zu Heft 13 oder unter www.europa.eu.int/comm/internal_market/companx/docs.

464 Vgl. DCGK 5.4.2

schäftspartnern des Unternehmens[465] kann die Unabhängigkeit verletzt sein. Dasselbe gilt für Aufsichtsratsmitglieder, die aufgrund verwandtschaftlicher Beziehungen zu einem Organmitglied oder durch eine kapitalmäßige Beteiligung mit dem Unternehmen in Verbindung stehen. Problematisch ist dabei allerdings, dass ein Mehrheitsaktionär sich selbst in den Aufsichtsrat wählen kann und damit de facto nicht als unabhängiger Vertreter aller Anleger gelten kann.[466]

Auf der anderen Seite sind Mehrheitsaktionäre, gleich ob kontrollierende oder maßgebliche Aktionäre, als (Mit-)Eigentümer des Unternehmens wie keine andere Interessensgruppe legitimiert, den Vorstand als Aufsichtsrat zu überwachen, so dass im Falle von Interessenskonflikten lediglich entsprechende Transparenz- und Offenlegungspflichten greifen müssen.[467]

Die Empfehlung des Kodex, dass Aufsichtsratsmitglieder keine Mandate in Wettbewerbsunternehmen wahrnehmen sollen, stellt eine lange geübte Selbstverständlichkeit dar und soll lediglich das entsprechende Problembewusstsein der Pflichtwidrigkeit eines solchen Verhaltens schaffen,[468] insbesondere, da sich aus dem Aktiengesetz kein Verbot der gleichzeitigen Mitgliedschaft in den Aufsichtsräten von konkurrierenden Unternehmen ergibt.[469] Der Begriff des wesentlichen Wettbewerbs wird vom Kodex allerdings nicht weiter präzisiert. Im Sinne einer engen, nahe an der Zielsetzung des Kodex orientierten Auslegung, die Unabhängigkeit der Aufsichtsräte sicher zustellen, wird man davon ausgehen müssen, dass darunter Unternehmen zu verstehen sind, die in ihrem Kerngeschäft identische Tätigkeitsfelder aufweisen.[470]

Auch die Unabhängigkeit der gewählten Arbeitnehmervertreter im Aufsichtsrat ist strittig. Zum Teil wird die Meinung vertreten, dass sie als unabhängig gelten müssten, da der DCGK selbst sich ausdrücklich zur Mitbestimmung bekenne und sich anderenfalls widersprüchlich verhalten würde.[471] Insbesondere die Ge-

---

465 Vgl. Wiesner BB 2003, S. 215 ; Baums, Bericht der Regierungskommission, Rdnr. 55; Hopt/Leyens S. 6 f; Röller in Corporate Governance Report 2008, S. 86; Bender/Vater DStR 2003, S. 1807; weitergehend Storbeck, Handelsblatt vom 14.4.2008, S. 1, 11, wonach Banker im Aufsichtsrat sogar Schaden anrichten; Peltzer JZ 1996, S. 850 f hingegen sieht Banker im Aufsichtsrat als positiv und ordnungpolitisch ungefährlich.

466 So Pfitzer/Höreth in Pfitzer Deutscher Corporate Governance Kodex, S. 180

467 Vgl. von Werder/Wieczorek DB 2007, S. 301; Hopt/Leyens S. 21 f; ähnlich Claussen in FS für Priester S. 52 f, der jedoch vor allem auf die persönliche Integrität des betroffenen Mehrheitsaktionärs abstellt.

468 Vgl. Baums, Bericht der Regierungskommission, Rdnr. 54

469 Vgl. Vetter NZG 2008, S. 125; OLG Schleswig NZG 2005, S. 670; Mertens in KöKo AktG § 100 Rdnr. 11 m.w.N.

470 Vgl. Kremer in Ringleb S. 271f; Vetter NZG 2008, S. 126

471 So Lieder NZG 2005, S. 571

werkschaftsvertreter müssten zudem als unabhängig gelten, da sie nichts von der Gesellschaft erhalten und damit in keiner Beziehung zu ihr stehen würden[472].

Diese Argumentationen überzeugen jedoch aus mehreren Gründen nicht.[473] Zwar sind sowohl die gewählten Arbeitnehmer als auch die Gewerkschaftsvertreter rechtlich ebenso wie alle übrigen Aufsichtsratsmitglieder dem Wohl des Unternehmens und allen Stakeholderinteressen verpflichtet. Wegen des besonderen Wahlverfahrens und wohl auch in ihrem eigenen Selbstverständnis vertreten sie aber vorwiegend die Arbeitnehmer- bzw. Gewerkschaftsinteressen und stehen bereits dadurch in einer „Geschäftsbeziehung" zum Unternehmen, so dass nicht nur der Anschein der fehlenden Unabhängigkeit geweckt ist[474]. Insofern ist fraglich, inwieweit DCGK 5.4.2 auch die Arbeitnehmervertreter einbezieht. Da der Kodex keinesfalls das geltende Mitbestimmungsrecht aushebeln wollte und auch dem Wortlaut des Kodex keine Beschränkung der Empfehlungen zur Unabhängigkeit auf die Anteilseignervertreter zu entnehmen ist, sind alle Aufsichtsratsmitglieder in die Überprüfung der Unabhängigkeit eingeschlossen.[475] Die Thematik der Arbeitnehmervertreter wird vom DCGK jedoch nicht weiter diskutiert.[476]

Bedauernswert ist ferner, dass die Unabhängigkeitskriterien nicht konkreter gefasst wurden, wie es z.B. die Generaldirektion Binnenmarkt der Europäischen Kommission in ihrer Empfehlung zur „Stärkung der Rolle von nicht geschäftsführenden Direktoren und Aufsichtsratsmitgliedern" getan hat[477].

Die Übernahme konkreter Leitlinien zur Unabhängigkeit der Aufsichtsratsmitglieder wurde teilweise als zu weitgehend und unnötig erachtet, da es im dualistischen System der Organisationsverfassung mit Vorstand und Aufsichtsrat

---

472 Vgl. Schiessl AG 2002, S. 601; siehe auch die fragwürdige „deutsche Lösung" der EU-Kommission im Anhang 2 der Empfehlung der Europäischen Kommission vom 15.2.2005 (2005/162/EG) zur Stärkung der Rolle von nicht geschäftsführenden Direktoren und Aufsichtsratsmitgliedern, wonach Arbeitnehmer einer Gesellschaft zwar grundsätzlich nicht unabhängig sind, die durch besondere Kündigungsschutzregelungen abgesicherten Arbeitnehmer eines deutschen mitbestimmten Unternehmens aber als unabhängig gelten.

473 Vgl. auch Wiesner BB 2003, S. 215; Bender/Vater DStR 2003, S. 1808; Hüffer ZIP 2006, S. 639; Hopt in FS für Everling, S. 478 f; Vetter BB 2005, S. 1691

474 Ausführlich dazu auch Huwer S. 226

475 So auch Spindler ZIP 2005, S. 2040; a.A. Hüffer ZIP 2006, S. 639, der den Ausschluss der Arbeitnehmervertreter aus der Empfehlung des DCGK 5.4.2 aus dem systematischen Zusammenhang, in den die Vorschrift im Kodex eingebunden ist, herleiten will, was allerdings wenig überzeugt. Vgl. dazu auch Vetter BB 2005, S. 1691

476 Vgl. von Werder/Wieczorek DB 2007, S. 300f; Ulmer ZHR 2002, S. 276

477 Siehe www.europa.eu.int/comm/internal_market/company/docs/independence

nicht im gleichen Maße die Notwendigkeit gäbe, geschäftsführende Verwalter und unabhängige Verwalter gegeneinander abzugrenzen wie im monistischen System. Auch der in Deutschland stark ausgeprägte konzernrechtliche Minderheitenschutz und die traditionell wichtige Rolle von Großaktionären in deutschen Aktiengesellschaften sprächen dafür, keine detaillierte Liste von Unabhängigkeitskriterien für Aufsichtsratsmitglieder festzulegen.[478]

Dem wird entgegengehalten, dass durch die fehlende Aufnahme von Leitlinien in den Kodex deutsche Aufsichtsräte international als nicht hinreichend unabhängig gelten könnten.[479]

Unübersehbar ist dadurch vor allem, dass das Kriterium der Unabhängigkeit der Aufsichtsratsmitglieder formell zwar als wichtig erkannt wurde, aber die notwendigen Schritte zur Sicherstellung dieser Unabhängigkeit, beispielsweise durch die Aufnahme eines entsprechenden Katalogs von die Unabhängigkeit ausschließenden Kriterien in den DCGK, nicht ergriffen wurden. Insbesondere wird es weiterhin dem Aufsichtsrat selbst, unter Zugestehen eines breiten Ermessensspielraums, überlassen, welche Zahl an unabhängigen Aufsichtsratsmitgliedern er für erforderlich hält[480] und in welchem Verfahren er dies feststellt.[481]

Es könnte dabei der Verdacht aufkommen, dass die „Deutschland-AG" sich ihre Posten in den Aufsichtsräten auch weiterhin sichern wollte und einer der größten Vorteile des dualistischen Systems, die abgetrennte, unabhängige Überwachung der Unternehmensleitung[482], unterminiert wird.

(3) Wechsel vom Vorstand in den Aufsichtsrat

Die bislang gängige Praxis[483] insbesondere der börsennotierten deutschen Aktiengesellschaften, ehemalige Vorstandsmitglieder in den Aufsichtsrat zu berufen

---

478 Vgl. Cromme in Corporate Governance Report 2006, S. 33; Lieder NZG 2005, S. 571; Marsch-Barner in Marsch-Barner/Schäfer § 2 Rdnr. 49, der jedoch die Notwendigkeit einer weiteren Diskussion dazu sieht.

479 Vgl. Hopt, Wirtschafsrat Corporate Governance in Europa, S. 22; Hopt/Leyens S. 7; Eisenhardt S. 270

480 So allerdings auch der Aktionsplan zur Modernisierung des Gesellschaftsrechts und Verbesserung der Corporate Governance in der Europäischen Union vom 215.2003 unter www.europa.eu.int/comm/internal_market/company/docs. Kritisch dazu Hüffer ZIP 2006, S. 640 f

481 Vgl. Spindler ZIP 2005, S. 2035; Lieder S. 722

482 So Lieder S. 636

483 Vgl. z.B. Perina in DIE ZEIT 15.3.2007, S. 33, wonach seit 2002 von 21 ausgeschiedenen DAX-Chefs 16 direkt in den Aufsichtsrat gewechselt und 12 davon sofort Aufsichtsratsvorsitzende geworden sind. Siehe auch Hopt/Leyens S. 6; Bender/Vater DStR

und den Aufsichtsratsvorsitz durch den ehemaligen Vorstandsvorsitzenden zu besetzen ist zwar rechtlich zulässig[484], muss allerdings äusserst kritisch betrachtet werden.

Zwar sind die Argumente für diese Vorgehensweise durchaus nachvollziehbar: Vor allem in großen, international tätigen Unternehmen sind fundierte Kenntnisse des Unternehmens, seiner Strukturen und Kompetenzen sowie seiner Strategie von besonderer Bedeutung, so dass ein Aufsichtsrat, der über diese Kenntnisse verfügt, sehr tiefgehende unternehmensspezifische Fragen stellen kann und seinen Überwachungsaufgaben sehr effizient gerecht werden könnte.[485] Sein Know-How und seine Kontakte gehen nicht verloren, sondern können im Rahmen der Beratungs- und Überwachungsaufgabe des Aufsichtsrats verwertet werden.[486] Auch kann sich die personelle Kontinuität positiv dahingehend auswirken, dass abrupte Strategiewechsel in der Unternehmensführung dadurch vermieden werden und der Wechsel eines Kollegen in den Aufsichtsrat die Zusammenarbeit zwischen den Organen vertrauensvoller gestaltet. Nicht zuletzt kann die Aussicht auf einen Aufsichtsratsposten als Leistungsanreiz für Vorstandsmitglieder wirken, die diesen Sitz als krönenden Abschluss ihrer Karriere betrachten.[487]

Allerdings spricht gegen diese Vorgehensweise, dass einmal getroffene unternehmerische (Fehl-)Entscheidungen fortgeführt werden, wenn sich der neue Vorstandsvorsitzende nicht gegen seinen Vorgänger durchsetzen kann (oder will) bzw. weil der Aufsichtsrat diese – früher von ihm selbst getroffenen – Entscheidungen nicht mehr kritisch hinterfragt und dadurch notwendige Strategiewechsel verzögert oder sogar verhindert werden.[488] Auch die Möglichkeit, dass der Nachfolger „Leichen im Keller“ seines Vorgängers entdeckt und dadurch die Kontrollintensität durch den Vorgänger beeinflussen könnte, spricht gegen diese Praxis[489]. Die Befangenheit des wechselnden Organmitglieds wirkt sich auch bei

2003, S. 1808; Kremer in Ringleb S. 271; Huwer S. 230; Hüffer ZIP 2006, S. 642; Rode BB 2006, S. 341

484 Ganz h.M., vgl. LG München ZIP 2004, S. 855; Semler MüKo AktG § 105 Rdnr. 25 f; Habersack ZGR 2004, S. 726; Hüffer AktG § 105 Rdnr. 2

485 So auch die Begründung des Kommissionsvorsitzenden Cromme für das Offenlassen dieser Möglichkeit im DCGK in 2007, in Corporate Governance Report 2007, S. 32 f; Schiessl AG 2002, S. 598

486 Claussen/Bröcker AG 2000, S. 490; Malik S. 203 f

487 Vgl. Lange NZG 2004, S. 266; Lutter/Krieger Rdnr. 2

488 Vgl. Potthoff/Trescher S. 255; Pfitzer/Höreth in Pfitzer Deutscher Corporate Governance Kodex, S. 187; von Werder/Wieczorek DB 2007, S. 301; Lange NZG 2004, S. 267; Bender/Vater DStR 2003, S. 1808

489 So auch Rode BB 2006, S. 342

der Realisierung von Schadensersatzansprüchen gegen ehemalige Vorstandsmitglieder, zu der der Aufsichtsrat – und damit jedes einzelne Aufsichtsratsmitglied[490] – grundsätzlich verpflichtet ist, negativ aus, wenn er Mitverantwortung für eine pflichtwidrige Geschäftsführung fürchten muss oder sich dem Betroffenen aufgrund langjähriger Zusammenarbeit persönlich verbunden fühlt.[491] Eine wirksame Kontrolle des Vorstands durch den Aufsichtsrat wäre damit beeinträchtigt, wenn nicht sogar unmöglich.

Diese negativen Auswirkungen potenzieren sich noch im Falle des Wechsels an die Spitze des Aufsichtsrates, da in dieser Position sein Einfluss nicht allein durch die gesetzlichen Kompetenzen[492], sondern vor allem auch durch die personalpolitischen Verbindungen deutlich zunimmt. So kann der Aufsichtsratsvorsitzende auf die Zusammensetzung des Aufsichtsrats als auch des Vorstands und insbesondere auf die Zusammensetzung der Ausschüsse Einfluss nehmen und damit nicht nur die Steuerungs- sondern auch die Kontrollfunktion des Aufsichtsrats und die Arbeit des Vorstands beeinflussen.[493]

Auch wenn die Kodex-Empfehlung, dass dem Aufsichtsrat nicht mehr als zwei ehemalige Mitglieder des Vorstands angehören sollen (DCGK 5.4.2 S. 3), zu begrüßen ist, so greift der DCGK auf diesem Gebiet dennoch zu kurz.

Der Kodex hat zwar die Gesetzesänderung durch das VorstAG übernommen, wonach Vorstandsmitglieder vor Ablauf von zwei Jahren nach dem Ende ihrer Bestellung nicht Mitglied des Aufsichtsrats der Gesellschaft werden können, es sei denn, ihre Wahl erfolgt auf Vorschlag von Aktionären, die mehr als 25 % der Stimmrechte der Gesellschaft halten.[494]

Gleichzeitig macht die Kommission jedoch deutlich, dass sie diese Regelung nicht als zielführend ansieht, da damit den Unternehmen wertvolle Kenntnisse und Fähigkeiten sachkundiger Vorstände nur noch unter erschwerten Bedingungen weiterhin zur Verfügung stünden.[495] Lediglich der Vorsitzende des Prüfungsausschusses sollte nach Auffassung der Kommission kein ehemaliges Vor-

---

490 Vgl. Lutter/Krieger Rdnr. 487

491 Vgl. Lange NZG 2004, S. 267; Rode BB 2006, S. 342

492 Z.B. die Festlegung der Tagesordnung für die Aufsichtsratssitzung, etc., näher dazu Lutter/Krieger Rdnr. 553 ff

493 Vgl. Peltzer NZG 2002, S. 12; Lieder S. 717; Lange NZG 2004, S. 267 f; ähnlich Rode BB 2006, S. 343 und Vetter BB 2005, S. 1693, die allerdings eine Cooling-off-Periode von mehreren Jahren (d.h. die Vorstandstätigkeit muss einige Jahre zurückliegen) für ausreichend halten. Rode hielt zudem ein gesetzgeberisches Einschreiten für notwendig, das mittlerweile durch das VorstAG erfolgt ist.

494 Vgl. DCGK 5.4.4 S. 1; § 100 II Nr. 4. AktG

495 So Müller S. 13

standsmitglied der Gesellschaft sein, dessen Bestellung vor weniger als zwei Jahren endete.[496]

Gleichzeitig geht der Kodex durch eine neue Empfehlung in Abschnitt 5.4.4 S. 2 nun sogar über die Vorgaben des Gesetzgebers hinaus, indem es den Wechsel vom Vorstand in den Aufsichtsratsvorsitz im Falle des Wahlvorschlags von Aktionären mit mehr als 25 % Stimmanteil als eine der Hauptversammlung zu begründende Ausnahme qualifiziert. Damit wird der besonderen Relevanz dieser Position im Hinblick auf Aufgaben, Meinungsbildung und Stimmverhalten im Aufsichtsrat Rechnung getragen.[497]

Die Ambivalenz der Kommission in der Frage des Wechsels vom Vorstand in den Aufsichtsrat, mag damit zusammenhängen, dass deren Mitglieder zum Teil amtierende Aufsichtsratsvorsitzende sind, die selbst vorher Vorstandsvorsitzende waren[498].

Allerdings könnten das Know-How und die Kontakte der ehemaligen Vorstandsmitglieder auch durch die Mitgliedschaft in einem beratenden Beirat oder durch einen Beratervertrag an die Gesellschaft gebunden werden[499], so dass die Haltung der Kodexkommission umso unverständlicher ist.[500]

(4) Wahlen zum Aufsichtsrat

Die vom Gesetz offengelassene Möglichkeit, in welchem Wahlverfahren die Aufsichtsratsmitglieder durch die Hauptversammlung zu wählen sind, wird vom DCGK dahingehend präzisiert, dass die Wahlen zum Aufsichtsrat als Einzelwahl durchgeführt werden sollen (DCGK 5.4.3 S. 1), wodurch eine stärkere Transparenz geschaffen wird[501].

Demselben Ziel, der Transparenz für die Anteilseigner auch bei der innerhalb des Aufsichtsrats durchzuführenden Wahl des Aufsichtsratsvorsitzenden zu schaffen, dient die Empfehlung des Kodex, dass die Kandidatenvorschläge für den Aufsichtsratsvorsitz den Aktionären bekannt gegeben werden sollen (DCGK 5.4.3 S. 3).

---

496 Vgl. DCGK 5.3.2 S. 3 ; vgl. auch Cromme in Corporate Governance Report 2007, S. 32

497 Hecker BB 2009, S. 1657

498 So auch Bender/Vater DStR 2003, S. 1808; ebenso kritisch Huwer S. 232

499 So z.B. die japanische Unternehmenspraxis, vgl. Malik S. 203 f; Dörner in FS Röhricht S. 815

500 So auch Lange NZG 2004, S. 266

501 Vgl. Vetter BB 2005, S. 1691; siehe dazu auch die Entscheidung des LG München I, DB 2004, S. 1090, wonach Wahlen zum Aufsichtsrat zwingend als Einzelwahlen durchzuführen sind.

Damit sollen die Aktionäre ihre Meinung zur Person des Aufsichtsratsvorsitzenden im Rahmen der Einzelwahl zum Ausdruck bringen können, was gleichzeitig das Vertrauensverhältnis zwischen Unternehmen und Aktionären stärken soll[502]. Falls während der laufenden Amtsperiode ein Aufsichtsratsmitglied ausscheidet, kann der freie Posten durch die gerichtliche Bestellung eines neues Aufsichtsratsmitglieds besetzt werden, der bis zur Neuwahl des Aufsichtsratsmitglieds in der Hauptversammlung bestellt bleibt. Diese Neuwahl könnte dementsprechend auch erst am Ende der restlichen Amtslaufzeit des ausgeschiedenen Aufsichtsratsmitglieds erfolgen, was dazu führen würde, dass der vom Gericht bestellte Kandidat über ggfs. einen sehr langen Zeitraum ohne die Legitimation durch die Hauptversammlung agieren würde.[503] Um dies zu vermeiden, empfiehlt der Kodex, dass der Antrag auf gerichtliche Bestellung eines Aufsichtsratsmitglieds bis zur nächsten Hauptversammlung befristet sein soll (DCGK 5.4.3 S. 2).

bb) Aufgaben und Zuständigkeiten

(1) Beratung und Überwachung der Unternehmensleitung

Durch die Kodexbestimmungen, dass der Aufsichtsrat den Vorstand bei der Leitung des Unternehmens regelmäßig berät und überwacht sowie in Entscheidungen von grundlegender Bedeutung für das Unternehmen einzubinden ist[504], werden die gesetzlichen Aufgaben des Aufsichtsrats zusammengefasst. Die Überwachungsaufgaben nebst Einwirkungsmöglichkeiten auf den Vorstand sind größtenteils im Gesetz definiert[505] und konzentrieren sich auf die wesentlichen Aspekte der Leitung der Gesellschaft, insbesondere auf die Rechtmäßigkeit, die Ordnungsmäßigkeit, die Wirtschaftlichkeit und die Zweckmäßigkeit der Leitung des Unternehmens.[506]

Die zunehmende Bedeutung der Beratung des Vorstands als quasi „Mitunternehmer“[507] wird insbesondere deutlich an der gesetzlich determinierten Institution von zustimmungspflichtigen Geschäften, die ihren Ausdruck auch im Kodex wiederfinden. Dieser stellt klar, dass für Geschäfte von grundlegender Bedeutung die Satzung oder der Aufsichtsrat Zustimmungsvor-behalte zugunsten des Aufsichtsrates festlegen. Hierzu gehören Entscheidungen oder Maßnahmen,

502 Vgl. Kremer in Ringleb S. 272 f

503 Siehe hierzu Hüffer AktG § 104 Rdnr. 12 f; Vetter BB 2005, S. 1692

504 Vgl. DCGK 5.1.1, 1. Präambel 4. Absatz

505 Siehe dazu oben E.II.1.b)bb)

506 So Lutter/Krieger Rdnr. 68 ff; Mertens in KöKo § 111 Rdnr. 21

507 Vgl. Lutter in Ringleb S. 240; als klassisches Mittel der Überwachung kennzeichnet Peltzer NZG 2002, S. 15 den Zustimmungsvorbehalt gemäß § 111 IV S. 2 AktG.

die die Vermögens-, Finanz- oder Ertragslage des Unternehmens grundlegend verändern.[508]

Der Kodex gibt damit den Inhalt der Vorschrift des § 111 IV S. 2 AktG wieder, wonach verpflichtend vorgeschrieben ist, dass der Aufsichtsrat für bestimmte Arten von Geschäften seine Zustimmung erteilen muss. Der Begriff der Geschäfte von grundlegender Bedeutung umfasst nach Art und Umfang alle wesentlichen Geschäfte, z.B. den Erwerb, die Veräusserung oder Stillegung von Betriebs- oder Unternehmensteilen, wesentliche Um- oder Neuverschuldungen sowie Restrukturierungsmaßnahmen und Erteilung von Prokuren und Generalvollmachten[509].

Eine eindeutige inhaltliche Konkretisierung ist sowohl im Gesetz als auch im Kodex zu Recht unterblieben, da sie nicht für alle Gesellschaften und Situationen allgemeingültig gelingen kann.[510] Dementsprechend hat der Aufsichtsrat nach pflichtgemäßem Ermessen die grundlegenden, zustimmungspflichtigen Geschäfte unternehmensbezogen zu konkretisieren.[511]

(2) Bestellung und Entlassung des Vorstands

Die Beratung und Überwachung des Vorstands kann nur dann zielführend umgesetzt werden, wenn es dem Aufsichtsrat zuvor gelungen ist, einen kompetenten und integeren Vorstand einzusetzen, weshalb es einer der wichtigsten Aufgaben des Aufsichtsrates ist, Personalentscheidungen zu treffen.[512]

Dementsprechend gibt der Kodex auch hier die gesetzlich definierte Aufgabe des Aufsichtsrats wieder, die Mitglieder des Vorstands zu bestellen und zu entlassen. Allerdings kann der Aufsichtsrat nach Auffassung der Kommission die Vorbereitung der Bestellung von Vorstandsmitgliedern einem Ausschuss übertragen, der auch die Bedingungen des Anstellungsvertrages einschließlich der Vergütung behandelt.[513] Die letztendliche Entscheidungsbefugnis ist allerdings aufgrund der besonderen Bedeutung des Themas dem gesamten Plenum vorbehalten.

---

508 DCGK 3.3

509 So z.B. Potthoff/Trescher S. 305

510 Vgl. Schwark ZHR 2002, S. 93; Hüffer AktG § 111 Rdnr. 17; Hopt/Leyens S. 5 ; kritisch Claussen DB 2001, S. 2183 ff, der einen Katalog von zustimmungspflichtigen Geschäften im Corporate Governance Kodex fordert.

511 Hüffer NZG 2007, S. 52 f

512 Vgl. Fonk in Semler/von Schenck § 9 Rdnr. 1; Pfitzer/Höreth in Pfitzer Deutscher Corporate Governance Kodex, S. 156; Peltzer NZG 2002, S. 13; Wolff in Henn/Frodermann/Jannott S. 411

513 Vgl. DCGK 5.1.2

In unmittelbarem Zusammenhang damit steht die Empfehlung des Kodex, dass der Aufsichtsrat gemeinsam mit dem Vorstand für eine langfristige Nachfolgeplanung sorgen soll[514]. Die Definition als gemeinsame Aufgabe und als langfristige Planung soll dabei dafür sorgen, dass Personalentscheidungen auf einer fundierten Grundlage erfolgen und die interne Führungskräfteentwicklung im Hinblick auf einen späteren Bedarf an Vorstandsmitgliedern gesichert ist.[515]

Ferner regt der Kodex an, dass bei Erstbestellungen die gesetzlich maximal mögliche Bestelldauer von fünf Jahren nicht die Regel sein sollte (vgl. DCGK 5.1.2, 2. Absatz, S. 1), um das selbst bei sorgfältigster Auswahl des Kandidaten nicht auszuschließende Risiko zu begrenzen, dass dieser Kandidat den fachlichen und persönlichen Anforderungen an den Vorstandsposten nicht gerecht wird und damit bei einem vorzeitigen Ausscheiden des Kandidaten hohe Abfindungszahlungen fällig werden. Insbesondere bei externen Kandidaten sollte die Erstbestellung auf zwei oder drei Jahre begrenzt werden.[516]
Hinsichtlich der Entlassung der Vorstandsmitglieder gibt der Kodex die gesetzliche Lage nur unpräzise wieder, da es zur Abberufung eines Vorstandsmitgliedes per Gesetz eines wichtigen Grundes bedarf.

Der Aufsichtsrat soll nach dem Gesetzeszweck eine volle Amtsperiode lang beobachten können, ob das Vorstandsmitglied wiederbestellt werden soll. In der Praxis wurde dies allerdings verschiedentlich dadurch umgangen, dass Vorstandsmitglieder, deren fünfjährige Bestellung noch nicht abgelaufen war, im Einvernehmen mit dem Aufsichtsrat ihr Amt niedergelegt haben und im Anschluss daran vom Aufsichtsrat sofort wieder für die Dauer von fünf weiteren Jahren bestellt wurden, um z.B. im Fall des späteren vorzeitigen Ausscheidens des Vorstandsmitglieds Abfindungszahlungen frühzeitig zu sichern.[517] Im Kodex wird deshalb vor dem Hintergrund der gesetzlichen Regelung in § 84 I S. 3 AktG empfohlen, dass eine Wiederbestellung vor Ablauf eines Jahres vor dem Ende der Bestelldauer bei gleichzeitiger Aufhebung der laufenden Bestellung nur bei Vorliegen besonderer Umstände erfolgen soll (DCGK 5.1.2 2. Absatz, S. 2).

Diese Empfehlung wird jedoch zum Teil als unglücklich formuliert bezeichnet, da sie hinter dem Gesetzeszweck zurückbleibe und ein derartiges Vorgehen geradezu legitimiert, zumal sich für eine solche Art von Neubestellung meist besondere Umstände finden lassen.[518]

---

514 So DCGK 5.1.2 S. 3

515 Vgl. Semler in Semler/von Schenck, § 1 Rdnr. 48; von Werder DB 2002, S. 806

516 Vgl. von Werder DB 2002, S. 806; Peltzer Rdnr. 240

517 Vgl. Peltzer Rdnr. 245 ; Schwarck ZHR 2002, S. 95

518 Vgl. Peltzer Rdnr. 246 ; ders. in FS Priester S. 590 f

Allerdings wird durch die Ausgestaltung als Empfehlung das Unternehmen diesbezüglich erklärungspflichtig, so dass durch die drohende Publizität eventuelle Missbräuche zumindest erschwert werden sollten und gleichzeitig den Unternehmen genügend Handlungsspielraum verbleibt, so dass diese Empfehlung zu begrüßen ist.

(3) Aufsichtsratssitzungen

Ein wesentlicher Kritikpunkt an der Corporate Governance in Deutschland lautet, dass sich in deutschen Aufsichtsräten wenig intensiv mit den anstehenden Führungsfragen auseinandergesetzt wird.[519] Sinnvoll erscheint daher die Anregung des Kodex, für mitbestimmte Unternehmen gesonderte Sitzungen der Vertreter der Aktionäre und der Arbeitnehmerseite des Aufsichtsrates vorzusehen, zu denen der Vorstand hinzugezogen werden kann. Bei Bedarf sollte der Aufsichtsrat ohne den Vorstand tagen (DCGK 3.6).

Zwar wird dadurch möglicherweise die scheinbar systemimmanente[520] Kluft zwischen den beiden Seiten – Anteilseigner- und Arbeitnehmerseite – vergrößert. Angesichts der Größe von Aufsichtsräten in mitbestimmten Unternehmen stellt die intensive Vorbesprechung von Aufsichtsratsthemen in kleineren Kreisen – und gegebenenfalls auch ohne Vorstand – allerdings die beste Lösung dar,[521] insbesondere da die Repräsentanten der Anteilseignerseite in der von den Arbeitnehmervertretern getrennten Vorbesprechung die Gelegenheit erhalten, das Vorstandshandeln offener und ggfs. auch kritischer zu diskutieren, ohne Gefahr zu laufen, dass durch die Präsenz von Arbeitnehmervertretern das Ansehen des Vorstands bei den Mitarbeitern beschädigt wird.[522]

Da die Kodex-Kommission letztlich nur von der gegebenen Gesetzeslage ausgehen konnte, ist diese Anregung positiv zu bewerten.

cc) Der Aufsichtsratsvorsitzende

Während das AktG den Aufsichtsratsvorsitzenden nur an wenigen Stellen erwähnt, räumt ihm der DCGK ein ganzes Kapitel ein und verdeutlicht darin, dass dem Aufsichtsratsvorsitzenden sowohl organinterne als auch organübergreifende Funktionen zukommen.[523] Demnach koordiniert der Aufsichtsratsvorsitzende die

---

519 Vgl. Lambsdorff in Feddersen/Hommelhoff/Schneider, Corporate Governance, S. 226 f; Scheffler ZGR 1993, S. 72

520 Vgl. Hopt in FS Everling S. 480

521 Vgl. Claassen in Corporate Governance Report 2008, S. 57 f

522 So auch Scheffler ZGR 1993, S. 72; von Werder in Ringleb S. 125

523 Vgl. dazu auch von Werder DB 2002, S. 804; Semler in Semler/von Schenck § 4 Rdnr. 18; Dörner in FS Röhricht S. 812

Arbeit im Aufsichtsrat, leitet dessen Sitzungen und nimmt die Belange des Aufsichtsrats nach aussen wahr (DCGK 5.2 1. Absatz). Damit nennt der Kodex die beiden Schwerpunkttätigkeiten des Aufsichtsratsvorsitzenden in der Praxis und stellt zugleich klar, dass die Kommunikation von Aufsichtsratsthemen durch den Vorsitzenden und nicht durch einzelne Aufsichtsratsmitglieder zu erfolgen hat.[524]

Ferner soll der Aufsichtsratsvorsitzende zugleich Vorsitzender der Ausschüsse sein, die die Vorstandsverträge behandeln und die Aufsichtsratssitzungen vorbereiten.[525]

Vor dem Hintergrund, dass der Aufsichtsrat die für das Unternehmen äusserst bedeutsame Personalkompetenz in Bezug auf die Vorstandsmitglieder innehat und zudem keine gesetzliche Regelung dazu existiert, ist diese Empfehlung des Kodex konsequent und notwendig.

Gleichzeitig regt der Kodex an, dass der Aufsichtsratsvorsitzende nicht den Vorsitz im Prüfungsausschuss innehaben sollte (vgl. DCGK 5.2, 2. Absatz, S. 2). Diese Anregung wurzelt aus der häufig anzutreffenden Konstellation, dass der Aufsichtsratsvorsitzende früher Mitglied des Vorstands bzw. Vorstandsvorsitzender war und dementsprechend keine Transaktionen prüfen sollte, an denen er früher selbst beteiligt war. Ferner spricht für diese Anregung auch die Nähe zwischen Vorstandsvorsitzendem und Aufsichtsratsvorsitzenden, wie sie im DCGK gefordert wird:[526]

Der Kodex empfiehlt, dass der Aufsichtsratsvorsitzende mit dem Vorstand, aber insbesondere mit dem Vorstandsvorsitzenden bzw. Sprecher des Vorstands regelmäßig Kontakt halten und mit ihm die Strategie, die Geschäftsentwicklung und das Risikomanagement des Unternehmens beraten soll. Zudem wird der Aufsichtsratsvorsitzende über wichtige Ereignisse, die für die Beurteilung der Lage, der Entwicklung und für die Leitung des Unternehmens von wesentlicher Bedeutung sind, unverzüglich durch den Vorsitzenden bzw. Sprecher des Vorstands unterrichtet.[527]

Durch diese Empfehlung wird die enge Zusammenarbeit zwischen Vorstand, insbesondere dem Vorstandsvorsitzenden und dem Aufsichtsrat unterstrichen und die Funktion des Aufsichtsratsvorsitzenden als Bindeglied zwischen Vorstand und Aufsichtsrat hervorgehoben.

Allerdings weicht der Kodex hier von der gesetzlichen Regelung, wonach der gesamte Vorstand gemäß § 90 I S. 3 AktG den Aufsichtsratsvorsitzenden „aus sonstigen wichtigen Anlässen“ informieren muss, ab. Die Verlagerung die-

---

524 Vgl. Kremer in Ringleb S. 248 f

525 So DCGK 5.2 2. Absatz

526 Vgl. Peltzer Rdnr. 262

527 Vgl. DCGK 5.2, 3. Absatz

ser Verpflichtung weg vom Vorstand und hin zum Vorsitzenden bzw. Sprecher des Vorstands führt zu einer diskussionswürdigen Stärkung dessen Machtposition.

Durch die vom Kodex propagierte verstärkte enge Zusammenarbeit zwischen Vorstandsvorsitzendem und Aufsichtsratsvorsitzendem kann die Gefahr entstehen, dass der Aufsichtsratsvorsitzende sehr stark vom Vorstandsvorsitzenden beeinflusst wird und sich dies in der Einschätzung der übrigen Vorstandsmitglieder und der Situation des Unternehmens auswirkt. Zudem kann dadurch der Informationsfluss zu den übrigen Vorstandsmitgliedern beeinträchtigt werden und zu einer Demotivation derselben führen.[528]

Diese Problematik hat der Kodex nur hinsichtlich der Sicherstellung des Informationsflusses gegenüber den übrigen Aufsichtsratsmitgliedern aufgegriffen, wonach der Aufsichtsratsvorsitzende den gesamten Aufsichtsrat unterrichten soll und erforderlichenfalls eine ausserordentliche Aufsichtsratssitzung einberufen soll (vgl. DCGK 5.2 3. Abs., S. 3).

Im Sinne einer effizienten Kontrolle der Unternehmensführung nicht zuletzt auch durch eine Machtteilung innerhalb des Vorstands wäre es jedoch notwendig gewesen, auch den Informationsfluss innerhalb des Vorstands durch eine entsprechende Empfehlung sicher zu stellen bzw. dem Vorsitzenden/Sprecher des Vorstands keine solche verstärkte Machtposition einzuräumen.

dd) Vergütung

Auch wenn über die Vergütung von Aufsichtsräten in der breiten Öffentlichkeit deutlich weniger diskutiert wird als über die Vorstandsvergütungen, so nimmt dieses Thema im DCGK dennoch einen großen Raum ein. Dabei wird argumentiert, dass der mit der Tätigkeit als Aufsichtsrat verbundene Zeitaufwand, die Verantwortung und das Risiko eine angemessene Vergütung erfordern, schon um entsprechend qualifizierte Kandidaten für die Aufsichtsratstätigkeit zu gewinnen.[529]

Dementsprechend konkretisiert der Kodex die vage gesetzliche Vorgabe der angemessenen Vergütung (vgl. § 113 I S. 3 AktG) dahingehend, dass die Vergütung von Aufsichtsratsmit-gliedern, die durch Beschluss der Hauptversammlung oder in der Satzung festgesetzt wird, der Verantwortung und dem Tätigkeitsumfang der Aufsichtsratsmitglieder sowie der wirtschaftlichen Lage und dem Erfolg des Unternehmens Rechnung tragen müsse. Der Vorsitz und der stellvertretende Vorsitz im Aufsichtsrat sowie der Vorsitz und die Mitgliedschaft in den

528 Siehe auch Peltzer NZG 2002, S. 596; ders. in FS Priester S. 585 ff

529 Vgl. Cromme in Corporate Governance Report 2007, S. 34 ff

Ausschüssen sollen dabei berücksichtigt werden,[530] was in der Praxis bereits der Regelfall ist.[531]

Trotz des BGH-Urteils zu MobilCom[532], in dem die Gewährung von Aktienoptionenan Aufsichtsratsmitglieder als unzulässig eingestuft wurde, hält die Kommission an ihrer Auffassung fest, dass die Mitglieder des Aufsichtsrates neben einer fixen auch eine erfolgsorientierte, variable Vergütung erhalten sollen. Die erfolgsorientierte Vergütung sollte dabei auch auf den langfristigen Unternehmenserfolg bezogene Bestandteile enthalten,[533] wobei neben dem Aktienkurs eine Vielzahl anderer erfolgsabhängiger Kennzahlen als Bemessungsgrundlage für eine variable Vergütung in Betracht kommen.

Angesichts der Tatsache, dass statistisch gesehen die Obergrenze der Aufsichtsratsvergütung bei zehn Prozent der Vorstandsgehälter liegt,[534] kann die Argumentation, dass über die Höhe der Aufsichtsratsvergütung intensiver diskutiert werden müsse und insbesondere variable Bestandteile vonnöten wären, Verständnis wecken. Damit sollen die Aufsichtsratsmitglieder näher, engagierter und kompetenter an das unternehmerische Geschehen in der Gesellschaft herangerückt werden.[535]

Dies birgt zugleich jedoch die Gefahr, dass sich der Aufsichtsrat stärker in die Unternehmensführung einmischt, als das Gesetz es vorsieht. Ferner gibt es bislang keinen empirisch belegten Zusammenhang zwischen erfolgsabhängiger Vergütung von Aufsichtsräten und Qualitätssteigerung der Aufsichtsratsarbeit.[536]

Auch die bedingungslos zu fordernde Unabhängigkeit der Aufsichtsratsmitglieder und die damit einhergehende Sicherstellung der Kontrollfunktion sprechen dafür, dass sämtliche aktienkursorientierte Tantiemen, also sowohl Aktienoptionen als auch isolierte oder mit einer Wandel- bzw. Optionsanleihe verknüpfte Bezugsrechte auf Aktien, Phantom Stocks und Stock Appreciation Rights, Aufsichtsratsmitgliedern nicht zugestanden werden sollten[537].

---

530 Vgl. DCGK 5.4.6, 1.Abs.

531 So Kremer in Ringleb S. 279

532 Vgl. BGH ZIP 2004, S. 613 ff

533 So DCGK 5.4.6, 2. Abs.

534 Siehe Claassen in Corporate Governance Report 2007, S. 37 ; ähnlich argumentierend Beyerle in FTD vom 9.6.2008, A 2 und Bender/Vater DStR 2003, S. 1810 f; Schiessl AG 2002, S. 597

535 Vgl. Lutter ZGR 2001, S. 231, der den Aufsichtsräten großer Gesellschaften nur Unkostenersatz und Sitzungsgeld zugestehen und ansonsten eine erfolgsorientierte Vergütung gewähren würde.

536 Vgl. Peltzer in FS Priester S. 577 m.w.N.

537 So auch Paefgen WM 2004, S. 1173; Meyer/Ludwig ZIP 2004, S. 944; Habersack ZGR 2004, S. 724 ff; Peltzer in FS Priester S. 581; Krieger in FS Röhricht S. 351; vgl. auch Annex II 1.c) der EU-Empfehlung 2005/162/EG vom 15.2.2005 zu den Aufgaben von

Damit sind nicht nur sämtliche schuldrechtlichen Nachbildungen der verbotenen aktienrechtlichen Gestaltung der Aufsichtsratsvergütung abzulehnen, sondern auch die Empfehlung der Kodexkommission, die Vergütung der Aufsichtsräte an den Erfolg des Unternehmens zu binden. Es ist unrealistisch zu erwarten, dass Aufsichtsräte den Vorstand und deren Vergütung effektiv kontrollieren, wenn sie selbst von derselben Quelle profitieren.[538] Vielmehr sollte der Anteil der Festvergütung erhöht werden, wie es in der Praxis mittlerweile auch zu beobachten ist.[539]

ee) Effizienzprüfung

Eine völlige Innovation für Deutschland[540] stellt der Kodex mit seiner Empfehlung auf, dass der Aufsichtsrat regelmäßig die Effizienz seiner Tätigkeit überprüfen soll (vgl. DCGK 5.6). Obwohl die „Selbstevaluierung der Arbeit des Board" ein zentrales Thema der internationalen Corporate Governance Debatte ist und schon die Baums-Kommission die Auffassung vertrat, dass es Angelegenheit und Aufgabe jedes Aufsichtsrats sei, einen solchen Selbstevaluierungsprozess in Gang zu setzen[541], lässt der Kodex offen, auf welche Weise und in welchem Zyklus diese Effizienzprüfung durchgeführt werden soll.[542]

Der Kodex spricht zwar eine für die Entsprechenserklärung nach § 161 AktG erhebliche Empfehlung zur Selbstüberprüfung aus. Da dieser Selbstevaluierungsprozess den Aufsichtsrat praktisch zum Richter in eigener Sache macht[543] und regulierende Vorgaben zur Art, zum Umfang und zum Inhalt im Kodex feh-

---

nicht geschäftsführenden Direktoren/Aufsichtsratsmitgliedern börsennotierter Gesellschaften sowie zu den Ausschüssen des Verwaltungs-/Aufsichtsrats; a.A. Richter BB 2004, S. 956

538 Hopt JCLS 2003, S. 236; so auch Bender/Vater DStR 2003, S. 1811

539 Vgl. E.II.1.b)cc) ; siehe Claassen in Corporate Governance Report 2007, S. 38

540 Anders z.B. in USA, wo die Board Performance Evaluation zentrales Thema und mittlerweile Standard der Corporate Governance Praxis ist, vgl. Lorsch Harvard Business Review 1995, S. 116 f

541 Vgl. Baums, Bericht der Regierungskommission, Rdnr. 62

542 Beispiele für vollständige Evaluierungsprozesse in von Werder/Grundei in Hommelhoff/Hopt/von Werder, Handbuch Corporate Governance, S. 683 ff; selbst die Empfehlung der Europäischen Kommission vom 15.2.2005 (2005/162/EG) zu den Aufgaben von nicht geschäftsführenden Direktoren/Aufsichtsratsmitgliedern börsennotierter Gesellschaften sowie zu den Ausschüssen des Verwaltungs-/Aufsichtsrats sieht unter Abschnitt II 8. eine konkretere Ausgestaltung der Selbstevaluierung des Aufsichtsrats vor (www.eur-lex.europa.eu).

543 Vgl. Peltzer Rdnr. 321

len, erscheint diese Empfehlung als relativ ineffizient,[544] solange keine sie füllenden Rahmenrichtlinien genannt werden.

ff) Die Ausschüsse

Es besteht Uneinigkeit darüber, ob die Bildung von Ausschüssen zu befürworten ist oder nicht. Zum einen wird angeführt, dass durch Ausschüsse die Aufsichtsratsstrukturen unübersichtlich werden[545] und die Arbeit bzw. Kompetenz des gesamten Aufsichtsratsplenums durch die Einsetzung von Ausschüssen entleert und ausgehöhlt wird, insbesondere aufgrund des häufig mangelhaften Informationsflusses zwischen den Ausschüssen und dem Aufsichtsratsplenum.[546] Dies kann dazu führen, dass die Gesamtverantwortung des Aufsichtsrates unter der Bildung von Ausschüssen leidet.[547]

Dem steht die -mehrheitlich geführte- Argumentation gegenüber, dass die Ausschussarbeit häufiger und zeitnäher stattfindet als die Einberufung des gesamten Plenums und zudem aufgrund der kleineren Personenzahl die anstehenden Probleme und Entscheidungen schneller, effizienter, effektiver und flexibler gelöst werden können.[548] Insbesondere bei großen Gesellschaften besteht ein erhebliches praktisches Bedürfnis, Ausschüsse zu bilden, um den Gesamtaufsichtsrat von der Aufgabenfülle zu entlasten.[549]

Der Kodex versucht, die Argumente für und gegen die Ausschussbildung zu berücksichtigen und empfiehlt daher, dass der Aufsichtsrat abhängig von den spezifischen Gegebenheiten des Unternehmens und der Anzahl seiner Mitglieder fachlich qualifizierte Ausschüsse bilden soll, da diese der Steigerung der Effizienz der Aufsichtsratsarbeit und der Behandlung komplexer Sachverhalte dienen (DCGK 5.3.1 S. 1).

Um einem potenziell mangelhaften Informationsfluss vorzubeugen, präzisiert der Kodex die gesetzliche Regelung, wonach dem Aufsichtsrat regelmäßig

544 So auch Pfitzer/Höreth in Pfitzer, Deutscher Corporate Governance Kodex, S. 198

545 Vgl. Claussen/Bröcker AG 2002, S. 491; Sünner AG 2002, S. 496; Peltzer NZG 2002, S. 597

546 Vgl. Schwark ZHR 2002 (166), S. 110 ; Baums, Bericht der Regierungskommission, Rdnr. 56; Ulmer ZHR 2002 (166), S. 275

547 Vgl. Peltzer Rdnr. 226 f; Huwer S. 70; Dörner in FS Röhricht S. 818; insbesondere aufgrund der im europäischen Vergleich (3,0) leicht erhöhten durchschnittlichen Anzahl von Ausschüssen in Deutschland (3,5) kann ein Trend hin zu mehr Ausschüssen diese Befürchtungen bestätigen, vgl. Heidrick & Struggles S. 11

548 Vgl. Hommelhoff/Mattheus AG 1998, S. 254; Claussen AG 1996, S. 486; Deckert ZIP 1996, S. 987; Lutter ZGR 2001, S. 229 f

549 Lieder S. 753 f; Baums ZIP 1995, S. 18; Kremer in Ringleb S. 251

über die Arbeit der Ausschüsse zu berichten ist, dahingehend, dass der jeweilige Ausschussvorsitzende als für die Berichtspflicht Zuständiger genannt wird.[550]

(1) Prüfungsausschuss

Die Kommission geht noch einen Schritt weiter und empfiehlt dem Aufsichtsrat, einen Prüfungsausschuss (Audit Committee)[551] einzurichten. Damit greift sie nicht etwa in die gesetzlich festgelegte Organisationsautonomie des Aufsichtsrats ein[552], sondern überlässt es jeder Gesellschaft, sich im Rahmen des § 161 AktG für oder gegen die Kodexempfehlung zu entscheiden.

Die Empfehlung des Kodex scheint jedoch eine gravierende Wirkung auf die deutsche Unternehmenswirklichkeit gehabt zu haben. 1999 hatten lediglich 41% der DAX-Gesellschaften einen Prüfungsausschuss, während nach Veröffentlichung des DCGK im Jahr 2002 bereits 93, 3% über einen solchen verfügten.[553] Dazu beigetragen haben neben der gesetzlich verankerten Anregung zur Bildung eines Prüfungsausschusses bei größeren Aufsichtsräten auch die Bestimmungen des KonTraG, des TransPuG und des Kodex selbst, wodurch sich eine Selbstorganisationspflicht des Aufsichtsrats ergibt.[554]

Dieser Prüfungsausschuss soll sich nach Ansicht der Kommission insbesondere mit Fragen der Rechnungslegung, des Risikomanagements und der Compliance, der erforderlichen Unabhängigkeit des Abschlussprüfers, der Erteilung des Prüfungsauftrags an den Abschlussprüfer, der Bestimmung von Prüfungsschwerpunkten und der Honorarvereinbarung befassen.

---

550 Vgl. DCGK 5.3.1 S. 2

551 Vgl. DCGK 5.3.2 S. 1; der Kodex setzt mit dem Klammerzusatz „Audit Committee" den deutschen Prüfungsausschuss mit dem Aufsichtsrat nach angloamerikanischem Beispiel gleich, was allerdings irreführend ist, da es sich beim Audit Committee im angloamerikanischen Rechtsraum um einen ständigen Ausschuss des Board of Directors handelt, dessen Aufgaben systembedingt weiter gefasst sind als die des deutschen Prüfungsausschusses, vgl. Pfitzer/Höreth in Pfitzer, Deutscher Corporate Governance Kodex, S. 170; Bender/Vater DStR 2003, S. 1809; Huwer S. 75

552 So aber argumentierend Pfitzer/Höreth in Pfitzer, Deutscher Corporate Governance Kodex, S. 168; a.A. Hopt/Roth in Hopt/Wiedemann, GroßKomm AktG § 107, Rdnr. 480

553 Vgl. Huwer S. 58 f

554 Vgl. Scheffler ZGR 2003, S. 246; siehe auch § 342 f auf S. 33 f des Referentenentwurfs zum BilMoG unter www.bmj.de/Bilanzrecht/Bilanzrechtsmodernisierung_1ez.html, wonach eine Pflicht zur Errichtung eines Prüfungsausschusses für börsennotierte Aktiengesellschaften vorgeschlagen wurde, dies aber in dem in Kraft getretenen BilMoG vom 29.5.2009, BGBl. I 2009, S. 1102 ff, nicht mehr als Pflicht, sondern lediglich als Vorschlag enthalten ist; vgl. auch Kapitel X, Art. 41 der Abschlussprüferrichtlinie 2006/43/EG vom 17.5.2006 (www.eur-lex.europa.eu).

Der Vorsitzende des Prüfungsausschusses soll über besondere Kenntnisse und Erfahrungen in der Anwendung von Rechnungslegungsgrundsätzen und internen Kontrollverfahren verfügen und sollte zudem unabhängig sein.[555]

Damit soll der Prüfungsausschuss das Aufsichtsratsplenum vor allem im Rahmen der Rechnungslegung und Abschlussprüfung entlasten und dadurch das Vertrauen der Investoren und der Öffentlichkeit in die Rechnungslegung des Unternehmens stärken,[556] wobei allerdings nur einer, der fachlich qualifiziert ist, nicht für die professionelle Besetzung des Prüfungsausschusses und damit für die effiziente Arbeit desselben ausreicht[557].

Zudem erscheint insbesondere die 2007 in den Kodex aufgenommene Thematik der Compliance klärungsbedürftig, denn mit dem Trend, das Thema Compliance immer mehr im Aufsichtsrat und damit im Prüfungsausschuss zu behandeln stellt sich die Frage, inwieweit letzterer nicht insgesamt für Compliance-Themen im Unternehmen verantwortlich wäre. Um die Vermischung zwischen Aufsicht und operativem Geschäft zu verhindern, wäre eine Klarstellung im DCGK notwendig.[558]

Ferner fehlt gänzlich eine Empfehlung zur Besetzung des Prüfungsausschusses mit unabhängigen Mitgliedern, was insbesondere beim Prüfungsausschuss als entscheidend für eine gute Corporate Governance gelten muss[559], zumal das Aktiengesetz relativ großzügig bei diesbezüglichen Interessenkonflikten im Aufsichtsrat ausgestaltet ist.[560]

(2) Nominierungsausschuss

Weiter empfiehlt der Kodex dem Aufsichtsrat, auch einen Nominierungsausschuss zu bilden, der sich ausschließlich aus Vertretern der Anteilseigner zu-

555 Siehe DCGK 5.3.2

556 Vgl. Kremer in Ringleb S. 253 f

557 Vgl. Huwer S. 243

558 Vgl. Claassen in Corporate Governance Report 2008, S. 60 f; Cromme hatte dazu ausgeführt, dass eine Befassung mit Einzelheiten bzw. bestimmten Vorfällen der Compliance durch den Prüfungsausschuss „in der Regel" nicht notwendig sei – vgl. Cromme in Corporate Governance Report 2007, S. 30 – was nicht zu einer Klarstellung der Aufgabenverteilung beiträgt.

559 Vgl. Bender/Vater DStR 2003, S. 1810; Huwer S. 244; Nobel in Hopt/Wymeersch S. 210 ff

560 Dies beruht auf der Annahme des Gesetzgebers, dass die Aufsichtsratsfunktion als Nebentätigkeit ausgeübt wird, siehe dazu Huwer S. 218; vgl. auch Spindler ZIP 2005, S. 2039

sammensetzt und dem Aufsichtsrat für dessen Wahlvorschläge an die Hauptversammlung geeignete Kandidaten vorschlägt.[561]

Die Auswahl neuer Anteilseignervertreter im Aufsichtsrat war in der Praxis bislang wenig transparent. Zudem folgte die Hauptversammlung den Wahlvorschlägen in aller Regel mit eindeutiger Mehrheit, so dass bei der Besetzung der Anteilseignersitze im Aufsichtsrat von einer faktischen Kooptation gesprochen werden kann.[562]

Ein auch von der EU-Kommission vorgeschlagener[563] Nominierungsausschuss kann nicht nur klare Anforderungsprofile hinsichtlich der notwendigen Qualifikationen der Kandidaten der Anteilseignerseite erarbeiten, sondern auch das nationale und internationale Umfeld gezielt daraufhin beobachten, welche Kandidaten in Frage kommen und zur Verfügung stehen[564]. Damit könnte der Nominierungsausschuss die Auswahl qualifizierter Kandidaten in einem klar strukturierten und transparenten Entscheidungsprozess optimieren.

Da es nur um die Auswahl geeigneter Anteilseignervertreter geht, soll der Ausschuss nach Auffassung der Kommission ausschließlich mit Vertretern der Anteilseigner besetzt sein, womit zudem deutlich gemacht werden soll, dass die Auswahl der Kandidaten ausschließlich in die Verantwortung des Aufsichtsrats fällt und der Vorstand – auch nicht de facto – sich seine Kontrolleure selbst aussuchen kann.[565]

(3) Weitere Ausschüsse

Neben den Empfehlungen, einen Prüfungsausschuss und einen Nominierungsausschuss einzurichten, regt die Kommission ferner an, dass der Aufsichtsrat weitere Sachthemen zur Behandlung in einen oder mehrere Ausschüsse verweisen kann. Hierzu gehören u.a. die Strategie des Unternehmens, die Vergütung der Vorstandsmitglieder, Investitionen und Finanzierungen.[566]

Auch auf die Möglichkeiten, dass Ausschüsse die Sitzungen des Aufsichtsrats vorbereiten und darüber hinaus auch anstelle des Aufsichtsrats entscheiden

561 Vgl. DCGK 5.3.3

562 So auch Peltzer NZG 2002, S. 597; ähnlich Cromme in Corporate Governance Report 2007, S. 28 und Beyerle in FTD vom 9.6.2008, A 2

563 Vgl. Empfehlung der Kommission vom 15.2.2005 zu den Aufgaben von nicht geschäftsführenden Direktoren/Aufsichtsratsmitgliedern börsennotierter Gesellschaften sowie zu den Ausschüssen des Verwaltungs-/Aufsichtsrats (2005/162/EG) Abschnitt II. 5.,6.1 und Anhang I 2, http://euro-lex.europa.eu

564 Vgl. von Werder/Wieczorek, DB 2007, S. 302 f

565 So Cromme in Corporate Governance Report 2007, S. 28

566 Vgl. DCGK 5.3.4

können, geht der Kodex ein,[567] allerdings ohne zu erwähnen, dass es zahlreiche Beschlussgegenstände gibt, die gesetzlich dem gesamten Plenum vorbehalten sind und über die nur der Aufsichtsrat entscheiden darf.[568]

c) Zusammenwirken von Vorstand und Aufsichtsrat

Die klassische klare Aufgabenverteilung zwischen Vorstand als Unternehmensführer und Aufsichtsrat als Überwacher wurde bereits durch das KonTraG[569] sowie durch das TransPuG[570] aufgeweicht zugunsten einer Kooperation zwischen Vorstand und Aufsichtsrat, wobei allerdings der Umfang dieser Kooperation offen ist.[571]

Die aktienrechtliche Zielsetzung der Trennung von Führung und Überwachung darf durch die Enge der Zusammenarbeit von Vorstand und Aufsichtsrat jedenfalls nicht konterkariert werden. Das bedeutet, dass die Kooperation dort ihre Grenzen findet, wo der Aufsichtsrat originäre Aufgaben des Vorstands übernimmt, die Autonomie des Vorstands grundlegend beschnitten oder dem Vorstand die Überwachungsfunktion übertragen wird.[572]

Der Kodex stellt dementsprechend klar, dass Vorstand und Aufsichtsrat zum Wohle des Unternehmens eng zusammenarbeiten (DCGK 3.1). Was unter dem Wohl des Unternehmens bzw. dem Unternehmensinteresse zu verstehen ist, wird allerdings im Schrifttum noch intensiv diskutiert[573]. Klar ist jedoch nach ganz herrschender Meinung in Deutschland, dass die Stakeholder-Interessen angemessen berücksichtigt werden müssen, um eine nachhaltige Unternehmenswertsteigerung zu erzielen und dass sich daran das Handeln von Vorstand und Aufsichtsrat zu orientieren hat.[574]

---

567 Die Anregungen zu vorbereitenden und beschließenden Ausschüssen enthält DCGK 5.3.5.

568 Siehe dazu oben unter E.II.1.b)dd)

569 Gesetz zur Kontrolle und Transparenz im Unternehmensbereich, BGBl. I 1998, S. 786ff

570 Gesetz zur weiteren Reform des Aktien- und Bilanzrechts zu Transparenz und Publizität, BGBl. I 2002, S. 2681ff

571 Vgl. Seibt/Wilde in Hommelhoff/Hopt/von Werder, Handbuch Corporate Governance, S. 381 ; Pfitzer/Orth in Pfitzer Deutscher Corporate Governance Kodex, S. 72 f; Berrar DB 2001, S. 2181

572 Pfitzer /Orth in Pfitzer Deutscher Corporate Governance Kodex, S. 79

573 Vgl. z.B. Schmidt, Gesellschaftsrecht, S. 814; Hoffmann-Becking in Hoffmann-Becking § 29 Rdnr. 27; Großmann S. 87 ff; Jürgenmeyer S. 206 ff; Marsch-Barner in Semler/von Schenck S. 734 f; siehe auch F.IV.1.a)

574 Siehe Hefermehl/Spindler in MüKo AktG § 76 Rdnr. 18 ff; Hoffmann-Becking in Hoffmann-Becking § 29 Rdnr. 27; Marsch-Barner in Semler/von Schenck S. 734 ff;

Ein wesentliches Element guter Corporate Governance, welches in der Zusammenarbeit von Vorstand und Aufsichtsrat liegt, findet sich in der umfassenden Informationsversorgung des Aufsichtsrats. Mit ihr stehen und fallen der Umfang und die Qualität der Überwachung durch den Aufsichtsrat.[575]

Zu berücksichtigen ist zudem, dass unternehmerische Entscheidungen, die auf unzureichenden oder fehlerhaften Informationen beruhen, eine der Hauptursachen für Fehlentwicklungen und Unternehmenskrisen sind.[576] Dementsprechend stellt der Kodex klar, dass die ausreichende Informationsversorgung des Aufsichtsrats gemeinsame Aufgabe von Vorstand und Aufsichtsrat ist (DCGK 3.4 S. 1).

Er legt ferner dar, dass der Vorstand den Aufsichtsrat regelmäßig, zeitnah und umfassend über alle für das Unternehmen relevanten Fragen der Planung, der Geschäftsentwicklung, der Risikolage, des Risikomanagements und der Compliance informiert sowie auf Abweichungen des Geschäftsverlaufs von den aufgestellten Plänen und Zielen unter Angabe von Gründen eingeht.[577]

Um ein Durcheinander von Berichten und Informationspapieren zu vermeiden, empfiehlt der Kodex weiter, dass der Aufsichtsrat die Informations- und Berichtspflichten des Vorstands näher festlegen soll (DCGK 3.4 3. Abs.). Berichte des Vorstands an den Aufsichtsrat sind dabei in der Regel in Textform zu erstatten, um dem Aufsichtsrat eine fundierte Auseinandersetzung mit den Informationen zu ermöglichen.[578] Entscheidungsnotwendige Unterlagen, insbesondere der Jahresabschluss, der Konzernabschluss und der Prüfungsbericht werden den Mitgliedern des Aufsichtsrats möglichst rechtzeitig vor der Sitzung zugeleitet.[579]

Die Sicherstellung der notwendigen Informationsgrundlage für die Aufsichtsratsarbeit ist somit nicht allein eine Bringschuld des Vorstands. Durch den Kodex wird klargestellt, dass auch eine Holschuld des Aufsichtsrats hinsichtlich der ausreichenden Informationsversorgung besteht.[580] Damit kann sich der Aufsichtsrat insbesondere in Krisensituationen nicht einfach darauf berufen, dass

---

Hüffer AktG § 76 Rdnr. 12; Ferrarini in Hopt/Wymeersch S. 229 f; so nun auch DCGK 1. Präambel 2. Abs., 4.1.1

575 Vgl. Hommelhoff/Mattheus AG 1998, S. 253; Lutter ZGR 2001, S. 232

576 Seibt/Wilde in Hommelhoff/Hopt/von Werder, Handbuch Corporate Governance, S. 378

577 DCGK 3.4, 2. Abs.

578 Vgl. von Werder DB 2002, S. 805

579 DCGK 3.4, 3. Abs.

580 So auch Lutter in Ringleb S. 115

der Vorstand seiner Informationspflicht nicht nachgekommen sei und er daher von den Fehlentwicklungen nicht früher habe wissen können.[581]

Einen weiteren entscheidenden Faktor für gute Corporate Governance hat der Kodex durch die Thematisierung der kritischen Sachdiskussion und der Verschwiegenheitspflicht aufgegriffen. Nur durch eine offene und unvoreingenommene Diskussion, in der die zu lösenden Managementprobleme ausführlich erörtert werden, können die Erfahrungen und Sachkenntnisse der Vorstands- und Aufsichtsratsmitglieder tatsächlich ausgeschöpft werden.[582] Daher hebt der Kodex hervor, dass gute Unternehmensführung eine offene Diskussion zwischen Vorstand und Aufsichtsrat sowie innerhalb dieser Organe erfordert. Gleichzeitig ist die umfassende Wahrung der Vertraulichkeit dafür von entscheidender Bedeutung. Dementsprechend stellen alle Organmitglieder sicher, dass die von ihnen eingeschalteten Mitarbeiter die Verschwiegenheitspflicht in gleicher Weise einhalten (DCGK 3.5).

Die durch den Kodex besonders hervorgehobene Verschwiegenheitspflicht wird als zentrales Element einer offenen Diskussion in und zwischen den Organen dargestellt, die in Deutschland als mangelhaft empfunden wird und auch gesetzlich nicht geregelt ist.[583]

Die Aufsichtsratsmitglieder als Kapitalvertreter oder als Arbeitnehmer-/Gewerkschaftsvertreter können in einen Interessenkonflikt geraten, der sie zur Weitergabe von Informationen verleiten kann. Dasselbe gilt für Vorstände, die nicht zuletzt um ihre eigenen Interessen zu verfolgen, Informationen an Dritte weitergeben könnten (z.B. bei einem Arbeitgeberwechsel). [584]

Zwar sind Organmitglieder bereits gesetzlich zur Verschwiegenheit gemäß § § 93 I S. 3, 116 AktG verpflichtet, die sich sowohl auf Unternehmensgeheimnisse erstreckt, d.h. auf allgemein unbekannte, nur einem begrenzten Kreis zuständiger Personen bekannte Tatsachen, als auch vertrauliche Angaben umfasst, die im Unternehmensinteresse nicht Personen ausserhalb des Unternehmens bekannt werden dürfen.[585] Dazu gehört auch, dass, sofern vertrauliche Informationen an Mitarbeiter weitergegeben werden, diese entsprechend sensibilisiert und

581 So zur geltenden Rechtslage auch Schmidt, Gesellschaftsrecht, S. 833 f; siehe ferner von Werder DB 2002, S.805

582 Vgl. von Werder in Ringleb S. 118; Potthoff/Trescher S. 78 ff

583 Vgl. Lambsdorff in Feddersen/Hommelhoff/Schneider, Corporate Governance, S. 227; von Werder in Ringleb S. 118

584 Vgl. Pfitzer/Orth in Pfitzer, Deutscher Corporate Governance Kodex, S. 85 ff

585 So Potthoff/Trescher S. 167 f; vgl. allerdings die BGH-Entscheidung BGHZ 64, S. 325, 331, wonach jedes Aufsichtsratsmitglied autonom und mit vollem persönlichen Risiko entscheiden muss, ob ein Geheimnis oder eine vertrauliche Angelegenheit vorliegt, dazu näher Lutter in Ringleb S. 122

überprüft werden, zumal das weitergebende Organ für den Schaden gegenüber der Gesellschaft haftet, falls der Mitarbeiter die Vertraulichkeit verletzt[586].

Ob allerdings die Feststellung im Kodex dazu beiträgt, die zurückhaltende Bereitschaft zur offenen Diskussion in den Führungsgremien deutscher Aktiengesellschaften aufzubrechen, bleibt angesichts der Tatsachen, dass die Verschwiegenheitspflicht des Vorstands auch weiterhin nicht innerhalb des Vorstands und nicht gegenüber dem Aufsichtsrat gilt[587] sowie angesichts weiterer Diskussionsbarrieren wie der Gremiumsgröße und gruppenpsychologischer Mechanismen[588] fraglich.

d) Die Haftung von Vorstand und Aufsichtsrat

Der Kodex gibt unter Ziffer 3.8 im wesentlichen die gesetzliche Regelung[589] zur Haftung von Vorstand und Aufsichtsrat wieder, indem er feststellt, dass die beiden die Regeln ordnungsgemäßer Unternehmensführung beachten und bei schuldhafter Verletzung der Sorgfalt eines ordentlichen und gewissenhaften Geschäftsleiters bzw. Aufsichtsratsmitglieds der Gesellschaft gegenüber auf Schadensersatz haften. Bei unternehmerischen Entscheidungen liegt dann keine Pflichtverletzung vor, wenn das Vorstands- bzw. Aufsichtsratsmitglied vernünftigerweise annehmen durfte, auf der Grundlage angemessener Information zum Wohle der Gesellschaft zu handeln (Business Judgement Rule). Damit wollte die Kommission insbesondere ausländischen Investoren zeigen, dass dieses wesentliche Instrument auch im deutschen Rechtssystem zur Verfügung steht.[590]

Für den Vorstand konzentriert sich seine Pflicht dementsprechend darauf, Entscheidungen sorgfältig vorzubereiten und übergroße Risiken zu vermeiden.[591] Dasselbe gilt für Aufsichtsratsmitglieder.[592]

Auch in Deutschland steigt jedoch die Tendenz, Organmitglieder börsennotierter Gesellschaften bei Schadensfällen stärker in Haftung zu nehmen.[593] Dementsprechend steigt auch der Bedarf nach Absicherung, welche seit 1995 insbe-

---

586 Vgl. Lutter/Krieger Rdnr. 269;

587 BGHZ 135, 48, 56 = NJW 1997, S. 1985

588 Vgl. dazu ausführlicher von Werder DB 2002, S. 806 m.w.N.

589 Siehe § § 93 I, II, 116 S. 1, 3 AktG, die v.a. an die Rechtsprechung des BGH anknüpfen (dazu Hüffer AktG § 93 Rdnr. 4a ff m.w.N.)

590 So Cromme in Corporate Governance Report 2007, S. 31

591 Siehe BGHZ 135, S. 250 = NJW 1997, S. 1926; Mertens in KöKo AktG § 93 Rdnr. 48 ff; Hopt in Hopt/Wiedemann GroßKomm AktG § 93 Rdnr. 80 ff; siehe auch den Wortlaut des § 93 I S. 2 AktG

592 Vgl. BGHZ 135, S. 253; Semler in MüKo AktG § 116 Rdnr. 288 ff

593 Vgl. Dreher ZHR 2001, S. 293 ff ; Sieg DB 2002, S. 1759; Semler AG 2005, S. 321

sondere durch den Abschluss von Directors´ & Officers´ Liability Insurances (D&O-Versicherungen) erreicht wird[594].

Die Zulässigkeit dieser Versicherungen, die Vorstände und Aufsichtsratsmitglieder im Falle von Haftungsansprüchen finanziell absichert, war umstritten. Der Gesetzgeber hat mittlerweile durch die Einfügung des § 93 II S. 3 AktG dazu beigetragen, dass die Zulässigkeit der Versicherung nunmehr ausser Zweifel steht.[595] Diese gesetzliche Neuregelung nimmt der Kodex auf und erläutert, dass für den Fall des Abschlusses einer D&O-Versicherung für den Vorstand ein Selbstbehalt von mindestens 10 % des Schadens bis mindestens zur Höhe des Eineinhalbfachen der festen jährlichen Vergütung des Vorstandsmitglieds zu vereinbaren ist. Ferner empfiehlt er einen entsprechenden Selbstbehalt in einer D&O-Versicherung für den Aufsichtsrat (DCGK 3.8 2. Absatz).

Auch wenn die Kommission selbst keine Empfehlung zum Abschluss einer D&O-Versicherung abgibt, so ist sie davon überzeugt, dass durch die Festlegung eines Selbstbehalts und der dadurch bedingten persönlichen Sanktionierung die Qualität der Tätigkeit der Organmitglieder verbessert werden kann[596].

Dies erscheint allerdings vor dem Hintergrund problematisch, dass zum einen die Gefahr besteht, dass durch den Selbstbehalt keine risikobehafteten Geschäfte mehr abgeschlossen werden und damit der mit einem Risiko verbundene Unternehmenserfolg ausbleibt. Zum anderen könnten Organmitglieder durch den Abschluss individueller Versicherungspolicen die entstandene Haftungslücke selbst schließen,[597] so dass die verhaltenssteuernde Wirkung eines Selbstbehalts zweifelhaft ist.[598]

Ferner bleibt fraglich, welche Höhe eines Selbstbehalts für den Aufsichtsrat als „entsprechend" anzusehen ist.

Insofern muss diese Empfehlung des Kodex zur Vereinbarung eines entsprechenden Selbstbehalts für den Aufsichtsrat eher als Goodwill-Aktion bewertet werden, indem der Aufsichtsrat öffentlich macht, dass er sich im Falle eines Schadens in angemessener Weise beteiligen werde. Angesichts der gesetzlichen Regelungen der § § 93 IV, 116 AktG ist jedoch die Empfehlung eines Selbstbehalts letztendlich auch vor dem Hintergrund zu begrüßen, dass ein fehlender Selbstbehalt wie eine vom Gesetz verbotene vollständige Haftungsfreistellung des betroffenen Organmitglieds wirkt.

---

594 Vgl. Messerschmidt in Deilmann/Lorenz S. 22; Dörner in FS Röhricht S. 828

595 Vgl. Baums, Bericht der Regierungskommission, Rdnr. 75 ; Schwark in Hommelhoff, Gedächtnisvorlesung, S. 101 ; Bernhardt in Hommelhoff, Gedächtnisvorlesung, S. 126

596 So schon Baums, Bericht der Regierungskommission, Rdnr. 75; näher dazu Hecker BB 2009, S. 1655; Bosse BB 2009, S. 1652

597 Vgl. Pfitzer/Orth in Pfitzer, Deutscher Corporate Governance Kodex, S. 96;

598 So auch Hecker BB 2009, S. 1655 m.w.N.

e) Diversity-Thematik

Ein völliges Novum stellen die Empfehlungen des DCGK in 4.1.5, 5.1.2 S. 2 sowie 5.4.1 S. 2, 3 dar, wonach bei der Zusammensetzung des Vorstands und des Aufsichtsrates und der Besetzung von Führungsfunktionen im Unternehmen auch auf Vielfalt (Diversity) und insbesondere auf eine angemessene Beteiligung von Frauen geachtet werden soll. Die Zielsetzung des Aufsichtsrates und der Stand der Umsetzung sollen im Corporate Governance Bericht veröffentlicht werden (DCGK 5.4.1 S. 5).

Angesichts der jüngst präsentierten Studie des Karlsruher Instituts für Technologie[599] und der im europäischen Vergleich niedrigsten Quote ausländischer Organmitglieder in deutschen Aktiengesellschaften[600] ist dies ein dringend notwendiges Signal an die deutsche Wirtschaft, welche bislang dieses enorme Potenzial weitestgehend verschenkt.[601]

Allerdings steht zu befürchten, dass die neuen Empfehlungen aufgrund ihrer offenen Formulierung den Unternehmen zwar eine am Einzelfall orientierte flexible Handhabung der Vorschrift erlauben, gleichzeitig dadurch aber auch vielfältigen Interpretationen und Ausweichmöglichkeiten zugänglich sind und insoweit oftmals eine Subsumtion der gelebten Unternehmenspraxis unter diese Empfehlungen ermöglichen, ohne dass sich die Besetzungspraxis wesentlich ändert.[602]

Positiv zu vermerken ist jedoch die Tatsache, dass diese Problematik von der Kommission endlich erkannt und im DCGK verankert wurde, auch wenn sich nach Überzeugung des Vorsitzenden der Kommission eine Veränderung der Besetzungspraxis lediglich mittelfristig erreichen lassen wird.[603]

599 Siehe dazu die Presseinformation des KIT 099/2009 „Kaum Frauen an der Spitze deutscher Unternehmen“ unter www.kit.edu/55_449.php m.w.N., wonach die Besetzung von Toppositionen mit Frauen in den 600 wichtigsten deutschen börsennotierten Unternehmen selten, d.h. im einstelligen Prozentbereich ist und seit 2005 sogar noch eine rückläufige Tendenz aufweist.

600 Vgl. dazu Heidrick & Struggles S. 22, 14, demnach sind nur 7,3 % der Sitze in deutschen DAX-Unternehmen mit Ausländern besetzt, während es im europäischen Durchschnitt 18 % sind.

601 So Müller S. 14

602 Vgl. auch Hecker BB 2009, S. 1657

603 Siehe Müller S. 14

2. Spanien

a) Der Verwaltungsrat

Die Ziffern 7 bis 41 des Código Unificado beschäftigen sich mit dem Verwaltungsrat und den Verwaltern und stellen den wesentlichen Kern des 58 Empfehlungen umfassenden Código dar.[604] Damit bleibt der Código Unificado in der Tradition der beiden vorhergehenden Kodizes, d.h. dass die Strukturierung und Transparenz des Leitungsorgans und damit implizit die Kontrolle desselben in den Vordergrund gerückt werden.[605]

aa) Größe und Zusammensetzung

(1) Größe des Verwaltungsrates

Aufgrund mangelnder gesetzlicher Vorgaben zur Größe des Verwaltungsrates für die Mehrzahl der Aktiengesellschaften[606] schlägt der Código Unificado vor, dass der Verwaltungsrat aus mindestens fünf und höchstens 15 Mitgliedern bestehen solle, um zu garantieren, dass er sowohl effizient arbeiten kann als auch, dass die Teilnahme aller Mitglieder an Entscheidungsfindungen und damit eine breite Diskussionsbasis ermöglicht wird.[607]

Dabei soll der Verwaltungsrat aus internen Verwaltern - den geschäftsführenden (consejeros ejecutivos) - und aus externen Verwaltern bestehen, wobei letztere sich aus Großaktionären bzw. deren Vertretern (consejeros dominicales) und unabhängigen Verwaltern (consejeros independientes) zusammensetzen. Zu beachten wäre laut Código zudem, dass die Anzahl der externen Verwalter die der geschäftsführenden Verwalter überwiegt.[608]

Die optimale Größe eines Verwaltungsrates hängt zum Einen von einer personellen Mindestbesetzung ab, um die anfallenden Aufgaben kompetent erledigen und die Aktionärsinteressen repräsentieren zu können[609]. Zum Anderen begünstigt eine Überbesetzung die Passivität von Verwaltern und erschwert die Entscheidungsfindung innerhalb des Plenums, was in Spanien, wo Verwaltungs-

604 Vgl. Calzada Terrados S. 149; Mateu de Ros Cerezo S. 68 ; Quijano González RdS 2006, S. 117

605 Vgl. Alfonso Sánchez/Sánchez Ruiz RDM 2007, S. 1053 f; so auch Streitbörger S. 37 zum Informe Olivencia

606 Siehe E.II.2.a)aa)

607 CUBG II. 9.

608 CUBG II. Erläuterung zu 10.; siehe dazu näher F.II.2.a)aa)(2)

609 Vgl. Hommelhoff in Picot, Corporate Governance S. 5; Semler in Picot, Corporate Governance, S. 37 ff

räte mit mehr als 25 Mitgliedern keine Seltenheit sind, ein weit verbreitetes Problem ist.[610]

Zwar befindet sich Spanien mit einer durchschnittlichen Verwalterzahl von 14,7 noch unterhalb der durchschnittlichen Anzahl von Vorständen und Aufsichtsräten in Deutschland mit 19,1. Jedoch liegen beide Länder deutlich über dem europäischen Mittel von 12,8, so dass sich vermuten lässt, dass auch eine kleinere Anzahl von Verwaltern, wie z.B. in UK, der Schweiz und den Niederlanden, eine effektive Geschäftsführung und Überwachung sicherstellen kann.[611] Nicht die Quantität der Verwalter, sondern deren Qualität ist entscheidend, so dass auch das zum Teil in der Literatur vertretene Argument nicht zutrifft, eine höhere Anzahl von Verwaltern sei schon allein deswegen notwendig, da die einzelnen Themengebiete und Ausschüsse nicht von einigen wenigen Verwaltern mangels Spezialwissen kompetent abgedeckt werden könnten.[612]

Auch wenn man die Empfehlung des Código berücksichtigt, dass die externen Verwalter die Anzahl der geschäftsführenden Verwalter überwiegen sollen, so gelangt man zum selben Ergebnis[613], zumal die geringere Anzahl von Verwaltern erfahrungsgemäß die Entscheidungsfindung beschleunigt und strategische Themen überzeugender gelöst werden können.[614] Eine Beeinträchtigung der Kontrollmöglichkeiten der Geschäftsführung allein durch die verringerte Anzahl der Verwalter ist nicht gegeben, da die Mehrzahl der Verwalter nicht-geschäftsführend und damit kontrollierend bleibt.

(2) Zusammensetzung des Verwaltungsrates

Um die verschiedenen Interessen der Aktionäre angemessen vertreten zu können und gleichzeitig die Unabhängigkeit der Geschäftsführung im Interesse der Gesellschaft sicherzustellen, schlägt der Código vor, sich weiterhin an der bereits in den vorhergehenden Kodizes angeführten Aufteilung in externe und interne Verwalter zu orientieren und die externen dabei in der Überzahl zu besetzen. Während den internen Verwaltern dabei die Geschäftsführung obliege, sei dies bei den externen die Überwachung derselben.

Die Anzahl der internen, geschäftsführenden Verwalter müsse sich an der Komplexität des Unternehmens sowie dem Umfang des von den Verwaltern ge-

610 Vgl. Heidrick & Struggles, S. 30; Streitbörger m.w.N. S. 47

611 Heidrick & Struggles, S. 13

612 Für eine Erhöhung der Obergrenze plädiert Streitbörger S. 47f; im Ergebnis ebenfalls Calzada Terrados S. 149; teilweise wird ein fünf bis siebenköpfiger Verwaltungsrat vorgeschlagen, vgl. Arlt/Bervoets/Grechenig/Kalss GesRZ 2002, S. 69 m.w.N.

613 Vgl. auch Mateu de Ros Cerezo S. 199; anders Streitbörger S. 47

614 Vgl. Heidrick & Struggles, S. 13; Esteban Velasco RdS 2006, S. 108

haltenen Kapitals orientieren und sich damit auf das notwendige Minimum beschränken. Dadurch solle auch eine Blockbildung und damit einseitige Machtverteilung der internen Verwalter verhindert werden.[615]

Diesen Aspekt der Kontrolle der geschäftsführenden Verwalter verstärkt der Código noch durch die Empfehlungen, dass sich innerhalb der externen Verwalter die Relation zwischen der Anzahl der Vertreter der Großaktionäre und den unabhängigen Verwaltern am Verhältnis des im Verwaltungsrat repräsentierten Kapitals (Großaktionäre versus free-float-Anteil) orientieren sollte und dass die Anzahl der unabhängigen Verwalter mindestens ein Drittel aller Verwaltungsratsmitglieder betragen sollte.[616]

Dadurch versucht der Código zu erreichen, dass die unabhängigen Verwalter und damit die Klein-/Streubesitzaktionäre im Verwaltungsrat ausreichend vertreten sind und dass kein Großaktionär einen sein Kapital übersteigenden Einfluss auf die Entscheidungen des Verwaltungsrates ausüben kann.[617] Diese Punkte werden in der Praxis als einige der wichtigsten Schwachstellen der Führung von spanischen Aktiengesellschaften angesehen.[618]

Von diesem Prinzip der verhältnismäßigen Repräsentation von Vertretern der Großaktionäre und unabhängigen Verwaltern lässt der Código zwei Ausnahmen zu:

Erstens können die Großaktionäre dann verstärkt und unabhängig von dem o.a. Verhältnis des repräsentierten Kapitals im Verwaltungsrat vertreten sein, wenn es sich um große Aktiengesellschaften handelt, in denen nur wenige oder keine Aktienanteile die Schwelle des Art. 137 LSA (Verhältniswahl) erreichen, aber dennoch als bedeutend im rechtlichen Sinne[619] und im Umfang des Aktienanteils gelten.

Zweitens kann das Verhältnisprinzip auch dann aufgeweicht werden, wenn es sich um eine Vielzahl von Aktionären handelt, die im Verwaltungsrat vertreten werden und die sonst in keiner Weise miteinander verbunden sind.

---

615 CUBG II. 10.

616 CUBG II. 12. und 13.; vgl. dazu auch die OECD Grundsätze der Corporate Governance Abschnitt VI.E unter www.oecd.org und die Empfehlungen der Europäischen Komission vom 15. Februar 2005 Nr. 8 unter www.eur-lex.europa.eu, welche von einer „ausreichenden Anzahl" unabhängiger Verwalter ausgehen.

617 CUBG II. Erläuterung zu 12.; Grechenig S. 59

618 So das Instituto de Consejeros-Administradores in seinem Comentario sobre el Proyecto Código Unificado de Recomendaciones sobre Buen Gobierno de las Sociedades Cotizadas S. 4 f (www.iconsejeros.com); auch Sánchez-Calero Guilarte S. 27

619 Als bedeutend im rechtlichen Sinne werden diejenigen Beteiligungen angesehen, die über mehr als 5 % des Gesellschaftskapitals verfügen, vgl. Real Decreto 377/1991 und CUBG III. 2.

Obwohl die Kommission selbst diese Ausnahmen nicht als Bruch mit dem o.a. Verhältnisprinzip bezeichnet, sondern im Gegenteil davon ausgeht, dass diese Ausnahmen die gegenseitige Kontrolle der Verwalter untereinander fördern werden[620], muss dies kritisch gesehen werden. Es bleibt unklar, welche Aktiengesellschaften der Código mit dieser Beschreibung meint, in denen die Ausnahmen vom Verhältnisprinzip zulässig sind (z.B. was konkret sind wenige Aktienanteile?). Auch die Beschreibung der Verbundenheit von Aktionären, die eine Ausnahme ausschließen würden, bleibt im Dunkeln.[621]

Zudem hebt der Código die Wirksamkeit seiner intendierten Zielsetzung, d.h. die Begrenzung der Einflussmöglichkeiten der Großaktionäre zu Lasten der Streubesitzaktionäre de facto zumindest teilweise wieder auf.

Die Kommission bemüht sich, die Auslegung der Privatautonomie des spanischen Aktiengesetzes dahingehend zu lenken, dass die Geschäftsführung durch die internen Verwalter selbst wahrgenommen wird und die externen Verwalter verstärkt in den Informationsfluss eingebunden werden. Zeitgleich versucht die Kommission durch die Empfehlungen zur Zusammensetzung des Verwaltungsrates auch, die Gefahr der Solidarisierung von kontrollierenden Verwaltern mit der Geschäftsführung zu verhindern, indem die Anzahl der unabhängigen Interessenvertreter erhöht wird.

Diese Bemühungen der Kommission werden zum Teil als wenig effizient betrachtet. Die Interessenvertreter der Kleinaktionäre seien wenig motiviert, die Geschäftsführung kritisch zu überwachen[622] und die Vorgabe eines bestimmten Verhältnisses der Anzahl von unabhängigen Verwaltern gegenüber den Vertretern der Großaktionäre sowie die Vorgabe der Drittelquote im Verwaltungsrat entspreche nicht den Notwendigkeiten des jeweiligen Verwaltungsrates im Einzelfall. Im Einzelfall müsse z.B. die Anzahl der Ausschüsse berücksichtigt werden, in denen ausgewiesene Experten benötigt würden, die nicht immer von den unabhängigen Verwaltern abgedeckt werden könnten, so dass andere Zusammensetzungen des Verwaltungsrates notwendig seien.[623]

So stellt sich hier die Frage nach der Praktikabilität dieser Empfehlung. Insbesondere bei kleinen Verwaltungsräten oder einer großen Anzahl von bedeu-

620 CUBG II. Erläuterung zu 12.

621 Vgl. dazu auch Mateu de Ros Cerezo, der die gesamte Regelung als unerträglich bezeichnet – S. 230 f

622 Vgl. bereits die Befragung von Praktikern in Informe Olivencia RDM 1998, S. 742; in dieselbe Richtung geht die Auffassung von Mateu de Ros Cerezo S. 228 ff, der bezweifelt, dass die unabhängigen Verwalter überhaupt die Interessen der Streubesitzaktionäre vertreten.

623 Calzada Terrados S. 150

tenden Aktionären bleibt bei diesem Vorschlag nicht mehr genügend Platz für die unabhängigen Verwalter. Dies kann so weit führen, dass die Ausnahmen von diesem Vorschlag des Código die Regel werden und der Vorschlag damit wenig Sinn macht.[624]

Trotz dieser Kritik müssen die Bemühungen der Kommission positiv bewertet werden. Alle Verwalter müssen weiterhin im Interesse der Gesellschaft handeln, das grundsätzlich in der Steigerung des Unternehmenswertes liegt und primär auf die Interessen der Aktionäre abstellt.[625] Die Präsenz der unabhängigen Verwalter soll durch die damit zum Ausdruck kommende Wahrung der sonst relativ unberücksichtigten Interessen der Streubesitzaktionäre einen Ausgleich im Verwaltungsrat schaffen, während die Erhöhung der Anzahl der unabhängigen Verwalter im Verwaltungsrat zwar nicht die unabhängige Überwachung der Geschäftsführung sicherstellen kann, aber zumindest die im monistischen System immer gegebene Manipulationsmöglichkeit der kontrollierenden Verwalter seitens der Geschäftsführung erschweren dürfte.[626]

Anders als im deutschen zweistufigen System von Vorstand und Aufsichtsrat, wo die rechtliche Selbstständigkeit des Aufsichtsrates die Unabhängigkeit desselben weitgehend sicherstellt, kann es bei der im einstufigen System üblichen Integration der Kontrollinstanz in die Geschäftsführung – unabhängig von der Kräfteverteilung – immer zu einer Solidarisierung des gesamten Verwaltungsrates kommen, was die Unabhängigkeit der Kontrollinstanz massiv beeinträchtigt. Eine wie von der Kommission vorgeschlagene Übermacht der Kontrolleure kann dies nur bedingt verhindern[627]. Im übrigen kann durch die sorgfältige Auswahl der unabhängigen Verwalter hinsichtlich Qualifikation und Ruf den Bedenken der Kritiker der Kommissionsempfehlungen zumindest entgegengewirkt werden.[628]

Uneingeschränkt positiv zu bewerten ist die Empfehlung der Kommission, die Beteiligung von Verwaltern an der Geschäftsführung sicherzustellen und damit zu verhindern, dass allein externe Dritte das Tagesgeschäft führen.[629] Dadurch bleibt ein großer Vorteil des monistischen Systems erhalten: die Ein-

---

624 Vgl. dazu auch Mateu de Ros Cerezo S. 228 f

625 Arroyo/Martínez in Arroyo/Embid Band III, S. 1406; Sánchez Calero S. 24; Arlt/Bervoets/Grechenig/Kalss GesRZ 2002, S. 69

626 Vgl. Streitbörger S. 46

627 Z.B. bestand der Verwaltungsrat von Enron überwiegend aus unabhängigen Verwaltern, wodurch die Krise und der Zusammenbruch auch nicht verhindert werden konnten, vgl. Trías Sagnier RdS 2003, S. 172

628 Vgl. näher dazu auch Streitbörger S. 45

629 Siehe die Warnung der Kommission vor exzessiver Delegation, CUBG II., Erläuterung zu 8.

bindung der Verwalter, v.a. aber der nicht geschäftsführenden, kontrollierenden Verwalter in die Leitung der Gesellschaft und damit ein kontinuierlicher Informationsfluss zwischen Geschäftsführung und Kontrollinstanz, welcher insbesondere im zweigliedrigen System wie in Deutschland teils als fehlend und damit als problematisch angesehen wird.[630]

bb) Aufgaben und Zuständigkeiten

Der Código sieht die generelle Überwachung der Geschäfte als die grundlegendste, ureigenste und nicht delegierbare Aufgabe des Verwaltungsrates an. Diese Aufgabe teilt sich in die drei Hauptzuständigkeiten der strategischen Verantwortung, der Kontrolle des Managements und der Offenlegung gegenüber den Shareholdern.[631]

Um diese Aufgaben näher zu definieren und die Delegation derselben zu verhindern, listet der Código die konkreten Entscheidungsthemen auf, für die der Verwaltungsrat originär zuständig bleiben sollte.[632] Dabei lässt er nur für wenige Punkte eine ausnahmsweise Übertragung der Entscheidung in dringenden Fällen auf den Geschäftsführungsausschuss zu, legt aber Wert darauf, dass selbst in diesen Fällen die nachträgliche Zustimmung des gesamten Verwaltungsrates nötig ist:

Bei Entscheidungen über die Ernennung, Abberufung und Vergütung von Oberen Führungskräften und Vertragsbedingungen von geschäftsführenden Verwaltern, bei den Entscheidungen über die regelmäßig zu veröffentlichenden Finanzdaten und über strategische Investitionen, bei Entscheidungen über die Errichtung oder den Erwerb von juristischen Personen in Steuerparadiesen bzw. anderen Transaktionen, die die Transparenz der Gruppe gefährden könnten sowie bei Transaktionen mit nahe stehenden Personen gesteht der Código in dringenden Ausnahmefällen eine Delegation an den Geschäftsführungsausschuss zu, fordert aber die spätere Genehmigung durch das Gesamtplenum.[633]

Damit konkretisiert der Código Unificado die generell gehaltenen Aussagen des Olivencia-Berichts und führt den Verwaltern von vornherein vor Augen, welche Aufgaben und welche Verantwortung sie mit dem Amt übernehmen. Zudem erleichtert dieser detaillierte Pflichtenkatalog, die Verwalter bei Verletzung

630 Vgl. Lutter in Scheffler, Corporate Governance, S. 18; Schneider-Lenné in Scheffler, Corporate Governance S.34

631 Vgl. auch Mateu de Ros Cerezo S. 178 ; Alonso Ureba RdS 2006, S. 72

632 Código de Buen Gobierno II. 8. und Erläuterung zu 8.

633 Vgl. Código de Buen Gobierno II. 8.; siehe dazu auch F.II.2.c)bb)(5)

der Pflichten in Haftung zu nehmen. Beides dürfte die Motivation der Verwalter zur engagierten und verantwortungsvollen Ausübung ihrer Aufgaben erhöhen.[634]

(1) Genehmigung der Unternehmens- und Geschäftsstrategie

Die Genehmigung der strategischen Planung bzw. des Geschäftsplans, der Managementziele und des jährlich dafür notwendigen Budgets gehören zu diesen Kernaufgaben des gesamten Plenums ebenso wie die Corporate Governance Politik, die Regelungen zur sozialen Verantwortung des Unternehmens und die Entscheidung über die Struktur der Gesellschaft bzw. Unternehmensgruppe.

Insbesondere zielt der Código darauf ab, dass der Verwaltungsrat wo immer möglich vermeiden sollte, künstliche und überkomplizierte Organisationsstrukturen der Gesellschaft bzw. Unternehmensgruppe zu schaffen. Gemeint ist damit vor allem, dass z.B. juristische Personen, die zur Unternehmensgruppe gehören und nur für Übergangszwecke gegründet werden oder in Steuerparadiesen residieren, der vollen Verantwortung des gesamten Verwaltungsrates unterliegen sollen, legitim sein müssen und nicht die Transparenz des Unternehmens unterminieren dürfen. Das Gleiche gilt für Transaktionen vergleichbarer Art.[635]

Dass es sich bei diesen Themen um Grundsatzentscheidungen handelt, die dem Verwaltungsrat vorbehalten bleiben sollen, leuchtet vor dem Hintergrund ein, dass die Entscheidungen darüber grundlegende Auswirkungen auf die Ertrags- und Vermögenslage sowie die weitere Gesamtentwicklung des Unternehmens und dessen Ansehen in der Gesellschaft haben. Allerdings vergisst der Código zu erwähnen, dass auch die Politik zum Umgang mit den Gesellschaftsresourcen, insbesondere die Festlegung der Personalpolitik, die technische Entwicklung und die IT-Systeme zu den für das Unternehmen essentiellen Faktoren gehören und dem Verwaltungsrat als Letztentscheider obliegen sollten.[636]

(2) Finanz- und Investitionspolitik

Der Código definiert die Entscheidungen über die Finanz- und Investitionspolitik der Gesellschaft nicht näher, sondern geht davon aus, dass diese Aufgaben evident genug sind. Er erwähnt lediglich, dass die Dividendenpolitik sowie die Regelungen und Limits, die die eigenen Aktien betreffen, dem Verwaltungsrat zur Entscheidung vorbehalten bleiben sollten und Informationen über Finanzda-

634 Vgl dazu schon Streitbörger S. 129; als überflüssig bewertet Calzada Terrados S. 149 die Aufzählung der konkreten Aufgaben des Verwaltungsrates im Código Unificado, gesteht allerdings ebenfalls zu, dass es nicht verkehrt sei, die Verwalter daran zu erinnern.

635 Vgl. CUBG II. 8.a) i), iii), iv), v), b) v) sowie die Erläuterung zu 8.

636 Vgl. dazu auch Mateu de Ros Cerezo S. 185

ten, die laut Gesetz regelmäßig veröffentlicht werden müssen, ebenfalls vom gesamten Verwaltungsrat gebilligt werden sollen.[637] Auch Investitionen oder Transaktionen, die aufgrund ihres Umfangs oder ihrer besonderen Art als strategisch eingestuft werden müssen, sollten nach Auffassung der Kommission der Entscheidung des gesamten Verwaltungsrates obliegen, es sei denn, die Verantwortung dafür liegt bei der Hauptversammlung.[638]

Im Gegensatz zur deutschen Rechtslage, wonach der Aufsichtsrat oder die Satzung den Katalog zustimmungspflichtiger Geschäfte konkret definieren muss[639], zwingt in Spanien weder das Gesetz noch der Código den Verwaltungsrat, die im gesamten Plenum zu entscheidenden Themen genauer festzulegen.

Mit diesen Empfehlungen versucht der Código zwar, die Verantwortung für die Finanz- und Investitionspolitik beim gesamten Verwaltungsrat zu belassen, räumt ihm aber immer noch die Privatautonomie über die Endentscheidung ein, welche Aufgaben konkret er nach aussen delegieren möchte.

Sinnvoll wäre gewesen, die Empfehlung auszusprechen, konkrete Festlegungen zu den definitiv dem Verwaltungsrat vorbehaltenen Investitions- und Transaktionsentscheidungen in der Satzung oder in der Geschäftsordnung des Verwaltungsrates zu treffen. Dazu könnten beispielsweise konkrete Festlegungen zur Höhe der zu tätigenden Geschäfte, als Absolutbetrag oder als Prozentsatz des Gesellschaftskapitals bzw. des Gewinns dienen. Auch könnte für den Zweifelsfall eine Schiedsfunktion des Prüfungsausschusses festgelegt werden.[640]

Hier legt der Código also die Zielrichtung fest, lässt aber die deutlichen Lücken zur Umgehung des Ziels offen.

(3) Vergütungspolitik und Bewertung Obere Führungskräfte

Die Vergütung der Verwalter, sowie die Entlohnung und Bewertung der Oberen Führungskräfte, insbesondere auch die der geschäftsführenden Verwalter und deren Vertragskonditionen sollen nach dem Willen der Kommission der Entscheidung des gesamten Plenums vorbehalten bleiben[641].

---

637 Siehe CUBG II. Nr. 8.a)ii),viii), b)iii)

638 Siehe CUBG II. Nr. 8.b)iv)

639 § § 90 I, S. 1, 111 IV, S.2 AktG; in der Praxis werden in Deutschland vor allem hohe Investitionen, Grundstücksgeschäfte, Erwerb von Beteiligungen im Anlagevermögen, Aufnahme von Großkrediten, Eröffnung von Zweigniederlassungen etc. als zustimmungspflichtige Geschäfte bestimmt, vgl. dazu Pfitzer/Orth in Pfitzer, Deutscher Corporate Governance Kodex, S. 82f

640 Vgl. Mateu de Ros Cerezo S. 185

641 Vgl. CUBG II.8.a)vi),b)ii)

Der Código hält es zudem für ratsam, dass insbesondere die Ernennung, die Entlassung und eventuelle Abfindungsklauseln von Oberen Führungskräften auf Vorschlag des CEO ebenfalls direkt dem Verwaltungsrat obliegen sollten. Der Vorschlag des CEO könne aber dann entfallen, wenn die Obere Führungskraft einige der Aufgaben des CEO übernehmen bzw. dessen Nachfolge einleiten solle.[642]

Die Empfehlung des Código, die oberen Führungskräfte in die Überwachung und Verantwortung des gesamten Verwaltungsrates zu stellen, muss vor dem Hintergrund der spanischen Rechtslage begrüßt werden. Laut Gesetz wäre es möglich, dass diese Aufgaben nach aussen delegiert werden und damit dem Verwaltungsrat die faktische Kontrolle über das tägliche Geschäft der Gesellschaft verloren ginge, da die Oberen Führungskräfte entscheidenden Einfluss auf den Geschäftsgang des Unternehmens haben.

(4) Risiko- und Informationsmanagement

Dem gesamten Verwaltungsrat solle nach Auffassung der Kommission auch das Risiko- und Kontrollmanagement sowie die regelmäßige Überwachung des internen Informations- und Kontrollsystems obliegen.[643]

Die inhaltliche Beschreibung, was darunter zu verstehen ist, findet sich bei den Ausführungen des CUBG zum Prüfungsausschuss und beinhaltet die Erläuterung zumindest der unterschiedlichen Risikotypen (operative, technologische, finanzielle, rechtliche, das Ansehen betreffende Risiken etc.), denen das Unternehmen ausgesetzt ist, wobei bei den finanziellen oder wirtschaftlichen Risiken auch potenzielle Verbindlichkeiten und andere ausserhalb der Bilanz stehende Risiken einzubeziehen sind.[644]

Weiterhin sollen das Risikolevel, das vom Unternehmen als akzeptabel angesehen wird und die Maßnahmen zur Eindämmung der potenziellen Risikofolgen festgelegt werden.

Die internen Berichts- und Kontrollsysteme, um die genannten Risiken zu steuern, sollen ebenfalls im Risikomanagement festgehalten werden. [645]

Es wäre allerdings im Sinne der Unternehmenskontrolle von Vorteil gewesen, wenn dem Gesetzgeber eine Regelung hinsichtlich des Verwaltungsrates, ähnlich dem § 91 II AktG in Deutschland, zur Einrichtung eines Überwachungssystems auferlegt worden wäre und zudem zwingend ein Risikomanagementsys-

642 Siehe CUBG II. Erläuterung zu 8. sowie 8.b)i)

643 Vgl. CUBG II.8.a)vii)

644 Siehe CUBG II. 49.a)

645 CUBG II. 49.; vgl. zum Unterschied zwischen Risikomanagement und internem Audit Hüffer § 91 Rdnr. 8 f

tem aufzubauen wäre, was beides nach spanischem Gesetz bislang nicht vorgeschrieben ist.

cc) Diversity-Thematik

Eine im Vergleich zu Deutschland revolutionäre und auch in den vorhergehenden spanischen Kodizes fehlende Empfehlung gibt der CUBG hinsichtlich der Repräsentation von Frauen in Verwaltungsräten der spanischen Aktiengesellschaften ab.

Sofern Frauen im Verwaltungsrat wenig oder gar nicht als Verwalter vertreten sind, soll der Verwaltungsrat die Gründe für diese Situation angeben und die Maßnahmen benennen, die zu einer Korrektur derselben führen. Insbesondere soll der Ernennungsausschuss Schritte dahingehend einleiten, dass der Auswahlprozess zur Besetzung von Verwalterposten keine Hindernisse für weibliche Kandidatinnen beinhaltet und dass das Unternehmen bewusste Anstrengungen zur Suche und Einbeziehung von geeigneten Kandidatinnen für Verwalterposten macht.[646] Um diesen Forderungen Nachdruck zu verleihen, soll der Ernennungsausschuss den Verwaltungsrat über den Stand der Diversity-Thematik informieren.[647]

Damit erkennt die Kommission zwar an, dass ein Geschlechtermix im Verwaltungsrat nicht nur eine ethisch-politische oder unternehmerisch soziale Verantwortung darstellt, sondern eine ökonomische Notwendigkeit angesichts von 51% der Bevölkerung, die sich zunehmend Platz in der Wirtschaft suchen, welche wiederum zeitgleich auf ein demographisches Problem zuläuft.[648]

Vor dem Hintergrund dass die Anzahl weiblicher Verwalter in spanischen Aktiengesellschaften gerade einmal bei 3,1% liegt[649], wird dieses Anliegen der Kommission, den Verwaltungsrat verstärkt auf dieses Problem aufmerksam zu machen, verständlich, auch wenn diese Empfehlung teilweise Unverständnis hervorruft[650] oder gar als beleidigend empfunden wird[651].

---

646 CUBG II. 15. a), b)

647 CUBG II. 55. d); vgl. auch F.II.2.a)cc). Hier können die Ausführungen des Código bezüglich der Empfehlung Nr. 14 nur als Fehler in der Enumeration verstanden werden, da die Frage der Diversity-Thematik nicht in Nr. 14 der Código-Empfehlungen, wie unter II.55.d) dargestellt, erläutert wird, sondern unter Nr. 15.

648 Vgl. CUBG II. Erläuterung zu 15.

649 Vgl. Heidrick & Struggles, S. 15; bei den IBEX 35 Unternehmen sind es im Durchschnitt in 2007 nur 2,5% - vgl. Bassols informaciones II/07, S. 83; Deutschland liegt mit 12,4% Frauen in Vorstands- und Aufsichtsratsposten damit weit vor Spanien.

650 Vgl. Torrent RdS 2006, S. 223 ; Mateu de Ros Cerezo S. 255 f

651 Vgl. Calzada Terrados S. 150, der der Kommission vorwirft, dass sie den spanischen Unternehmen einen übersteigerten Machismus unterstelle.

Die Vorreiterrolle Spaniens in der Verwirklichung der Gleichberechtigung von Männern und Frauen nicht nur im Bereich des Verwaltungsrates börsennotierter Aktiengesellschaften[652] ist uneingeschränkt zu begrüßen[653]. Allerdings bleibt die Empfehlung des Código so vage, dass keine ernsthaften Verhaltensänderungen bzw. Änderungen in der geschlechterspezifischen Zusammensetzung der Verwaltungsräte zu erwarten sind, zumal diese Empfehlung mit reinen Formalismen (z.B. geschlechterneutrale Stellenausschreibungen, externe Assessmentcenter etc.) erfüllt werden kann. Zur Diversity hinsichtlich der internationalen Besetzung der Verwaltungsräte äussert sich der CUBG allerdings nicht.

dd) Sitzungen des Verwaltungsrates

Nach Ansicht der Kommission verliert ein Verwaltungsrat, der nur unregelmäßig tagt, den Bezug zur Gesellschaft und kann keine wirksame Kontrolle mehr über das Management ausüben. Dasselbe gelte für die Verwalter, die nicht regelmäßig an den Verwaltungsratssitzungen teilnehmen oder die zwar aus einem wichtigen Grund an der Teilnahme verhindert sind, es allerdings versäumt haben, ihr Stimmrecht mit genauen Anweisungen zu den Tagesordnungspunkten auf einen anderen Verwalter zu übertragen.[654]

Daher empfiehlt der Código, dass der Verwaltungsrat mit der für eine effektive Ausübung seiner Funktionen notwendigen Häufigkeit tagt. Die Daten der Sitzungen und deren Tagesordnungspunkte sollten dabei zu Beginn des Jahres festgelegt werden, wobei jeder Verwalter weitere Agendathemen vorschlagen kann.[655]

Ferner sollten die Verwalter nur in dringenden Fällen von den Verwaltungsratssitzungen fernbleiben dürfen und die Anzahl der Abwesenheiten sollte im jährlichen Bericht der Gesellschaft zur Corporate Governance aufgeführt werden. Falls der Verwalter aus einem solch wichtigen Grund nicht teilnehmen kann, soll er sein Stimmrecht mit Anweisungen zu dessen Ausübung delegieren.[656]

---

652 Siehe § 75 des Ley Orgánica 3/2007 vom 22.3.2007 für die tatsächliche Gleichheit zwischen Mann und Frau, wonach definierte größere Unternehmen in einem Zeitraum von 8 Jahren versuchen müssen, in der Besetzung ihrer obersten Verwaltungsorgane ein Gleichgewicht zwischen Frauen und Männern zu schaffen, vgl. näher dazu Bassols, informaciones II/07, S. 82 f

653 So auch Esteban Velasco RdS 2006, S. 108

654 Vgl. CUBG II. Erläuterungen zu 19., 20., 21.

655 CUBG II. 19.

656 CUBG II.20.

Falls ein Verwalter oder der Sekretär Bedenken (z.B. bezüglich der Legalität, der Buchhaltung, finanzielle Bedenken, technische Fragen oder Unklarheiten zur Unternehmensführung bzw. zur Corporate Governance)[657] zu einem Vorschlag äussern bzw. ein Verwalter besorgt über die Entwicklung der Gesellschaft ist, und diese Bedenken im Verwaltungsrat nicht ausgeräumt werden können, so sollen diese auf Antrag im Protokoll festgehalten werden.[658]

Zu Recht erkennt die Kommission, dass die Kontrolle einer Gesellschaft ohne ein Minimum an Arbeitseinsatz der Kontrolleure nicht möglich ist. Im Gegensatz zum deutschen Gesetzgeber[659] legen aber weder die spanische Legislative noch der Código Unificado eine Mindestanzahl von Sitzungen des Verwaltungsrates fest, obwohl dies im ersten Entwurf zum CUBG noch enthalten war.[660]

Angesichts der Situation, dass spanische Verwaltungsräte 2007 mit einer Sitzungsfrequenz von 10,9 pro Jahr deutlich über dem europäischen Durchschnitt von 8,7 und noch deutlicher über dem deutschen Durchschnitt von 4,4 lagen[661], scheint eine solche Empfehlung zwar unnötig[662], wäre aber sowohl als Klarstellung für ausländische Investoren als auch als beizubehaltende weitere Selbstverpflichtung für die Verwalter sinnvoll gewesen.[663] Zudem wäre die Ausdehnung eines solchen Vorschlags zur Festlegung auf eine Sitzungsmindestfrequenz auch für die Sitzungen der Ausschüsse begrüßenswert.[664] Ferner fehlt die Angabe, was unter einem wichtigen Grund als Rechtfertigung für die Abwesenh eit von der Sitzung zu verstehen ist. Da sich zudem die reine Protokollierung von Bedenken als relativ „zahnlos" darstellt, können diese so ausgestalteten Empfehlungen als ineffektiv angesehen werden.[665]

Positiv zu bewerten ist allerdings der Vorschlag, die Agenda der Sitzungen nicht allein vom Präsidenten bzw. CEO zusammenstellen zu lassen, sondern al-

---

657 Vgl. Mateu de Ros Cerezo S. 272

658 CUBG II.21.

659 § 110 III AktG schreibt bei börsennotierten Gesellschaften vier Sitzungen des Aufsichtsrates pro Jahr vor.

660 Vgl. Empfehlung Nr. 25 des Código-Entwurfs, der noch eine Mindestanzahl von acht Verwaltungsratssitzungen pro Jahr vorsah, dazu auch Calzada Terrados S. 137

661 Vgl. Heidrick & Struggles S. 7

662 So Calzada Terrados S. 137

663 Informe Olivencia RDM 1998, S. 750; Streitbörger S. 64; vgl. dazu auch Sánchez Álvarez RdS 1999, S. 148

664 Vgl. Mateu de Ros Cerezo S. 269, der die gesamten Vorschläge 19. – 21. des CUBG auf die Ausschüsse angewendet wissen möchte, obwohl auch hier die Sitzungsfrequenz der Ausschüsse mit 14,3 über dem europäischen (13,4) und dem deutschen (11,0) Durchschnitt liegt, vgl. Heidrick&Struggles S. 7

665 So auch Calzada Terrados S. 151; im Ergebnis ebenso Alonso Ureba RdS 2006, S. 82

len Verwaltern das Recht einzuräumen, Tagesordnungspunkte hinzuzufügen, da die Herrschaft über die Agenda des Verwaltungsrates eine relativ bedeutende Machtbefugnis in der Unternehmensführung darstellt, welche unter mehreren Personen aufgeteilt werden sollte.[666] Insofern wäre auch eine Empfehlung dahingehend angebracht gewesen, dass die Festlegung des Jahresplans der Sitzungen und Agendas durch den gesamten Verwaltungsrat freizugeben sind und nicht, wie bislang üblich allein durch den Präsidenten bzw. CEO.[667]

ee) Bewertung der Arbeit des Verwaltungsrates

Ähnlich der Empfehlung des DCGK zur Selbstevaluierung des Aufsichtsrats betritt auch der CUBG auf diesem Gebiet Neuland. Der Código legt dem Verwaltungsrat nahe, einmal jährlich die Qualität und Effizienz der eigenen Arbeit zu bewerten sowie anhand eines Berichts des Ernennungsausschusses zu überprüfen, inwiefern der Präsident und der CEO ihre Aufgaben erfüllt haben. Auch die Arbeit der Ausschüsse sollte einmal jährlich vom Verwaltungsrat anhand der von den Ausschüssen vorgelegten Berichte evaluiert werden.[668] Damit will die Kommission sicher stellen, dass der Verwaltungsrat nicht in Routinegewohnheiten und in eine gewisse Trägheit verfällt. Die Überprüfung der Leistungen kann dabei sowohl von innerbetrieblichen als auch von externen Stellen übernommen werden.[669]

Allerdings sind diese Ergebnisse der Selbstkontrolle nicht veröffentlichungspflichtig und selbst bei einer Publizierung der Resultate, z.B. im jährlichen Corporate Governance Bericht, könnten diese vorher entsprechend korrigiert werden. Daher wird zum Teil die Auffassung vertreten, dass diese Empfehlung des Código sinnlos sei, zumal ein gut funktionierender Verwaltungsrat diese Selbstüberprüfung sowieso durchführen würde.[670]

Diese Selbstkontrolle des Verwaltungsrates ist jedoch ein unverzichtbarer Schritt zur praktischen Umsetzung und ständigen Fortentwicklung der individuellen Corporate Governance. Aufgrund des nicht zwingenden Charakters des Código muss es gesellschaftsintern eine Instanz geben, die die Einhaltung einer guten Geschäftsführung überwacht, so dass die Empfehlung der Kommission zur Überwachung der eigenen Arbeit und der der Ausschüsse, insbesondere aufgrund der in Spanien wenig ausgeprägten Kultur, die eigene oder fremde Arbeit

666 Vgl. zur Wichtigkeit der „authority over the agenda" Monks/Minow S. 242
667 Vgl. Mateu de Ros Cerezo S. 270
668 CUBG II. 22. a) bis c)
669 CUBG II. Erläuterungen zu 22.
670 Vgl. Calzada Terrados S. 152

zu bewerten[671], zu begrüßen ist.[672] Dies insbesondere vor dem Hintergrund, dass die regelmäßige Bewertung des Verwaltungsrates durch die Verwalter zunehmend von den internationalen Corporate Governance Kodizes empfohlen wird.[673]

Noch einen Schritt weiter geht zum Teil die Literatur, die die Bewertung nicht nur des gesamten Verwaltungsrates, des Präsidenten und CEO fordert, sondern die Arbeit und Performance jedes einzelnen Verwalters auf einen regelmäßigen Prüfstand stellen und die Ergebnisse veröffentlichen will.[674] Dies scheint allerdings eher die Aufgabe des jeweiligen Ernennungsausschusses zu sein, der dies im Rahmen der Auswahl, Ernennung, Neubestellung und Entlassung der Verwalter mit überprüfen muss.[675]

Festzuhalten bleibt, dass der spanische Código in Bezug auf die Selbstevaluierung konkretere Vorgaben zur praktischen Umsetzung macht als der deutsche Kodex, der weder die Art, den Umfang, den Prüfungsgegenstand, die Prüfer noch den Zeitraum oder die Veröffentlichung dieser Effizienzprüfung näher festlegt.

ff) Der Präsident

Für das Funktionieren des Verwaltungsrates spielt der Vorsitzende (Präsident) eine entscheidende Rolle. Neben den organisatorischen vom Gesetz übertragenen Aufgaben sollen dem Vorsitzenden insbesondere auch die Sicherstellung des Informationsflusses an die Verwalter und die Förderung der aktiven Teilnahme der Verwalter an der freien Willensbildung des Verwaltungsrates obliegen.[676]

Die Kommission hat zudem, wie bereits im Código Olivencia erwähnt[677], die Problematik der Machtkonzentration im Falle der Personenidentität von Präsident und CEO erkannt. Sie sieht auch die Vermischung der beiden qualitativ unterschiedlichen Aufgaben der Leitung des Verwaltungsrates und der Führung des Unternehmens als zweiten wesentlichen Nachteil der Personenidentität an. Dabei hebt der Código allerdings auch die Vorteile der Einheit von Präsident und CEO hervor: die klare Führungsstruktur nach innen und aussen sowie die

671 Vgl. Heidrick & Struggles S. 16, 31

672 So auch Streitbörger S. 86; vgl. auch Nr. 8 der Empfehlung der Europäischen Kommission vom 15.02.2005 (2005/162/EC) zur Rolle der nicht-geschäftsführenden oder überwachenden Verwalter und der Ausschüsse des Überwachungsgremiums, www.eur-lex.europa.eu

673 Vgl. López Iturriaga/Pereira S. 10 ff

674 Z.B. Mateu de Ros Cerezo S. 274

675 Vgl. CUBG II. 27.

676 CUBG II., 16.

677 Siehe Empfehlung Nr. 5 des Código Olivencia

Kostenersparnis im Bereich Information und Koordination. Da es nach Auffassung der spanischen Kommission im internationalen Umfeld zu diesem Punkt der Personenidentität von Präsident des Verwaltungsrates und CEO keine einheitliche Meinung gebe und auch keine empirischen Daten für eine Entscheidungshilfe vorlägen, entschied sich die Kommission dafür, keine konkrete Empfehlung zur Beibehaltung oder Trennung der beiden Positionen abzugeben.[678]

Allerdings will auch die Kommission eine übermäßige Machtkonzentration in einer einzigen Person vermeiden und schlägt für den Fall der Personenidentität von Präsident und CEO vor, dass ein unabhängiger Verwalter, gegebenenfalls im Rotationsverfahren, mit der Koordinierung der externen Verwalter und der Evaluierung des Präsidenten durch den Verwaltungsrat betraut wird[679] – der sogenannte „Lead Director"[680].

Ferner soll dieser führende unabhängige Verwalter die Möglichkeit haben, Verwaltungsratssitzungen einzuberufen und neue Themen auf die Agenda der Sitzungen nehmen können.[681]

Durch die Implementierung eines solchen „Lead Directors" soll das Kollegialprinzip sowie die Einheit des Verwaltungsrates gestärkt und gleichzeitig die Spaltung des Verwaltungsrates in Richtung zweigliedriges System vermieden werden.[682]

Zu Recht wird die Problematik der Personenidentität von Präsident und CEO erkannt, allerdings zeigen die internationalen Kodizes – im Gegensatz zur Annahme der spanischen Kommission – eine deutliche Tendenz zur Trennung der beiden Funktionen.[683] Ohne sich auf ein System festlegen zu wollen, versucht der Código dennoch, eine Lösungsmöglichkeit für sein Dilemma zu finden, welche allerdings völlig unzureichend ist.[684]

---

678 CUBG II. Erläuterungen zu 16., 17.

679 Vgl. CUBG II.17. 2. und 3. HS

680 Vgl. Calzada Terrados S. 46

681 CUBG II.17. S. 1

682 So CUBG II. Erläuterungen zu 16., 17

683 68,97 % der 29 untersuchten Kodizes empfehlen die Trennung von Präsident- und CEO-Posten, vgl. López Iturriaga/Pereira S. 10 ff, angesichts von mehr als 70 % der Präsidenten von Aktiengesellschaften in der EU, die gleichzeitig auch die CEOs der Unternehmen sind. Siehe auch die Empfehlung der Europäischen Kommission vom 15.2.2005 (2005/162/EG) zu den Aufgaben von nicht geschäftsführenden Direktoren/Aufsichtsratsmitgliedern börsennotierter Gesellschaften sowie zu den Ausschüssen des Verwaltungs-/Aufsichtsrats unter Abschnitt II 3.2, wonach die Trennung der beiden Funktionen angeraten wird (www.eur-lex-europa.eu).

684 So im Ergebnis auch Torrent RdS 2006, S. 224; Mateu de Ros Cerezo S. 264

Durch die vom Código genannten administrativen Machtbefugnisse eines „Lead Director“ lässt sich weder eine wirksame Kontrolle des CEO verwirklichen, noch dessen Handlungsspielraum effektiv einschränken.[685] Vielmehr wird ein zusätzliches Amt geschaffen, das zu Kompetenzüberschneidungen und damit zu unnötigen Konflikten und Unsicherheiten im Verwaltungsrat führen kann.[686] Die Koordinierung der externen Verwalter und die Bewertung des Präsidenten, die dem „Lead Director“ übertragen würden, sollte in den dafür zuständigen Ausschüssen – je nach Unternehmen und Satzungsbestimmung also der Ernennungsausschuss, Corporate Governance Ausschuss oder sonstigen Kontrollausschuss – verbleiben.

Zu bejahen ist die Auffassung der Kommission, die Einberufung von Verwaltungsratssitzungen nicht allein dem Präsidenten-CEO zu überlassen. Allerdings bedarf es dazu keines separaten „Lead Directors“. Die Übertragung dieser Kompetenz auf z.B. ein bestimmtes Quorum von Verwaltern – 20 oder 25 % der Verwalter oder drei externe Verwalter, zwei unabhängige Verwalter etc. – wäre ausreichend und ebenso effizient.[687]

Die laut Nr. 17 des Código dem „Lead Director“ zu übertragende Möglichkeit, neue Themen auf die Tagesordnung der Verwaltungsratssitzung zu nehmen, wird durch den Vorschlag Nr. 19 des Código bereits auf alle Verwalter ausgedehnt, so dass auch diesbezüglich die Notwendigkeit eines besonderen „Lead Directors“ nicht gegeben ist.

Für ein wirksames Gegengewicht zum CEO wäre die Empfehlung zur definitiven Trennung der beiden Positionen CEO und Präsident sinnvoller gewesen.[688] Möchte man an der Installation eines „Lead Directors“ festhalten, so wäre zur Etablierung eines Gegengewichts die Übertragung eines Vetorechtes für den Lead Director wirksamer, würde allerdings auch dazu führen, dass die Flexibilität und Schlagkraft einer Führung, in der CEO und Präsident personenidentisch sind, zumindest teilweise verloren ginge.

Das zögerliche Vorgehen der Kommission zur Kontrolle des CEO/Präsidenten und die Weigerung, eine eindeutige Empfehlung zugunsten der Trennung der

---

685 Im Ergebnis ebenso Calzada Terrados S. 49, 133 f der die Überwachung des CEO durch die Ausschüsse für ausreichend hält. A.A. Sánchez-Calero Guilarte S. 41, der diese Position als wahres Gegengewicht zum Präsidenten-CEO beschreibt.

686 Vgl. ausführlich dazu Streitbörger S. 50 ff; Sácristan Represa in Velasco S. 267 ff; Alonso Ureba RdS 2006, S. 80, der jedoch jeder Gesellschaft die Privatautonomie zur Lösung dieses Problems belassen will.

687 Vgl. Mateu de Ros Cerezo S. 265

688 So auch das Instituto de Consejeros-Adminstradores, Comentario sobre el Proyecto Código Unificado de Recomendaciones sobre Buen Gobierno de las Sociedades Cotizadas (www.iconsejeros.com), S. 35

beiden Positionen auszusprechen, lässt sich vor allem auch mit der Unternehmensrealität in Spanien erklären, in der nach wie vor die Personenidentität der beiden Positionen der Regelfall ist und die Kommission dementsprechend keinen solch einschneidenden Eingriff wagte.[689]

gg) Der Sekretär

Die Stellung und die Aufgaben des Sekretärs wurden vom spanischen Gesetzgeber nicht festgelegt.[690] Insofern ist die Klarstellung des Código zu den Zuständigkeiten und zur Unabhängigkeit des Sekretärs begrüßenswert, zumal der Código im Sekretär eine Schlüsselrolle für das gute Funktionieren des Verwaltungsrates sieht.[691] Demnach soll der Sekretär darauf achten, dass sich der Verwaltungsrat an die Gesetze hält und die Regularien der Gesellschaft, der Hauptversammlung sowie des Verwaltungsrates etc. beachtet. Ferner wäre es Aufgabe des Sekretärs, die Einhaltung der Corporate Governance Regeln, denen sich die Gesellschaft unterworfen hat, sicherzustellen.[692]

Allerdings geht der Código mit der Empfehlung zu weit, dass der Sekretär sein klares Nicht-Einverständnis mit Entscheidungen des Verwaltungsrates zu erklären hat, welche er als schädigend für das Gesellschaftsinteresse empfindet. Nach Auffassung der Kommission sollte der Sekretär im Falle vermehrter solch schädigender Entscheidungen kündigen und seine Kündigungsgründe in einem Brief an alle Verwaltungsratsmitglieder darlegen.[693] Damit wird dem Sekretär eine Quasi-Verwalter-Position mit entsprechender Verantwortung übertragen, ohne ihm die dazugehörigen Einflussmöglichkeiten zu geben.[694]

---

689 In 80 % der Unternehmen des IBEX-35 ist der Präsident gleichzeitig in einer geschäftsführenden Funktion tätig und 2006 waren mehr als 67% der Verwaltungsratspräsidenten von börsennotierten Aktiengesellschaften in Spanien gleichzeitig auch CEO des Unternehmens, vgl. Instituto de Consejeros-Adminstradores, Comentario sobre el Proyecto Código Unificado de Recomendaciones sobre Buen Gobierno de las Sociedades Cotizadas (www.iconsejeros.com), S. 4, Olcese IBEX-35, S. 68 ff; Sánchez-Calero Guilarte S. 37 f; vgl. dazu auch Streitbörger S. 51; dementsprechend spielt der „Lead Director" in der spanischen Unternehmensrealität keine Rolle, vgl. Trías Sagnier RdS 2003, S. 178

690 Siehe Fernández de la Gándara in Velasco S. 299 ff; die Rechtsprechung hat lediglich erläutert, dass der Sekretär nicht als Abschlussprüfer fungieren darf, vgl. Carrera Giral S. 1225 f.

691 Vgl. CUBG II., Erläuterungen zu 18.; so auch Calzada Terrados S. 136

692 CUBG II. 18.

693 CUBG II. 33.

694 Vgl. Alonso Ureba RdS 2006, S. 81

Diese Vermischung des Sekretärstatus mit Verwalterposten ist abzulehnen. Zielführender wäre es gewesen, dem Sekretär Publizierungspflichten gegenüber der Hauptversammlung oder im jährlichen Corporate Governance Bericht zu übertragen, um die Einhaltung der Gesetze und Regularien, für die der Sekretär verantwortlich zeichnet, offenzulegen, falls dies nicht bereits von einem entsprechenden Ausschuss (z.B. Corporate Governance Ausschuss) übernommen wird.

Begrüßenswert wiederum ist die Empfehlung des Código, die Ernennung und Entlassung des Sekretärs vom Ernennungsausschuss vorschlagen und vom gesamten Verwaltungsrat genehmigen zu lassen. Das Vorgehen bei der Ernennung und Entlassung eines Sekretärs soll in der Satzung des Verwaltungsrates festgelegt werden.

Dieses Prozedere soll die Unabhängigkeit, Unparteilichkeit und Professionalität des Sekretärs wahren helfen. [695]

b) Die Verwalter

Um ihre vom Gesetz übertragenen umfassenden Aufgaben richtig erfüllen zu können, benötigen die Verwalter sowohl eine ausreichende Qualifikation als auch die notwendigen Informationen, welche von der Gesellschaft in einem entsprechenden Verfahren bereitgestellt werden sollen. Bislang wird die Information der Verwalter durch die Gesellschaft in der Praxis teilweise nur unzureichend vorgenommen.[696]

Dementsprechend sieht der Código vor, dass sich – ausser im Falle eines anders lautenden Gesellschaftsstatuts – die Verwalter über den Präsidenten des Verwaltungsrates und über den Sekretär die für die Erfüllung ihrer Aufgaben nötigen Informationen besorgen können, wobei auch das Beiziehen externer Hilfe unter besonderen Umständen als adäquat betrachtet wird. Ferner soll für neue Verwalter ein Orientierungsprogramm etabliert werden, das einen schnellen und effizienten Überblick über das Unternehmen und seine Corporate Governance Regeln schafft[697]. Die Kommission regt zudem an, Auffrischungskurse zu installieren, die die Verwalter, falls nötig, auf den aktuellen Stand z.B. bei gravierenden Regeländerungen bringt.[698]

---

695 Siehe CUBG II. 18., der damit die Ernennung und Entlassung eines Sekretärs der eines Verwalters gleichstellt.

696 Vgl. Mateu de Ros Cerezo S. 283 m.w.N. wonach 22 % der spanischen börsennotierten Aktiengesellschaften den Verwaltern keine Informationen vorab zukommen lassen und in 33 % über die Arbeit der Ausschüsse nicht informiert wird.

697 CUBG II. 25.

698 CUBG II. 23., 24.; siehe auch die noch weitergehende Empfehlung der Europäischen Kommission vom 15.02.2005 (2005/162/EG) Nr. 11.3 zur Etablierung einer jährlichen

Zwar beinhaltet Art. 127 2. LSA bereits die Pflicht der Verwalter, sich selbstständig Informationen über den Geschäftsgang des Unternehmens einzuholen, um ihre Aufgaben erfüllen zu können[699]. Allerdings kann durch die Anregungen der Kommission das Problembewusstsein der Verwalter zur aktiven Beschaffung und kritischen Hinterfragung der notwendigen Informationen für alle Aufgaben, also nicht nur bezüglich des Geschäftsgangs des Unternehmens, sensibilisiert werden. Ferner wird das Plenum damit gezwungen, Aufgabenbereiche klar zu definieren und sich regelmäßig mit der Organisationsverfassung bzw. der Situation des Unternehmens zu befassen.[700]

Noch effektiver wäre jedoch eine Empfehlung gewesen, wonach diese Informationsbeschaffung auch als Pflicht klargestellt wird, was vielen Verwaltern und insbesondere ausländischen Investoren nicht bewusst ist.[701]

Diskussionswürdig ist die Einschränkung, dass die Informationen über den Präsidenten oder Sekretär des Verwaltungsrates angefragt werden müssen und nur die Satzung bzw. Geschäftsordnung des Verwaltungsrates dies anders festlegen kann. Dies erscheint eine eher formalistische Vorschrift, die der notwendigen Flexibilität und Schnelligkeit, welche bei manchen Entscheidungen notwendig sind, entbehrt.[702]

Allerdings steht dem die potenzielle Gefahr der Störung des Geschäftsablaufs entgegen im Falle übermäßiger Informationsanfragen durch die Verwalter. Auch die Gefahr von Indiskretionen darf dabei nicht unterschätzt werden. Insofern scheint die Einschränkung des Código dahingehend, dass der Präsident bzw. Sekretär als Filter wirken solle vertretbar. Sofern sich eine Gesellschaft flexibler organisieren möchte, steht ihr dies aufgrund der Empfehlungen des Código frei.

Uneingeschränkt zu begrüßen ist der Vorschlag von Orientierungsprogrammen und Auffrischungskursen, welche unter der jeweiligen Schirmherrschaft des Ernennungsausschusses bzw. Prüfungs- oder Corporate Governance Ausschusses erfolgen müssten.[703]

Überprüfung der Wissensdefizite bei Verwaltern; vgl. zudem Quijano González RdS 2006, S. 122, der die Einführung von Mechanismen fordert, um die Verwalter zur Teilnahme an diesen Programmen zu motivieren. S. auch DCGK 5.4.1 S. 6, 7

699 Vgl. dazu auch Velasco San Pedro in Velasco S. 343; Díaz Echegaray S. 341

700 Vgl. Velasco San Pedro in Velasco S. 335

701 Vgl. Streitbörger S. 83

702 Vgl. Mateu de Ros Cerezo S. 276 f, der eine Reihe von Alternativen zu den Informationsmöglichkeiten aufzeigt.

703 Vgl. auch Mateu de Ros Cerezo S. 278

aa) Definitionen

Im Annex I des Kommissionsberichts zum Código Unificado werden unter III. die Definitionen der Schlüsselwörter des Código dargestellt und damit die bereits im Informe Aldama begonnene Erläuterung der einzelnen Verwalter-Gruppen, welche im Gesetz bislang fehlt, detaillierter fortgesetzt.[704] Diese Definitionen sind für die Unternehmen, die die jährliche Erklärung zum Código abgeben, - allerdings nur in diesem Zusammenhang - auch bindend.[705]

(1) Geschäftsführende Verwalter (consejeros ejecutivos)

Im Sinne des Código sind geschäftsführende Verwalter diejenigen, die entweder eine höherstehende Führungsfunktion ausüben oder Angestellte der Gesellschaft oder der Unternehmensgruppe sind. Dabei werden Verwalter in höherer Leitungsfunktion oder Verwalter aus der Muttergesellschaft als herrschende Verwalter (consejeros dominicales) betrachtet.

Falls ein Verwalter eine höhere Leitungsfunktion ausübt und gleichzeitig bedeutender Aktionär ist bzw. im Verwaltungsrat vertreten ist oder einen solchen Aktionär vertritt, so wird er als geschäftsführender oder interner Verwalter angesehen. Dem steht auch nicht entgegen, dass dieser Verwalter im Sinne anderer Gesetze als herrschender Verwalter betrachtet wird. [706]

Konsequenterweise hätte der Código allerdings auch diejenigen Verwalter, die, zwar ohne Arbeitsvertrag, aber in einer dauerhaften Dienstleistungsbeziehung zur Gesellschaft stehen oder eine nicht nur kurzfristige Geschäftsbeziehung zu ihr haben, als geschäftsführende Verwalter definieren müssen.[707]

(2) Vertreter von Großaktionären – „herrschende Verwalter“ (consejeros dominicales)

Als herrschende Verwalter werden diejenigen angesehen, die einen Aktienanteil besitzen, der rechtlich betrachtet als bedeutend gilt[708] oder die in ihrer Eigen-

---

704 Vgl. CUBG III. 3. – 5.; die explizite Unterscheidung im Gesetz in geschäftsführende und nicht-geschäftsführende Verwalter erfolgte erstmals durch das Ley 44/2002 vom 22.11.2002, vgl. Alfonso Sánchez/Sánchez Ruiz RDM 2007, S. 1052; Esteban Velasco RdS 2006, S. 87

705 Vgl. näher dazu Mateu de Ros Cerezo S. 125 ff, der diese Lücke im Gesetz als kritisch ansieht, da dies zu Verwirrungen und Komplikationen führe.

706 CUBG III. 3.; dazu auch Esteban Velasco RdS 2006, S. 88 f

707 Vgl auch Mateu de Ros Cerezo S. 208 ; ausführlich Esteban Velasco RdS 2006, S. 90

708 5 % gemäß Real Decreto 377/1991 ; vgl. zudem CUBG III. 2. ; dazu auch Mateu de Ros Cerezo S. 372

schaft als Aktionär dazu ernannt wurden. Diejenigen, die einen solchen Aktionär vertreten, werden ebenfalls als herrschende Verwalter betrachtet.

In diesem Sinne wird die Vertretung eines solchen Aktionärs in folgenden Fällen angenommen:

a) Der Vertreter wurde mit einer entsprechenden Vollmacht ausgestattet.
b) Der Vertreter ist Verwalter, leitender Angestellter, Beschäftigter oder regelmäßiger Lieferant dieses Aktionärs oder eines seiner Unternehmen.
c) Die Unternehmensdokumentation lässt erkennen, dass der Aktionär den Verwalter als seinen Vertreter anerkennt.
d) Der Verwalter ist der Ehegatte des Aktionärs, unterhält eine entsprechend nahe Beziehung zu diesem oder ist ein enger Verwandter bis maximal zweiten Grades.[709]

Hier hätte der Código allerdings darauf eingehen müssen, dass die Bestimmung eines Verwalters aufgrund seiner Eigenschaft als Aktionär zum herrschenden Verwalter entweder in den internen Gesellschaftsstatuten, in der Erläuterung zum Ernennungsvorschlag oder im jährlichen Corporate Governance Bericht näher auszuführen ist, um Missverständnisse zu vermeiden.

Fraglich bleibt ferner, ob nicht auch derjenige im Verwaltungsrat als herrschender Verwalter einzustufen ist, der einen wichtigen Aktionär vertritt und auf dessen Geheiß in den Verwaltungsrat berufen wurde, obwohl dieser Aktionär weniger als 5 % des Gesellschaftskapitals repräsentiert.

Im übrigen ist diese im Código aufgeführte Definition allerdings aufgrund der klaren Regelungen und der damit weitgehend zu erreichenden Rechtssicherheit zu begrüßen.[710]

(3) Unabhängige Verwalter (consejeros independientes)

Einen der Eckpunkte des CUBG stellt die Definition der unabhängigen Verwalter dar.[711] Diejenigen, die aufgrund ihrer persönlichen und beruflichen Qualifikation als Verwalter ernannt wurden und die ihr Amt frei von Einflüssen der Gesellschaft, der Großaktionäre oder des Managements ausüben können, werden

709 CUBG III. 4.

710 Anders Mateu de Ros Cerezo S. 208 ff, der einen konkreten Prozentsatz als Schwellenwert ablehnt und dafür der Gesellschaft größere Freiheit bei der Bestimmung der Verwalterkategorie zugestehen möchte.

711 Vgl. Marcos Fernández/Sánchez Graells RDM 2008, S. 501

vom Código als unabhängige Verwalter definiert.[712] Demnach können folgende Personen keine unabhängigen Verwalter sein:

a) Personen, die Angestellte oder geschäftsführende Verwalter einer Gesellschaft der Unternehmensgruppe waren, es sei denn seit ihrem Austritt sind 3 bzw. 5 Jahre vergangen.

b) Personen, die von der Gesellschaft oder Unternehmensgruppe eine nicht unbedeutende Zahlung oder anderweitige Form der Entlohnung zusätzlich zu der Verwaltervergütung erhalten haben. Dabei werden Dividenden und Pensionsbeiträge, die ein Verwalter für seine frühere Tätigkeit erhalten hat, nicht mitgezählt, vorausgesetzt, dass diese Zahlungen bedingungsfeindlich sind, also z.B. darf das zahlende Unternehmen nicht die Möglichkeit haben, ihre Zahlung beliebig auszusetzen, abzuändern oder einzustellen, ohne dadurch vertragsbrüchig zu werden.

c) Partner, die jetzt oder in den letzten drei Jahren der externen Wirtschaftsprüfungsgesellschaft bzw. dem für den Prüfungsbericht verantwortlichen Unternehmen angehört haben, welche für die besagte Gesellschaft oder eine andere derselben Unternehmensgruppe tätig waren.

d) Geschäftsführende Verwalter oder leitende Angestellte eines anderen Unternehmens in dem ein geschäftsführender Verwalter oder leitender Angestellter des besagten Unternehmens als externer Verwalter beschäftigt ist.

e) Personen, die im vergangenen Jahr entweder auf eigene Rechnung oder als Großaktionär, Verwalter oder leitender Angestellter eines Unternehmens Geschäftsbeziehungen mit der Gesellschaft oder einer anderen der Unternehmensgruppe hatten. Als Geschäftsbeziehung werden dabei die Lieferung von Waren, Dienstleistungen, Finanzdienstleistungen sowie Beratungsverträge angesehen.

f) Großaktionäre, geschäftsführende Verwalter oder leitende Angestellte eines Unternehmens, das von der besagten Gesellschaft bzw. Unternehmensgruppe bedeutende Spenden erhalten oder in den letzten 3 Jahren erhalten hat. Dies gilt nicht für die reinen Treuhänder einer Stiftung.

---

712 Siehe ausführlich dazu Esteban Velasco RdS 2006, S. 100 ff, der insbesondere auf die Zusammenhänge mit der Empfehlung der Europäischen Kommission vom 15.2.2005 (2005/162/EG) verweist.

g) Ehegatten, Lebensgefährten mit einer entsprechend engen Beziehung bzw. nahe Verwandte eines geschäftsführenden Verwalters oder leitenden Angestellten der Gesellschaft.

h) Jede Person, die nicht zur Ernennung oder erneuten Berufung vom Ernennungsausschuss vorgeschlagen wird.

i) Personen, für die die Ziffern a), e), f) oder g) in Bezug auf einen Großaktionär oder einen Aktionär mit Vertretung im Verwaltungsrat der Gesellschaft zutreffen, wobei Ziffer g) auch in Bezug auf die herrschenden Verwalter der Gesellschaft gilt.

Herrschende Verwalter, die ihre Stellung aufgrund des Verkaufs ihrer Beteiligung durch den von ihnen vertretenen Aktionär verlieren, können nur dann als unabhängige Verwalter gewählt werden, wenn dieser Aktionär seine sämtlichen Aktien am Unternehmen verkauft. Ein Verwalter mit Aktienbesitz an der Gesellschaft kann, sofern dieser nicht bedeutend ist, ebenfalls als unabhängiger Verwalter fungieren.[713]

Diese konkrete Aufzählung im Ausschlussverfahren wird zum Teil kritisiert, da sie weder juristisch bindend sei, noch abschließend alle möglichen Ausschlussvariationen aufführe und zudem nicht im Einklang mit den international üblichen Kriterien sei.[714]

Allerdings ist dem entgegen zu halten, dass diese Definitionen für die Abgabe der jährlichen Corporate Governance Erklärung bindend sind, was für diesen Zweck zunächst einmal ausreichend scheint und dass die Generalklausel zu Beginn der Ausschlusskriterien („frei von Einflüssen“) die potenziellen Interessenkonfliktssituationen auffängt. Dies bedeutet, dass auch Ausschlussgründe wie z.B. die Verträge mit Aktionären oder mit geschäftsführenden Verwaltern, die die Unabhängigkeit des Verwalters beeinträchtigen könnten und die nicht explizit in der Liste aufgeführt werden, von der Generalklausel umfasst sind.

Was die international üblichen Kriterien angeht, so stellt die vom Código gebrauchte Generalklausel auf die Freiheit von Einflüssen ab, die die Unabhängigkeit des Verwalters beeinträchtigen könnten. In dieselbe Stoßrichtung gehen die Definitionen von „unabhängig“ in anderen internationalen Corporate Governance Kodizes und Rechtsordnungen, die die Freiheit von Geschäfts- und privaten Verbindungen nennen, welche den Verwalter bei der Verfolgung der Gesellschaftsinteressen beeinträchtigen könnten[715]. Dabei wird allerdings im Unter-

713 CUBG III. 5.; vgl. dazu auch die Empfehlung der Europäischen Kommission vom 15.02.2005, Annex II Profile of independant non-executive or supervisory directors unter www.eur-lex.europa.eu , die weitgehend vom Código übernommen wurde.

714 Vgl. Mateu de Ros Cerezo S. 240 ff

715 Siehe dazu Lieder S. 695 ff

schied zum relativ streng gehaltenen spanischen Código die Unabhängigkeit zum Teil auch dann nicht abgesprochen, wenn der Verwalter einen bedeutenden Aktionär vertritt, sofern die Kapitalstruktur des Unternehmens dies erlaubt und keine potenziellen Interessenkonflikte erkennbar sind.[716]

Die konkrete Benennung von Ausschlussgründen in Verbindung mit der Generalklausel scheinen allerdings im spanischen System dringend notwendig, da in Spanien mangels konkreter Definition[717] eine große Unsicherheit bezüglich der Festlegung, was „unabhängig" bedeutet, herrscht und angesichts der Bedeutung, die den unabhängigen Verwaltern für die Unternehmensüberwachung zukommt[718], auch im CUBG geboten zu sein. Zudem könnte eine fehlende Definition aufgrund der sehr engen Verflechtungen innerhalb der größten spanischen Unternehmen dazu führen könnte, dass ein wirklich unabhängiger Verwalter schwer zu finden wäre.[719]

Zu gute halten ist der Aufzählung zudem, dass sie die in Spanien häufig anzutreffende Praxis, dass unabhängige Verwalter Aktien am Unternehmen besitzen, zwar für die Qualifizierung als unabhängiger Verwalter zulässt, gleichzeitig aber diesen Aktienbesitz auf 5 % beschränkt, da anderenfalls eine objektive, unabhängige Ausübung der Verwaltertätigkeit nicht mehr garantiert sei.[720] Ausserdem könnte diese konkrete Auflistung dazu beitragen, die im folgenden zu erläu-

716 Vgl. Lieder S. 706 f; Mateu de Ros Cerezo S. 242 f m.w.N.; McKean S. 118; vgl. auch die Empfehlung der Europäischen Kommission vom 15.2.2005 (2005/162/EG) unter (7), 13.2 i.V.m. Anhang II 1. d) unter www.eur-lex.europa.eu., wonach ein unabhängiger Verwalter keinesfalls einen Anteilseigner mit einer Kontrollbeteiligung vertreten darf. Ein lediglich „bedeutender" Aktionär wird dadurch nicht ausgeschlossen. Siehe auch § 301 SOA und die General Rules and Regulations promulgated under the Securities Exchange Act of 1934, Rule 12b-2, wonach Unabhängigkeit auch dann vermutet wird, wenn eine Person mit weniger als 10 % am Unternehmen beteiligt ist (vgl. Nachweise dazu bei Lieder S. 696).

717 Siehe zu den verschiedenen spanischen Definitionsversuchen Esteban Velasco RdS 2006, S. 97 ff; Trías Sagnier RdS 2003, S. 173 ff

718 Vgl. Marcos Fernández/Sánchez Graells RDM 2008, S. 501; Martín de Vidales/López-Jorrín in Pérez-Ardá S.279

719 Vgl. Heidrick & Struggles S. 30, wonach sich die größten spanischen Unternehmen im Banken-, Bau- und Versorgungsbereich befinden, welche alle von einem engen Beziehungsgeflecht dominiert werden, so dass unabhängige Verwalter schwer zu finden seien. So auch das Instituto de Consejeros-Administradores in seinem Comentario sobre el Proyecto Código Unificado de Recomendaciones sobre Buen Gobierno de las Sociedades Cotizadas S. 4 (www.iconsejeros.com). Befürwortend auch Torrent RdS 2006, S. 244

720 Vgl. Mateu de Ros Cerezo S. 373

ternde missliche Situation bei der Wahl und Ernennung von unabhängigen Verwaltern zu beseitigen.

bb) Wahl und Ernennung

In der Praxis spanischer börsennotierter Aktiengesellschaften wurden neue Verwalter meist allein vom Verwaltungsrat ausgewählt, ohne den gesetzlich vorgesehenen Einfluss der Hauptversammlung und ohne die o.a. Kriterien oder die Unabhängigkeit der Kandidaten zu beachten. Vielmehr wurden Verwalter ausgewählt, die der bisherigen Unternehmenspolitik und dem etablierten Mächteverhältnis nicht im Weg standen. Damit war eine effektive Kontrolle der Unternehmensleitung sowie eine ausgewogene und kompetente Besetzung des Verwaltungsrates häufig erschwert.[721]

Um diesem Missstand insbesondere bei der Wahl der unabhängigen Verwalter[722] entgegenzutreten sollen die o.a. Unabhängigkeitskriterien eingehalten werden. Insbesondere soll aber nach dem – begrüßenswerten[723] – Vorschlag des Código nun sowohl die repräsentative Besetzung des Verwaltungsrates als auch die Kompetenz, Vertrauenswürdigkeit und Erfahrung der Kandidaten durch einen Auswahlprozess sichergestellt werden, bei dem der Ernennungsausschuss eine entscheidende Rolle spielt.[724]

Demnach sollen die Ernennungsvorschläge zur Neubestellung bzw. Wiederwahl eines unabhängigen Verwalters, welche vom Verwaltungsrat der Hauptversammlung vorgelegt werden, sowie die Ernennungen von unabhängigen Verwaltern im Wege der Kooptation vom Verwaltungsrat nur auf Vorschlag des Ernennungsausschusses genehmigt werden können. Im Falle aller übrigen Verwalter soll der Ernennungsausschuss zumindest vorab einen entsprechenden Bericht abgeben.[725]

Dies könnte dazu beitragen, dass zukünftig insbesondere die mittlerweile an der Tagesordnung liegende Besetzung von Posten im Wege der Kooptation kontrollierter und unabhängiger abläuft und die von der Rechtsprechung intendierte

---

721 Vgl. Sánchez Calero S. 189; Alonso Ureba/Roncero Sánchez in Velasco S. 217; Streitbörger S. 88; Sánchez-Calero Guilarte S. 61

722 94% der unabhängigen Verwalter spanischer Aktiengesellschaften wurden im Jahr 2005 nicht über ein standardisiertes transparentes Wahlverfahren, sondern auf Vorschlag des CEO bzw. eines herrschenden Aktionärs gewählt, vgl. Esteban Velasco RdS 2006, S. 106; Torrent RdS 2006, S. 222; Trías Sagnier RdS 2003, S. 173

723 So auch Calzada Terrados S. 152

724 CUBG II. Erläuterungen zu 27.

725 CUBG II. 27.

Anwendung der Kooptation als Ausnahmefall ins Bewusstsein der Gesellschaften gelangt.[726]

cc) Dauer und Beendigung der Verwaltertätigkeit

Gemäß Art. 126 Nr. 2, 4 LSA können Verwalter für einen Zeitraum von 6 Jahren gewählt werden, wobei die Wiederwahl unbegrenzt oft möglich ist.

Der Código schlägt allerdings für die unabhängigen Verwalter eine maximale Amtsdauer von 12 Jahren vor[727], da sich durch deren langjährige Tätigkeit im Verwaltungsrat persönliche Bindungen insbesondere zu den geschäftsführenden Verwaltern aufbauen würden und zudem die gemeinsame Haftung für die getroffenen Entscheidungen dazu führen könnte, dass die unabhängigen Verwalter den „Blick von aussen" verlieren und damit nicht mehr objektiv urteilen und kontrollieren würden.[728]

Insbesondere bei kleineren Verwaltungsräten kann diese Begrenzung der Amtszeit von unabhängigen Verwaltern kritisch werden, da zum einen oft kein adäquater, wirklich unabhängiger Nachfolger gefunden wird, zum anderen aber, da die Anzahl der unabhängigen Verwalter so gering ist, dass sie durch ihre Rotation in den Ausschüssen über ein so umfangreiches und für die Gesellschaft wichtiges Wissen und Erfahrung verfügen, dass ihr Weggang zu einem enormen Verlust führen würde. Dementsprechend wäre es nach Ansicht eines Teils der Literatur sinnvoller, nicht die Amtsdauer an sich als Kriterium heranzuziehen, welches die Unabhängigkeit des Verwalters beeinflusst, sondern Mechanismen einzuführen, die die Unabhängigkeit verifizieren könnten, z.B. eine verkürzte Amtsdauer mit der Möglichkeit einer unbegrenzten Wiederwahl nach entsprechender Überprüfung durch den Ernennungsausschuss.[729]

Im Ergebnis ist allerdings dem Código hier zuzustimmen, da sich insbesondere auch bei kleinen Verwaltungsräten durch eine langjährige Tätigkeit Sichtweisen einschleifen, die die Unabhängigkeit des Urteils und des Verhaltens beeinträchtigen können. Im übrigen bestätigt die spanische Praxis diesen Vor-

---

726 Vgl. dazu näher Torrent RdS 2006, S. 219 ff; Carrera Giral S. 1078; Quijano González RdS 2006, S. 126; Fernández de la Gándara RdS 2006, S. 157

727 CUBG II. 29.; so auch die Empfehlung der Europäischen Kommission vom 15.2.2005 (2005/162/EC) Annex II 1.h. unter www.eur-lex.europa.eu

728 CUBG II. Erläuterungen zu 29.; so auch Alonso Ureba/Roncero Sánchez in Velasco S. 222 f, 235; Sánchez Calero S. 86; Quijano González RdS 2006, S. 128

729 Vgl. Mateu de Ros Cerezo S. 310 f, der zudem die international üblichen verkürzten Amtsfristen von Verwaltern als Argument für die „Schwäche" dieser Código-Empfehlung anführt. Siehe auch Esteban Velasco RdS 2006, S. 103

schlag, da nur 14 % der unabhängigen Verwalter von spanischen börsennotierten Aktiengesellschaften eine längere Amtsdauer als 12 Jahre aufweisen.[730]

Allerdings soll der Verwaltungsrat die Entlassung eines unabhängigen Verwalters nicht vor Ablauf dessen jeweiligen Amtszeit vorschlagen, es sei denn, es liegt ein wichtiger Grund vor wie z.B. Vertrauensbruch, das Eintreten von Bestellungshindernissen[731] oder die Änderung der Kapitalstruktur der Gesellschaft durch Übernahmeangebote, Merger oder ähnliche Aktionen. Zudem solle die Entlassung eines unabhängigen Verwalters nur auf Vorschlag des Ernennungsausschusses erfolgen.[732] All dies soll zur Stabilisierung der Unabhängigkeit dieser Verwaltergruppe beitragen.[733]

Ferner sollten die Vertreter von Großaktionären von ihrem Amt zurücktreten, wenn dieser Großaktionär seinen Aktienanteil verkauft bzw. entsprechend verringert.[734]

Nach Auffassung des Código sollten die Unternehmen Regelungen aufstellen, wonach die Verwalter den Verwaltungsrat über alle Umstände informieren müssen, die den Namen oder den Ruf des Unternehmens schädigen können, insbesondere über strafrechtliche Vorwürfe und entsprechende Folgeverfahren. In Fällen, in denen ein Strafverfahren wegen Betrugs oder wegen eines Verbrechens gegen die Freiheit, gegen das Eigentum, gegen die gesellschaftliche und wirtschaftliche Ordnung und Sicherheit oder gegen die Justizverwaltung[735] gegen einen Verwalter eingeleitet wird, sollte der Verwaltungsrat nach Abwägung aller Einzelumstände ggfs. die Entlassung des Verwalters vorschlagen und darüber im jährlichen Corporate Governance Bericht informieren.[736]

In diesem Bericht sind nach Auffassung des Código auch die Gründe darzulegen, die dazu geführt haben, dass ein Verwalter vor Ablauf seiner Amtszeit aus seinem Amt ausgeschieden ist. Diese Gründe sollen von dem betroffenen Verwalter auch gegenüber dem Verwaltungsrat schriftlich dargelegt werden. Damit sollen die Fälle, in denen Verwalter ausdrücklich und begründet mit den Entscheidungen des Verwaltungsrates nicht übereinstimmten, aufgedeckt werden und somit größtmögliche Transparenz und Unabhängigkeit gewährleistet werden.[737]

---

730 Vgl. Mateu de Ros Cerezo S. 310
731 Vgl. F. II. 2. b) aa) (3)
732 CUBG II. 31.
733 Quijjano González RdS 2006, S. 129
734 CUBG II. 30.
735 Vgl. Art. 124 LSA
736 CUBG II. 32.
737 Vgl. CUBG II. 34.

Die spanische Kommission ist sich bewusst, dass durch diese theoretischen Anforderungen allein die effektive Kontrolle der Geschäftsleitung durch die unabhängigen Verwalter nicht sichergestellt werden kann, will jedoch die bestmöglichen Voraussetzungen dafür schaffen.[738]

Da der Verwaltungsrat mit Ausnahme der Kooptation selbst keine Entscheidungsbefugnis hinsichtlich seiner Besetzung hat, sondern dies allein Sache der Hauptversammlung bzw. des betroffenen Verwalters ist, stellt der Vorschlag der Kommission, Fälle konkret zu benennen, in denen die Verwalter entlassen werden sollten bzw. zurücktreten sollten, ein weiteres begrüßenswertes Mittel dar, um die Verwalter an ihre Pflichten zu erinnern und gleichzeitig die Unabhängigkeit der Verwalter zu stärken[739].

Wünschenswert wäre allerdings gewesen, wenn der Código auch auf die innerhalb der Übergangszeit bis zum Ausscheiden des Verwalters auftauchenden Probleme eingegangen wäre, die bislang nicht gesetzlich geregelt sind. Dementsprechend behelfen sich die Gesellschaften in der Praxis mit entsprechenden Geschäftsordnungs- bzw. Satzungsregelungen, wonach z.B. ein Verwalter, dessen Berufungsursachen weggefallen sind oder der einer gravierenden Pflichtverletzung bzw. eines Verbrechens verdächtig ist, suspendiert werden kann oder entsprechende interne Disziplinarverfahren eröffnet werden können.[740]

dd) Vergütung

Im Bereich Vergütung sieht der Código mehrere Ansatzpunkte, die einer vertieften Betrachtung bedürfen: die Vergütungspolitik und deren Transparenz, die Unterscheidung von geschäftsführenden und externen Verwaltern bei variablen Vergütungssystemen, sowie die Vermeidung exzessiver Vergütungen.

(1) Vergütungspolitik und Transparenz

Die spanische Kommission ist der Auffassung, dass die volle Offenlegung der Vergütung der Verwaltungsratsmitglieder eine wirksame Methode zur Vermeidung von Missbrauch und übermäßiger Gehälter und damit zur Kontrolle der Unternehmensleitung darstellt.[741]

Dementsprechend empfiehlt der Código, dass in der vom Verwaltungsrat verabschiedeten Vergütungspolitik nicht nur die aufgeschlüsselten Fixbeträge für

---

738 Siehe CUBG II. Erläuterungen zu 30. – 34.

739 Grundsätzlich ebenso Quijano González RdS 2006, S. 130 f, der allerdings kritisiert, dass nur eine kleine definierte Anzahl von Tatbeständen die Entlassung nach sich ziehen soll.

740 Vgl. Mateu de Ros Cerezo S. 314

741 CUBG II. Erläuterungen zu 35.; Mateu de Ros Cerezo S. 317; vgl. auch F.V.2.c)

die Mitwirkung im Verwaltungsrat und den Ausschüssen, sondern auch die variablen Faktoren dargelegt werden. Dabei werden unter variablen Faktoren die Art der Verwalter[742] verstanden, auf die diese angewendet werden sollen sowie die Angabe des Verhältnisses zwischen fixer und variabler Vergütung.

Ferner sieht der CUBG Leistungsbewertungskriterien als variable Faktoren an, anhand derer Rechte auf eine Vergütung in Aktien, in Aktienoptionen oder in sonstiger variabler Komponenten erworben werden sowie die grundsätzlichen Parameter zur Festlegung von jährlichen Boni und sonstigen unbaren Benefits. Eine Schätzung des Gesamtbetrags der variablen Vergütungen, die sich aus der Vergütungspolitik ergeben, gehört ebenso wie die Hauptmerkmale der Vorsorgesysteme (z.B. Zusatzrenten, Lebensversicherungen, o.ä.) und ihre jährlichen Kosten zu den Faktoren, die in der Vergütungspolitik dargelegt werden sollen.

Zudem sieht der Código vor, dass die Vertragskonditionen von geschäftsführenden Verwaltern im höheren Management in der Vergütungspolitik festgelegt werden. Zu diesen Vertragskonditionen gehören die Vertragsdauer, die Kündigungsfristen und sonstige Klauseln, mit denen Anfangsboni, Entschädigungen oder „goldene Fallschirme“ für den Fall der vorzeitigen Vertragsbeendigung zugesagt werden.[743]

(2) Unterscheidung nach der Art der Verwalter bei variablen Vergütungssystemen

Auch wenn der Código die Privatautonomie der Gesellschaft bei der Festlegung der Vergütungspolitik hervorhebt, so sieht er dennoch die Gefahr, dass externe Verwalter durch die Teilnahme an variablen Vergütungssystemen in ihrer Unabhängigkeit beeinträchtigt sein könnten und bei Entscheidungen der geschäftsführenden Verwalter, die Einfluss auf das Unternehmensergebnis und damit mittelbar auch auf die Vergütung der externen Verwalter haben, nicht mehr objektiv und im Interesse der Gesellschaft handeln könnten.

Gleichzeitig wird allerdings auch der positive Effekt der gleichgerichteten Interessen von Aktionären und am Ergebnis beteiligten Verwaltern erkannt, so dass der Código den Kompromiss vorschlägt, nur die geschäftsführenden Verwalter an variablen Vergütungssystemen zu beteiligen und den externen Verwal-

742 Z.B könnten bestimmte Vergütungsmodule auf externe, interne, geschäftsführende oder unabhängige Verwalter beschränkt werden.

743 CUBG II. 35.; vgl. auch die Empfehlungen der Europäischen Kommission vom 14.12.2004 (2004/913/EG) zur Einführung einer angemessenen Regelung für die Vergütung von Mitgliedern der Unternehmensleitung börsennotierter Gesellschaften, Abschnitt III., 5.3., 2005/162/EG sowie 2009/385/EG unter (3),(6) und (7), www.eur-lex.europa.eu.

tern lediglich eine angemessene Entlohnung zuzugestehen, welche ihrem Arbeitsaufwand, ihren Fähigkeiten und ihrem Verantwortungsbereich entspricht und ihre Unabhängigkeit nicht gefährdet.[744]

Die Beschränkung von variablen Vergütungssystemen auf die geschäftsführenden Verwalter wird, ähnlich der deutschen Regelung, am Aktienkurs orientierte Vergütungen in Form von Aktienoptionen dem Vorstand und den Arbeitnehmern vorzubehalten[745], kritisch diskutiert.

Zum Teil wird die Auffassung vertreten, diese Beschränkung erfolge ohne entsprechende Grundlage, da die externen Verwalter die gleiche Verantwortung trügen wie die geschäftsführenden Verwalter und durch Aktienoptionen ihre Unabhängigkeit nicht verlieren würden, sondern – wie die Shareholder – ebenfalls an der Wertsteigerung des Unternehmens interessiert wären.[746] Zudem könnte das Gesellschaftsvermögen durch aktienbasierte Vergütungsmodelle und die entsprechende Verhinderung des Liquiditätsabflusses geschont werden[747]. Auch entsprächen aktienbasierte Vergütungen für alle Verwalter der internationalen Praxis, so dass erfolgreiche Manager eine entsprechende Beteiligung erwarten würden.[748]

Dem ist jedoch entgegenzuhalten, dass auch nach Ansicht des Código geschäftsführende Verwalter in den Genuss von aktienbasierten Vergütungsmodellen kommen können und externe Verwalter vor allem an der Kontrolle der Geschäftsführung interessiert sein sollten. Diese Kontrollabsicht im Sinne einer langfristigen Unternehmenswertsteigerung wird allerdings dann unterminiert, wenn die eigenen Interessen an einer kurzfristigen Erhöhung des Aktienkurses und dem daraus resultierenden potenziellen Gewinn für den Verwalter im Vordergrund stehen.

Die Unabhängigkeit der überwachenden Verwalter wäre durch ein aktienbasiertes Vergütungsmodell stark gefährdet, so dass diese erstmalig im Informe Aldama aufgegriffene Empfehlung zur Beschränkung von aktienbasierten Vergütungsmodellen auf geschäftsführende Verwalter zu begrüßen ist[749].

---

744 Siehe CUBG II. 36., 37.

745 Vgl. Claussen/Bröcker AG 2000, S. 488, siehe dazu ausführlich F.II.1.b)dd).

746 Vgl. Mateu de Ros Cerezo S. 322 ff ; Streitbörger S. 124

747 Vgl. Wulff S. 7; Lutter ZIP 1997, S. 3

748 So Hüffer ZHR 1997, S. 215; Wulff S. 6; Claussen/Bröcker AG 2000, S. 488; Streitbörger S. 113 m.w.N.

749 So auch Sánchez-Calero Guilarte S. 89 f; Velasco San Pedro RdS 2006, S. 142; vgl. dazu auch die Änderungsvorschläge zum CUBG bzgl. der Vergütung der Verwalter unter www.cnmv.es

(3) Vermeidung exzessiver Vergütungen

Nach Auffassung der spanischen Kommission soll sich die Vergütungspolitik – völlig konträr zur deutschen Gesetzeslage und dem DCGK[750] – nicht an den durchschnittlichen Vergütungen von Vergleichsunternehmen orientieren, um unnötige Gehaltserhöhungen zu vermeiden[751]. Grund dafür ist, dass sich durch die Orientierung am Duchschnitt das Vergütungslevel dieses Durchschnitts erhöht, da zum Erreichen eines Incentives immer höhere Vergütungen gezahlt werden müssen. Einmal erreichte Gehaltslevel können dementsprechend nur schwer rückgängig gemacht werden und führen zu weiteren negativen Konsequenzen wie z.B. hoher Fluktuation.[752]

Allerdings ist die Praktikabilität dieser Empfehlung bereits aufgrund der Tatsache fraglich, dass sich qualifizierte Verwaltungsräte, wie die übrigen Mitarbeiter auch, an den durchschnittlich im Markt bezahlten Vergütungen für die Position orientieren und anderenfalls schwer zu rekrutieren sein werden[753].

In dieselbe Richtung, d.h. eine exzessive Vergütung zu vermeiden, zielen zwei weitere Empfehlungen der Kommission ab:

Bei Vergütungen, die vom Ergebnis des Unternehmens abhängen, sollen demnach auch eventuelle Vorbehalte, die im Bericht des externen Wirtschaftsprüfers festgestellt wurden und die das Ergebnis mindern, berücksichtigt werden.[754] Die Effizienz dieses Vorschlags hängt allerdings davon ab, ob es einer Gesellschaft gelingt, entsprechende Voraussetzungen in den internen Regularien der Gesellschaft bzw. in der Vergütungspolitik zu schaffen, welche einen Kontrollausschuss für die definitive Festlegung der Berechnungsbasis für die variablen Gehälter anhand des Wirtschaftsprüferberichts für zuständig erklären.

Die – gängigen – Vorbehalte eines Wirtschaftsprüfers als alleinigen Maßstab für die Verringerung des variablen Gehaltes herzunehmen, überzeugt nicht.[755]

Ferner soll die Vergütungspolitik bei variablen Gehaltsbestandteilen Mechanismen beinhalten, die sicherstellen, dass die Vergütung die persönliche Leistung der Empfänger widerspiegelt und nicht lediglich die allgemeine Entwicklung des Marktes oder der jeweiligen Branche oder nur auf aussergewöhnliche Transaktionen oder Umstände zurückzuführen ist.[756] Dem entsprechen die Aus-

750 Vgl. § 87 I S. 1 AktG, DCGK 4.2.2 2. Abs. S. 2

751 vgl. CUBG II. Erläuterungen zu 36. – 39.

752 Der sogenannte „ratchet effect“, vgl. dazu ausführlich Gersbach/Glazer IZA Discussion Paper Nr. 1143; vgl. auch CUBG II. Erläuterungen zu 36. – 39.

753 Ebenfalls ablehnend Velasco San Pedro RdS 2006, S. 141

754 CUBG II. 38.

755 So auch Mateu de Ros Cerezo S. 324; ; a.A. Velasco San Pedro RdS 2006, S. 143

756 CUBG II. 39.

führungen des DCGK, wonach sämtliche Vergütungsbestandteile für sich und insgesamt angemessen sein müssen sowie die Begrenzungsmöglichkeit für ausserordentliche, nicht vorhergesehene Entwicklungen[757]. Allerdings beschränkt sich der deutsche Kodex auf die vage Wiedergabe des Gesetzestextes und definiert die ausserordentlichen Entwicklungen nicht so explizit wie der spanische Código.

Fraglich bleibt hier allerdings, wie die im Código genannte persönliche Leistung überprüft werden soll und wem diese Überprüfung und Festlegung der konkreten variablen Gehaltsbestandteile obliegt.

Eine quantitative Beschränkung der variablen Bezüge, z.B. auf einen Prozentsatz des Unternehmensgewinns, wird vom Código, trotz einer Andeutung in den Erläuterungen[758], allerdings nicht empfohlen, obwohl die spanischen Direktoren im europäischen Vergleich mit ihren Gehältern deutlich über dem Durchschnitt liegen[759] und damit ein effektiveres Eingreifen zur Vermeidung exzessiver Gehälter, schon aufgrund der dazu erfolgten öffentlichen Debatte[760], zumindest diskussionswürdig gewesen wäre.

c) Die Ausschüsse

Knapp ein Drittel der Vorschläge der Kommission bezieht sich auf die Errichtung, Zusammensetzung und Aufgaben der Ausschüsse. Bereits dadurch wird die Wichtigkeit dieses Themas für die Corporate Governance Diskussion in Spanien deutlich. Dieser Fokus wird verständlich, wenn man sich die bisherige spanische Unternehmensrealität ansieht: 2007 verfügte Spanien im europäischen Vergleich über die mit 2,1 im Durchschnitt geringste Anzahl von Ausschüssen, im Gegensatz zu Deutschland und UK, die mit 3,5 bzw. 3,8 Ausschüssen den europäischen Durchschnitt von 3 deutlich überstiegen.[761]

Die vom Gesetzgeber eingeräumte Möglichkeit des Verwaltungsrates, seine Kompetenzen auf geschäftsführende und überwachende Ausschüsse zu übertragen, wird auch vom Código – ähnlich dem deutschen DCGK[762] – insbesondere

757 Siehe DCGK 4.2.3 2. Absatz S. 3, 3. Absatz S. 4 sowie die Ausführungen unter F.II.1.a)cc)(2)

758 Vgl. CUBG, II. Erläuterungen zu 36. – 39.

759 Vgl. Heidrick & Struggles, S. 9: 2007 lag das durchschnittliche Jahresgehalt für einen spanischen Verwalter bei 96.099 EUR im Vergleich zu 72.195 EUR im europäischen und 74.923 EUR im deutschen Durchschnitt; siehe auch Velasco San Pedro RdS 2006, S. 137

760 Vgl. Belda/Espinosa de los Monteros in Pérez-Ardá S. 362; Farrando Miguel RdS 2006, S. 358 m.w.N.

761 Vgl. Heidrick & Struggles S. 11

762 Siehe DCGK 5.3 sowie oben F.II.1.b)ff)

aufgrund der Fülle und Komplexität der Aufgaben des Verwaltungsrates als zielführend und hilfreich angesehen.[763] Damit folgt die Kommission der langjährigen US-amerikanischen Unternehmenspraxis sowie den Empfehlungen vieler ausländischer Corporate Governance Kommissionen.[764]

Der Código erwähnt den Geschäftsführungs-, den Prüfungs-, den Ernennungs- und Vergütungsausschuss als sinnvollerweise zu errichtende Gremien und geht nur am Rande auf die Möglichkeit ein, auch weitere Ausschüsse, z.B. zur Überwachung der Einhaltung der Corporate Governance Vorschriften oder sonstiger intern installierter Verhaltensregeln, zu bilden[765], während in Deutschland die Möglichkeit, fachlich qualifizierte Ausschüsse zu bilden ohne Einschränkung und explizit sowohl im Gesetz (§ 107 III AktG) als auch im Corporate Governance Kodex (5.3) erläutert wird.

Allerdings bezieht sich der spanische CUBG als einer der ersten in Europa und als erster in Spanien auf einen Corporate Governance Ausschuss, der sich bislang in der Praxis jedoch nicht durchgesetzt hat.[766] Der noch vom Informe Aldama empfohlene Strategie- und Investitionsausschuss wird nicht mehr explizit erwähnt.[767]

aa) Der Geschäftsführungsausschuss

Trotz der Empfehlungen des CUBG zu kleineren Größen der Verwaltungsräte sowie zu einer höheren Sitzungsfrequenz ist die Einrichtung von Geschäftsführungsausschüssen in spanischen börsennotierten Aktiengesellschaften keinesfalls überflüssig geworden, sondern vielmehr an der Tagesordnung, mit der häufigen Folge, dass der Geschäftsführungsausschuss die Führung der Geschäfte und die Leitung des Unternehmens übernimmt und die Führungsposition des Verwaltungsrates damit untergraben wird. Als Konsequenz kann auch die dem Verwaltungsrat zugeordnete Selbstkontrolle de facto nicht umgesetzt werden.[768]

Um den Einfluss der externen – insbesondere der unabhängigen – Verwalter und damit auch der Kleinaktionäre in der Geschäftsführungsstruktur zu gewährleisten und damit sicher zu stellen, dass die Entscheidungen im Sinne des ge-

---

763 CUBG II. Erläuterungen zu 42.

764 Vgl. dazu Hommelhoff ZGR 2001, S. 257; Lutter ZGR 2001, S. 230; Streitbörger S. 59

765 CUBG II. 45.

766 Von den Unternehmen des IBEX-35 hatte lediglich eines einen separaten Corporate Governance Ausschuss, bei zwei weiteren war diese Funktion in einen anderen Ausschuss mit integriert, vgl. Mateu de Ros Cerezo S. 348

767 Vgl. dazu Mateu de Ros Cerezo S. 342

768 Vgl. Calzada Terrados S. 161; Streitbörger S. 54, Mateu de Ros Cerezo S. 337 ff; CUBG II. Erläuterung zu 42.; Teichmann ZGR 2001, S. 667

samten Plenums erfolgen, schlägt der Código vor, den Geschäftsführungsausschuss so zu besetzen, dass er die Zusammensetzung des gesamten Verwaltungsrates widerspiegelt. Zudem solle der Sekretär des Verwaltungsrates auch als Sekretär des Geschäftsführungsausschusses agieren.[769]

Ferner soll der Verwaltungsrat stets über die zu behandelnden Themen und über die getroffenen Entscheidungen des Geschäftsführungsausschusses informiert sein und jeder Verwalter von den Sitzungsprotokollen des Geschäftsführungsausschusses eine Kopie erhalten.[770]

Damit greift die spanische Kommission die bereits im Código Olivencia und Informe Aldama erwähnte Forderung nach einer adäquaten, an der Zusammensetzung des Verwaltungsrats orientierten Besetzung des Geschäftsführungsausschusses auf und konkretisiert diese Forderung nach Ausgleich und Transparenz noch durch die o.a. Vorschläge[771].

Insbesondere vor dem Hintergrund der Interessenvertretung von Kleinaktionären aber auch in Bezug auf die Stärkung des Informationsflusses zwischen Geschäftsleitung und Verwaltungsrat sind diese Vorschläge zwar sehr zu begrüßen, allerdings muss die Praktikabilität derselben kritisch hinterfragt werden. Bei einer Aktiengesellschaft mit einem freefloat-Anteil von ca. 20%[772] wären in einem zehnköpfigen Verwaltungsrat lediglich zwei unabhängige Verwalter vertreten, die bereits in den Kontrollausschüssen sitzen müssten, so dass für den Geschäftsführungsausschuss keiner mehr übrig bliebe.[773]

Ferner bleibt zu bedenken, dass die externen und unabhängigen Verwalter durch ihre Tätigkeit in einem Geschäftsführungsausschuss de facto zu geschäftsführenden Verwaltern werden, da sie z.T. Handlungen zu verantworten hätten, die nicht durch den gesamten Verwaltungsrat gingen[774]. Damit wäre eine unabhängige Kontrolle der Geschäftsleitung durch diese externen Verwalter hinfällig.

Auch würden die Vorschläge der spanischen Kommission ins Leere laufen, wenn der Geschäftsführungsausschuss keine regelmäßigen Sitzungen abhielte

769 CUBG II. 42.; kritisch dazu Alonso Ureba RdS 2006, S. 81, da die beiden Positionen unterschiedliche Aufgaben hätten.

770 CUBG II. 43.

771 Vgl. Empfehlung Nr. 7 des Informe Olivencia sowie die Ausführungen unter IV.5.1.des Informe Aldama unter www.cnmv.es

772 Dies entspricht dem Durchschnitt in börsennotierten spanischen Aktiengesellschaften – vgl. Fernández de la Gándara in Velasco S. 79; Bisbal Mendez RDM 1997, S. 1684

773 Vgl. Streitbörger S. 55

774 Siehe dazu auch Esteban Velasco RdS 2006, S. 91 f, der jedoch nicht auf die Interessenvertretung von Kleinaktionären durch die vorgeschlagene Zusammensetzung des Geschäftsführungsausschusses abstellt, sondern auf die dadurch erzielbare bessere Festlegung des Gesellschaftsinteresses.

bzw. keine Protokolle darüber erstellen würde, wozu er gesetzlich auch nicht verpflichtet ist. Für die Stärkung des Informationsflusses und der Interessen der Kleinaktionäre zielführender wären die Vorab-Information des Verwaltungsrates über die Tagesordnungspunkte der Sitzungen des Geschäftsführungsausschusses und die Möglichkeit der Ergänzung der Agenda durch jeden Verwalter.[775] Insofern greifen die Vorschläge des Código hier nicht weit genug. [776]

bb) Der Prüfungsausschuss

Nach Auffassung der spanischen Kommission soll bei der Überwachung und Kontrolle der Gesellschaft vor allem die Geschäftsleitung des Unternehmens im Fokus stehen. Dementsprechend wurde durch das Finanzreformgesetz vom Dezember 2002 die bereits vom Código Olivencia geforderte Installation eines Prüfungsausschusses für börsennotierte Aktiengesellschaften in Spanien obligatorisch,[777] während dies in Deutschland bei börsennotierten Gesellschaften zwar Standard ist und im Deutschen Corporate Governance Kodex als Empfehlung aufgenommen wurde, allerdings gesetzlich bislang noch nicht zwingend vorgeschrieben ist.[778]

(1) Besetzung des Prüfungsausschusses

Der Prüfungsausschuss soll nach Angabe des Código mit mindestens drei Spezialisten aus den Bereichen Buchführung, Rechnungsprüfung und Risikomanage-

775 Vgl. Mateu de Ros Cerezo S. 340 ; die Vorabvorlage der Agenda und die Ergänzung um weitere Tagesordnungspunkte des Gesamtverwaltungsrates durch jeden Verwalter wird vom Código bereits vorgeschlagen, vgl. CUBG II. 19.

776 So auch Calzada Terrados S. 162 ff; Mateu de Ros Cerezo S. 98, 337 ff

777 Vgl. Calzada Terrados S. 165; siehe auch E.II.2.b)

778 Vgl. Hüffer § 107 Rdnr. 16a; DCGK 5.3.2; siehe dazu aber § 342 f auf S. 33 f des Referentenentwurfs zum Bilanzrechtsmodernisierungsgesetz unter www.bmj.de/Bilanzrecht/Bilanzrechtsmodernisierung_1ez.html wonach in Deutschland ein Prüfungsausschuss gesetzlich zwingend vorgeschrieben werden sollte. Dies wurde jedoch nicht in das BilMoG übernommen. Vgl. auch Kapitel X, Art. 41 der Abschlussprüferrichtlinie 2006/43/EG vom 17.5.2006 (www.eur-lex.europa.eu).

ment besetzt werden[779] und vor allem mit dem internen Audit und der Überwachung des Risikomanagements beauftragt sein.[780]

Der Código rät aber gleichzeitig, bei der Besetzung des Prüfungsausschusses nicht nur auf die Kenntnisse, Eignung und Erfahrung der potenziellen Ausschussmitglieder zu achten, sondern auch darauf, dass nur externe Verwalter Mitglieder des Ausschusses und nur unabhängige Verwalter Vorsitzende des Ausschusses werden[781], um sicher zu stellen, dass die Überwachungs- und Kontrollfunktion gegenüber der Geschäftsleitung unabhängig und effektiv durchgeführt werden kann. Dies soll aber nicht verhindern, dass sowohl die Geschäftsführung des Unternehmens, leitende Angestellte oder auch externe Dritte zur Unterstützung bei der Durchführung der Aufgaben des Ausschusses hinzugezogen werden können, falls dies vom Ausschuss als notwendig angesehen wird.[782]

Allerdings wäre es nach Auffassung der Kommission auch weiterhin zulässig, dass unabhängige Verwalter im Prüfungsausschuss in der Minderheit sind, da der Código nur von externen Verwaltern spricht, die Mitglieder des Ausschusses werden können. Damit steht der spanische Corporate Governance Kodex – ebenso wie der deutsche DCGK – ausserhalb der Tendenz, den Prüfungsausschuss mit unabhängigen Verwaltern zu besetzen, welche sich international mittlerweile durchgesetzt hat.[783]

Auch wenn der CUBG mit der Forderung nach der ausschließlichen Besetzung des Prüfungsausschusses mit externen Verwaltern weiter geht als das Gesetz[784] und damit zumindest die geschäftsführenden Verwalter ausschließt, ist diese Entscheidung der spanischen Kommission kritisch zu beurteilen, da damit weiterhin ausgerechnet der für die Kontroll- und Überwachungstätigkeit wich-

779 Vgl. CUBG II.44.b), 46..Im Gegensatz dazu schlägt der DCGK lediglich vor, dass der Vorsitzende des Prüfungsausschusses über besondere Kenntnisse und Erfahrungen in der Anwendung von Rechnungslegungsgrundsätzen und internen Kontrollverfahren verfügen solle, vgl. DCGK 5.3.2 S.2 – bei den übrigen Aufsichtsratsmitgliedern fordert der DCGK lediglich die zur ordnungsgemäßen Wahrnehmung der Aufgaben erforderlichen Kenntnisse, Fähigkeiten und fachlichen Erfahrungen, vgl. DCGK 5.4.1

780 Damit wurden die Empfehlungen der Europäischen Kommission vom 15.02.2005 (2005/162/EC) Annex I.4. unter www.eur-lex.europa.eu weitgehend übernommen.

781 So auch der DCGK 5.3.2 S. 3, wonach der Vorsitzende des Prüfungsausschusses unabhängig sein sollte und kein ehemaliges Vorstandsmitglied der Gesellschaft sein sollte, dessen Bestellung vor weniger als zwei Jahren endete.

782 CUBG II. 44. a), b) c), d) sowie Erläuterungen zu 44.

783 Vgl. Guerra Martín S. 397 f ; Mateu de Ros Cerezo S. 97, 205, 350 m.w.N.

784 Siehe oben E.II.2.b), wonach die nicht geschäftsführenden Verwalter lediglich in der Überzahl sein müssen, kritisch dazu Torrent/Rivero Menéndez/Alvarado Riquelme RDM 2003, S. 1639

tigste Ausschuss, der Prüfungsausschuss[785], von einer Mehrheit von z.B. herrschenden Verwaltern besetzt werden könnte.

Selbst wenn die unterschiedlichen Definitionen von „unabhängig" in den einzelnen internationalen Kodizes die Abweichung des spanischen Código vom internationalen Standard zum Teil kompensieren und die Annahme nahe legen, dass die in anderen Ländern als „unabhängig" qualifizierten Verwalter in Spanien aufgrund der strengeren Definition lediglich als externe Verwalter gelten würden[786], so könnte die Unabhängigkeit und Objektivität eines Prüfungsausschusses wohl nicht deutlicher als durch die Mehrheit von explizit als unabhängig bezeichneten Verwaltern in diesem Ausschuss konstatiert werden.

Der Código hätte, schon allein, um die Bedeutung dieses Ziels hervorzuheben, die Empfehlung aussprechen müssen, dass der Prüfungsausschuss in der Mehrzahl von unabhängigen Verwaltern besetzt werden sollte, wie er es beim Ernennungsausschuss getan hat.[787]

Um die Aufgaben des Prüfungsausschusses effektiv durchführen zu können, empfiehlt die Kommission dem Gesetzgeber explizit, die Dauer, die der Vorsitzende des Prüfungsausschusses im Amt verweilen kann (vier Jahre), neu zu regeln, da dieser Vorsitzende über besondere Kenntnisse und einen speziellen persönlichen Hintergrund verfügen muss, der im Markt nicht leicht zu finden sei, so dass die Neubesetzung des Vorsitzendenpostens alle vier Jahre zu erheblichen Schwierigkeiten führen könne.[788]

(2) Aufgaben und Zuständigkeiten

Als Hauptaufgaben des Prüfungsausschusses nennt der Código die Überwachung des internen Audits der Gesellschaft sowie das Risikomanagement.[789] Ferner sollte der Prüfungsausschuss die Ausarbeitung und Vollständigkeit der Informationen über Finanzfragen des Unternehmens überwachen sowie auf die korrekte Einhaltung der entsprechenden gesetzlichen Vorschriften und Bilanzierungsregeln achten.[790] Dabei solle der Prüfungsausschuss in Bezug auf den ex-

785 Vgl. Huwer S. 70 ; Hommelhoff ZGR 2001, S. 257 f

786 Vgl. Mateu de Ros Cerezo S. 247

787 Vgl. CUBG II. 54. ; siehe auch Mateu de Ros Cerezo S. 205, 245 f, der allerdings anführt, dass dies eine weise Entscheidung sei, da alle Verwalter die gleiche Verantwortung tragen würden und sich alle gleich unparteiisch, objektiv, sorgfältig und ethisch korrekt verhalten müssten, was zwar eine schöne Wunschvorstellung, aber wenig realitätsnah ist.

788 Informe CUBG Annex II. 2.; so befürwortend auch Mateu de Ros Cerezo S. 378, der eine Rotation von sechs Jahren vorschlägt.

789 Siehe CUBG II. Erläuterungen zu 46.

790 Siehe CUBG II. 50. 1.a)

ternen Abschlussprüfer eine entscheidende Rolle spielen, welche in dem Abschnitt Rechnungsprüfung und Jahresabschluss näher erläutert wird.[791]

Das Aufgabenspektrum umfasst die regelmäßige Überprüfung des internen Kontroll- und Risikomanagementsystems, um die Hauptrisiken rechtzeitig identifizieren und gegensteuern zu können. Dabei übernimmt der Código einen diskussionswürdigen Vorschlag der Europäischen Kommission, wonach der Prüfungsausschuss spezielle Kanäle schaffen und überwachen sollte, um den Mitarbeitern zu ermöglichen, vermeintliche Unregelmäßigkeiten, die das Unternehmen schädigen könnten, anonym zu berichten (sog. whistleblowing).[792] Auf diese Weise soll die Anonymität des Berichterstatters gewahrt bleiben und die gesetzlichen Vorgaben in Bezug auf den persönlichen Datenschutz[793] eingehalten werden.

Insbesondere vor dem Hintergrund, ein motivierendes und angstfreies Arbeitsumfeld zu ermöglichen und falsche Denunzierungen mit den entsprechenden negativen Konsequenzen für die betroffenen Mitarbeiter und die Prozessabläufe im Unternehmen zu vermeiden, muss bei der Einführung eines solchen Systems genau überdacht werden, unter welchen Bedingungen dies geschieht.

Die Empfehlung des Código, die anonyme Berichterstattung zwar vornehmlich auf Unregelmäßigkeiten in Finanz- und Buchführungsangelegenheiten zu beziehen, aber eben auch für andere Bereiche zuzulassen, eröffnet einen sehr weitgehenden Anwendungsbereich, der ohne weitere Einschränkungen zu umfassend erscheint und dem Missbrauch den Weg ebnet.[794]

Die regelmäßige Überprüfung des internen Kontroll- und Risikomanagementsystems durch den Prüfungsausschuss stellt allerdings eine unverzichtbare Voraussetzung dafür dar, dass die designierte Politik des Verwaltungsrates auch wirksam durchgesetzt werden kann.[795]

---

791 Vgl. F.VI.2.a)

792 Vgl. die Empfehlung der Europäischen Kommission vom 15.2.2005 (2005/162/EG) zu den Aufgaben vo nicht geschäftsführenden Direktoren/Aufsichtsratsmitgliedern börsennotierter Gesellschaften sowie zu den Ausschüssen des Verwaltungs-/Aufsichtsrats Annex I.4.3. 8. unter www.eur-lex.europa.eu ; vgl. CUBG II. 46., 50.1.b), d) sowie Erläuterungen zu 46 ff.; so auch die Anforderungen des Sarbanes-Oxley Act vom 23.1.2002 (Sec. 301), vgl. Menzies S. 38

793 Vgl. Ley Orgánica 15/1999 vom 13.12.1999

794 Siehe dazu auch die in Deutschland verbreitete Ansicht des Whistleblowers als Denunziant sowie die restriktive Rechtsprechung des BAG, wonach dem Whistleblower aufgrund eines sehr weit verstandenen Begriffes der arbeitsrechtlichen Treuepflicht wenig Verständnis entgegengebracht wird, vgl. Reiter RIW 2005, S. 171 f m.w.N.; Weber-Rey AG 2006, S. 407 ff

795 Vgl. Mateu de Ros Cerezo S. 354

Um seine Aufgaben erfüllen zu können, schlägt der Código ferner vor, dass dem Prüfungsausschuss das Recht zustehen müsse, mit jedem Mitarbeiter und jeder Führungskraft des Unternehmens Kontakt aufnehmen zu können und diese sogar zum Erscheinen im Ausschuss verpflichten zu können, ohne dass ein weiterer leitender Angestellter anwesend sein muss.[796]

(3) Internes Audit

Wie in Deutschland vor Erlass des KonTraG, durch das dem Vorstand die Einrichtung eines Überwachungssystems (vgl. Art. 91 II AktG) auferlegt wurde, sind in Spanien interne Kontrollmaßnahmen nicht gesetzlich vorgeschrieben.

Nach Auffassung der spanischen Kommission sollte daher jedes börsennotierte Unternehmen ein internes Audit installieren, dessen Überwachung dem Prüfungsausschuss obliegt und das dem Prüfungsausschuss ein Jahresarbeitsprogramm nebst Tätigkeitsbericht am Ende des Jahres vorlegt sowie über Vorkommnisse bei der Abarbeitung des Programms berichtet.[797] Damit soll sichergestellt werden, dass der Prüfungsausschuss die Unabhängigkeit und Effizienz des internen Audits überwachen kann. Dazu dient auch die Empfehlung des Código, den Prüfungsausschuss die Auswahl, Ernennung und Abberufung des Verantwortlichen für das interne Audit vorschlagen zu lassen sowie das Recht des Prüfungsausschusses, das Budget der internen Audit-Abteilung vorzuschlagen und sich regelmäßig über dessen Tätigkeit Bericht erstatten zu lassen.[798]

Hier zeigen sich erneut die Auswirkungen der unterschiedlichen Organisationssysteme dadurch, dass in Deutschland das interne Audit aufgrund der zwingenden Zuordnung zum Vorstand nicht dem Prüfungsausschuss unterstellt werden darf[799], während in Spanien genau diese Zuordnung zum Prüfungsausschuss als Ausdruck guter Corporate Governance gilt. Vor dem Hintergrund einer in Spanien fehlenden institutionellen Überwachung ähnlich dem Aufsichtsrat ist diese Zuordnung zum Prüfungsausschuss allerdings konsequent und dient der Sicherung der Unabhängigkeit und Effizienz des internen Audits.

796 CUBG II. 51.

797 CUBG II. 47., 48.; kritisch dazu Calzada Terrados S. 156, der dies insbesondere für kleinere Aktiengesellschaften und der dadurch entstehenden Kosten als überflüssig erachtet.

798 Siehe CUBG II. 50.1.c)

799 Vgl. Huwer S. 147

Ferner soll der Prüfungsausschuss sicherstellen, dass die leitenden Angestellten die Empfehlungen des internen Audits befolgen,[800] was ein wesentliches Kriterium für den Erfolg und die Bedeutung des internen Audits darstellt.[801]

Wünschenswert wäre gewesen, wenn der Código, für den Fall des Fehlens eines separaten dafür vorgesehenen Kontrollausschusses, dem Prüfungsausschuss auch explizit die Kontrolle bezüglich der generellen Einhaltung der gesetzlichen Normen übertragen hätte, da sich in diesem Fall das interne Audit nicht nur auf die Buchführung und den Finanzstatus beziehen darf, sondern auf die gesamte Regelungstreue des Unternehmens.[802]

Der spanische Código ist damit noch weiter als Deutschland[803] davon entfernt, die Errichtung eines Compliance Programms für die Unternehmen als diskussionswürdig anzusehen.

(4) Risikomanagement

Die Überwachung des Risikomanagements des Unternehmens soll nach dem Vorschlag des Código ebenfalls dem Prüfungsausschuss übertragen werden. Demnach soll dem Prüfungsausschuss die regelmäßige Überprüfung des Risikomanagements obliegen, um die größten Risiken zu identifizieren und rechtzeitig gegensteuern zu können.[804] Dabei legt der CUBG auch die Inhalte fest, die vom Prüfungsausschuss zu überwachen sind, d.h. die Erläuterung zumindest der unterschiedlichen Risikotypen, denen das Unternehmen ausgesetzt ist,[805] das Risikolevel, das vom Unternehmen als akzeptabel angesehen wird und die Festlegung der Maßnahmen zur Eindämmung der potenziellen Risikofolgen sowie die internen Berichts- und Kontrollsysteme, um die genannten Risiken zu steuern.[806]

Insbesondere aufgrund der Tatsache, dass der Gesetzgeber auf diesem Gebiet bislang die Privatautonomie der Unternehmen unangetastet gelassen hat, stellen diese Ausführungen zum Risikomanagement, verbunden mit der durch den Código verstärkt in den Vordergrund tretenden Verantwortung des Verwal-

---

800 CUBG II. 50.1.c) 5.HS; vgl. dazu Mateu de Ros Cerezo S. 352, der eine engere Verknüpfung zwischen dem Vorsitzenden des Prüfungsausschusses und dem Internen Audit fordert und die Regelung des Código diesbezüglich als unzureichend empfindet.

801 So auch Mateu de Ros Cerezo S. 354

802 Vgl. Mateu de Ros Cerezo S. 342 f

803 Siehe F.II.1.a)bb)(1)

804 CUBG II. 50.1.b)

805 Siehe CUBG II. 49.a) sowie die Ausführungen zu F.II.2.a)bb)(4)

806 CUBG II. 49.; vgl. zum Unterschied zwischen Risikomanagement und internem Audit Hüffer § 91 Rdnr. 8 f

tungsrates für das Risikomanagement einen weiteren Schritt in Richtung einer verbesserten Unternehmenskontrolle dar.

(5) Vorlagepflicht an den Gesamtverwaltungsrat

Da der Gesamtverwaltungsrat nach Vorstellung des Código für die Finanz- und Investitionspolitik sowie für Transaktionen mit nahe stehenden Personen letztverantwortlich und –entscheidend bleiben soll, schlägt die Kommission vor, dass der Prüfungsausschuss entsprechende entscheidungsrelevante Informationen dem Verwaltungsrat vorzulegen habe.

Zu diesen Informationen gehöre demnach alles, was in regelmäßigen Abständen über die Finanzdaten des Unternehmens veröffentlicht werden muss, wobei die unterjährigen Finanzberichte anhand derselben Buchführungsstandards zu erstellen sind wie die jährlichen Berichte und der externe Prüfer mit einer eingeschränkten Überprüfung beauftragt werden kann.[807] Ferner sollen dem Gesamtverwaltungsrat durch den Prüfungsausschuss Informationen zur Entscheidung über Aktienkäufe oder ähnliche Transaktionen mit Unternehmen vorgelegt werden, welche in sogenannten Steuerparadiesen ansässig sind, um die Transparenz der eigenen Unternehmensgruppe nicht zu gefährden.[808] Zudem bestünde die Vorlagepflicht des Prüfungsausschusses an den Gesamtverwaltungsrat nach Ansicht der Kommission auch bei Transaktionen mit nahe stehenden Personen, es sei denn, diese wäre bereits an einen anderen Kontrollausschuss vergeben.[809]

Durch die Beibehaltung dieser Kernaufgaben im gesamten Verwaltungsrat soll verhindert werden, dass durch die übermäßige Delegation der Verantwortung an den Präsidenten oder Geschäftsführer der Verwaltungsrat nur noch als wirkungsloses Gebilde übrig bleibt, dessen Überwachungs-, Steuerungs- und Informationsfunktionen de facto nicht mehr effektiv wahrgenommen werden können, sei es z.B. aufgrund der Tatsache, dass die Kontrollfunktionen bei der Geschäftsführung angesiedelt wurden, weil der Prüfungsausschuss entmachtet wurde oder das Interne Audit an die Geschäftsleitung berichten muss.[810]

Insofern ist diese Vorlagepflicht ein weiterer begrüßenswerter Ausdruck der Bemühungen um gute Corporate Governance.

---

807 CUBG II. 52.a)
808 CUBG II. 52.b)
809 CUBG II. 52.c)
810 Vgl auch Mateu de Ros Cerezo S. 178

cc) *Der Ernennungsausschuss*

Obwohl die Ernennung der Verwalter rechtlich der Hauptversammlung zugewiesen ist, so übt der Verwaltungsrat de facto einen wesentlichen Einfluss auf die Wahl der Verwalter aus.

In der Unternehmenspraxis spanischer börsennotierter Aktiengesellschaften wurden aufgrund der Möglichkeit der Kooptation und des weitgehenden Desinteresses von Kleinanlegern an der Besetzung des Verwaltungsrates neue Verwalter tatsächlich allein vom Verwaltungsrat ausgewählt und von der Hauptversammlung lediglich formal bestätigt. Kriterium für die Auswahl der Verwalter war dabei häufig nicht die Kompetenz und Unabhängigkeit der Kandidaten, sondern deren Kompatibilität mit der bisherigen Unternehmenspolitik bzw. dem Machtgefüge im Management.[811]

Die Errichtung eines Ernennungsausschusses ist in Spanien weder gesetzlich vorgeschrieben noch praktisch üblich.[812] Um die Kompetenz der Verwalter und die Objektivität der Kontrolleure zu gewährleisten, empfiehlt der Código daher, dass der Verwaltungsrat zumindest einen Ernennungsausschuss bilden solle, dessen Mitglieder vom Gesamtverwaltungsrat anhand deren Kenntnisse, Fähigkeiten und Erfahrungen ausgewählt werden sollen.

Dieser Ernennungsausschuss soll, ähnlich dem Prüfungsausschuss, dem Gesamtverwaltungsrat gegenüber eine aktive Beraterfunktion ausüben und ihm rechenschaftspflichtig sein.[813] Gleichzeitig soll dem Gesamtverwaltungsrat die Pflicht obliegen, über die Vorschläge und Berichte des Ernennungsausschusses zu beraten.[814]

Zusätzlich soll gemäß dem Código auch über die Sitzungen des Ernennungsausschusses Protokoll geführt werden, das allen Verwaltungsratsmitgliedern zugestellt werden soll.[815]

(1) Zusammensetzung

Um der Wichtigkeit und Unabhängigkeit des Ernennungsausschusses bei dessen Tätigkeit Rechnung zu tragen, schlägt die Kommission vor, dass die Mitglieder

---

811 Vgl. Sánchez Calero Administradores, Band IV, S. 189; Ureba/Sánchez in Velasco S. 217; Torrent RdS 2006, S. 219 ff

812 Vgl. Calzada Terrados S. 173, Mateu de Ros Cerezo S. 98

813 Siehe CUBG II.44.a)

814 CUBG II. 44.a); vgl. dazu auch die Empfehlungen der Europäischen Kommission vom 15.02.2005 (2005/162/EG) zu den Aufgaben von nicht geschäftsführenden Direktoren/Aufsichtsratsmitgliedern börsennotierter Gesellschaften sowie zu den Ausschüssen des Verwaltungs-/Aufsichtsrats Annex I.2. unter www.eur-lex.europa.eu.

815 CUBG II. 44.e)

des Ernennungsausschusses nicht nur externe Verwalter sein sollen, sondern die Mehrheit dieser Mitglieder unabhängige Verwalter sein sollten, wobei eine Mindestanzahl von drei Ausschussmitgliedern als notwendig angesehen wird. Im Gegenzug würde die Besetzung der Posten der unabhängigen Verwalter vom Ernennungsausschuss zwingend dem Gesamtverwaltungsrat vorgeschlagen, während bei den übrigen Verwalterposten dem Ernennungsausschuss lediglich ein Informationsrecht zukäme.[816]

Zudem soll beim Ernennungsausschuss wie beim Prüfungsausschuss nach Auffassung des Código der Vorsitzende ein unabhängiger Verwalter sein und externe Berater zur Erledigung der Aufgaben des Ausschusses hinzugezogen werden können. Dabei wird explizit die Möglichkeit des Ernennungsausschusses erwähnt, externe Headhunter bei der Suche nach Kandidaten für freie Verwalterposten einzuschalten.[817]

Obwohl der Código das Prinzip aufrechterhält, dass der Ausschuss nur aus externen Verwaltern bestehen solle, so sieht er aufgrund des besonderen Charakters des Ernennungsausschusses dennoch vor, dass dieser den Vorsitzenden des Gesamtverwaltungsrates (Präsidenten) und den Geschäftsführer der Gesellschaft insbesondere bei Themen, die die geschäftsführenden Verwalter betreffen, konsultiert.

Gleichzeitig stehe jedem Verwalter das Recht zu, dem Ernennungsausschuss geeignete Kandidaten für die Verwalterposten vorzuschlagen.[818]

Damit will die Kommission trotz der Unterordnung des Ernennungsausschusses unter den Gesamtverwaltungsrat bei der Ernennung von Verwaltern sicherstellen, dass sowohl die richtigen, kompetenten Verwalter ausgewählt werden, als auch, dass mögliche Interessenkonflikte bei der Wahl der Verwalter innerhalb des Gesamtverwaltungsrates zumindest abgemildert werden.[819] Diese positiv zu bewertenden Ziele des Código werden auch nicht durch die Befürchtung ausgehebelt, dass insbesondere in kleinen Verwaltungsräten und Aktiengesellschaften, in denen die herrschenden Verwalter mehr als 50% des Gesellschaftskapitals repräsentieren, diese Empfehlung schwierig zu erfüllen sein könnte[820].

816 Vgl. CUBG II. 54., Erläuterungen zu 54.ff

817 CUBG II. Erläuterungen zu 44.ff

818 Siehe CUBG II. 56. sowie die Erläuterungen zu 54.ff

819 So CUBG II. Erläuterungen zu 54.ff

820 Vgl. Torrent RdS 2006, S. 248

(2) Aufgaben und Zuständigkeiten

Nach dem Vorschlag der Kommission soll der Ernennungsausschuss, neben den bereits erwähnten Aufgaben, die Fähigkeiten, Kenntnisse und Erfahrungen der Verwalter einschätzen und dementsprechend die Stellen- und Anforderungsprofile festlegen.[821]

Zu den weiteren Aufgaben des Ernennungsausschusses gehört nach Auffassung der spanischen Kommission auch die Prüfung und Organisation der Nachfolge, inklusive Besetzungsvorschlag, des Vorsitzenden des Gesamtverwaltungsrates (Präsident) und des Geschäftsführers der Gesellschaft, um sicherzustellen, dass dieser Transformationsprozess planvoll und geordnet abläuft.[822]

In der Mehrzahl der Gesellschaften sieht die Satzung vor, dass im Falle des Versterbens, der Abwesenheit, der Arbeitsunfähigkeit oder längerer Krankheit des Präsidenten oder des CEO der Stellvertreter die Geschäfte vorübergehend übernimmt. Allerdings stellt die formale Zuständigkeit des Ernennungsausschusses für den Ablauf der Prüfung und Organisation der Nachfolge des Präsidenten bzw. CEO eine begrüßenswerte Absicherung des neutralen und geordneten Ablaufs der Ersatzsuche dar, so dass sich diese eher an objektiven Eignungskriterien denn individueller Karriereabsichten und externer Einflüsse orientieren kann und sowohl innerhalb der Gesellschaft auch nach aussen hin der Machtübergang keine Instabilität mit sich bringt.[823]

Der Código sieht zudem vor, dass der Ernennungsausschuss die Arbeit des Verwaltungsratspräsidenten und des CEO der Gesellschaft bewertet und darüber einen Bericht fertigt, der dem Gesamtverwaltungsrat einmal jährlich vorgelegt wird.[824]

Ferner solle der Ernennungsausschuss über die Vorschläge des Geschäftsführers gegenüber dem Verwaltungsrat bezüglich der Ernennung und Abberufung von leitenden Angestellten berichten,[825] was angesichts der Tatsache, dass es sich dabei um wesentliche Akteure in der Führung der Gesellschaft handelt, zu begrüßen ist.

Die Hauptaufgabe des Ernennungsausschusses besteht, wie bereits erwähnt, wohl nach Auffassung der Kommission darin, dem Verwaltungsrat die unabhängigen Verwalter vorzuschlagen, die im Anschluss von der Hauptversammlung ernannt oder wiedergewählt oder die per Kooptation eingesetzt werden sollen und darin, bezüglich der Ernennung, Wiederwahl und Einsetzung per Kooptati-

821 Siehe CUBG II.55.a)

822 Vgl. CUBG II. 55.b)

823 Ähnlich Mateu de Ros Cerezo S. 367

824 CUBG II. 22.b)

825 CUBG II. 55.c)

on der übrigen Verwalter zwar keinen Vorschlag, aber einen entsprechenden Bericht vorzulegen.[826]

Angesichts der Tatsache, dass die Auswahl, Ernennung und Wiederwahl von Verwaltern als einer der wichtigsten Bereiche der Corporate Governance anzusehen ist und im Leben eines Unternehmens eine zentrale Rolle spielen, ist der Vorschlag des Código, einen Ernennungsausschuss zu bilden und diesem die genannten Kompetenzen zu übertragen, zu begrüßen[827].

Eine im Hinblick auf die Wichtigkeit dieses Themas diskussionsfähige Erweiterung des Vorschlagsrechtes des Ernennungsausschusses auf alle übrigen Verwalter würde zu einer übermäßigen Kompetenzverschiebung und einer Aushöhlung der Personalhoheit von Verwaltungsrat und Hauptversammlung führen.

Es scheint angemessen und ausreichend, wenn der Ernennungsausschuss zu den übrigen Verwaltern und den leitenden Angestellten einen entsprechenden, vom Verwaltungsrat zu würdigenden, Bericht abgibt, in dem er die persönliche und berufliche Eignung des Kandidaten sowie dessen Kompatibilität mit den Gesellschafts- und Corporate Governance Regeln beurteilt. Sofern der Verwaltungsrat dem Vorschlag des Ernennungsausschusses bezüglich der unabhängigen Verwalter nicht folgt, muss er die Ergänzungs- bzw. Ersatzvorschläge des Ausschusses bewerten. Sofern der Verwaltungsrat von dem Bericht des Ernennungsausschusses zu den übrigen Verwaltern und leitenden Angestellten abweicht, muss er seine Entscheidung begründen und aktenkundig machen.[828]

Diesselben Kriterien müssten auch für den Austritt der Verwalter gelten, obwohl dies explizit im Código nicht erwähnt ist, allerdings aus den Empfehlungen Nr. 30. und 31. zum Austritt von Verwaltern abgeleitet werden kann.[829]

Aufgrund der Wichtigkeit dieses Themas und des möglichen Einflusses insbesondere der geschäftsführenden Verwalter auf die Ernennung von – auch unabhängigen – Verwaltern, wäre hier sogar die Empfehlung an den Gesetzgeber zur obligatorischen Errichtung eines Ernennungsausschusses angemessen gewesen.[830]

dd) Der Vergütungsausschuss

Die spanische Kommission überlässt es dem jeweiligen Verwaltungsrat, ob er einen einzigen Ausschuss oder zwei getrennte einsetzt, die sich mit der Ernennung und der Vergütung der Verwalter beschäftigen. In der Praxis wird – falls

826 Siehe CUBG II. 27.

827 So auch Torrent RdS 2006, S. 225

828 Vgl. Mateu de Ros Cerezo S. 304 f

829 Mateu de Ros Cerezo S. 306

830 Vgl. dazu auch Mateu de Ros Cerezo S. 98, 364

überhaupt – regelmäßig nur ein Ausschuss gebildet, der beide Aufgaben umfasst.[831]

Sofern jedoch ein vom Ernennungsausschuss getrennter Vergütungsausschuss errichtet wird, sollen auch diese Mitglieder vom Gesamtverwaltungsrat nach deren Kenntnissen, Eignung und Erfahrung ausgewählt werden. Dies sei insbesondere vor dem Hintergrund der Komplexität des Themas Vergütung dringend notwendig.[832]

Entsprechend der Besetzung des Ernennungsausschusses sollen auch die – mindestens drei – Mitglieder sowie der Vorsitzende des Vergütungsausschusses externe Verwalter sein und sich auch von ausserhalb des Unternehmens Unterstützung holen können. Allerdings muss, sofern es sich um einen vom Ernennungsausschuss getrennten Vergütungsausschuss handelt, lediglich der Vorsitzende unabhängiger Verwalter sein.[833]

Ferner soll über die Sitzungen des Vergütungsausschusses Protokoll geführt werden, das allen Mitgliedern des Verwaltungsrates übergeben wird, da auch der Vergütungsausschuss dem Gesamtverwaltungsrat gegenüber rechenschaftspflichtig sei.[834]

Der Vergütungsausschuss soll nach Auffassung der Kommission dem Verwaltungsrat die Vergütungspolitik in Bezug auf die Verwalter und erstmals auch in Bezug auf die leitenden Angestellten vorschlagen, sowie die individuelle Vergütung und Vertragskonditionen der geschäftsführenden Verwalter und die Basisvertragskonditionen der leitenden Angestellten als Vorschlag unterbreiten sowie die Einhaltung der von der Gesellschaft installierten Vergütungspolitik überwachen.[835]

Allerdings soll der Vergütungsausschuss ebenso wie der Ernennungsausschuss den Vorsitzenden des Verwaltungsrates (Präsidenten) und den Geschäftsführer der Gesellschaft insbesondere in Fragen, die die geschäftsführenden Verwalter und leitenden Angestellten betreffen, konsultieren.[836]

831 So Mateu de Ros Cerezo S. 364 f, der aufgrund der engen Verbindung zwischen den beiden Aufgabenbereichen die Errichtung eines einzigen Ausschusses empfiehlt.

832 Siehe CUBG II. 44.a) sowie die Erläuterungen zu 54.ff; vgl. auch die Empfehlungen der Europäischen Kommission vom 15.02.2005 (2005/162/EG) zu den Aufgaben von nicht geschäftsführenden Direktoren/Aufsichtsratsmitgliedern börsennotierter Gesellschaften sowie zu den Ausschüssen des Verwaltungs-/Aufsichtsrats Annex I.3. unter www.eur-lex.europa.eu.

833 Siehe CUBG II.44.b),c),d)

834 Vgl. CUBG II. 44.e)

835 CUBG II. 57.

836 Vgl. CUBG II. 58.

Bereits dieses Konsultationsrecht und die Tatsache, dass auch der separate Vergütungsausschuss (falls ein davon getrennter Ernennungsausschuss besteht) nur aus externen und nicht explizit aus unabhängigen Verwaltern bestehen soll, lassen vermuten, dass die absolute Unabhängigkeit des Vergütungsausschusses keine Zielsetzung des Código darstellt.[837]

3. Gesamtbetrachtung

a) Eine Annäherung der Systeme

Im Gegensatz zum dualistischen deutschen System, in dem die Überwachungsfunktion des Aufsichtsrates bereits gesetzlich explizit festgelegt ist und relativ strikt getrennt davon die Geschäftsführung dem Vorstand obliegt, vermischt sich in Spanien diese Grenze zwischen Überwachungs- und Exekutivorgan, auch wenn in der Praxis die – gesetzlich zulässige – weitgehende Delegation von Geschäftsführungsaufgaben aus dem Verwaltungsrat hinaus üblich ist und sich damit die beiden Systeme de facto annähern.[838]

Diese Annäherung wird verstärkt durch die zunehmend beratende Funktion gegenüber dem Vorstand, die der deutsche Kodex dem Aufsichtsrat zuweist, so dass der Aufsichtsrat verstärkt in die Geschäftsführung involviert wird[839]. Demnach sieht die deutsche Corporate Governance Kommission das Zusammenwirken von Vorstand und Aufsichtsrat als eines der zentralen Themen des Kodex und führt insbesondere die kritischen Punkte der umfassenden Informationsversorgung des Aufsichtsrats, der mangelnden Sachdiskussion im Plenum sowie die Wahrung der Vertraulichkeit an, um diese Zusammenarbeit zu fördern. Demselben Ziel dient die Empfehlung des Kodex, dass der Aufsichtsratsvorsitzende engen Kontakt zum Vorstand halten soll. Die Anregung, dass die Anteilseigner sowie die Arbeitnehmervertreter ggfs. zusammen mit dem Vorstand getrennte Vorbesprechungen zu den Aufsichtsratssitzungen führen sollten, geht ebenfalls in diese Richtung.

Auch der spanische Código trägt zu einer Annäherung der Systeme bei, indem er die Kontrollfunktion der unabhängigen Verwalter nicht nur durch die Zusammensetzung des Verwaltungsrates und des Ernennungsausschusses stärkt, sondern auch durch Einzelvorschläge, wie z.B. der Möglichkeit der Beeinflussung der Agenda des Verwaltungsrats. Zielsetzung ist dabei, die Kontrolle der

837 Vgl. dazu auch Mateu de Ros Cerezo S. 206

838 Vgl. auch Mateu de Ros Cerezo S. 180, 183 ; siehe auch Berrar DB 2001, S. 2186 ; Hopt ZGR 2000, S. 784 ff

839 Im Ergebnis auch Dörner in FS Röhricht S. 817

geschäftsführenden Verwalter effektiver zu gestalten und den Einfluss der herrschenden Verwalter zu limitieren.

Während die deutsche Kommission diese auch international diskutierte und zu beobachtende Annäherung der beiden Systeme[840] akzeptiert und sogar explizit darauf hinweist[841], verweist die spanische Kommission noch ausdrücklich auf die Einheit des Verwaltungsrates, die es zu wahren gelte[842].

b) Die Themenschwerpunkte Vergütung und Unabhängigkeit

Dem Vorstand und dessen Aufgaben kommen lediglich ein geringer Anteil der, meist am Gesetz orientierten, Ausführungen des Kodex zu, die vor allem weniger problematische Bereiche aufgreifen wie z.B. die Geschäftsordnung des Vorstands, die Business Judgement Rule oder eine Altersgrenze. Neben den ureigensten Aufgaben des Vorstands der Unternehmensleitung und Strategiebestimmung werden auch die Compliance und das Risikomanagement dem Vorstand zugeordnet. Das Thema der Vorstandsvergütung hingegen, nimmt einen großen Raum des Kodex ein.

Nicht zuletzt aufgrund der verstärkten öffentlichen Diskussion zu dieser Thematik versucht der deutsche Kodex, exzessive Vergütungen durch mehr Transparenz und eine Leistungsbeurteilung bei der Gehaltsfindung sowie durch, dem spanischen Código völlig fremde, quantitative Begrenzungen von Optionsgewinnen, Abfindungen und Change-of-Control-Zahlungen zu verhindern.

Auch für den Aufsichtsrat rückt die Vergütungsthematik verstärkt in den Vordergrund, wobei der Fokus der Diskussion bezüglich der Aufsichtsratsvergütung allerdings bei der Zulässigkeit von erfolgsorientierten Vergütungsbestandteilen liegt, welche die Unabhängigkeit der Aufsichtsratsmitglieder gefährden könnten. Der deutsche Kodex bleibt insoweit bei seiner kritisch zu beurteilenden Auffassung, auch Aufsichtsratsmitglieder erfolgsorientiert zu vergüten.

In anderer Form, aber mit derselben Zielrichtung, nähert sich der spanische Código dem Thema exzessiver Verwaltervergütungen. Auch hier spielt die Gefährdung der Unabhängigkeit der nicht geschäftsführenden, insbesondere der unabhängigen Verwalter eine zentrale Rolle. Der Código versucht jedoch, im Gegensatz zum deutschen Kodex, variable Vergütungssysteme nur für geschäfts-

840 Vgl. dazu Baums ZIP 1995, S. 15; Sánchez Calero S. 470; Lutter GesRZ 2002, S. 23; Hopt ZGR 2000, S. 779 ff; Börsig in Corporate Governance Report 2006, S. 7 f; Berrar DB 2001, S. 2186; Ringleb in Ringleb S. 20 m.w.N.; auch Teichmann ZGR 2001, S. 668, 678; von einer europaweiten Annäherung spricht Schwarz Rdnr. 713; kritisch dagegen Davies ZGR 2001, S. 268 ff

841 Siehe DCGK 1. Präambel 8. Absatz

842 Vgl. CUBG II. Erläuterungen zu 16.f

führende Verwalter zuzulassen, um die Unabhängigkeit der überwachenden Verwalter zu wahren.

Gleichzeitig versucht er ebenso wie der deutsche Kodex durch mehr Transparenz in der Vergütungspolitik sowie durch die Berücksichtigung von unvorhergesehenen Umständen exzessive Vergütungen zu verhindern. Dem deutschen Kodex hingegen fremd ist die Berücksichtigung von Wirtschaftsprüfer-Vorbehalten bei der Festlegung der Vergütung und das vom spanischen Código empfohlene Verbot der Orientierung an Vergleichsgehältern. Während der DCGK die Berücksichtigung des Vergleichsumfeldes explizit als Kriterium für die Angemessenheit der Vergütung heranzieht, sieht der CUBG dieses Vorgehen als kontraproduktiv an.

c) Aufsichtsrat versus Organisation des Verwaltungsrats als Kernthematiken

Trotz der Ausführungen des deutschen Kodex zum Vorstand bleibt unverkennbar, dass im Zentrum des DCGK der Aufsichtsrat steht.[843]

Neben der Konkretisierung der im Gesetz nur mangelhaft festgelegten Anforderungskriterien für die Tätigkeit als Aufsichtsrat sowohl hinsichtlich der persönlichen, fachlichen als auch zeitlichen Anforderungen stellt der Kodex zudem die Unabhängigkeitskriterien dar, denen ein Aufsichtsratsmitglied genügen muss, wobei er allerdings eine intensive und konkrete Auseinandersetzung mit dem Thema Unabhängigkeit der Aufsichtsratsmitglieder unterlässt.

Der Kodex stellt ferner klar, dass Geschäfte von grundlegender Bedeutung zustimmungspflichtig und vorab durch Satzung oder Aufsichtsrat festzulegen sind.

Auch im spanischen Código steht das Leitungsorgan im Vordergrund. Hier geht es vor allem um die Strukturierung und Transparenz innerhalb des Verwaltungsrates und damit implizit um dessen Kontrolle.

Im Gegensatz zum deutschen Kodex legt der spanische Código jedoch keine Anforderungskriterien für die Verwaltertätigkeit fest, sondern listet konkrete, nicht im Gesetz enthaltene Definitionen auf, die die Einordnung als geschäftsführende, als herrschende und als unabhängige Verwalter ermöglichen soll. Bezüglich der Qualifikation der Verwalter schlägt er lediglich vor, Orientierungsprogramme und Auffrischungskurse einzuführen.

Im übrigen versucht jedoch auch der Código, die Wahl und Ernennung der Verwalter transparenter und damit weniger vom Verwaltungsrat bzw. den herrschenden und geschäftsführenden Verwaltern beeinflussbar zu gestalten, indem

843 So auch Kremer in Ringleb S. 235

er den Ernennungsausschuss und darin die unabhängigen Verwalter in den Vordergrund rückt.

Dem Ziel, die unabhängigen Verwalter zu stärken entsprechen auch die Ausführungen des Código zur Entlassung derselben, die durch die Kommissions-Empfehlungen transparenter und damit schwieriger werden soll.

Gleichzeitig intendiert der Código mit seinen Empfehlungen zur maximalen Amtsdauer von 12 Jahren für unabhängige Verwalter und der Sicherstellung des Informationsflusses über den Präsidenten des Verwaltungsrates bzw. den Sekretär, die Unabhängigkeit der Verwalter im Tagesgeschäft zu gewährleisten.

Die Wahrung der Unabhängigkeit der Verwalter sowie der Interessen der Kleinanleger führten zu den Empfehlungen des Código, trotz eines maximal 15-köpfigen Verwaltungsrat die Aufteilung in interne und externe Verwalter so vorzunehmen, dass die unabhängigen Verwalter mindestens ein Drittel aller Verwalter repräsentieren und die herrschenden Verwalter nur im Verhältnis zum free-float-Anteil vertreten sind.

Eine weitere Präzisierung der Organisation des Verwaltungsrates nimmt der Código durch die, wenn auch lückenhafte, Definition der nicht delegierbaren Aufgaben des Gesamtplenums vor, womit er die Aushöhlung des Verwaltungsrates als wirksames Gesellschaftsorgan verhindern will. Demselben Ziel dienen die Ausführungen zu den Sitzungen und der gewünschten Anwesenheit der Verwalter, wobei das Fernbleiben von den Sitzungen von beiden Kodizes in ähnlicher Weise, d.h. durch Publizierung, verhindert werden soll.

Während der deutsche Kodex lediglich die gesetzlich fixierte Aufgabenverteilung zwischen Aufsichtsrat und Vorstand darstellt und versucht, die Zusammenarbeit zwischen den beiden Organen zu intensivieren, ist der spanische Código bestrebt, die gängige Praxis der weitgehenden Delegation von Geschäftsführungsaufgaben einzudämmen und den Verwaltungsrat an seine drei ureigensten Funktionen, die Überwachungs-, Steuerungs- und Informationsfunktion, zu erinnern, für die der gesamte Verwaltungsrat die Gesamtverantwortung trägt. Das Zentrum der Macht, in dem die Interessen der Aktionäre am besten vertreten werden, soll nach Auffassung der spanischen Kommission wieder der unabhängige Verwaltungsrat sein, in dem nicht die geschäftsführenden Verwalter dominieren.[844]

Es soll demnach aufgrund der verstärkten Möglichkeit der Aktionäre, Vertreter in den Verwaltungsrat zu entsenden, in Zukunft eher einen „Verwaltungsrat der Aktionäre“ geben, der eine Art kleine Hauptversammlung darstellt, als einen „Verwaltungsrat der Geschäftsführer“, der, wie die Vergangenheit gezeigt hat,

844 Vgl. Mateu de Ros Cerezo S. 203

häufig zu Missbrauch geführt hat. Auch ein „Verwaltungsrat der Unabhängigen" soll vermieden werden, da dieser die Gefahr der Ineffizienz birgt.[845]

Damit zielt der Código auf eine deutliche Verbesserung bei der Zusammensetzung des Verwaltungsrates, was angesichts der Überzahl an geschäftsführenden Verwaltern und Vertretern von bedeutenden Aktionären in spanischen Verwaltungsräten dringend geboten war.[846]

Mit diesem strukturellen Problem sah sich die deutsche Kommission aufgrund der gesetzlich vorgegebenen, detaillierten Organisationsverfassung nicht konfrontiert. Zum Teil konnten die in der Praxis auftretenden Probleme vom Kodex allerdings auch nicht thematisiert werden, da sie die bestehende Gesetzeslage angegriffen hätten. So wäre beispielsweise die Thematik der Mitbestimmung, insbesondere bezüglich der Qualifikation und Unabhängigkeit der Arbeitnehmervertreter im Aufsichtsrat diskussionswürdig gewesen. Auch die häufig als kritisch diskutierte[847] Größe des Aufsichtsrates wird vom DCGK nicht angesprochen, ebensowenig eine Größenordnung des Vorstands.

Beide Kommissionen greifen die international als wichtiger Teil guter Corporate Governance diskutierte Selbstevaluierung des Boards auf. Allerdings gestalten sich die Empfehlungen des spanischen Código konkreter und damit effektiver als die vagen Ausführungen des deutschen Kodex.

d) Die Bedeutung der Ausschüsse

Beide Corporate Governance Kodizes stellen die Bedeutung der Bildung von fachlich qualifizierten Ausschüssen, insbesondere eines Prüfungs- und Ernennungs-/Nominierungsausschusses, heraus, wobei der Prüfungsausschuss in Spanien zwingend gesetzlich eingerichtet werden muss, während eine solche gesetzliche Verpflichtung für Deutschland fehlt.

Bezüglich des Ernennungs-/Nominierungsausschusses sind sich beide Kommissionen einig, dass dieser Ausschuss nur mit unabhängigen bzw. Anteils-

845 Vgl. Mateu de Ros Cerezo S. 247

846 Im Durchschnitt waren 2007 nur 40 % der spanischen Verwaltungsratsmitglieder und 38 % der Prüfungsausschuss- und Vergütungsausschussmitglieder unabhängige, nicht geschäftsführende Verwalter, vgl. Heidrick & Struggles S. 30; siehe auch Torrent RdS 2006, S. 251

847 Vgl. Peltzer NZG 2002, S. 594; Lutter ZGR 2001, S. 236; ders. ZIP 2003, S. 738; Baums/Scott S. 28; Schiessl AG 2002, S. 595 f; Hopt/Leyens S. 8; Marsch-Barner in Marsch-Barner/Schäfer § 2 Rdnr. 13; siehe auch die 2007 im europäischen Vergleich weit über dem Durchschnitt (12,8) liegende Anzahl der deutschen Board-Mitglieder (19,1), Heidrick & Struggles S. 13; Beyerle Financial Times Deutschland vom 9.6.2008, A 2 sowie die politische Diskussion über die Verkleinerung des Aufsichtsrats auf maximal 12 Mitglieder in Tartler FTD 25.3.2009, S. 5

eignervertretern besetzt sein sollte, um eine adäquate Aufgabenerfüllung sicher zu stellen.

Allerdings unterlässt es der DCGK ebenso wie der spanische Código, die Unabhängigkeit und die Bedeutung der Kontrollausschüsse zu stärken.

Die deutsche Kommission legt mit Ausnahme des Ausschussvorsitzenden keine fachlichen und persönlichen Qualifikationsanforderungen für Mitglieder des Prüfungsausschusses fest. Da diese insbesondere bei großen Gesellschaften gute Kenntnisse der internationalen Rechnungslegungsregeln und –praxis haben sollten und in der Lage sein müssen, sich kurzfristig durch eine große Anzahl von in Zahlen ausgedrückten Lebenssachverhalten zu arbeiten, sie zu verstehen und die angemessenen Schlüsse daraus zu ziehen, greift der Kodex hier zu kurz.[848]

Der spanische Código geht ebenfalls kaum über den gesetzlich bereits festgelegten Status quo hinaus. Die spanische Kommission besteht weder auf einer überwiegenden Besetzung des Prüfungs- und Vergütungsausschusses mit unabhängigen Verwaltern noch geht sie – ebensowenig wie der DCGK - auf die Häufigkeit von Ausschusssitzungen, auf die Kompetenzen bezüglich der Tagesordnung und die Einberufung der Sitzungen ein. Auch fehlt eine Empfehlung hinsichtlich der jährlichen Berichterstattung über die Kontrolle der Gesellschaft,[849] oder die Erwähnung eines Compliance-Programms, auch wenn der Sekretär[850] auf die Einhaltung der Gesetze achten soll.

Damit bleiben beide Kodizes hinter den Erwartungen, die an eine effektive Ausschussarbeit und damit an die Entlastung des Aufsichtsrats bzw. an die verstärkte Kontrolle der Geschäftsführung innerhalb des Verwaltungsrats gestellt werden, deutlich zurück.

e) Der Einfluss der wirtschaftlichen und sozialen Umstände

Beiden Kommissionen ist das Bemühen um Akzeptanz in der jeweiligen Wirtschafts- und Unternehmensrealität anzumerken.

Eines der Ziele der bewusst aus Kreisen der Wirtschaft zusammengesetzten deutschen Kommission war, dem Kodex zu breiter Akzeptanz in der deutschen Wirtschaft zu verhelfen[851], so dass nicht verwundert, dass etablierte und z.T. auch durch die Mitglieder der Kommission selbst praktizierte Vorgehensweisen nicht radikaler diskutiert wurden.

848 Vgl. auch Kremer in Ringleb S. 258

849 Siehe Mateu de Ros Cerezo S. 350

850 In Deutschland ist damit der Vorstand beauftragt, vgl. DCGK 4.1.3.; vgl. auch Huwer S. 166

851 Vgl. Ringleb in Ringleb S. 18 f

Die ambivalente Position der deutschen Kommission beispielsweise hinsichtlich der häufigen deutschen Praxis des Wechsels ehemaliger Vorstandsmitglieder in den Aufsichtsrat wird daran deutlich, dass sie zwar die mittlerweile strenger gefasste gesetzliche Regelung zum grundsätzlichen Verbot der Bestellung von Vorstandsmitgliedern in den Aufsichtsrat – zwangsweise - übernimmt, sich gleichzeitig jedoch einer ablehnenden Stellungnahme dazu nicht enthalten konnte. Dennoch geht sie mit ihrer Empfehlung, den Wechsel in den Aufsichtsratsvorsitz gegenüber der Hauptversammlung als Ausnahme zu begründen, weiter als der Gesetzestext, wohl in der Annahme, dass diese Begründungspflicht den Unternehmen zumutbar ist und ihnen dennoch genügend Flexibilität belässt.

Ein ähnliches Zurückweichen vor etablierten Praktiken der Unternehmen lässt sich auch bei der spanischen Kommission beobachten, die, obwohl sie die in spanischen Aktiengesellschaften häufig anzutreffende Personenidentität von Präsident des Verwaltungsrates und CEO als problematisch erkannt hat, keine Empfehlung zur Trennung dieser beiden Funktionen ausspricht, sondern in diesem Falle die Einrichtung eines „Lead Directors" mit besonderen Kompetenzen als Gegengewicht zu dieser Machtkonzentration vorschlägt. Diese Entscheidung zur Zurückhaltung basiert sicher auch auf der Überlegung, die betroffenen Unternehmen nicht zu verschrecken und die Akzeptanz des Código dadurch zu erhöhen.

Beachtlich ist ferner, dass Spanien in der Thematik Diversity eine Vorreiterrolle nicht nur gegenüber Deutschland einnimmt.

Die Problematik, dass Frauen in den Verwaltungsräten bzw. Aufsichtsräten deutlich unterrepräsentiert sind, wird vom spanischen Código explizit aufgegriffen, während sie vom bisherigen Vorsitzenden der deutschen Kodex-Kommission zwar als problematisch angesprochen, aber nicht weiter verfolgt wurde.[852] Erst ein Wechsel im Vorsitz der deutschen Kommission im Jahre 2008 führte dazu, dass die Thematik Diversity in 2009 nun auch vom deutschen Kodex eingeführt und 2010 intensiviert wurde. Dabei versteht die deutsche Seite allerdings unter Diversity sowohl die mangelnde Repräsentanz von Frauen in den Führungsetagen als auch die fehlende internationale Besetzung von Vorstands- und Aufsichtsratspositionen, während sich die spanische Seite ausschließlich auf die Frauenthematik konzentriert. Damit reihen sich Deutschland und Spanien in die steigende Anzahl der Länder ein, die diese Thematik entweder gesetzlich oder in den Corporate Governance Kodizes aufgreifen, wobei Deutschland allerdings mit seiner vagen Empfehlung nicht nur den ausführlicheren Vorgaben der spani-

852 Vgl. Cromme in Corporate Governance Report 2008, S. 28

schen Kommission hinterherhinkt, sondern sich auch im internationalen Umfeld noch relativ jungfräulich darstellt.[853]

III. Die Rechte der Aktionäre und der Hauptversammlung

In Bezug auf die Aktionärsrechte und die Hauptversammlung sind vor allem zwei Aspekte zu berücksichtigen:

Zum Einen ist die Hauptversammlung in Deutschland nicht das oberste Organ der Aktiengesellschaft, sondern Teil des Machtgefüges zwischen Vorstand, Aufsichtsrat und Hauptversammlung[854], während sie in der Hierarchie der spanischen Aktiengesellschaft an oberster Stelle steht und dem Verwaltungsorgan übergeordnet ist[855].

Zum Anderen dienen die Aktionärsrechte und insbesondere der Minderheitenschutz im einstufigen spanischen System u.a. als Äquivalent für den fehlenden Aufsichtsrat.[856]

All dies wirkt sich auch auf die Ausführungen in den jeweiligen Corporate Governance Kodizes aus.

1. Deutschland

Ein Kritikpunkt insbesondere ausländischer Investoren an der deutschen Unternehmens-verfassung zur Aktiengesellschaft bestand darin, dass sie nicht ausreichend auf die Aktionärsinteressen ausgerichtet sei.[857]

Gleichzeitig führte die in den letzten Jahren offensichtliche Auslegung einiger Unternehmen auf die Maximierung des kurzfristigen Shareholder-Value zu einem Ruf nach einer Bekämpfung des Shareholder-Value-Kapitalismus, da die

853 Siehe Zechner Aufsichtsrat aktuell 3/2005, S. 10 ff, wonach Norwegen bereits eine gesetzlich verpflichtende Frauenquote in Aufsichtsräten eingeführt hat, Schweden die ausgewogene Verteilung der Verwaltungsratsmandate nach Geschlechtern in seinem Corporate Governance Kodex (Art. 3.2.1) anstrebt, Belgien in seinem Corporate Governance Kodex das Thema aufgreift und auch die Schweiz mittlerweile eine Frauenquote im Verwaltungsrat eingeführt hat.

854 So BverfG NJW 2000, S. 350; Zöllner in KöKo AktG § 119 Rdnr. 2 f; Goette AG 2006, S. 523

855 Vgl. Grechenig S. 102

856 So Grechenig S. 115

857 Vgl. homepage der Regierungskommission Deutscher Corporate Governance Kodex (www.corporate-governance-code.de).

Manager vergessen hätten, dass sie letztlich die Beauftragten der Eigentümer, der Aktionäre seien und sich nur an kurzfristigen Gewinnen orientierten.[858]

Der DCGK versucht beiden Kritikpunkten Rechnung zu tragen, indem er zum Einen bereits in der Präambel des Kodex die Verpflichtung von Vorstand und Aufsichtsrat verdeutlicht, im Einklang mit den Prinzipien der sozialen Marktwirtschaft für den Bestand des Unternehmens und seine nachhaltige Wertschöpfung zu sorgen.[859] Der Kodex stellt aber nicht nur auf das nachhaltige Unternehmensinteresse ab, sondern auch auf die Rechte der Aktionäre und ihre essentielle Rolle für das Unternehmen.

Dies wird dadurch unterstrichen, dass bereits das erste Kapitel nach der Präambel den Aktionären und der Hauptversammlung gewidmet ist und damit einen anderen Aufbau aufweist als das deutsche AktG. Dies lässt die Auffassung der Kommission erkennen, dass den Aktionären und ihren Rechten in der Praxis größere Bedeutung zukommen soll,[860] gleichzeitig richtet der Kodex jedoch auch den Blick auf das Unternehmen selbst.

a) Aktie und Stimmrecht

In DCGK 2.1.2 wird das im deutschen Aktienrecht grundsätzlich geltende Prinzip „one share – one vote" beschrieben. Aktien mit Mehrstimmrechten oder Vorzugsstimmrechten („golden shares") sowie Höchststimmrechte bestehen nicht[861].

Den Kapitalmarktteilnehmern soll damit signalisiert werden, dass mitgliedschaftliche Kapitalbeteiligung und Stimmrecht in der Regel parallel laufen und Stimmrechtsregelungen, die den Erwerb von Anteilen an Unternehmen bzw. den Einfluss der Aktionäre behindern, nicht bestehen. [862]

b) Zentrale Entscheidungskompetenzen der Hauptversammlung

Die Hauptversammlung besitzt lediglich die ihr per Gesetz zugewiesenen Zuständigkeiten und hat damit keine uneingeschränkte Beschlusskompetenz.

Der Kodex hebt in Ziffer 2.2.1 zentrale, gesetzlich festgelegte Entscheidungskompetenzen der Hauptversammlung hervor. Demnach legt der Vorstand der Hauptversammlung den Jahresabschluss und den Konzernabschluss vor und die Hauptversammlung entscheidet über die Gewinnverwendung sowie die Ent-

858 Siehe dazu Schiltknecht S. 17

859 Vgl. DCGK 1. Präambel 2. Absatz; a.A.: Hecker BB 2009, S. 1655

860 Vgl. Cromme ZfgK 2002, S. 503 ; kritisch Ulmer ZHR 2002, S. 156, der die Bedeutung des Inhalts dieser Kodex-Ausführungen als « eher schwach » beschreibt.

861 Praktisch bedeutsame Ausnahmen bilden die Vorzugsaktien ohne Stimmrecht nach § § 139 ff AktG.

862 So Kremer in Ringleb S. 77

lastung von Vorstand und Aufsichtsrat. Ferner wählt sie die Anteilseignervertreter im Aufsichtsrat und in der Regel den Abschlussprüfer. Gemäß § 119 I Nr. 4 AktG i.V.m. § 318 I S. 1 HGB ist die Wahl des Abschlussprüfers durch die Hauptversammlung der ganz überwiegende Normalfall.[863]

Ferner entscheidet die Hauptversammlung über die Satzung und den Gegenstand der Gesellschaft, über Satzungsänderungen sowie über wesentliche unternehmerische Maßnahmen wie insbesondere Unternehmensverträge und Umwandlungen, über die Ausgabe von neuen Aktien und von Wandel- und Optionsschuldverschreibungen. Die Hauptversammlung entscheidet zudem über die Ermächtigung zum Erwerb eigener Aktien (vgl. DCGK 2.2.1, 2. Absatz).

Neben diesen im DCGK erwähnten Zuständigkeiten der Hauptversammlung gibt es weitere Entscheidungskompetenzen im Gesetz[864], insbesondere entscheidet die Hauptversammlung nach § 119 I AktG auf Verlangen des Vorstands auch über Fragen der Geschäftsführung.

In diesen Zusammenhang fällt die bereits dargelegte Diskussion[865] und Unsicherheit[866] um die ungeschriebenen Entscheidungskompetenzen der Hauptversammlung, die vom Kodex weder thematisiert noch gelöst werden. Dies wird allerdings vor dem Hintergrund verständlich, dass die Lösung der mit dem Problemkreis verbundenen Fragen nach wie vor in der wissenschaftlichen Literatur und in der Rechtsprechung diskutiert wird[867] und der Kodex mit dem Hinweis auf die nicht abschließend aufgezählten Entscheidungszuständigkeiten (vgl. den Ausdruck „insbesondere" in DCGK 2.2.1 2. Absatz) dies zum Ausdruck bringt.

Aufgrund einer Änderung von § 120 AktG durch das VorstAG[868] kann die Hauptversammlung nunmehr einen Beschluss über die Billigung des Systems zur Vergütung der Vorstandsmitglieder fassen (§ 120 IV AktG). Dieser Beschluss hat jedoch keine Rechtsfolgen und begründet weder Rechte noch Pflichten.

---

863 Vgl. Langenbucher/Schmidt in Pfitzer Deutscher Corporate Governance Kodex, S. 48

864 Siehe dazu die Aufstellung von Semler in Hoffmann-Becking § 34 Rdnr. 10 f

865 Vgl. E.III.1.b)

866 Vgl. Messerschmidt in Deilmann/Lorenz S. 41

867 z.B. OLG Karlsruhe DB 2002, S. 1094; BGH ZIP 2001, S. 416; Kort ZIP 2002, S. 685; Hüffer AktG § 119 Rdnr. 16 ff

868 Gesetz zur Angemessenheit der Vorstandsvergütung (VorstAG) vom 5.8.2009, BGBl. I 2009, S. 2509; siehe auch die Empfehlung der Europäischen Kommission vom 30.04.2009 (2009/385/EG) zur Ergänzung der Empfehlungen 2004/913/EG und 2005/162/EG zur Regelung der Vergütung von Mitgliedern der Unternehmensleitung börsennotierter Gesellschaften S. 28; zu weiteren vergleichbaren internationalen Regelungen vgl. Fleischer NZG 2009, S. 805

Aus der mit diesem symbolischen Beschluss verbundenen Öffentlichkeitswirkung verspricht sich der Gesetzgeber eine zusätzliche Kontrolle von Vergütungsentscheidungen und eine besondere Gewissenhaftigkeit des Aufsichtsrates bei der Festlegung von Vorstandsvergütungen.[869]

Angesichts der öffentlichen Diskussion zu dieser Thematik ist die Reaktion des Gesetzgebers zwar verständlich, allerdings ist eher wahrscheinlich, dass diese neue Regelung in der Praxis mangels entsprechender Anträge kaum zum Tragen kommen wird.[870]

c) Ausgabe und Erwerb von Aktien

Der Kodex erläutert, dass die Aktionäre bei der Ausgabe neuer Aktien grundsätzlich ein ihrem Anteil am Grundkapital entsprechendes Bezugsrecht haben (DCGK 2.2.2). Damit gibt der DCGK das mitgliedschaftliche Bezugsrecht des Aktionärs so wieder, wie es sich aus den gesetzlichen Regeln, inbesondere für die Kapitalerhöhung gegen Einlagen oder für das genehmigte Kapital ergibt.[871]

Dadurch, dass diesem Grundsatz eine eigene Kodexziffer gewidmet ist, betont die Kommission wie wesentlich das Bezugsrecht für den Aktionär ist. Dies entspricht auch der Sichtweise vieler institutioneller Investoren und Anleger,[872] da dieses Bezugsrecht ein mitgliedschaftliches Grundrecht darstellt, das eine Anteilsverwässerung und Vermögensminderung beim Aktionär verhindert, welche durch die Ausgabe neuer Aktien aufgrund fallender Kurse entstehen würde.[873]

Da das Aktienrecht allerdings auch den Ausschluss des Bezugsrechts durch Hauptversammlungsbeschluss ermöglicht und dies in der Praxis regelmäßig erfolgt, wird zum Teil die Auffassung vertreten, dass der Kodex insoweit irreführend sei, da er diese Ausnahmen nicht erwähnt und daher insbesondere bei den ausländischen Investoren ein falsches Bild der deutschen Aktienwirklichkeit vermittle.[874]

---

869 Vgl. BT-Drs. 16/13433, S. 19; Bosse BB 2009, S. 1653; Lingemann BB 2009, S. 1923

870 So auch Lingemann BB 2009, S. 1923; kritisch ebenfalls Fleischer NZG 2009, S. 805

871 Dazu etwa Lutter in KöKo AktG, § 186 Rdnr. 4 ff; Wiedemann in Hopt/Wiedemann, GroßKomm AktG, § 186 Rdnr. 44 ff

872 Vgl. Strenger in Hommelhoff/Hopt/von Werder, Handbuch Corporate Governance, S. 704 f

873 Siehe Zöllner AG 2002, S. 585; ferner Hüffer AktG, § 186 Rdnr. 2; vgl. auch E.IV.1.

874 Vgl. die Stellungnahme des Deutschen Anwaltvereins zum Entwurf eines Deutschen Corporate Governance-Kodex. Stellungnahme Nr. 07/02 durch den Handelsrechtsausschuss, Berlin, Januar 2002 (www.anwaltverein.de/03/05/2002/index.html).

Dem ist jedoch entgegen zu halten, dass die Kommission durch die Formulierung „grundsätzlich“ deutlich macht, dass es Ausnahmen von diesem Prinzip gibt, so dass keine Irreführung der Investoren angenommen werden kann.

d) Rechte des (Minderheits-)Aktionärs in der Hauptversammlung

In Ziffer 2.1.1 gibt der Kodex § 118 I AktG wieder, wonach die Aktionäre ihre Rechte in der Hauptversammlung wahrnehmen und ihr Stimmrecht ausüben. Demnach ist die Hauptversammlung das wichtigste Instrument, mittels dessen die Aktionäre ihre Mitgliedschaftsrechte ausüben.[875] Auch Inhaber von stimmrechtslosen Aktien sind zur Teilnahme an der Hauptversammlung berechtigt.

Das Recht zur Teilnahme ist grundsätzlich unentziehbar und kann auch durch die Satzung nicht beschränkt werden.[876] Dennoch verlieren Aktionäre bei Verletzung ihrer Mitteilungspflichten nach § 21 WpHG ihr Teilnahmerecht.

Zudem gibt es bestimmte nicht versammlungsgebundene Aktionärsrechte, wie z.B. die Vermögensrechte (Dividendenzahlungsanspruch etc.) oder Kontrollbefugnisse und Informationsrechte (z.B. Anfechtung von Hauptversammlungsbeschlüssen gemäß § 243 AktG, Auskunftserzwingungsverfahren gemäß § 132 AktG),[877] die vom Kodex nicht erwähnt werden. Insoweit erscheint der DCGK zu allgemein formuliert.[878]

Mit der Feststellung, dass die Aktionärsrechte in der Hauptversammlung wahrgenommen werden, korrespondiert das Recht jedes Aktionärs, an der Hauptversammlung teilzunehmen, dort das Wort zu Gegenständen der Tagesordnung zu ergreifen und sachbezogene Fragen und Anträge zu stellen (DCGK 2.2.3).

Das Rederecht des Aktionärs in der Hauptversammlung ist ein selbstverständliches Aktionärsrecht, das nicht explizit im AktG geregelt ist. Durch das UMAG[879] ist allerdings die Möglichkeit für den Versammlungsleiter geschaffen worden, das Rede- und Fragerecht des Aktionärs zeitlich angemessen zu beschränken[880].

Der Kodex gibt zudem die durch das UMAG geänderte gesetzliche Lage zum Fragerecht der Aktionäre verkürzt wieder, wonach jedem Aktionär auf Ver-

875 So auch Kremer in Ringleb S. 75

876 Vgl. Semler in Hoffmann-Becking § 36 Rdnr. 7

877 Dazu ausführlich Henn BB 1982, S. 1190 f; Mülbert in Hopt/Wiedemann GroßKomm AktG, Vor § § 118-147 Rdnr. 205 ff

878 So Langenbucher/Schmidt in Pfitzer Deutscher Corporate Governance Kodex S. 53

879 Gesetz zur Unternehmensintegrität und Modernisierung des Aktienrechts vom 22.9.2005, BGBl. I 2005, S.2802ff

880 Siehe dazu auch DCGK 2.2.4 sowie F.III.1.e)

langen in der Hauptversammlung vom Vorstand Auskunft über Gesellschaftsangelegenheiten zu geben ist, soweit diese zur sachgemäßen Beurteilung des Tagesordnungspunktes erforderlich ist.[881] Falls diese Auskunft allerdings auf der Internetseite der Gesellschaft über mindestens sieben Tage vor Beginn und während der Hauptversammlung zugänglich ist, darf der Vorstand die Auskunft verweigern (§ 131 III S. 1 Nr. 7 AktG). Damit soll die Hauptversammlung von typischen Standardfragen und von Statistiken, Listen, Aufstellungen etc. entlastet werden, um Zeit für die inhaltliche Diskussion zu gewinnen.[882]

Ein besonderes Problem stellen die sogenannten „Berufskläger" oder „räuberischen Aktionäre" dar[883], die durch missbräuchliche Anfechtungsklagen die Entscheidungs- und Handlungsfähigkeit von Unternehmen hemmen wollen, nur um sich ihr Klagerecht von der Gesellschaft abkaufen zu lassen. Zwar wurden durch das UMAG Maßnahmen zur Eindämmung des Missbrauchs eingeführt, die sich bislang aber nicht als ausreichend erwiesen haben.[884]

Trotz der enormen praktischen Relevanz dieses rechtsmissbräuchlichen Verhaltens[885] hat sich der Kodex bislang nicht dieses Themas angenommen.

Wie zum Anfechtungsrecht so äussert sich der Kodex auch zur Haftungsklage von Minderheitsaktionären bisher nicht.

e) Einberufung und Abwicklung der Hauptversammlung

Der Kodex konstatiert, dass die Hauptversammlung vom Vorstand mindestens einmal jährlich unter Angabe der Tagesordnung einzuberufen ist, wobei Aktionärsminderheiten berechtigt sind, die Einberufung der Hauptversammlung und die Erweiterung der Tagesordnung zu verlangen (vgl. DCGK 2.3.1 S. 1, 2). Da-

881 Vgl. § 131 I S. 1 AktG.

882 Siehe Begründung der Bundesregierung BT-Drs. 15/5092, S. 17 f

883 Vgl. Claassen in Corporate Governance Report 2007, S. 41 f; demnach teilten sich in 2007 zehn Anwälte über 50% der Anfechtungsklageverfahren, was für eine kartellartige Durchführung dieser Streitverfahren spreche; siehe auch Baums/Drinhausen ZIP 2008, S. 146 f

884 Dazu näher Hüffer AktG, § 245 Rdnr. 22 m.w.N.; durch das Gesetz zur Umsetzung der Aktionärsrechterichtlinie (ARUG) vom 30.7.2009, das die Richtlinie 2007/36/EG über die Ausübung bestimmter Rechte von Aktionären in börsennotierten Gesellschaften umsetzt, wurden weitere gesetzliche Maßnahmen in Kraft gesetzt, um missbräuchliche Aktionärsklagen zu bekämpfen, BGBl. I 2009, S. 2479, vgl. Pressemitteilung des BMJ „Bundestag verabschiedet ARUG: Gute Zeiten für Online-Aktionäre – schlechte Zeiten für Berufskläger" vom 29.5.2009 unter www.bmj.de/ARUG; vgl. auch KPMG S. 24 f

885 Vgl. Baums/Keinath/Gajek ZIP 2007, S. 1633 ff; Noack NZG 2008, S. 445 f

mit gibt der Kodex die gesetzlich vorgesehenen Regelungen (vgl. § § 175 I, 122 AktG) wieder.

Ebenso wie das Gesetz regelt auch der Kodex nicht den Ablauf der Hauptversammlung oder die Aufgaben und Befugnisse des Versammlungsleiters.[886] Die Rechtsprechung hat jedoch bereits früh deutlich gemacht, dass der Versammlungsleiter für eine zügige Abwicklung der Hauptversammlung Sorge tragen muss und die sachgerechte Erledigung der Tagesordnungspunkte dadurch ermöglicht, dass er die zur Verfügung stehende Redezeit möglichst gerecht verteilt und sie nicht durch übermäßig lange oder erkennbar vom Thema abweichende Beiträge zu Lasten anderer Hauptversammlungsteilnehmer verbraucht wird.[887]

Dementsprechend ist es insbesondere aufgrund der häufig zu vernehmenden Kritik[888] am ineffizienten und zu langen Ablauf der deutschen Publikumshauptversammlungen gerade im Vergleich zu ausländischen Hauptversammlungen zu begrüßen, dass der Kodex die Gesetzesbegründung zum § 131 II S. 2 AktG[889] aufgreift und klarstellt, dass der Versammlungsleiter für eine zügige Abwicklung der Hauptversammlung sorgt und sich dabei davon leiten lassen soll, dass eine ordentliche Hauptversammlung spätestens nach 4 bis 6 Stunden beendet ist (vgl. DCGK 2.2.4).

Die deutsche Kommission empfiehlt ferner, dass der Vorstand die vom Gesetz für die Hauptversammlung verlangten Berichte und Unterlagen einschließlich des Geschäftsberichts leicht zugänglich auf der Internet-Seite der Gesellschaft zusammen mit der Tagesordnung veröffentlichen soll.[890]

Diese Empfehlung stellt insbesondere für ausländische institutionelle Investoren eine wesentliche Erleichterung dar, da sich diese über die für ihre Zwecke sehr späte Information über die Hauptversammlungseinberufung[891] beklagen,

886 Vgl. Semler in Hoffmann-Becking § 36 Rdnr. 1; Hüffer AktG, § 129 Rdnr. 17

887 Siehe BVerfG ZIP 1999, S. 1800; BGHZ 44, S. 248

888 Vgl. Breuer in Corporate Governance Report 2003, S. 78 ff; Kremer in Ringleb S. 92

889 Siehe BT-Drucks. 15/502, S. 17 f, wonach eine normal verlaufende Hauptversammlung nicht länger als 4 – 6 Stunden dauern und der Versammlungsleiter die Einhaltung dieses Zeitrahmens durch geeignete Maßnahmen sicher stellen solle.

890 DCGK 2.3.1 S. 3

891 Nach der gesetzlichen Regelung wird die Einberufung der Hauptversammlung über den elektronischen Bundesanzeiger veröffentlicht (§ § 121 III S. 1, 25 AktG) und über die Mitteilungen nach § 125 AktG v.a. an die Depotbanken zur Weiterleitung an ihre Kunden bekannt gegeben.

zumal die Vorbereitungen für die Teilnahme an der Hauptversammlung für sie einen gewissen Zeitvorlauf benötigen.[892]

Das seit dem 29.5.2009 in Kraft getretene ARUG[893] hat diese Thematik ebenfalls aufgegriffen. Demnach müssen börsennotierte Gesellschaften die hauptversammlungsrelevanten Unterlagen alsbald nach der Einberufung auf ihrer Internetseite veröffentlichen (§ 124 a AktG). Ferner ist die Einberufung spätestens zum Zeitpunkt der Bekanntmachung solchen Medien zur Veröffentlichung zuzuleiten, bei denen davon ausgegangen werden kann, dass sie die Information in der gesamten Europäischen Union verbreiten (§ 121 IV a AktG).[894]

Mit der Kodexempfehlung, allen in- und ausländischen Finanzdienstleistern, Aktionären und Aktionärsvereinigungen die Einberufung der Hauptversammlung mitsamt den Einberufungsunterlagen auf elektronischem Wege zu übermitteln, wenn die Zustimmungserfordernisse erfüllt sind (DCGK 2.3.2) geht die deutsche Kommission damit noch einen Schritt weiter als die neue Gesetzeslage, indem die direkte Übermittlung an die in- und ausländischen Aktionäre empfohlen wird.

Nach Ziffer 2.3.3 DCGK soll die Gesellschaft den Aktionären die persönliche Wahrnehmung ihrer Rechte erleichtern. Auch bei der Briefwahl und der Stimmrechtsvertretung soll die Gesellschaft die Aktionäre unterstützen. Ferner empfiehlt der Kodex, dass der Vorstand für die Bestellung eines Vertreters für die weisungsgebundene Ausübung des Stimmrechts der Aktionäre sorgen soll und regt an, dass dieser auch während der Hauptversammlung erreichbar sein sollte.

Damit schreibt der Kodex keine konkreten Maßnahmen vor, sondern überlässt es der Gesellschaft, von ihr selbst bestimmte Maßnahmen zu aktionärsfreundlichem Verhalten umzusetzen.[895]

Auch die Anregung, dass die Gesellschaft den Aktionären die Verfolgung der Hauptversammlung über moderne Kommunikationsmedien (z.B. Internet)

---

892 Z.B. die Überprüfung und Übersetzung der Informationen im Zusammenhang mit der Einwerbung von Stimmrechtsvollmachten oder die Übersetzung der Tagesordnung etc., vgl. dazu Wymeersch ZGR 2001, S. 321 f

893 Gesetz zur Umsetzung der Aktionärsrechterichtlinie vom 30.7.2009, BGBl. I 2009, S. 2479

894 Vgl. Richtlinie 2007/36/EG des Europäischen Parlaments und des Rates über die Ausübung bestimmter Rechte von Aktionären in börsennotierten Gesellschaften vom 11.7.2007 (6), Kapitel II, Art. 5, 11 unter www.eur-lex.europa.eu; näher erläuternd auch Noack NZG 2008, S. 441 ff; Seibert ZIP 2008, S. 906 ff; Bosse NZG 2009, S. 809 f

895 Siehe zu Vorschlägen für solche aktionärsfreundliche Maßnahmen Kremer in Ringleb S. 99 f

ermöglichen sollte (DCGK 2.3.4), wurde durch das ARUG[896] aufgegriffen, so dass zukünftig die Aktiengesellschaft ihren Aktionären in der Satzung das Recht einräumen kann, sich zur Hauptversammlung online zuzuschalten oder auch per Briefwahl von ihrem Stimmrecht Gebrauch zu machen (vgl. § 118 AktG).[897]

Eine rein virtuelle Hauptversammlung, in der überhaupt keine physische Zusammenkunft mehr stattfindet, wird es nach dem derzeitigen Stand der Dinge auch in Zukunft nicht geben[898].

2. Spanien

Den Rechten der Aktionäre und der Hauptversammlung widmet die spanische Kommission – im Gegensatz zum Informe Aldama[899] – lediglich eine geringe Anzahl von Vorschlägen.

Dies wird vor dem Hintergrund verständlich, dass die Aktionärsrechte im spanischen einstufigen System als Äquivalent für den in Spanien fehlenden Aufsichtsrat des zweistufigen Systems ausgestaltet und gesetzlich verankert sind (vgl. Art. 48 LSA ff). Sofern die Einschränkung von Aktionärsrechten nicht ausdrücklich im Gesetz vorgesehen wird, ist sie unzulässig.[900]

Wie bereits dargestellt, weisen die Aktionärsrechte in Spanien einen starken Bezug zur Gesellschaftsverwaltung auf, wobei die Ausübung dieser Rechte nicht von der Teilnahme an der Hauptversammlung abhängt.[901] Dementsprechend kann in Spanien jeder Aktionär – anders als in Deutschland[902] – bereits im Vorfeld der Hauptversammlung von den Mitgliedern des Verwaltungsorgans alle Auskünfte verlangen, die er zur Beurteilung der Tagesordnungspunkte für erforderlich hält.[903]

Auch die Hauptversammlung hat im spanischen Recht umfangreichere Kompetenzen als die Hauptversammlung in Deutschland, was schon aus dem

896 Gesetz zur Umsetzung der Aktionärsrechterichtlinie vom 30.7.2009, BGBl. I 2009, S. 2479

897 Vgl. auch die Richtlinie 2007/36/EG Kapitel II, Art. 8, 10, 12 unter www.eur-lex.europa.eu.; Bosse NZG 2009, S. 809

898 Vgl. Noack in Zetzsche S. 17 f; Mülbert in Hopt/Wiedemann GroßKomm AktG Vor § 118 Rdnr. 59 ff

899 Vgl. dazu näher Mateu de Ros Cerezo S. 154

900 Baltar in Arroyo/Embid Band II, S. 472; Grechenig S. 115 f

901 Vgl. E.IV.2.

902 Nach h.M. zu Art. 131 AktG muss ein Auskunftsverlangen in der Hauptversammlung gestellt werden, vgl. Hüffer § 131 Rdnr. 8; Zöllner in KöKo § 131 Rdnr. 77; Wagner RIW 2004, S. 262

903 Vgl. Art. 112 1. S. 1 LSA; Polo Sánchez in Uría/Menéndez/Olivencia S. 253 ff

einstufigen Verwaltungssystem folgt, da in Abwesenheit eines Aufsichtsrates bestimmte Kompetenzen der Hauptversammlung zugeteilt werden müssen.[904] Der spanische Gesetzgeber hat daher die Regelungen zur Hauptversammlung relativ umfassend gesetzlich verankert und die Hauptversammlung – im Gegensatz zur deutschen Rechtslage - zur Erstellung einer eigenen Geschäftsordnung verpflichtet.[905]

Dementsprechend liegt der Fokus der aktuellen spanischen Corporate Governance Diskussion weniger auf diesen Bereichen[906], die nach Auffassung der Kommission – mit Ausnahme einiger Details – gesetzlich bereits ausreichend geregelt sind.

a) Minderheitenschutz

Allerdings erkennt auch die Kommission die über die Empfehlungen des Código hinausgehende Notwendigkeit, Kleinaktionäre auch gesetzlich besser zu schützen, indem der Gesetzgeber darüber nachdenken sollte, dass die Minderheitsaktionäre über eine effektivere Koordination verfügen sollten, die ihnen mehr Gewicht in der Hauptversammlung ermöglichen würde und auch die Ausübung ihrer vom Gesetz verbrieften Minderheitenrechte leichter zulassen würde. Dies solle allerdings nicht missbräuchlich genutzt werden, sondern immer im Interesse der Gesellschaft erfolgen.[907]

Dazu empfiehlt die Kommission dem Gesetzgeber konkrete Vorschläge zur Umsetzung:

Zunächst könnte ein elektronisches Aktionärsforum eingerichtet werden, das den Aktionären einen Zusammenschluss erleichtern würde, damit sie eigene Vorschläge in die Hauptversammlung einbringen könnten und ihre Vertretung effektiver gestalten könnten.[908] Dies macht insbesondere vor dem Hintergrund

904 Vgl. Grechenig S. 91 ff; zur Diskussion der Verteilung der Kompetenzen im einstufigen System Englands Micheler GesRZ 2001, S. 88 f

905 Vgl. Art. 113 LMV und Art. 93 ff LSA sowie Art. 129 I S. 1 AktG; Die gesetzliche Verpflichtung zur Erstellung von Geschäftsordnungen sowohl der Hauptversammlung als auch des Verwaltungsrates sollte dazu dienen, die Grundsätze guter Corporate Governance auch gesellschaftsintern festzuschreiben, vgl. dazu Wagner RIW 2004, S. 261

906 Vgl. Rodríguez Artigas RdS 2006, S. 32, der bezweifelt, dass der CUBG die Rolle der Hauptversammlung als wichtiges Entscheidungs- und Kontrollorgan der Gesellschaft stärkt und in dieser Richtung mehr Ambitionen hätte zeigen können. Ebenso Sánchez Calero RDBB 2006, S. 19

907 Vgl. Informe CUBG Annex II. 3.

908 Informe CUBG Annex II. 3.1.; vgl. auch die deutsche Regelung des Aktionärsforums in § 127a I AktG, welche auf einen Vorschlag der Baums-Kommission zurückgeht,

Sinn, dass die Aktionärsgruppierung für die Bestellung eines Minderheitenvertreters im Verwaltungsrat auch von gewisser Dauerhaftigkeit sein muss, z.B. für die Abberufung und Nachbesetzung des Minderheitenvertreters.

Auch der Zusammenschluss von Aktionären, um nach Art. 105 III LSA an der Hauptversammlung teilnehmen zu können – falls die Satzung einen Mindestanteilsbesitz vorsieht – bedarf einer gewissen internen Organisation, die durch diese Empfehlung der Kommission an den Gesetzgeber erleichtert würde.

In dieselbe Richtung zielt die Empfehlung an den Gesetzgeber, ein Freiwilliges Register von Aktionärsgruppen bei der CNMV einzurichten[909] und unabhängige Institutionen und Vereinigungen zu schaffen, die die Qualität der Corporate Governance in den Aktiengesellschaften analysieren und beurteilen sollen[910].

Beide Vorschläge werden zum Teil als überflüssig angesehen[911], da die mangelnde Einflussmöglichkeit eines Kleinaktionärs als systemimmanent charakterisiert wird. Die Struktur der Aktiengesellschaft sehe einen solchen geringen Einfluss durch Minderheitsaktionäre vor, was im übrigen in allen Ländern der Fall sei. Auch die Stärkung ihrer Rechte durch Institutionen, die die Corporate Governance überwachen sollten, wird als unnötig empfunden, da es solche Vereinigungen bereits ausreichend gäbe, zumal auch die internationalen Rating-Firmen, die sich mit der Solvenz der Unternehmen und der Ausgabe von Wertpapieren beschäftigen, die Corporate Governance, die Umweltschutzorientierung und weitere Ethikaspekte der Unternehmen überprüfen würden. Diesen Überprüfungen auch noch einen offiziellen Charakter zu verleihen, indem dies gesetzlich aufgegriffen wird, sei völlig unnötig, zumal bislang keine nennenswerten praktischen Probleme mit dem Status quo bekannt seien.[912]

Dem ist allerdings entgegenzuhalten, dass diese Vorschläge der Kommission lediglich darauf abzielen, die gesetzlich festgelegten Möglichkeiten für die Minderheitenaktionäre besser auszuschöpfen und sie praktisch besser umsetzbar zu

---

S. Hüffer AktG § 127a Rdnr. 1 und oben E.IV.1.c) – das deutsche elektronische Aktionärsforum war Vorbild für diese Empfehlung der spanischen Kommission, vgl. Rodríguez Artigas RdS 2006, S. 55; Martínez Martínez RDBB 2006, S. 49. Noch ablehnend dazu war der Bericht zum spanischen Corporate Governance Kodex von 1998 – Informe Olivencia RDM 1998, S. 783; befürwortend: Fernández Pérez S. 466 ff

909 Informe CUBG Annex II. 3.2.

910 Informe CUBG Annex II. 3.3.

911 Vgl. Rodríguez Artigas RdS 2006, S. 56 m.w.N.

912 So Mateu de Ros Cerezo S. 379 f

machen, woran es bislang fehlt[913]. Die in der spanischen Praxis häufig anzutreffenden Aktionärsbüros (oficinas del accionista)[914], die regelmäßig Mitteilungen an die Aktionäre verbreiten, reichen dazu mangels aktiver Verpflichtung zur Vertretung der Interessen der Aktionäre und mangels Zugangsmöglichkeit für die Aktionäre nicht aus.

Insofern könnten die Empfehlungen der spanischen Kommission einen begrüßenswerten Beitrag leisten, den Aktionären und insbesondere den Minderheitsaktionären eine effektivere Plattform für ihre Interessenvertretung zu ermöglichen[915].

Ferner wäre eine Institution, die gesellschaftsübergreifend die Corporate Governance der Unternehmen analysiert und beurteilt, für die Einhaltung der Corporate Governance Regeln förderlich, da sie im Gegensatz zum bisherigen Status quo landesweite und internationale Vergleichsmöglichkeiten und damit ggfs. auch Zwänge schafft, die Regeln einzuhalten.

b) Keine Behinderung von Aktionärsrechten und Übernahmen

Der Código sieht einen funktionierenden Markt als effektivste Kontrolle und als wirksamstes Mittel zum Erreichen einer guten Corporate Governance an. Dementsprechend rät er den Unternehmen, keine Barrieren oder Hindernisse in die Satzung einzufügen, wie z.B. Begrenzungen des Stimmrechts, Altersbeschränkungen für bestimmte Posten oder Entscheidungsquoren oberhalb der gesetzlich vorgegebenen Grenzen, um den öffentlichen Kauf von Aktien und damit mögliche öffentliche Übernahmeangebote und einen entsprechenden Machtwechsel im Unternehmen zu verhindern.[916]

Allerdings stellt die Kommission klar, dass solche – gesetzlich zulässigen[917] – Maßnahmen in aussergewöhnlichen Fällen gerechtfertigt sein können, z.B. im Vorfeld eines Börsenganges oder wenn eine große Mehrheit der Aktionäre dafür

---

913 Vgl. Torrent RdS 2006, S. 232

914 Vgl. Eckl in Hopt/Voigt S. 978

915 So auch Rodríguez Artigas RdS 2006, S. 53 f

916 CUBG II. 1. und Erläuterungen zu 1.; vgl. auch die Änderung des § 134 AktG durch Art. 1 Nr. 20 KonTraG , wonach in Deutschland im Gegensatz zu Spanien die Einführung von Höchststimmrechten in börsennotierten Aktiengesellschaften gesetzlich unterbunden wurde, Hüffer § 134 AktG, Rdnr. 4; weitere Einschränkungsmöglichkeiten von Aktionärsrechten in Spanien siehe Mateu de Ros Cerezo S. 134

917 Siehe Art. 105.2 LSA

stimmt, um bestimmte Investitionen abzudecken oder die Kaufkraft des Unternehmens im Falle eines feindlichen Übernahmeangebots zu stärken.[918]

In der spanischen Unternehmenspraxis wird bis heute die generelle Beschränkung des Aktionärsstimmrechts in der Hauptversammlung bei 10% des Gesellschaftskapitals aufrechterhalten, ohne dass es dafür explizite Erklärungen der Unternehmen gäbe und ohne, dass der Markt die Bewertung dieser Aktien entsprechend sanktioniert hätte.

Auch die Existenz von Stimmquoren zur Beschlussfassung in der Hauptversammlung, die z.B. Zweidrittelmehrheiten oder 60% des Gesellschaftskapitals fordern, um die Satzung zu ändern, Fusionen durchzuführen etc., verletzt nach Ansicht eines Teils der Literatur das Prinzip der Gleichbehandlung der Aktionäre, so dass die Empfehlung des Código zu begrüßen ist.[919]

Allerdings legitimiert die spanische Kommission mit der Nennung der Ausnahmemöglichkeiten diese Vorgehensweise noch und trägt damit nicht zu einer Öffnung der Aktiengesellschaften bei[920]. Zudem können diese Beschränkungen auch in der Geschäftsordnung des Verwaltungsrates bzw. der Hauptversammlung auftauchen, so dass der Código hier mit der alleinigen Nennung der Satzung zu kurz greift, um die Rechte der Aktionäre zu wahren.

c) Stärkung der Rechte der Hauptversammlung

Die spanische Gesetzgebung teilt der Hauptversammlung eine herausragende Stellung zu und sieht sie als Kontrolleinrichtung innerhalb der Organisationsverfassung an.

Allerdings erkennt die Kommission derartige Lücken im Gesetz, dass sie nicht nur Vorschläge zur – freiwilligen – Befolgung im Rahmen des Código macht, sondern zudem konkrete Empfehlungen an den Gesetzgeber zur Änderung der Gesetzeslage im Zusammenhang mit der Rechtslage der Hauptversammlung abgibt.[921]

aa) Erweiterung der Zustimmungspflichten

Nach der bisherigen Gesetzeslage ist die Hauptversammlung u.a. für die Genehmigung bei Fusionen, Spaltung, Übergang, Wechsel des Gesellschaftszwecks, Auflösung und Gesamttransfer von Aktiva und Passiva, welche die Art

918 CUBG II. Erläuterungen zu 1.; kritisch dazu Calzada Terrados S. 130, der die Pflicht zur jährlichen Erläuterung der im Unternehmen eingeführten Hindernisse im Sinne des Código fordert.

919 Vgl. dazu auch Mateu de Ros Cerezo S. 134 ff ; Ortuño Baeza, RdS 2004, S. 130

920 So Rodríguez Artigas RdS 2006, S. 52 f

921 Vgl. Informe CUBG Annex II. 4., 5.

und Struktur des Unternehmens fundamental betreffen, zuständig.[922] Dennoch wäre es dem Verwaltungsrat überlassen, in anderen Entscheidungen, die das Unternehmen ähnlich fundamental beeinflussen, allein zu agieren, ohne die Hauptversammlung einschalten zu müssen. Ein solcher Bereich wäre bislang der Übergang des Unternehmens in eine Holding mit entsprechenden Tochterfirmen, wobei die Aktionäre nicht mehr die Möglichkeit hätten, über die Geldpolitik oder die Gewinnverteilungspolitik des Unternehmens zu entscheiden.[923]

Dementsprechend schlägt die spanische Kommission begrüßenswerterweise vor, dass die Hauptversammlung auch über Vorgänge entscheiden sollte, die eine Strukturänderung des Unternehmens mit sich bringen, insbesondere beim Übergang des Unternehmens in eine Holding mit Tochterfirmen, z.B. indem Kernaktivitäten auf Tochterfirmen übergehen und die Kontrolle dennoch in der Holding verbleibt.[924]

Auch der Erwerb oder die Veräusserung von wesentlichen operativen Einheiten, die zu einer faktischen Änderung des Unternehmensgegenstandes führen würde, sowie Vorgänge, die de facto in der Liquidation des Unternehmens münden, sollten der Zustimmung der Hauptversammlung unterliegen.[925]

Allerdings stellt die Kommission auch hier klar, dass diese Empfehlung vorsichtig gehandhabt werden müsse, um die Hauptversammlungskompetenzen nicht zu überfrachten und den Verwaltungsrat beim Entwurf und bei der Implementierung der Unternehmensstrategie nicht einzuschränken. Dementsprechend wäre es beispielsweise nicht angemessen, der Hauptversammlung Eigentumsverkäufe, Leasingverträge oder den Verkauf einer Produktionsanlage im Rahmen einer Outsourcingstrategie zu unterbreiten.[926]

Generell bedeutet dies, dass die Kommission nicht an der Organisationsfreiheit des Unternehmens rütteln wollte, sondern der Hauptversammlung lediglich ein Mitspracherecht bei Strukturänderungen der Gesellschaft geben wollte, die denen ähnlich sind, für die bereits aufgrund Gesetz ein Mitspracherecht besteht.[927]

922 Siehe dazu auch E.III.2.b)

923 CUBG II. Erläuterungen zu 3.; vgl. auch die Grundsätze der OECD zur Corporate Governance 2004, Teil 1, II.B. unter www.oecd.org; siehe eingehend dazu Embid Irujo CDC 1991, S. 13 ff

924 Vgl. CUBG II.3.a)

925 CUBG II.3.b) und c)

926 CUBG II., Erläuterungen zu 3.

927 Vgl. dazu auch Fernández del Pozo S. 303 ff; Paz Ares in Uría/Menéndez S. 1482 ff, die die analoge Anwendung der gesetzlichen Vorschriften zur Hauptversammlungszuständigkeit auf alle wesentlichen Strukturänderungen befürwortet; a.A. Rubio Vicente

Leider stellt die Kommission nicht klar, was unter „Strukturänderungen" und „wesentlichen operativen Einheiten" zu verstehen ist und in welchen Fällen eine „faktische Änderung des Unternehmensgegenstandes" vorliegt. Dies wäre anhand von definierten Risikobereichen oder quantitativ festgelegten Schwellenwerten relativ leicht möglich gewesen, z.B. Zustimmungspflicht bei Transaktionen, die mehr als 25% des Gewinns, des Aktivvermögens oder der Kapitalisierung der Gesellschaft ausmachen. Damit wäre ein großer Schritt in Richtung mehr Rechtssicherheit erreicht worden.[928]

Die Festlegung solcher Bagatellgrenzen wird jedoch zum Teil abgelehnt, da es um den Rechtssschutz der Aktionäre gegen Eingriffe in ihre Mitgliedsrechte durch übermäßige Inanspruchnahme des Leitungsorgans gehe und im übrigen die Strukturkompetenz der Hauptversammlung und des Leitungsorgans, so wie das Gesetz sie vorgesehen hatte, erhalten bleiben müsse. Insofern wären z.B. Schwellenwerte ab 75% des Vermögens oder Umsatzes, die von der jeweiligen Geschäftsführungsmaßnahme betroffen sind, zu fordern.[929]

Trotz der fehlenden Konkretisierung von Schwellenwerten oder ähnlichen Parametern muss die Tatsache anerkannt werden, dass die spanische Kommission zumindest die Debatte um die ungeschriebenen Hauptversammlungszuständigkeiten aufgreift und versucht, den Unternehmen Leitlinien für die Ausgestaltung ihrer Empfehlung an die Hand zu geben[930], während die deutsche Kodex-Kommission die Thematik der Hauptversammlungszuständigkeit bei Strukturänderungen bislang ausspart[931].

bb) Beratungsrecht im Bereich der Vergütungspolitik

Auch im Bereich der Vergütungspolitik zielt die spanische Kommission auf einen stärkeren Einfluss und Kontrolle durch die Hauptversammlung ab, indem sie empfiehlt, dass der Verwaltungsrat der Hauptversammlung als separaten Tagesordnungspunkt einen Bericht über die Vergütungspolitik des Managements zur Beratung vorlegt. Dabei soll sich der Bericht vor allem auf die gegenwärtige jährliche Vergütungspolitik konzentrieren sowie auf die für die kommenden Jahre geplante Strategie. Allerdings sollen auch die wesentlichen Änderungen in der

---

RdS 1995, S. 235 ff, der die Intervention der Hauptversammlung mangels konkreter Typisierung der Zuständigkeiten ablehnt.

928 Vgl. dazu auch Mateu de Ros Cerezo S. 151; Rodríguez Artigas RdS 2006, S. 33, 36 ff, der zur Erläuterung auf das deutsche Umwandlungsgesetz von 1994 zurückgreift.

929 Siehe dazu Hüffer FS Ulmer, S. 295 f; ähnlich BGHZ 159, S. 44 f

930 So im Ergebnis auch Rodríguez Artigas RdS 2006, S. 35, 40, der allerdings eine gesetzliche Regelung dazu einfordert; Paz Ares in Uría/Menéndez S. 1482 ff

931 Siehe oben unter E.III.1.b) und F.III.1.b)

Vergütungspolitik gegenüber dem Vorjahr erläutert werden und die Rolle des Vergütungsausschusses sowie eventueller externer Berater beim Entwurf der Vergütungspolitik dargestellt werden. [932]

Damit geht die spanische Kommission deutlich über das deutsche Beschlussfassungsrecht der Hauptversammlung hinsichtlich des Systems zur Vergütung der Vorstandsmitglieder hinaus, da in Deutschland ein solcher Beschlussantrag weder vom Gesetz erwähnt wird noch im Kodex näher erläutert, sondern lediglich vage angeregt wird (DCGK 2.2.1 S. 4).

Dieses Beratungsrecht über die Vergütungspolitik stellt auch in der spanischen Unternehmenspraxis eine Innovation dar, indem die Hauptversammlung die Möglichkeit erhält, ein Misstrauensvotum bzw. ihr Vertrauen gegenüber der Verwaltertätigkeit auszusprechen, ohne dass die rechtliche Wirksamkeit der Verpflichtungen des Unternehmens im Bereich der Verwaltervergütung angetastet würde.[933] Damit würde die bereits gesetzlich festgelegte Einflussmöglichkeit der Hauptversammlung bei der Vergütungspolitik weiter ausgedehnt.[934]

Seine Grenze findet dieser Vorschlag nach Auffassung der spanischen Kommission allerdings dann, wenn die Bekanntgabe bestimmter Boni oder Parameter gegenüber Wettbewerbern das Gesellschaftsinteresse schädigen könnten, indem dadurch von der wirtschaftlichen Unternehmensstrategie mehr als notwendig offengelegt würde.[935]

Diese konsultative Einschaltung der Hauptversammlung wird zum Teil als unklar und überflüssig angesehen, da sie eine Reihe von Fragen aufwirft, die durch den Código nicht geklärt werden, z.B. was konkret bedeutet eine Abstimmung, bei der die Hauptversammlung nur ein Beratungsrecht hat und welche Konsequenzen haben sowohl die positive als auch die negative Äusserung der Hauptversammlung zur Vergütungspolitik?[936] Auch könnten Zweifel an der Le-

---

932 CUBG II.40.; vgl. dazu auch die Empfehlung der Europäischen Kommission vom 14.12.2004 (2004/913/EG) zur Einführung einer angemessenen Regelung für die Vergütung von Mitgliedern der Unternehmensleitung börsennotierter Gesellschaften unter http://eur-lex.europa.eu Abschnitt II Vergütungspolitik 4.2. sowie die Empfehlung der Europäischen Kommission vom 30.4.2009 zur Ergänzung der Empfehlungen 2004/913/EG und 2005/162/Eg zur Regelung der Vergütung von Mitgliedern der Unternehmensleitung börsennotierter Gesellschaften unter www.eur-lex.europa.eu Abschnitt II Vergütungspolitik 6.1.

933 CUBG II., Erläuterungen zu 40.

934 Vgl. Art. 130 II LSA, wonach die Hauptversammlung bei Aktienoptionsplänen u.ä. zustimmen muss.

935 CUBG II., Erläuterungen zu 40.; vgl. auch die Empfehlung der Europäischen Kommission vom 114.12.200 (2004/913/EG) unter Abschnitt II Vergütungspolitik 3.3.

936 Vgl. Velasco San Pedro RdS 2006, S. 145; Calzada Terrados S. 154; Mateu de Ros Cerezo S. 327 f

gitimierung des Abstimmungsrechtes aufkommen für den Fall, dass sich, wie vielfach in der Praxis anzutreffen, Kleinaktionäre durch die Geschäftsleitung selbst vertreten lassen.[937] Ferner obliegt bereits die aktienbasierte Vergütung von Verwaltern der ausdrücklichen vorherigen Genehmigung durch die Hauptversammlung (Art. 130 LSA), so dass es nur konsequent gewesen wäre, die Zustimmungspflicht auf die gesamte Vergütungspolitik auszudehnen.[938] Zudem sei fraglich, inwieweit dieses Beratungsrecht mit der gesetzlichen Regelung der Festlegung der Vergütung in der Satzung (Art. 130.1 LSA) vereinbar wäre.[939]

Trotz der begrüßenswerten Absicht der Kommission, mehr Transparenz in die Vergütungspolitik zu bringen und den Einfluss der Hauptversammlung zu stärken, bleibt bei diesem Vorschlag die Befürchtung offen, dass dieses Beratungsrecht, zumal es an keine Abstimmungsquoren gebunden ist[940] und die Einbindung in das gesetzliche System fraglich ist, eher zu einer Farce führt als zur Stärkung der Aktionärsversammlung[941].

cc) Organisation der Hauptversammlung

Die spanische Kommission empfiehlt dem Gesetzgeber ausdrücklich die Änderung des Königlichen Dekrets 116/1992 dahingehend, dass nicht nur die Aktiengesellschaften, deren Aktien aufgrund gesetzlicher Verfügung registriert werden müssen, das Recht haben, ihre Aktionäre zu kennen, sondern dass alle börsennotierten Aktiengesellschaften diese Möglichkeit erhalten.

Damit könnte die schriftliche Anwesenheitserlaubnis durch die eigene Aktiengesellschaft ausgestellt werden, anstatt durch die Vielzahl der dazwischengeschalteten Finanzinstitute, wo jeder Aktionär der Gesellschaft seine Aktien de-

937 Vgl. Mateu de Ros Cerezo S. 330 ; allerdings tritt dieses Legitimationsproblem auch bei den übrigen Abstimmungen auf, bei denen sich Aktionäre von der Gesellschaft vertreten lassen und Themen behandelt werden, die die Verwalter direkt betreffen. Vgl. zu dieser Problematik F.III.2.d)

938 So Domínguez García in Rodríguez Artigas Vol.II, S. 1075 ff ; Mateu de Ros Cerezo S. 329 f ; a.A. : Sánchez Calero, S. 261, der die Festlegung der konkreten Vergütung für jeden Verwalter dem Verwaltungsrat zuordnet, sofern die Satzung diese Zuständigkeit nicht für die Hauptversammlung vorgesehen hat.

939 Vgl. dazu Sánchez Calero RDBB 2006, S. 28

940 Vgl. CUBG II. Erläuterungen zu 40.

941 Im Ergebnis wohl ebenso Velasco San Pedro RdS 2006, S. 144, der die Diskussion als kaum relevant bezeichnet, da die Entscheidungen der Hauptversammlung in der Praxis stark von den Vorschlägen des Verwaltungsrates beeinflusst werden.

poniert hat. Dies würde die Einheitlichkeit für jede Gesellschaft fördern und die Organisation und Transparenz der Hauptversammlung erleichtern.[942]

dd) Nichtigkeit und Anfechtung von Hauptversammlungsbeschlüssen

Um den Missbrauch des relativ weiten und bedingungslosen Anfechtungsrechts bezüglich Beschlüssen der Hauptversammlung (Art. 117 LSA) zu verhindern, empfiehlt die Kommission dem Gesetzgeber eine Gesetzesänderung.[943]

Dies wird vor dem Hintergrund verständlich, dass die spanischen Bestimmungen über die Anfechtbarkeit von Hauptversammlungsbeschlüssen ein relativ weites Aktionärsrecht vorsehen, welche – trotz richterlicher Einschränkungsversuche – zu einer hohen Rechtsunsicherheit in den Gesellschaften führt,[944] auch wenn das spanische Gesetz für die Aussetzung der Registereintragung einen Mindestanteilsbesitz fordert und damit wenigstens ein Korrektiv für missbräuchliche Klagen besitzt.[945]

Diese Empfehlung der spanischen Kommission an den Gesetzgeber ist auf das deutsche UMAG zurückzuführen[946] und damit würde sich die spanische Gesetzgebung auch an die in Deutschland zu beobachtende Entwicklung annähern, wonach die Beschränkung dieses Aktionärsrechts, z.B. durch das Erfordernis eines Mindestprozentsatzes am Gesellschaftskapital, als notwendig angesehen wird, um Missbrauch zu vermeiden.[947]

d) Stimmrecht und Stimmabgabe

Die verstärkte Einbeziehung der Hauptversammlung in die Gesellschaftsverwaltung spiegelt sich auch in den Vorschlägen des Código zur Art der Stimmabgabe wider.

---

942 Informe CUBG Annex II. 4.; vgl. dazu befürwortend auch Rodríguez Artigas RdS 2006, S. 59; Mateu de Ros Cerezo S. 387 f; Roncero 2006, S. 454; Martínez Martínez RdS 2007, S. 52

943 Informe CUBG Annex II. 5.

944 Vgl. E.III.2.c); Rodríguez Artigas RdS 2006, S. 59 f; Grechenig S. 124 f m.w.N.

945 Vgl. Art. 120 LSA, Baums/Drinhausen ZIP 2008, S. 50

946 Siehe De la Oliva Santos RDBB 2006, S. 163

947 Vgl. Alcalá Díaz in Rodríguez Artigas Vol. I, S. 644; dieselbe S. 251; Schmidt in Rodríguez Artigas Vol. I, S. 56; differenzierend De la Oliva Santos RDBB 2006, S. 168 f, der zwar eine Gesetzesreform in Bezug auf die Aktivlegitimation von Dritten und auf die Aktionärseigenschaft befürwortet, aber bis zum Vorliegen verlässlicher Daten über die Anfechtungsrealität eine Änderung der Rechtslage zu Lasten der Aktionärsrechte ablehnt.

Um den Aktionären den bestmöglichen Einfluss durch ihr Stimmrecht zu gewähren und potenzielle Verwirrungen zu vermeiden, sollten nach Auffassung der spanischen Kommission in der Hauptversammlung getrennte Stimmabgaben bei inhaltlich verschiedenen Themen erfolgen. Insbesondere bei der Ernennung oder Bestätigung von Verwaltern sollte über jeden einzelnen Kandidaten eine getrennte Stimmabgabe erfolgen anstatt einer einzigen Stimmentscheidung über eine komplette Kandidatenliste.[948] Dasselbe sollte für Änderungen in der Satzung gelten, wobei separate Stimmabgaben über jeden einzelnen Absatz bzw. Abschnitt erfolgen sollen, die inhaltlich unterschiedliches behandeln.[949]

Dem ist zwar im Grunde zuzustimmen, um zu vermeiden, dass Punkte, über die getrennt abgestimmt werden kann, zusammengefasst werden und damit ggfs. auch implizite bzw. latente Entschcidungen getroffen werden bzw. negative Aspekte mit abgehandelt werden, die so von der Hauptversammlung nicht gewollt sind. Hier hätte der Código allerdings noch eher einhaken müssen, um größtmögliche Transparenz zu schaffen und die Rolle der Hauptversammlung bei der Stimmabgabe zu stärken: bereits die hinreichende Aufschlüsselung der Tagesordnung dahingehend, dass diese selbsterklärend ist, wäre für die umfassende Information der Aktionäre und deren effiziente Abgabe der Stimmen notwendig, wird aber vom Código lediglich hinsichtlich der Publizierung der Beschlussvorschläge[950] gefordert.[951]

Ferner schlägt der Código vor, dass die Gesellschaften eine Teilung des Stimmrechts erlauben, um den Finanzinstituten, die mehrere Investoren vertreten, zu ermöglichen, ihre Stimmen gemäß den Anweisungen dieser Investoren ggfs. unterschiedlich abzugeben.[952] Gemeint sind damit z.B. Kreditinstitute, Investitionsgesellschaften, sowie Körperschaften und Unternehmen, die de facto als Treuhänder für Dritte fungieren.[953]

---

948 Vgl. die gleichlautende Empfehlung des DCGK 5.4.3, wonach die Wahlen zum Aufsichtsrat als Einzelwahl durchgeführt werden sollen.

949 CUBG II. 5.

950 Siehe F.V.2.a)

951 Vgl. Rodríguez Artigas RdS 2006, S. 46, der zudem die mangelnde Definition von „inhaltlich verschieden“ bemängelt; siehe auch Mateu de Ros Cerezo S. 160 f

952 CUBG II. 6.; vgl. ebenso auch den Vorschlag der Europäischen Kommission für eine Richtlinie über die Ausübung der Stimmrechte durch Anteilseigner von Gesellschaften, die ihren eingetragenen Sitz in einem Mitgliedstaat haben und deren Aktien zum Handel auf einem geregelten Markt zugelassen sind, sowie zur Änderung der Richtlinie 2004/109/EG, Kapitel II. Art. 10, 2. unter www.eur-lex.europa.eu und die Grundsätze der OECD zur Corporate Governance 2004, Teil 1, III.A.3. unter www.oecd.org.

953 Vgl. Mateu de Ros Cerezo S. 163 ; Vañó Vañó S. 115 ff

Damit will die Kommission den verstärkt in Spanien investierenden ausländischen Investoren entgegenkommen, für die es – trotz der mittlerweile ermöglichten elektronischen Stimmabgabe (Art. 105.4 LSA) – häufig schwierig ist, ihre Stimmrechte direkt auszuüben, zumal sie über Finanzinstitute in Spanien ihre Investitionen tätigen und dadurch eine Kette von Zwischenhändlern und eingeschalteten Instituten auftreten kann.[954]

Diese Finanzinstitute müssten daher bei einer Abstimmung gegebenenfalls in unterschiedliche Richtungen abstimmen, um den Anweisungen der ausländischen Investoren gerecht zu werden, was der Código durch diesen Vorschlag unterstützen möchte. Diese Vorgehensweise des „split vote" ist in vielen spanischen Unternehmen gängige Praxis, aber bislang noch nicht gesetzlich geregelt.[955]

Den Handlungsbedarf des Gesetzgebers im Bereich Stimmabgabe und -delegation hat die spanische Kommission ebenfalls erkannt und empfiehlt dem Gesetzgeber explizit, die Regelungen in diesem Bereich zu überdenken, um für eine höhere Transparenz und Neutralität zu sorgen.[956]

Leider unterlässt es die Kommission – im Gegensatz zum Informe Olivencia[957] –, hier dem Gesetzgeber konkrete Maßnahmen vorzuschlagen, wie z.B. die Forderung, dass für die Ausübung dieses split vote konkrete und klare Weisungen des letztendlichen Aktionärs („beneficial owner")[958] notwendig sind und dass diese Anweisungen von den als Treuhänder fungierenden Finanzinstituten auch strikt einzuhalten sind.[959]

Die Kommission belässt es bei dieser generellen Empfehlung an den Gesetzgeber und rät vielmehr den Finanzinstituten, Großinvestoren und Pensionsfonds ganz konkret, ihre Stimmrechte aktiv auszuüben und die von ihnen vertretenen Aktionäre über die allgemeinen Kriterien zu informieren, unter denen die-

954 Vgl. Rodríguez Artigas RdS 2006, S. 48 f; zum Problem der grenzüberschreitenden Stimmrechtsausübung siehe auch Teichmann ZGR 2001, S. 671 f

955 CUBG II. Erläuterungen zu 6.; Mateu de Ros Cerezo S. 167; Díaz Ruiz RDM 2007, S. 202; Martínez Martínez RdS 2007, S. 80; vgl. auch Kapitel I Art. 10 (5) der Richtlinie 2007/36/EG des Europäischen Parlaments und des Rates vom 11.7.2007 über die Ausübung bestimmter Rechte von Aktionären in börsennotierten Gesellschaften unter www.eur-lex.europa.eu. Zum Streit über die rechtliche Einordnung der Vertretung von Aktionären bei der Abstimmung in der Hauptversammlung siehe auch Recalde Castells RdS 2002, S. 80 sowie Roncero Sánchez S. 84ff

956 Informe CUBG Annex II. 3.4.

957 Vgl. Informe Olivencia RDM 1998, S. 765

958 Vgl. dazu näher Mateu de Ros Cerezo S. 162 ff

959 Ähnlich den Vorgaben des Art. 107.2 LSA; vgl. zum umfassenden Reformbedarf der Vertretungsregeln Roncero 2006, S. 448 ff

se ihre Rechte ausüben können[960]. Zudem legt die Kommission den Finanzinstituten nahe, die von ihren Kunden erhaltenen Anweisungen und Informationen zur Stimmabgabe genauestens zu befolgen.[961]

Nicht als Problematik erkannt wird die – in Deutschland unzulässige[962] – Ausübung des Stimmrechts durch die Gesellschaftsorgane selbst als Vertreter von zumeist Kleinaktionären, da es in diesem Bereich in Spanien bislang keine praktisch relevanten Probleme gegeben hätte.[963] Da für diese Art von Vertretung in Spanien weder konkrete Anweisungen durch den Aktionär noch deren strikte Einhaltung durch die Gesellschaft gesetzlich vorgeschrieben sind[964] und auch die Organe selbst – im Gegensatz zu Deutschland[965] – bevollmächtigt werden dürfen, eröffnet sich hier ein weiter Spielraum für einen Machtmissbrauch durch die Verwalter, die dadurch ein sich selbst stabilisierendes System schaffen können.[966]

e) Informationsrecht der Aktionäre

Leider unterlässt es die Kommission, ein Informationsrecht für die Aktionäre einzuführen, das unabhängig von der Einberufung der Hauptversammlung als permanentes eigenständiges Recht festzulegen wäre. Die Kommission scheint es als ausreichend zu erachten, dass die Aktionäre berechtigt sind, ergänzende Auskünfte zu allgemein zugänglichen Informationen zu verlangen, die die Gesell-

960 CUBG Annex II. 9.; dabei wird die Teilnahme an der Hauptversammlung zwar nachdrücklich angeraten, aber nicht die im Gesetz teilweise streng vorgeschriebenen Erklärungsverpflichtungen für den Fall der Nichtausübung der Teilnahme- und Stimmrechte angesprochen, vgl. dazu näher Díaz Ruiz RDM 2007, S. 202 ff

961 Informe CUBG Annex II. 10.

962 Vgl. E.IV.1.a)

963 Vgl. dazu Castellanos Ramírez RDM 2006, S. 193 ff; Mateu de Ros Cerezo S. 380

964 Vgl. Art. 107 1. LSA, wonach der Aktionär nicht zu einer solchen konkreten Anweisung verpflichtet ist; siehe auch Kapitel I Art. 10 (4) der Richtlinie 2007/36/EG des Europäischen Parlaments und des Rates vom 11.7.2007 über die Ausübung bestimmter Rechte von Aktionären in börsennotierten Gesellschaften unter www.eur-lex.europa.eu, wonach der Stimmrechtsvertreter zwar verpflichtet ist, entsprechend den Anweisungen des Aktionärs, der ihn bestellt hat, abzustimmen, eine diesbezügliche Verpflichtung des Aktionärs zur Erteilung dieser Anweisungen aber nicht festgelegt wird.

965 Siehe dazu näher E.IV.1.a)

966 Vgl. Bachmann WM 1999, S. 2103 f; Hüther AG 2001, S. 71 ff; Habersack ZHR 2001 (165), S. 185

schaft seit der letzten Hauptversammlung der CNMV zur Publizierung übermittelt hat.[967]

Auch geht der CUBG nicht auf die kritische Norm des Art. 112 3., 4. LSA ein, wonach der Präsident die Möglichkeit hat, die Veröffentlichung von Informationen zu untersagen, wenn seiner Meinung nach diese Veröffentlichung die Interessen der Gesellschaft gefährdet. Dies kann nur durch Druck von Aktionären abgewendet werden, die 25 % des Gesellschaftskapitals repräsentieren, was zu einer unnötigen und übertriebenen Geheimniskrämerei führt, zumal die übrigen normativ festgelegten Minderheitsquoren immer zwischen 5 % und 10 % schwanken und eine Schranke von 25 % als deutlich übertrieben angesehen werden muss.

Die Tatsache, dass dem Präsidenten hier ein individuelles Verweigerungsrecht zugestanden wird, obwohl die Verwalter gesetzlich zur Informationsweitergabe an die Aktionäre verpflichtet sind (Art. 112 1., 2., 3. LSA), wirft zumindest Verständnisfragen hinsichtlich möglicher Konflikte auf, die von der spanischen Kommission hätten aufgegriffen werden müssen.[968]

3. Gesamtbetrachtung

Obwohl die deutsche Kommission neben der Betonung der nachhaltigen Wertschöpfung und Berücksichtigung des Unternehmensinteresses auch den Aktionärsrechten und der Hauptversammlung mehr Bedeutung zukommen lassen will, listet der Kodex lediglich die diesbezüglichen gesetzlichen Regelungen, wie z.B. das one share – one vote – Prinzip, auf und beschränkt seine Empfehlungen und Anregungen weitestgehend auf geringfügige Ergänzungen der aufgrund von EG-Richtlinien mittlerweile in deutsches Recht umgesetzten Regelungen insbesondere im Bereich der Ausübung der Aktionärsrechte und des Einsatzes elektronischer Medien.

Spanien ist im Vergleich zu Deutschland Vorreiter im Bereich des Einsatzes elektronischer Medien[969] sowohl bei der Stimmabgabe als auch bei der Vertretung in der Hauptversammlung. Gleichzeitig empfiehlt der Código die Einrichtung eines, dem deutschen ähnlichen, elektronischen Aktionärsforums sowie ein freiwilliges Register von Aktionärsgruppen bei der CNMV und eine unabhängi-

---

967 Art. 112 LSA; damit geht das spanische Auskunftsrecht weiter als das deutsche, das nach Art. 131 AktG den Bezug zu Angelegenheiten der Gesellschaft und zur sachgemäßen Beurteilung eines Tagesordnungspunktes der Hauptversammlung erfordert.

968 Vgl. dazu auch Martínez Martínez RdS 2006, S. 42 ff ; Mateu de Ros Cerezo S. 158 f

969 Siehe Martínez Martínez RDBB 2006, S. 38; das ARUG gilt erst ab 1.9.2009!

ge zentrale Institution zur Überwachung der Corporate Governance, um die Rechte der Aktionäre besser zu schützen.

Inwieweit sich diese elektronischen Instrumente in der Welt der institutionellen Investoren, der Finanzinstitute und Kleinanleger durchsetzen werden, bleibt zwar abzuwarten.[970] Angesichts der zunehmenden grenzüberschreitenden Investitionen und der gesellschaftlichen Verbreitung von Internet und e-mail scheint allerdings der richtige Weg eingeschlagen zu sein.

Ferner hebt der deutsche Kodex zentrale Entscheidungskompetenzen der Hauptversammlung hervor, lässt aber ihre strittigen ungeschriebenen Zuständigkeiten aussen vor, während sich die spanische Kommission für konkrete Empfehlungen an den Gesetzgeber ausspricht, die Zuständigkeit der Hauptversammlung auch auf die bislang gesetzlich nicht geregelten Strukturänderungen der Gesellschaft auszudehnen und der Hauptversammlung ein Beratungsrecht für die Vergütungspolitik einzuräumen, welches wiederum vom deutschen Gesetzgeber mittlerweile im AktG verankert wurde.

Auch wenn der spanische Código nur wenige Vorschläge zu den Aktionärsrechten und zur Hauptversammlung macht, erkennt er dennoch Lücken im Gesetz, die es zu füllen gelte. Dementsprechend hält er eine Gesetzesänderung für nötig, um den Missbrauch des in Spanien relativ weit ausgestalteten Anfechtungsrechts einzudämmen.

Im Bereich der Eindämmung missbräuchlicher Aktionärsklagen zielt Deutschland bislang darauf ab, Hürden bei der Erhebung der Anfechtungsklage aufzubauen, um die Unternehmen vor Klagen zu schützen, die von Aktionären nur deswegen erhoben werden, um sich das Klagerecht aufgrund des dadurch entstandenen Zeitdrucks abkaufen zu lassen.

Spanien hingegen versucht dies derzeit durch richterliche Rechtsprechung einzudämmen und macht die Aussetzung der Registereintragung von einem Mindestanteilsbesitz (1% bei börsennotierten Gesellschaften) abhängig[971].

Zwar wird auch in Deutschland die spanische Regelung, d.h. die Einführung eines Mindestanteilsbesitzes für die Registereintragung diskutiert[972], bislang wird jedoch der Interessenabwägung zwischen Aktionär und Gesellschaft der Vorzug gegeben.[973]

Beide Gesetze sind damit bezüglich der Thematik missbräuchlicher Aktionärsklagen optimierungsbedürftig.

---

970 Vgl. Mateu de Ros Cerezo S. 169 ; Martínez Martínez RdS 2005, S. 19 ff

971 Siehe Art. 120 LSA ; Baums/Drinhausen ZIP 2008, S. 150

972 Siehe Schwintowski DB 2007, S. 2698 ; Baums/Drinhausen ZIP 2008, S. 150

973 Vgl. Baums/Drinhausen ZIP 2008, S. 151 f

Während sich der deutsche Corporate Governance Kodex diesbezüglich allerdings überhaupt nicht äussert, schlägt der spanische Código eine Gesetzesänderung vor. Hier wird der Unterschied in der Auftragstellung an die beiden Kommissionen einmal mehr deutlich sichtbar.

Eine weitere Gesetzesänderung hält die spanische Kommission im Bereich der Stimmabgabe und -delegation für notwendig, wo sie zwar die Empfehlung ausspricht, getrennte Stimmabgaben je nach Entscheidungspunkt und für jeden vertretenen Aktionär zu ermöglichen, aber die problematische und bislang ungeregelte Vertretung der Aktionäre durch die eigenen Gesellschaftsorgane nicht thematisiert. Welcher Art die Neuregelungen im Gesetz zur Schaffung von mehr Transparenz und Neutralität sein sollen, legt der CUBG ebenfalls nicht fest.

Er geht auch nicht auf die Thematik ein, dass der Präsident des Verwaltungsrats allein entscheiden kann, ob dem Auskunftsrecht der Aktionäre gemäß Art. 112 LSA entsprochen wird oder wegen Gefährung der Gesellschaft nicht und dass diese Entscheidung lediglich von einer Aktionärsgruppe, die mindestens 25 % des Gesellschaftskapitals vertritt, revidiert werden kann.
Zwar beschränkt der deutsche Gesetzgeber das Auskunftsrecht der Aktionäre auf die Tagesordnung und die Anwesenheit in der Hauptversammlung[974], gewährt dem Vorstand aber nur in eng umgrenzten Ausnahmefällen ein Auskunftsverweigerungsrecht und gesteht zudem jedem betroffenen Aktionär die gerichtliche Überprüfung der Vorstandsentscheidung zu (§ 132 AktG).

Beide Organisationsverfassungen beinhalten demgemäß ein Korrektiv gegen ein zu umfassendes und damit den Gang der Gesellschaft hinderliches Aktionärsinformationsrecht.

Damit erklären sowohl die Unterschiede in den Organisationsverfassungen als auch die ungleichen Aufträge an die Kommissionen weitgehend die verschieden ausgestalteten Kodex-/Código-Passagen zu den Aktionärsrechten und der Hauptversammlung.

IV. Interessenkonflikte und die Rolle der Stakeholder

Als Kriterien guter Corporate Governance wird u.a. auf Regelungen zur Beseitigung von Interessenkonflikten und zur Behandlung von Eigengeschäften sowie

974 Im Gegensatz zu Spanien, wo das Auskunftsrecht bereits vor der Hauptversammlung ausgeübt werden kann und nicht auf die Tagesordnungspunkte beschränkt ist, vgl. Art. 112 LSA.

auf die verstärkte Einbindung der Öffentlichkeit und anderer Stakeholder hingewiesen.[975]

1. Deutschland

a) Verpflichtung des Vorstands und Aufsichtsrats auf das Unternehmensinteresse

Die Orientierung am Unternehmensinteresse kann als Ausdruck guter Corporate Governance bewertet werden[976] und wird im DCGK bereits in der Präambel besonders betont.[977] Dies wird vor dem Hintergrund verständlich, dass das Gesetz dem Vorstand eine umfassende Geschäftsführungsbefugnis einräumt. Demgemäß muss von ihm erwartet werden, dass er seine Befugnisse zur Wahrung fremden Vermögens im Interesse des Unternehmens und damit vor allem auch im Vermögensinteresse der das Kapital zur Verfügung stellenden Aktionäre ausübt.[978] Dazu gehört auch, dass der Vorstand persönliche Interessen aus seinen Entscheidungen heraushält und Geschäftschancen, die dem Unternehmen zustehen, diesem voll belässt, da es anderenfalls zu einer doppelten Vergünstigung käme.

Das Unternehmensinteresse muss dabei aber nicht nur als die Belange der Anteilseigner definiert werden, sondern als die Aggregation der Einzelinteressen der verschiedenen Bezugsgruppen eines Unternehmens, da in Deutschland auch die Interessen der Mitarbeiter, Kunden, Gläubiger und ganz allgemein der Öffentlichkeit (Stakeholder) in das Unternehmensinteresse einfließen.[979] Die Zielvorstellung ist die Steigerung des nachhaltigen Unternehmenswerts.[980]

Der Kodex stellt dementsprechend fest, dass die Vorstandsmitglieder dem Unternehmensinteresse verpflichtet sind und bei ihren Entscheidungen weder persönliche Interessen verfolgen noch Geschäftschancen, die dem Unternehmen zustehen, für sich nutzen dürfen (vgl. DCGK 4.3.3).

Dasselbe gilt für Aufsichtsratsmitglieder[981], womit der Kodex einen wichtigen Hinweis insbesondere für ausländische Anleger gibt, da er dadurch deutlich

975 So z.B. Strenger DStR 2001, S. 2225; S. auch von Werder in Ringleb S. 13 f

976 So von Werder in Ringleb S. 109

977 Siehe 1. Präambel 2. Absatz sowie oben unter F. III. 1.

978 Vgl. grundlegend dazu Hopt ZGR 2004, S. 1 ff

979 So wohl h.M. in Deutschland, vgl. Berrar S. 27 f; Hüffer AktG § 76 Rdnr. 12; von Werder ZGR 1998, S. 74 f; Goette in FS 50 Jahre BGH, S. 123 ff; Kuhner ZGR 2004, S. 244 ff; siehe auch DCGK 4.1.1

980 Vgl. von Werder/Wieczorek DB 2007, S. 297

981 Siehe den gleichlautenden Wortlaut des DCGK 5.5.1

macht, dass sowohl der Vorstand als auch der Aufsichtsrat an das Unternehmensinteresse gebunden sind, was im monistischen Boardsystem ganz selbstverständlich ist, aber im Rahmen der dualistischen Unternehmensverfassung eines entsprechenden Hinweises bedarf.[982]

b) Verhalten bei Interessenkonflikten

Nach Auffassung der Kommission soll jedes Vorstandsmitglied Interessenkonflikte dem Aufsichtsrat gegenüber unverzüglich offen legen und die anderen Vorstandsmitglieder hierüber informieren (DCGK 4.3.4).

Diese Empfehlung dient dazu, Vorkehrungen treffen zu können, um rechtzeitig Schaden vom Unternehmen abzuwenden. Daher sollten sowohl tatsächlich eingetretene als auch potenzielle Konflikte offen gelegt werden.[983]

Dasselbe gilt für Aufsichtsratsmitglieder, die Interessenkonflikte dem Aufsichtsrat gegenüber offenlegen sollen, insbesondere, wenn es sich um solche Interessenkonflikte handelt, die auf Grund einer Beratung oder Organfunktion bei Kunden, Lieferanten, Kreditgebern oder sonstigen Geschäftspartnern entstehen können (vgl. DCGK 5.5.2).

Da Vorstands- und Aufsichtsratsmitglieder gemäß dieser Kodexempfehlung anzeigen müssen, wenn sie von ihr abweichen wollen, entspricht dies de facto einer Offenlegungspflicht, da es gegenüber den übrigen Vorstandsmitgliedern bzw. dem Aufsichtsrat schwer begründbar sein dürfte, warum von dieser Empfehlung abgewichen wird.

Diese faktische Offenlegungspflicht von Interessenkonflikten wird zum Teil als ausreichend angesehen, um Interessenkonflikten entgegenzuwirken, da diese Offenlegung zu unerwünschten Einblicken in die Privatsphäre und sogar zu einer Beeinträchtigung des geschäftlichen Ansehens des Organmitglieds führen könnte und das Organmitglied daher von sich aus Interessenkonflikte vermeiden wollen wird.[984]

Andererseits ist an diesen Empfehlungen zur Offenlegung von Interessenkonflikten die Tatsache problematisch, dass die Initiative zur Offenlegung vom betroffenen Organmitglied selbst ausgehen muss. Die betroffene Person selbst aber wird häufig am wenigsten eine Beeinträchtigung ihrer Unbefangenheit sehen und somit einen Interessenkonflikt eher verneinen.[985]

---

982 Vgl. Kremer in Ringleb S. 285

983 Vgl. Seibt AG 2003, S. 475

984 Vgl. Müller/Stelzer in Pfitzer, Deutscher Corporate Governance Kodex, S. 140; Ringleb in Ringleb, S. 230

985 Vgl. Bender/Vater DStR 2003, S. 1807

Insofern wäre es sinnvoller gewesen, dem Vorstand und dem Aufsichtsrat zu empfehlen, durch geeignete präventive Vorkehrungen, die z.B. in der Geschäftsordnung oder in Individualverträgen festgelegt werden können, dafür zu sorgen, dass Beeinträchtigungen der Gesellschaft durch Eigengeschäfte der Organmitglieder mit der Gesellschaft effektiv unterbunden werden, wie es auch die Baums-Kommission empfohlen hatte.[986]

Dies hätte als gewünschten Nebeneffekt entsprechenden Einfluss auf die Besetzungspolitik vieler Aktiengesellschaften, wonach zuweilen weniger auf die Gewinnung von möglichst effektiv und sachkundig arbeitenden Aufsichtsratsmitgliedern als vielmehr auf die Besetzung mit (potenziellen) Geschäftspartnern aus Banken-, Lieferanten- und ggfs. aus Wettbewerbskreisen abgezielt wurde.[987]

Diskussionswürdig ist ferner die Empfehlung des Kodex, dass der Aufsichtsrat in seinem Bericht an die Hauptversammlung über aufgetretene Interessenkonflikte und deren Behandlung informieren soll (vgl. DCGK 5.5.3 S. 1).

Eine derartige Meldepflicht wird zum Teil als weniger glücklich bezeichnet, da sie dann eingreift, wenn das betroffene Aufsichtsratsmitglied den Interessenkonflikt bereits offenbart hat und damit das einzig Richtige zu dessen Entschärfung getan hat.[988]

Andererseits können dadurch mehr Transparenz und eine verbesserte Informationsgrundlage für die Entlastung des Aufsichtsrats nach § 119 I Nr. 3 AktG geschaffen werden und nicht zuletzt das Vertrauen in die Unabhängigkeit der Aufsichtsräte gestärkt bzw. Anhaltspunkte für die nächsten zu treffenden Wahlentscheidungen für die Aktionäre geliefert werden,[989] so dass diese Kodexempfehlung zu begrüßen ist.

Konsequent empfiehlt der Kodex sodann, dass wesentliche und nicht nur vorübergehende Interessenkonflikte in der Person eines Aufsichtsratsmitglieds zur Beendigung des Mandats führen sollen,[990] wodurch er die gesetzlich wenig konkrete Konfliktlösung, die Mitwirkung des Aufsichtsrats unter Berücksichtigung des konkreten Interessenkonfliktes zu beschränken[991], konkretisiert und damit ein Stück Rechtssicherheit schafft.

---

986 Siehe Baums, Bericht der Regierungskommission, Rdnr. 264

987 Vgl. auch Ulmer NJW 1980, S. 1604

988 So Peltzer Rdnr. 319, ders. NZG 2002, S. 598

989 So auch Kremer in Ringleb S. 290

990 Vgl. DCGK 5.5.3 S. 2

991 Vgl. dazu Lutter/Krieger Rdnr. 769 ff; Hopt ZGR 2004, S. 31 ff

c) Wettbewerbsverbot und Nebentätigkeiten der Vorstandsmitglieder

Während seiner Tätigkeit als Vorstand greift das umfassende Wettbewerbsverbot des § 88 I AktG. Der Kodex bezieht diese Formulierung des Wettbewerbsverbots nicht nur auf die Gesellschaft, sondern auf das Unternehmen, so dass auf den gesamten Konzernbereich abzustellen ist.

Das Wettbewerbsverbot bezweckt insbesondere den Schutz der Gesellschaft vor einem anderweitigen Einsatz der Arbeitskraft des Vorstandsmitglieds sowie den Schutz vor Wettbewerbshandlungen, die letztendlich für das Unternehmen nachteilig wären.[992]

Vorstandsmitglieder dürfen Nebentätigkeiten ausüben, soweit sie nicht unter das Wettbewerbsverbot des § 88 I AktG fallen. Darüberhinaus bestehen keine weiteren gesetzlichen Einschränkungen.

Dementsprechend ist die Kodexempfehlung zu begrüßen, dass Vorstandsmitglieder Nebentätigkeiten, und insbesondere Aufsichtsratsmandate ausserhalb des Unternehmens, nur mit Zustimmung des Aufsichtsrats übernehmen sollen (vgl. DCGK 4.3.5). Auch hierdurch soll sichergestellt werden, dass das Vorstandsmitglied seine volle Arbeitskraft dem Unternehmen zur Verfügung stellt. Ferner kann durch die formelle Einholung der Zustimmung bereits der Anschein eines Interessenkonfliktes vermieden werden.[993]

d) Vorteilsannahme und –gewährung

Die redliche Führung der Geschäfte des Unternehmens auf allen Ebenen ist von herausragender Bedeutung für das Ansehen und die Entwicklung des Unternehmens. Obwohl die strafrechtlichen Sanktionen für Bestechungen in den letzten Jahren erheblich verschärft wurden[994], lässt sich noch nicht feststellen, dass die Korruption im Geschäftsverkehr eingedämmt wäre.

Daher stellt der Kodex klar, dass Vorstandsmitglieder und Mitarbeiter im Zusammenhang mit ihrer Tätigkeit weder für sich noch für andere Personen von Dritten Zuwendungen oder sonstige Vorteile fordern oder annehmen oder Dritten ungerechtfertigte Vorteile gewähren dürfen (DCGK 4.3.2).

---

992 Vgl. Hüffer AktG § 88, Rdnr. 1

993 So Müller/Stelzer in Pfitzer, Deutscher Corporate Governance Kodex, S. 142

994 Z.B. OECD Konvention über die Bekämpfung der Bestechung ausländischer Amtsträger vom 17.12.1997; Gesetz zum Protokoll vom 27.9.1996 zum Übereinkommen über den Schutz der finanziellen Interessen der Europäischen Gemeinschaften (EUBestG) vom 10.9.1998, BGBl. II, S. 2340 in der Fassung vom 22.8.2002, BGBl. I, S. 3387; Gesetz zu dem Übereinkommen vom 17.12.1997 über die Bekämpfung der Bestechung ausländischer Amtsträger im internationalen Geschäftsverkehr (IntBestG) vom 10.9.1998, BGBl. II, S. 3227.

Die konkrete Ausgestaltung von Richtlinien oder Maßnahmen, um dieses Ziel der Vermeidung von passiver und aktiver Bestechung zu erreichen, lässt der Kodex bewusst offen, um im Sinne der von ihm propagierten Flexibilität den Unternehmen den angemessenen Weg selbst bestimmen zu lassen.

e) Verhaltensregeln bei Übernahmeangeboten

Feindliche Übernahmen sind in Deutschland relativ selten.[995] Zudem wurde durch die kontrovers diskutierte EU-Übernahmerichtlinie und das entsprechende deutsche Umsetzungsgesetz[996] die Möglichkeit für Gesellschaften mit Sitz in Deutschland geschaffen, in der Satzung vorzusehen, die Bestimmungen des § 33a II WpÜG anzuwenden, was einer strengen Neutralitätspflicht gleichkommt. Mangels einer entsprechenden Satzungsbestimmung bleibt es bei der bisherigen Regelung des § 33 WpÜG, was derzeit in den deutschen Aktiengesellschaften Standard ist.[997]

Dem Gesetzeswortlaut der § § 27, 33 WpÜG entspricht in abgekürzter Form die Fassung der Passage 3.7 des DCGK, wonach bei einem Übernahmeangebot Vorstand und Aufsichtsrat der Zielgesellschaft eine begründete Stellungnahme zu dem Angebot abgeben müssen, damit die Aktionäre in Kenntnis der Sachlage über das Angebot entscheiden können. Ferner darf der Vorstand nach Bekanntgabe eines Übernahmeangebots keine Handlungen ausserhalb des gewöhnlichen Geschäftsverkehrs vornehmen, durch die der Erfolg des Angebots verhindert werden könnte, wenn er dazu nicht von der Hauptversammlung ermächtigt ist oder der Aufsichtsrat dem zugestimmt hat. Bei ihren Entscheidungen sind Vorstand und Aufsichtsrat an das beste Interesse der Aktionäre und des Unternehmens gebunden.

Lediglich die Anregung des Kodex, dass der Vorstand in angezeigten Fällen eine ausserordentliche Hauptversammlung einberufen sollte, in der die Aktionäre über das Übernahmeangebot beraten und gegebenenfalls über gesellschaftsrechtliche Maßnahmen beschließen (DCGK 3.7), geht über die gesetzlichen Regelungen hinaus.

Die Möglichkeit des Vorstands, mit Genehmigung des Aufsichtsrates oder der Hauptversammlung gegen feindliche Übernahmen vorzugehen, stößt zum

---

995 Vgl. Baums/Scott S. 37

996 Vgl. Richtlinie 2004/25/EG des Europäischen Parlaments und des Rates vom 21.4.2004 betreffend Übernahmeangebote (www.eur-lex.europa.eu) sowie das Gesetz zur Umsetzung der Richtlinie 2004/25/EG, BGBl. I 2006, S. 1426 ff; siehe dazu ausführlich Merkt/Binder BB 2006, S. 1258 ff; Ringleb in Ringleb S. 133 ff

997 Vgl. Ringleb in Ringleb S. 137 f

Teil auf Kritik, da feindliche Übernahmen das effektivste Mittel zur Kontrolle des Vorstands wären und diese Kontrolle damit ins Leere liefe.[998]

Allerdings muss insbesondere im Falle einer feindlichen Übernahme das Interesse der Aktionäre im Vordergrund stehen, das insbesondere durch die vom Kodex dargestellten Bestimmungen des § 33 WpÜG solange am besten gewahrt bleibt, solange es unterschiedliche gesetzliche Regelungen in den einzelnen Ländern gibt, um feindliche Übernahmen abzuwehren und damit kein „Level-Playing-Field“[999] besteht.

f) Kreditgewährung und Verträge mit Organmitgliedern

§ § 89 I, III, 115 I, II AktG regeln detailliert die Kreditvergabe an Vorstands- und Aufsichtsratsmitglieder. Der Kodex gibt diese gesetzliche Regelung abgekürzt wieder.[1000] Demnach bedarf die Kreditvergabe an Vorstands- oder Aufsichtsratsmitglieder sowie an ihre Ehegatten, Lebenspartner und minderjährigen Kinder der Zustimmung des Aufsichtsrats.

Ziel dieser Regelungen ist zum einen die Verhinderung von missbräuchlichen Kreditvergaben. Es soll sichergestellt werden, dass die Kreditgewährung im Gesellschaftsinteresse und zu wirtschaftlich akzeptablen Konditionen erfolgt und dass insbesondere bei Aufsichtsratsmitgliedern eine unangemessene Beeinflussung durch eine großzügige Kreditvergabe verhindert wird.[1001] Zum anderen soll damit mehr Transparenz bei Kreditvergaben hergestellt werden.[1002]

Diesselben Zielrichtungen verfolgen die Ausführungen des DCGK unter 4.3.4 S. 2, 3, wonach alle Geschäfte zwischen dem Unternehmen einerseits und den Vorstandsmitgliedern sowie ihnen nahe stehenden Personen oder ihnen persönlich nahe stehenden Unternehmungen andererseits branchenüblichen Standards zu entsprechen haben und wesentliche Geschäfte der Zustimmung des Aufsichtsrats bedürfen sollen. Nahe stehend ist dann gegeben, wenn der Eindruck entsteht, dass das betroffene Vorstandsmitglied auf diese Personen und Unternehmungen unmittelbar Einfluss nehmen kann und ist nicht mit der Definition in IAS 24. gleichzusetzen.[1003] Was unter branchenüblich zu verstehen ist, wird vom Kodex nicht näher definiert. Gemeint ist damit, dass diese Geschäfte nicht Standards wie unter unbeteiligten Dritten entsprechen müssen, sondern

---

998 Vgl. Baums/Scott S. 47

999 Siehe dazu ausführlich Ringleb in Ringleb S. 134; Schäfer/Eichner NZG 2003, S. 150 ff

1000 Siehe DCGK 3.9; zu den Einzelheiten der sehr detaillierten gesetzlichen Regelung siehe Mertens in KöKo AktG § § 89, 115.

1001 Vgl. Hüffer AktG § 115 Rdnr. 1

1002 Siehe Hüffer AktG § 89 Rdnr. 1

1003 Vgl. Ringleb in Ringleb S. 231

auch Sonderkonditionen, wie z.B. beim Erwerb von eigenen Produkten, gewähren können.[1004] Auch was unter wesentlich zu verstehen ist, definiert der Kodex nicht. Angesichts der Verschiedenheiten und Größenunterschiede der Gesellschaften muss dies jedes Unternehmen für sich festlegen.

Ebenfalls eine verkürzte Zusammenfassung des Gesetzestextes (§ 114 AktG) nimmt der Kodex unter DCGK 5.5.4 vor, wonach auch Berater- und sonstige Dienstleistungs- und Werkverträge eines Aufsichtsratsmitglieds mit der Gesellschaft der Zustimmung des Aufsichtsrats bedürfen. Zustimmungsfähig sind nur Verträge über Fragen eines besonderen Fachgebiets, insbesondere abgrenzbare Aufgabenstellungen auf wirtschaftlichem, technischem oder juristischem Gebiet.[1005]

Da es Zielsetzung dieser Regelung ist, eine unsachliche Beeinflussung von Aufsichtsratsmitgliedern durch Sonderleistungen des Vorstands zu verhindern[1006], sind auch entsprechende Verträge mit Tochtergesellschaften von der Zustimmungspflicht erfasst, selbst wenn der Kodex dies offengelassen hat.[1007]

Die Lücken, die der Kodex insbesondere in diesen Passagen zu den potenziellen Interessenkonflikten bei Verträgen mit Organmitgliedern und ihrer Familie bewusst offen lässt, eröffnen den Unternehmen zwar die Möglichkeit, auf ihre individuelle Situation zugeschnittene Regelungen zu finden, die dem Ziel des Kodex entsprechen, lassen gleichzeitig jedoch auch Raum für Missbrauch. Angesichts der Tatsache, dass wesentliche Geschäfte sowie Berater- und sonstige Dienstleistungs-/Werkverträge eines Aufsichtsratsmitglieds mit der Gesellschaft der Zustimmung des Aufsichtsrats bedürfen, scheinen die kritischsten Punkte der Zustimmungspflicht zu unterliegen, so dass bei den übrigen Punkten den Unternehmen ein Gestaltungsspielraum zugestanden werden kann.

g) Die Mitbestimmung

Die Mitbestimmung ist ein charakteristisches Merkmal der deutschen Unternehmensverfassung, das in ausländischen Governancesystemen oft keine Entsprechung findet, so dass die Vermittlung der Grundzüge der deutschen Mitbestimmung eine wichtige Aufgabe des Kodex darstellt.[1008]

Die Baums-Kommission hatte sich aufgrund deren engen Zeitrahmens nicht mit dieser Thematik auseinandergesetzt, gleichzeitig aber festgehalten, dass die Notwendigkeit zur Diskussion bestehe. Insbesondere müsse thematisiert werden,

---

1004 Vgl. Ringleb in Ringleb S. 230

1005 Siehe BGHZ 126, S. 344; Hoffmann-Becking in Hoffmann-Becking § 33 Rdnr. 26 ff

1006 Vgl. BGH ZIP 2007, S. 23; Lutter/Krieger Rdnr. 749

1007 Siehe dazu ausführlich Lutter/Krieger Rdnr. 746

1008 Vgl. von Werder in Ringleb S. 49 f

dass die Arbeitnehmervertreter nur von der deutschen Belegschaft gewählt werden und damit die ausserdeutschen Arbeitnehmer aussen vor stehen[1009] sowie, dass sich diese Vertreter vorwiegend in der Verantwortung für ihre Wähler und deren Arbeitssituation sehen und dementsprechend auch keine unabhängige Kontrollinstanz, sondern eine reine Interessenvertretung seien, die sich ihre Zustimmung zu Managemententscheidungen durch Zugeständnisse an die Arbeitnehmer abkaufen lassen würden. In diesem Zusammenhang wird auch die fachliche Eignung und Erfahrung der Arbeitnehmervertreter als Aufsichtsräte thematisiert.[1010]

Der Deutsche Corporate Governance Kodex setzt sich in keinster Weise kritisch mit den Mitbestimmungsregelungen auseinander, sondern verweist lediglich auf die SE und darauf, dass darin die Arbeitnehmer in den EU-Mitgliedstaaten einbezogen seien[1011]. Damit lässt der Kodex für das Gros der börsennotierten deutschen Aktiengesellschaften die internationale Dimension aussen vor.[1012] Grund dafür ist, dass die Überprüfung der Mitbestimmung nicht im Auftrag der Bundesregierung an die Kodex-Kommission enthalten war.[1013] Vielmehr sollten sich anderweitig berufene Kommissionen mit diesem Thema auseinandersetzen, so dass es dazu mehrfach hochrangige private sowie von der Regierung eingesetzte Expertenkommissionen gab,[1014] welche bis dato allerdings keine Einigung zu Änderungsvorschlägen oder Empfehlungen zum Umbau des Organisationssystems erzielen konnten.

1009 Vgl. Wolff in Henn/Frodermann/Jannott S. 413

1010 Vgl. von Werder/Talaulicar in Mallin, Handbook S. 41;

1011 Siehe DCGK 1. Präambel 7. Absatz

1012 Vgl. Hopt/Leyens S. 5; Ulmer ZHR 2002 (166), S. 272

1013 Cromme in Corporate Governance Report 2008, S. 3; kritisch dazu Peltzer in FS Priester S. 589

1014 Z.B. die von der Bertelsmann Stiftung und Hans-Böckler-Stiftung 1996 berufene „Kommission Mitbestimmung", vgl. Ulmer ZHR 2002 (166), S. 271; auch die im Juli 2005 von der Regierung eingesetzte Kommission zur Modernisierung der deutschen Unternehmensmitbestimmung unter dem Vorsitz von Kurt Biedenkopf konnte keine entsprechende Einigung auf Reformvorschläge erzielen, stellte aber fest, dass sich das System der Mitbestimmung grundsätzlich bewährt habe, vgl. Bericht der Mitbestimmungskommission S. 14 ff; näher dazu www.boeckler.de/pdf/mbf_zusammenfassung_kommissionsbericht_2007.pdf

2. Spanien

a) Transaktionen mit nahe stehenden Personen

Der Código ergänzt die in den Art. 35, 114.2 LMV und Art. 127 ter LSA festgehaltenen Kommunikations- und Informationspflichten bei Transaktionen mit nahe stehenden Personen dahingehend, dass diese durch den Verwaltungsrat zu genehmigen sein sollen, um Interessenkonflikte nicht nur offen zu legen, sondern möglichst auszuschließen. Unter diesen Transaktionen werden Geschäfte mit Verwaltern, bedeutenden Aktionären, Aktionären, die im Verwaltungsrat vertreten sind und andere Personen verstanden, die dazu in Beziehung stehen.

Allerdings wird die Genehmigung des Verwaltungsrates für solche Transaktionen dann als obsolet betrachtet, wenn diese Geschäfte über Standardverträge abgewickelt werden, die erstens einer Vielzahl von Kunden angeboten werden, zweitens den üblichen Marktpreisen entsprechen, die der Anbieter der Waren bzw. Dienstleistungen generell fordert und drittens in Summe 1% der jährlichen Unternehmenseinkünfte nicht übersteigen.

Der CUBG will damit sicherstellen, dass Interessenkonflikte bei Transaktionen, die nicht mehr dem täglichen Geschäftsgang entsprechen, vermieden werden.

Dazu empfiehlt er weiterhin, dass Transaktionen mit nahe stehenden Personen nur nach entsprechend positiver Entscheidung eines Prüfungsausschusses oder eines anderen Ausschusses, der damit beauftragt ist, genehmigt werden sollten. Zudem sollen die Verwalter, die von der Transaktion betroffen sind, ihr Stimmrecht weder ausüben noch delegieren können und sich aus dem Versammlungsraum während der Beratung und Abstimmung des Plenums zurückziehen.[1015]

Mit diesen Empfehlungen greift die Kommission zum ersten Mal die Thematik der Interessenkonflikte und möglicher Geschäfte mit nahe stehenden Personen auf, die ggfs. zum Nachteil der Gesellschaft durchgeführt werden können. Die Vorschläge versuchen auf pragmatische Art, potenzielle Interessenkonflikte zu vermeiden und dennoch die Gesellschaft handlungsfähig zu lassen, auch wenn nahe stehende Personen in eine Geschäftsbeziehung mit dem Unternehmen eintreten. Insofern ist auch die konkrete Darstellung, unter welchen Umständen auf eine Gesamtverwaltungsratsentscheidung verzichtet werden kann, zu begrüßen.

Kritisch zu beurteilen ist allerdings die Auffassung der Kommission, dass die Entscheidung über eine Transaktion mit nahe stehenden Personen vom Verwaltungsrat in den Geschäftsführungsausschuss delegiert werden kann, falls es

---

1015 CUBG II.8.c), Erläuterung zu 8.

sich um einen dringlichen Fall handelt. Die Entscheidung muss im Nachhinein dann wiederum vom Gesamtverwaltungsrat bestätigt werden.[1016]

Transaktionen mit nahe stehenden Personen müssen als derart heikel und für die Corporate Governance eines Unternehmens als so wichtig angesehen werden, dass dafür das gesamte Plenum des Verwaltungsrates zusammengerufen werden muss, um die – meist irreversible – Entscheidung über eine solche Transaktion zu treffen. Die Einschränkung auf zumal nicht näher definierte dringliche Fälle scheint hier auch angesichts der Dominanz von geschäftsführenden und nicht von unabhängigen Verwaltern im Geschäftsführungsausschuss keineswegs geeignet, um potenzielle Interessenkonflikte auszuschließen.

Allerdings sieht die spanische Kommission selbst hier Handlungsbedarf dahingehend, dass die Empfehlungen im CUBG nicht ausreichend scheinen und rät dem Gesetzgeber, die Informationspflichten, denen die Aktiengesellschaften unterliegen, nochmals zu überdenken, um unnötige Wiederholungen und Mehrfachinformationen zu vermeiden und um insbesondere die Informationspflicht über Transaktionen mit nahe stehenden Personen zu vereinheitlichen und zu standardisieren.[1017]

Mit diesen Vorschlägen geht der Código über die Regelungen des deutschen Kodex hinaus. Während im deutschen Kodex lediglich Kredite an Organmitglieder und ihre enge Familie sowie wesentliche Geschäfte der Zustimmung des Aufsichtsrats bedürfen, müssen sonstige Geschäfte mit Vorstandsmitgliedern und ihnen nahestehenden Personen lediglich branchenüblichen Standards entsprechen, die vom Kodex zudem nicht definiert werden.

Da der spanische Código hingegen grundsätzlich alle Geschäfte mit nahe stehenden Personen der Zustimmung des Verwaltungsrats unterwirft, gleichzeitig allerdings auch konkret definierte Grenzen der Zustimmungspflicht des Gesamtverwaltungsrats nennt, kommen beide Kodizes – wenn auch auf unterschiedlichen Wegen - zum Ziel, Interessenkonflikte bei Transaktionen, die nicht mehr dem täglichen Geschäftsgang entsprechen, zu vermeiden.

b) Börsennotierte Tochtergesellschaften

Unternehmensgruppen sind dadurch gekennzeichnet, dass sie ein gemeinsames Management haben, aber dass ihre Strategie, den Gewinn der Gruppe zu maximieren, nicht notwendigerweise mit den Interessen und Gewinnmaximierungs-

1016 Vgl. Auch Mateu de Ros Cerezo S. 189

1017 Informe CUBG Annex II. 1.; z.B. gibt es über die Veröffentlichungspflicht von Geschäften mit nahestehenden Personen sieben unterschiedliche Vorschriften, während die gesetzlichen Definitionen von „nahe stehende Personen" uneinheitlich sind, vgl. dazu näher Mateu de Ros Cerezo S. 376 f

plänen des einzelnen Tochterunternehmens übereinstimmt. Dies kann insbesondere dann der Fall sein, wenn es sich um Transaktionen innerhalb der Gruppe handelt, bei denen Tochterunternehmen mit externen Aktionären beteiligt sind, die nicht der beherrschenden Gesellschaft angehören. Aufgrund dieser Konstellationen können Interessenkonflikte entstehen.[1018]

Dementsprechend hält die Kommission es für ratsam, dass sowohl das börsennotierte Unternehmen als auch seine börsennotierten Tochterunternehmen die Art ihrer Aktivitäten und jede Geschäftsbeziehung untereinander sowie zwischen den Tochterunternehmen der Gruppe offen legen.

Ferner sieht es die Kommission als notwendig an, dass auch die jeweils vorhandenen Mechanismen, mit denen solche potenziellen Interessenkonflikte gelöst werden können, öffentlich publik gemacht werden[1019], wobei der Código allerdings nicht auf die Art der Veröffentlichung eingeht. Dies ist bedauerlich, da diese Veröffentlichung sinnvollerweise mit dem jährlichen Bericht zur Corporate Governance erfolgen könnte und damit insbesondere den betroffenen Aktionären diesbezüglich ein verlässliches Informationsmedium vorliegen würde.

Allerdings muss diese Empfehlung vor dem Hintergrund begrüßt werden, dass das spanische Gesetz kein kodifiziertes Konzernrecht kennt und dementsprechende Regelungen für Interessenkonflikte innerhalb der Gruppe fehlen.[1020]

c) Auschließlichkeitsklausel

Der Código geht davon aus, dass zu einer wirksamen Erfüllung der Aufgaben eines Verwalters nicht nur dessen umfassende Information über die jeweils zu entscheidenden Themen notwendig ist, was u.a. bereits gesetzlich verankert ist (vgl. Art. 127 ff LSA). Darüberhinaus bedarf es der zusätzlichen Komponenten, dass die Verwalter diesen Themen auch die notwendige Zeit und Aufmerksamkeit widmen.

Dazu empfiehlt die Kommission der Gesellschaft, dafür Sorge zu tragen, dass die übrigen beruflichen Verpflichtungen der Verwalter nicht zu einer Beeinträchtigung der Wahrnehmung der Aufgaben als Verwalter der Gesellschaft führen. Zu diesem Zweck sollen die Verwalter den Ernennungsausschuss über ihre sonstigen beruflichen Verpflichtungen informieren, falls diese den notwendigen Zeit- und Arbeitsaufwand für den Verwalterposten beeinträchtigen könnten. Fer-

---

1018 CUBG II. Erläuterung zu 2.

1019 CUBG II.2.

1020 Vgl. Alonso Ureba RdS 2006, S. 75 f, der sich ferner kritisch zur praktischen Umsetzung dieser Empfehlung äussert.

ner soll die Gesellschaft Regelungen über die Anzahl der Verwalterposten aufstellen, die ein Verwalter maximal innehaben kann.[1021]

Allerdings vermeidet es die spanische Kommission, diese Regelungen zu präzisieren, z.B. die Obergrenze der Anzahl der Verwalterposten eines Verwalters anzugeben oder auf Ausnahmen davon für Führungsposten in der Unternehmensgruppe oder in Unternehmen, die dem Verwalter oder einem nahen Familienangehörigen gehören, einzugehen.[1022] Ganz im Gegensatz zum deutschen Kodex, wo die Vorstandsmitglieder nicht nur Nebentätigkeiten nur mit Zustimmung des Aufsichtsrats übernehmen sollen (DCGK 4.3.5), sondern auch nicht mehr als drei Aufsichtsratsmandate in konzernexternen börsennotierten Gesellschaften wahrnehmen sollen (DCGK 5.4.5 S. 2).

Insofern ist zwar das Aufgreifen der Problematik durch den spanischen Código zu begrüßen und vor dem Hintergrund des Einräumens einer weitgehenden Gestaltungsautonomie für die Gesellschaften verständlich, öffnet jedoch gleichzeitig auch einen weiten Missbrauchsspielraum[1023]. Dies setzt sich darin fort, dass der Código durch diese Ausführungen zwar eine Empfehlung der Europäischen Kommission[1024] aufgreift, aber gleichzeitig unterlässt, das Verbot auszusprechen, eine ähnliche Position in einem Konkurrenzunternehmen inne zu haben und dies obwohl das spanische Aktienrecht – im Gegensatz zum deutschen[1025] – davor keine Schutzmaßnahmen vorsieht. Gemäß Art. 132 II LSA kann zwar ein Verwalter nachträglich ausgeschlossen werden, wenn er für ein Konkurrenzunternehmen arbeitet, allerdings erst auf Antrag eines Gesellschafters und unter Zustimmung der Hauptversammlung. Bis dahin können die möglichen Interessenkonflikte dieses Verwalters der Gesellschaft erheblichen Schaden zufügen, z.B. durch Weiterleitung von gehcimen Informationen oder Know-How, wodurch nicht nur Aufträge verloren gehen können, sondern auch die Stellung im Markt nachteilig beeinflusst werden kann.[1026]

Nur durch ein klares Verbot, Mitarbeiter von Wettbewerbsunternehmen als Verwalter zu bestellen und den Verwaltern eine Tätigkeit in einem solchen Unternehmen zu untersagen, könnten diese Interessenkonflikte und die damit verbundenen Risiken ausgeschlossen werden. Die allgemeine Treue- und Sorgfalts-

---

1021 CUBG II.26., Erläuterung zu 26.

1022 CUBG II. Erläuterung zu 26.

1023 Im Ergebnis wohl ebenso Quijano González RdS 2006, S. 123

1024 Vgl. Empfehlung der Europäischen Kommission vom 15.2.2005 zu den Aufgaben von nicht geschäftsführenden Direktoren/Aufsichtsratsmitgliedern/börsennotierter Gesellschaften sowie zu den Ausschüssen des Verwaltungs-/Aufsichtsrats (2005/162/EG) unter www.eur-lex.europa.eu, Abschnitt III, 12.1

1025 vgl. § 88 AktG sowie DCGK 4.3.1

1026 Vgl. dazu auch Streitbörger S. 99

pflicht (vgl. Art 127 Nr. 1 LSA) sowie die gesetzlichen Vorschriften zum Umgang mit Interessenkonflikten der Verwalter (vgl. Art. 127 bis., 127 ter. und 127 quáter. LSA) reichen dazu nicht aus.[1027]

d) Erklärungsverpflichtung bei Interessengefährdung

Nach Auffassung der Kommission sollte jeder Verwalter klar seine Ablehnung zum Ausdruck bringen, sobald er das Gefühl hat, dass ein Vorschlag, der dem Verwaltungsrat zur Entscheidung vorgelegt wird, die Interessen der Gesellschaft beeinträchtigen könnte. Insbesondere die unabhängigen Verwalter und diejenigen Verwalter, die von dem Interessenkonflikt nicht betroffen sind, sollten jede Entscheidung, die gegen die Interessen von nicht im Verwaltungsrat vertretenen Aktionären gerichtet sein könnte, kritisch hinterfragen.

Zudem schlägt der Código vor, dass ein Verwalter die notwendigen Konsequenzen ziehen sollte, sofern der Verwaltungsrat entscheidende bzw. wiederholt Beschlüsse fasst, die von diesem Verwalter ernsthaft in Frage gestellt wurden. Zugleich solle dieser Verwalter die Gründe für seinen Rücktritt dann in einem offenen Brief an den Verwaltungsrat darlegen.[1028] Das Gleiche solle auch für den Sekretär des Verwaltungsrates gelten, auch wenn er kein Verwalter ist.[1029]

Durch diese Vorschläge sollen Interessenkonflikte aufgedeckt und transparent gemacht werden sowie die Unabhängigkeit der Verwalter weiter gestärkt werden. Im Gegensatz zum deutschen Vorschlag, der bei Interessenkonflikten dem Organ selbst die Publizierungspflicht auferlegen will, stellt der Código auf die übrigen, nicht betroffenen, Verwalter ab, um eine Gefährdung der Gesellschafts- und Minderheitsinteressen zu verhindern.

Allerdings müssen die allgemein gehaltende Formulierung sowie die Praxisnähe dieses Vorschlags kritisch hinterfragt werden.[1030] Die Bewertung der Gefährdung der Gesellschaftsinteressen bleibt rein subjektiv und zugleich hätte diese Offenheit im Ernstfall für den Verwalter lediglich negative Konsequenzen, so dass er keine erkennbare Motivation zur Befolgung dieses Vorschlags haben wird, insbesondere wenn der Interessenkonflikt den Vorsitzenden des Verwal-

---

1027 Vgl. Velasco in Velasco S. 361; Quijano González in Velasco S. 202; Polo Sánchez in Uría/Menéndez/Olivencia S. 261 ff; für den Aufsichtsrat: Lutter ZGR 2001, S. 232 f; Mateu de Ros Cerezo S. 288, der die Empfehlungen zumindest als einen Fortschritt ansieht; anders: Calzada Terrados S. 137, der die allgemeine Treuepflicht als ausreichend ansieht, um Interessenkonflikte zu vermeiden.

1028 CUBG II. 33.; vgl. dazu auch oben F.II.2.b)cc) und die Empfehlung der Europäischen Kommission vom 15.2.2005 (2005/162/EG) Anhang II, 2. (www.eur-lex.europa.eu).

1029 Siehe CUBG II.33. 3. Absatz

1030 So auch Esteban Velasco RdS 2006, S. 105 f; Quijano González RdS 2006, S. 131 ff

tungsrates betrifft. Ähnlich der Argumentation zur Offenlegung und Publizierung von Interessenkonflikten im deutschen Kodex[1031] wäre es sinnvoller gewesen, präventive Vorkehrungen, z.B. in Geschäftsordnungen oder Verträgen, einzufordern, die eventuelle Beeinträchtigungen der Gesellschaft effektiv unterbinden.

e) Die Verletzung von Treuepflichten

Bezüglich der Verantwortung der Verwalter im Falle der Verletzung von Treuepflichten sieht die Kommission dringenden Handlungsbedarf des Gesetzgebers und empfiehlt ihm daher, die diesbezüglichen Regelungen im Gesetz strenger und effizienter zu fassen. Dabei stellt sie klar, dass nur die Verletzung von Treuepflichten gemeint ist und nicht die übrigen Haftungstatbestände.[1032]

Die Kommission führt an, dass eine genauere Beschreibung der Treuepflichten und der Vorgehensweise im Falle eines Interessenkonfliktes des Verwalters notwendig wäre,[1033] was angesichts der verschwommenen Grenze zwischen Treue- und sonstiger, insbesondere Sorgfaltspflichten (vgl. Art. 127 und Art. 127 ter. LSA), welche im Gesetz zudem ungeordnet und wenig übersichtlich dargestellt sind[1034], sinnvoll scheint. Dadurch würde nicht nur eine bessere ex-post-Kontrolle des Verhaltens der Verwalter ermöglicht, sondern den Verwaltern - trotz der auch in Spanien geltenden business judgement rule[1035] - eine größere Klarheit über die Unterscheidung zwischen erlaubtem und unerlaubtem Verhalten gegeben.[1036]

Auch sollten nach Auffassung der spanischen Kommission Treuepflichten und die Haftungstatbestände gesetzlich auf Großaktionäre, die einen kontrollierenden Einfluss auf die Gesellschaft haben sowie auf faktische Verwalter und Verwalter, die im Hintergrund agieren, ausgedehnt werden.[1037]

1031 Siehe dazu F.IV.1.b) – diese im deutschen Kodex genannten Interessenkonflikte betreffen allerdings die eigenen Interessen der Organe und nicht die gefährdeten Interessen Dritter, worauf im spanischen Código abgestellt wird.

1032 Informe CUBG Annex II. 6.; zu den Rechten und Pflichten der Verwalter ausführlich Igartua Arregui / Juste Mencía RdS 2005, S. 75 ff, sowie zur Diskussion über die Aufteilung der Haftung nach der jeweiligen Art der Verwalter, wobei diese Aufteilung vom Código vermieden wird Mateu de Ros Cerezo S. 284 ff m.w.N.

1033 Siehe Informe CUBG Annex II. 6. a)

1034 Vgl. Paz-Ares RdS 2003, S. 69; Quijano González RdS 2006, S. 134; Igartua Arregui/Juste Mencía RdS 2005, S. 76 ff; Torrent RdS 2006, S. 252

1035 Vgl. Fernández de la Gándara in Pérez-Ardá S. 73 ; siehe dazu auch E.II.1.a)bb), F.II.1.d)

1036 Vgl. Alfonso Sánchez/Sánchez Ruiz RDM 2007, S. 1054

1037 Informe CUBG Annex II. 6. b)

Vor dem Hintergrund, dass sowohl Großanleger als auch faktische Verwalter und solche, die im Hintergrund agieren, oftmals, wenn auch nur mittelbar, einen ähnlich großen Einfluss auf die Entscheidungen des Unternehmens haben wie die Verwalter selbst, ist dieser Vorschlag der Ausdehnung von Treuepflichten und Haftung zu begrüßen[1038]. Auch wenn der Abschluss von Geschäften mit bedeutenden Aktionären der Genehmigung des gesamten Verwaltungsrates bedürfen würde, wie bereits in Nr. 8. c) des Código gefordert wird, und auch wenn die Haftung von faktischen Verwaltern in 133 2. LSA geregelt wurde, so scheint die explizite Ausdehnung von Pflichten und Sanktionen auf den o.a. Personenkreis notwendig, um ein größeres Ausmaß an potenziellen Interessenkonflikten zu erfassen und den Verwaltungsrat von missbräuchlichen Entscheidungen abzuhalten.[1039] Dies würde auch zu einer klareren Rechtslage für alle Beteiligten und damit zu mehr Rechtssicherheit führen.

Ferner empfiehlt die spanische Kommission dem Gesetzgeber, den Aktionären das Recht einzuräumen, direkt Haftungsklage wegen Treuepflichtverletzung erheben zu können, ggfs. im Rahmen eines „Minderheitenrechts".[1040] Gleichzeitig sollte aber auch eine Art Erlaubnis als Filter eingebaut werden, die es dem Richter ermöglicht, rechtsmissbräuchliches Verhalten abzuweisen.[1041]

Angesichts der Tatsache, dass die gesetzliche Regelung hier bislang zu kurz greift, ist diese Empfehlung an den Gesetzgeber zu begrüßen[1042]. Bislang hat dieser nicht berücksichtigt, dass die im Gesetz vorgesehenen 5 % des Aktienkapitals, die die Klage gegen die Verwalter durchsetzen könnten, bei großen Aktiengesellschaften zu hoch bemessen sind. Dies führt dazu, dass dieses Klageerzwingungsverfahren bei großen Aktiengesellschaften bislang praktisch ohne Bedeutung ist, da die Vereinigung von Kleinaktionären, die auf 5 % des Gesamtaktienkapitals kommen, unrealistisch ist.[1043] Eine dem § 148 I AktG entsprechende Regelung, die sich an einem konkreten – realistisch benannten – Betrag orientiert, wäre zielführend zur Verwirklichung des von der Kommission angeregten „Minderheitenrechts".

Um den Regelungen in Bezug auf die Interessenkonflikte Nachdruck zu verleihen, empfiehlt die spanische Kommission dem Gesetzgeber, die Sanktionen im Falle einer Nichtbeachtung der Regelungen zu verschärfen, insbesondere

1038 So auch Embid Irujo RDM 2003, S. 976; Quijano González RdS 2006, S. 135

1039 Vgl. Streitbörger S. 138 f; anders Mateu de Ros Cerezo S. 392, der juristische Probleme bei der Umsetzung dieses Vorschlages befürchtet.

1040 Informe CUBG Annex II. 6. c)

1041 Informe CUBG Annex II. 6. d)

1042 Ähnlich Quijano González RdS 2006, S. 135

1043 Vgl. Grechenig S. 164; Mateu de Ros Cerezo S. 79 f; Streitbörger S. 19; McKean S. 108

aber zumindest eine Strafzahlung in Höhe der ungerechtfertigten Bereicherung festzulegen.[1044]

Der Gegenargumentation, dass eine interne Regelung, z.B. in der Satzung des Verwaltungsrates für die Vorgehensweise im Falle der Verletzung von Treuepflichten bzw. im Falle von Interessenkonflikten ausreichend wäre[1045], kann nicht gefolgt werden. Es bedarf schon einer gesetzlichen Legitimierung von eingreifenden Sanktionen, zumal auch die bisherige Praxis gezeigt hat, dass die freiwillige Selbstverpflichtung der Unternehmen zur Regelung von Interessenkonflikten und Treuepflichtverletzungen offensichtlich nicht ausreichend ist.

f) Die soziale Verantwortung des Unternehmens

Der Código schlägt vor, dass der Verwaltungsrat seine Tätigkeit auf ein einheitliches Ziel – das Gesellschaftsinteresse – richtet und unabhängig agiert, dabei allerdings alle Aktionäre gleichbehandelt und sich nur von diesem Gesellschaftsinteresse leiten lässt. Er beschwört dazu die Einheit und die Unabhängigkeit des Verwaltungsrates sowohl von der Geschäftsführung, als auch von den herrschenden Aktionären, um die Steigerung des Unternehmenswertes mittel- bis langfristig zu sichern. Dabei definiert die spanische Kommission ähnlich dem deutschen Kodex[1046] das Leitbild des Gesellschaftsinteresses als das gemeinsame Interesse der Aktionäre an der nachhaltigen Maximierung des Unternehmenswertes[1047] - und dies lange vor der weltweiten Finanz- und Wirtschaftskrise. Diese Verpflichtung auf das Gesellschaftsinteresse sei deshalb folgerichtig, da der Verwaltungsrat letztendlich den Aktionären rechenschaftspflichtig sei und durch diese Definition des Tätigkeitszieles dem Verwaltungsrat klare Entscheidungs- und Handlungsrichtlinien vorgegeben werden, die die Arbeit des Verwaltungsrates erleichtern würden.[1048]

Gleichzeitig richtet der Código seine Aufmerksamkeit aber auch auf die Interessen der Stakeholder, also z.B. auf die Arbeiter, Angestellten, Lieferanten, Gläubiger, Kunden etc., und empfiehlt dem Verwaltungsrat, die Gesetze und Verträge zu respektieren sowie die Gebräuche und handelsüblichen Verhaltensweisen des jeweiligen Geschäftssektors und Landes einzuhalten. Auch soll der

1044 Vgl. Informe CUBG Annex II. 6. e); Quijano González RdS 2006, S. 135

1045 Vgl. Mateu de Ros Cerezo S. 392

1046 Siehe DCGK 1. Präambel 2. Absatz, 3.1 sowie 4.1.1

1047 CUBG II. 7. Abs. 1; siehe ausführlich zur Diskussion zum "interés social"-Gesellschaftsinteresse Marcos Fernández/Sánchez Graells RDM 2008, S. 516 ff m.w.N.

1048 Vgl. CUBG II. Erläuterung zu 7.

Verwaltungsrat allen freiwillig sich auferlegten sozialen Verpflichtungen folgen.[1049]

Trotz dieser Empfehlungen an den Verwaltungsrat und dem Hinweis, den Interessen der Aktionäre nicht um jeden Preis zu folgen, sondern die o.a. Stakeholder-Interessen ebenfalls zu berücksichtigen, kann dies nicht darüber hinweg täuschen, dass die Kommission eher dem Shareholder-Ansatz folgt, wie dies bereits in den beiden vorangegangenen Kodizes Olivencia und Aldama der Fall war.[1050] Dies ist bereits daraus ersichtlich, dass nur die freiwillig sich auferlegte soziale Verantwortung erwähnt wird und nur die sowieso aufgrund Gesetz, Vertrag oder Geschäftsusus zu befolgenden Verpflichtungen die ansonsten im Mittelpunkt stehenden Interessen der Shareholder einschränken können.

Bemerkenswert ist jedoch, dass die spanische Kommission schon lange vor der weltweiten Wirtschafts- und Finanzkrise und der daraus resultierenden öffentlichen Shareholder-Value-Kapitalismuskritik[1051] auf die Nachhaltigkeit des Unternehmenswertes und die Berücksichtigung der gesamten Stakeholder abstellt, während die deutsche Kommission diese Zielsetzungen erst im Zuge der Krise explizit aufgenommen hat.

3. Gesamtbetrachtung

Der deutsche Kodex entscheidet sich in Übereinstimmung mit der herrschenden Meinung im juristischen Schrifttum[1052] gegen einen überzogenen, vor allem auf den kurzfristigen Erfolg ausgerichteten rigiden Shareholder-Ansatz der Unternehmensführung und stellt deutlich auf die Berücksichtigung der Stakeholder-Interessen sowie die Nachhaltigkeit der Wertschöpfung und damit auf das Unternehmensinteresse ab[1053], wobei den Anteilseignern als Träger des unternehmerischen Risikos jedoch auch weiterhin eine besondere Stellung zukommt.[1054] Dies wird zum einen durch die hervorgehobene Stellung der Aktionärsrechte im

1049 CUBG II. 7. Abs. 2

1050 Siehe Ferrarini in Hopt/Wymeersch S. 235; Velasco San Pedro S. 3014 f

1051 Vgl. Schiltknecht S. 17

1052 Vgl. Raiser ZHR 1980, S. 225; Mertens, KöKo AktG § 76 Rdnr. 16; Hüffer § 76 Rdnr. 12 ff; Hefermehl/Spindler in MüKo AktG § 76 Rdnr. 18 ff; Schmidt S. 813 f; Hoffmann-Becking in Hoffmann-Becking § 29 Rdnr. 27; Marsch-Barner in Semler/von Schenck S. 734 ff; Henze BB 2000, S. 212; siehe auch von Werder DB 2002, S. 804 m.w.N.

1053 Vgl. DCGK 1. Präambel 2. Absatz, 4.1.1

1054 Vgl. von Werder DB 2002, S. 804; siehe auch Regierungskommission Deutscher Corporate Governance Kodex, Erklärung auf der Startseite www.corporate-governance-code.de .

Kodex deutlich[1055]. Zum anderen aber auch durch die Kodexempfehlungen selbst, die die Rechte der Anteilseigner – zum Teil gesetzesergänzend – stärken sollen[1056]. Durch die Bindung von Vorstand und Aufsichtsrat an das Unternehmensinteresse werden die Führungsorgane auf einen sinnvollen Mittelweg zwischen den beiden Konzepten des Shareholder- und des Stakeholder-Ansatzes festgelegt.[1057]

Aufgrund der Ausrichtung des Managements auf eine nachhaltige Wertsteigerung des Unternehmens im Interesse der Aktionäre und der Stärkung der Aktionärsrechte, z.B. durch den Vorschlag zur Möglichkeit der direkten Erhebung der Haftungsklage für Aktionäre und der gleichzeitigen Forderung nach einer Konkretisierung und Ausweitung der Treuepflichten der Verwalter, bleibt der Fokus der spanischen Corporate Governance Diskussion bei den Shareholdern, auch wenn erste zögerliche Versuche zu erkennen, sind, die Interessen der Stakeholder ebenfalls zu berücksichtigen.

Insbesondere da es in Spanien de facto kein dem deutschen vergleichbares Mitbestimmungsrecht und damit keine offizielle Plattform für zumindest einen Teil der Stakeholder gibt, erscheint dieser Versuch des Código zur Etablierung eines Mittelweges zwischen Shareholder- und Stakeholder-Ansatz dringend notwendig.

Beiden Kodizes liegt daran, v.a.Transaktionen mit Organmitgliedern bzw. nahe stehenden Personen transparent zu gestalten und damit Missbräuche zu verhindern, auch wenn die Kommissionen dieses Ziel auf unterschiedlichen Wegen erreichen wollen. Während der spanische Código eine generelle Zustimmungspflicht für solche Geschäfte vorsieht und die Ausnahmen davon konkret benennt sowie den Gesetzgeber zum Überdenken der Regelungen auffordert, wählt der deutsche Kodex den Weg der Definition von zustimmungspflichtigen Geschäften und überlässt im übrigen den Gesellschaften die Festlegung konkretisierender Merkmale.

Beiden Kodizes ist auch gemein, dass sie für die Ausübung des organschaftlichen Handelns genügend Zeit und Aufmerksamkeit fordern. Während die deutsche Kommission allerdings das gesetzlich definierte Wettbewerbsverbot für Vorstandsmitglieder darstellt und ihre Nebentätigkeiten der Zustimmung des Aufsichtsrat unterworfen sehen will, beschränkt sich die spanische Kommission darauf, nicht weiter in die Privatautonomie der Gesellschaften einzugreifen,

---

1055 Die Ausrichtung des Kodex auf die Aktionärsinteressen wird zum Teil noch als mangelhaft empfunden, vgl. Eisenhardt S. 270.

1056 Siehe dazu z.B. DCGK 2.3.1, 2.3.3, 3.7

1057 Vgl. Henze BB 2000, S. 212; Deutschland als eher dem Stakeholder-Ansatz zugeneigt sieht Ferrarini in Hopt/Wymeersch S. 229 f, wobei allerdings auch Ferrarini zugibt, dass ein langsamer Wechsel in die andere Richtung erkennbar sei.

sondern lediglich Regelungen für die Höchstzahl der Verwalterposten anzuregen und die Nebentätigkeiten der Verwalter offenzulegen. Letzteres allerdings nur, falls diese Nebentätigkeiten beeinträchtigend wirken könnten. Insofern darf festgestellt werden, dass der spanische Código hier zu zurückhaltend agiert, um ein ggfs. gesellschaftsschädigendes Verhalten der Verwalter zu vermeiden.

Das deutsche Aktienrecht sieht im Gegensatz zum spanischen keine Pflicht zur Offenlegung von Interessenkonflikten oder deren Veröffentlichung vor.[1058] Dementsprechend füllt der deutsche Kodex diese Lücke durch die Empfehlungen zur Offenlegung von Interessenkonflikten der Organe aus und sieht hinsichtlich der Interessenkonflikte von Aufsichtsräten eine Offenlegung gegenüber der Hauptversammlung vor sowie ggfs. die Beendigung des Mandats.

In ihrer Auffassung des Kodex konsequent verzichtet die spanische Kommission auf die Darstellung des Gesetzestextes und empfiehlt den Verwaltern neben der Offenlegung der Geschäfte von börsennotierten Tochtergesellschaften zusätzlich, dass sie ihre Ablehnung gegen Verwalterbeschlüsse, die die Interessen der Gesellschaft beeinträchtigen könnten, offen zeigen und bei verstärkter Tendenz des Verwaltungsrats zu solchen Entscheidungen entsprechende persönliche Konsequenzen ziehen.

Beiden Vorgehensweisen muss der Vorwurf gemacht werden, dass die praktische Umsetzung mehr als fraglich ist, da die betroffenen Organmitglieder selbst zu einer Offenlegung verpflichtet würden, wozu sie keine erkennbare Motivation haben dürften.

V. Offenlegung und Transparenz

Umfangreiche Publizitätspflichten für börsennotierte Aktiengesellschaften sind aus zwei Gründen empfehlenswert: Zum einen lässt sich durch eine von Transparenz und Zeitnähe geprägte Informationspolitik das Vertrauen der Anleger stärken bzw. gewinnen.

Zum anderen wird erst durch die Information der Aktionäre und Investoren über die Schritte der Gesellschaft und den aktuellen Stand des Geschäftsganges sowie über zukünftige Planungen eine Überwachung durch den Kapitalmarkt ermöglicht, die zusätzlich zur Kontrolle durch Aufsichtsrat bzw. aussenstehende

---

1058 Vgl. Art. 127 ter. 3. LSA, der durch Ley 26/2003 eingefügt wurde. Im Gegensatz dazu müssen in Deutschland bei Aufsichtsratswahlen lediglich die Aufsichtsratsmandate in (Pflicht-)Aufsichtsräten sowie als Sollbestimmung die Mitgliedschaften in vergleichbaren in- und ausländischen Kontrollgremien offengelegt werden, vgl. § § 124 II, III S. 3, 125 I S. 4 AktG.

Verwalter für Anlegersicherheit sorgen kann.[1059] Dementsprechend spielt Transparenz eine entscheidende Rolle für gute Corporate Governance.[1060]

1. Deutschland

Die Bedeutung der Transparenz für den Kapitalmarkt und die Unternehmensüberwachung hat auch die Kodex-Kommission erkannt und den Transparenzvorschriften einen eigenen Abschnitt im Kodex eingeräumt. Der bisherige Vorsitzende der Kodex-Kommission, Dr. Gerhard Cromme, nennt die Transparenz unternehmerischer Entscheidungen sogar die Hauptaufgabe des DCGK.[1061]

Im Kodex werden daher teilweise gesetzliche Regelungen vereinfacht wiedergegeben als auch darüber hinausgehende Empfehlungen unterbreitet, die sich jedoch nicht nur im 6. Abschnitt „Transparenz" des Kodex wiederfinden, sondern auch in anderen Passagen, die aufgrund der Sachnähe in anderen Teilen dieser Arbeit diskutiert werden.

a) Corporate Governance Bericht und Entsprechenserklärung

Seit Einführung des § 289a HGB durch das BilMoG[1062] besteht für börsennotierte Aktiengesellschaften eine Pflicht zur jährlichen Erklärung zur Unternehmensführung im Lagebericht. Diese Gesetzesänderung wurde von der deutschen Kommission aufgegriffen und findet sich nun in DCGK 3.10 wieder, wonach sich Vorstand und Aufsichtsrat jährlich im Geschäftsbericht über die Corporate Governance des Unternehmens (Corporate Governance Bericht) erklären. Dieser Corporate Governance Bericht ist demnach Bestandteil der Erklärung zur Unternehmensführung der Gesellschaft.

Der Kodex erläutert diese Berichtspflicht durch den Hinweis, dass hierzu auch die Erklärung über eventuelle Abweichungen von den Empfehlungen des Kodex gehört und zu den Kodexanregungen ebenfalls Stellung genommen werden kann.[1063]

Während der Hinweis auf die Erläuterung der Abweichungen vom Kodex lediglich den durch das BilMoG abgeänderten § 161 AktG zitiert, wonach die Abweichungen von den Empfehlungen des Kodex zu begründen sind,[1064] geht

1059 Vgl. Ordelheide in Picot, Corporate Governance S. 89 f

1060 So auch Martín de Vidales/López-Jorrín in Pérez-Ardá S. 279

1061 Siehe Cromme in Corporate Governance Report 2008, S. 24

1062 Bilanzrechtsmodernisierungsgesetz (BilMoG) vom 29.5.2009, BGBl. I 2009, S. 1102

1063 Vgl. DCGK 3.10 S. 3, 4

1064 Vgl. § 161 I S. 1 AktG

die Kommission mit der Anregung, dass auch zu den Kodexanregungen Stellung genommen werden kann, noch über das Gesetz hinaus.

Allerdings setzt sich der Kodex in Widerspruch zu den Offenlegungsvorschriften des BilMoG, wonach die Erklärung zur Unternehmensführung Teil des – prüfungspflichtigen – Lageberichts ist,[1065] und nicht, wie der Kodex empfiehlt, als Bestandteil des – nicht prüfungspflichtigen – Geschäftsberichts. Allerdings kann durch die Positionierung der Erklärung zur Unternehmensführung im Geschäftsbericht den Aktionären und Investoren die Corporate Governance der Gesellschaft einheitlich und umfassend dargestellt werden. Die gesetzliche Pflicht darf dadurch jedoch nicht unterlaufen werden, so dass es durch die Kodexempfehlung zu einer unerwünschten Doppelung bzw. Verweisung kommen könnte.[1066] Dem hat der Gesetzgeber jedoch vorgebeugt, indem er die Möglichkeit geschaffen hat, die Erklärung auch im Internet zu veröffentlichen (§ 289 a I S. 2, 3 HGB), so dass im Lagebericht nur noch auf die Internetdarstellung verwiesen werden muss.

Ferner soll die Gesellschaft gemäß DCGK 3.10 S. 5 nicht mehr aktuelle Entsprechenserklärungen zum Kodex fünf Jahre lang auf ihrer Internetseite zugänglich halten. Auch diese Empfehlung dient der vergangenheits- und zukunftsbezogenen Transparenz dahingehend, dass Abweichungen aktueller von bisherigen Entsprechenserklärungen nachvollzogen werden können und auch der Zeitpunkt ersichtlich ist, zu dem die Gesellschaft den einzelnen Empfehlungen nachgekommen ist.[1067]

Mit diesen zum Teil über die gesetzlichen Regelungen hinausgehenden Bestimmungen zur Publizität der Corporate Governance der Unternehmen unterstreicht die Kommission die Wichtigkeit, die sie guter und umfassender Kommunikation und Transparenz bezüglich der Corporate Governance beimisst und sieht sich damit zugleich in Übereinstimmung mit der Entwicklung in der Europäischen Union.[1068]

1065 Vgl. § § 289 a I S. 1 HGB, 315 II Nr. 4 HGB

1066 Vgl. Ringleb in Ringleb S. 220 f zur gleichen Thematik hinsichtlich der Offenlegung der Vergütungen

1067 Vgl. Pfitzer/Orth in Pfitzer, Deutscher Corporate Governance Kodex, S. 103; Vetter BB 2005, S. 1694

1068 Vgl. Art. 1 Nr. 77 der Richtlinie 2006/46/EG des Europäischen Parlaments und des Rates vom 14.6.2006 (www.eur-lex.europa.eu), welcher u.a. zur Aufnahme einer Erklärung zur Unternehmensführung mit detaillierten Angaben zur Corporate Governance in den Lagebericht verpflichtet.

b) Ad-hoc-Publizität

DCGK 6.1 gibt stark verkürzt die gesetzliche Ad-hoc-Publizitätspflicht nach § 15 WpHG wieder, wonach der Vorstand Insiderinformationen, die die Gesellschaft unmittelbar betreffen, unverzüglich veröffentlichen wird, soweit er nicht im Einzelfall von der Veröffentlichungspflicht befreit ist. Dabei sind Insiderinformationen konkrete Informationen über nicht öffentlich bekannte Umstände, die geeignet sind, im Falle ihres öffentlich Bekanntwerdens den Börsen- oder Marktpreis der Insiderpapiere erheblich zu beeinflussen.[1069]

Der Schutzzweck dieser Ad-hoc-Publizität ist die möglichst umgehende Beseitigung von Informationsasymmetrien, um Insiderhandel weitestgehend einzuschränken und die Integrität der Finanzmärkte zu fördern[1070]. Durch das AnSVG[1071] war die Pflicht zur Publizität erheblich erweitert worden. Der Gesetzgeber hat allerdings erkannt, dass diese Erweiterung zu Unzuträglichkeiten bei den betroffenen Gesellschaften führte, so dass er in § 15 III WpHG den Emittenten von der Pflicht zur Veröffentlichung solange befreit, wie es der Schutz seiner berechtigten Interessen erfordert, keine Irreführung der Öffentlichkeit zu befürchten ist und der Emittent die Vertraulichkeit der Insiderinformation gewährleisten kann.[1072]

c) Stimmrechtsveränderungen der Gesellschaft

DCGK 6.2 enthält grob die gesetzlichen Mitteilungs- und Veröffentlichungspflichten über Stimmrechtsveränderungen von börsennotierten Gesellschaften, welche in § 21 I WpHG verankert sind.

Demnach veröffentlicht der Vorstand unverzüglich den Umstand, dass jemand durch Erwerb, Veräusserung oder auf sonstige Weise 3, 5, 10, 15, 20, 25, 30, 50 oder 75% der Stimmrechte an der Gesellschaft erreicht, über- oder unterschreitet, sobald der Gesellschaft dies bekannt wird.[1073] Inhalt und Form der Veröffentlichungen richten sich nach § 26 WpHG.

1069 Vgl. § 13 I WpHG; Ringleb in Ringleb S. 298

1070 Siehe Hilgers in Deilmann/Lorenz S. 114

1071 Anlegerschutzverbesserungsgesetz vom 28.10.2004, BGBl. I, S. 2630

1072 Vgl. dazu näher Koch DB 2005, S. 267 ff

1073 Vgl. Kapitel III, Abschnitt I, Art. 9 der entsprechenden EU-Transparenzrichtlinie (Richtlinie 2004/109/EG des Europäischen Parlaments und des Rates vom 15.12.2004 zur Harmonisierung der Transparenzanforderungen in Bezug auf Informationen über Emittenten, deren Wertpapiere zum Handel auf einem geregelten Markt zugelassen sind, und zur Änderung der Richtlinie 2001/34/EG) unter www.eur-lex.europa.eu

d) Transparenz der Vorstands- und Aufsichtsratsvergütungen

Über wohl kaum ein anderes Thema wurde bereits bei der ersten Veröffentlichung des Kodex in der Öffentlichkeit kontroverser und breiter diskutiert als darüber, ob die einzelnen Bestandteile der Vorstandsvergütung individualisiert ausgewiesen werden sollten. Das Spektrum der Beiträge reichte von der uneingeschränkten Befürwortung, da man sich nicht nur die Segnungen ausländischer Kapitalmärkte holen könne, sondern auch die Pflichten und dass die Veröffentlichung ein zentraler Punkt guter und transparenter Unternehmensführung sei bis hin zur völligen Ablehnung, die u.a. damit begründet wurde, dass dadurch exzessive Vergütungen nicht vermieden, sondern vielmehr gefördert würden und zudem – unter Verletzung des Persönlichkeitsrechts der einzelnen Vorstände – vor allem der Neidfaktor in der Öffentlichkeit geschürt würde.[1074]

Durch den Erlass des VorstOG[1075] wurde die individualisierte Veröffentlichung begrüßenswerterweise gesetzlich vorgeschrieben und durch das VorstAG[1076] nochmals verschärft, so dass nicht nur die Transparenz der Vergütungen erreicht wird, sondern durch den Druck der Veröffentlichungspflicht auch eine gewisse Hemmschwelle gegenüber exzessiven Vergütungen erfolgen sollte.[1077]

Die Erläuterung des DCGK 4.2.4, wonach die Gesamtvergütung jedes Vorstandsmitglieds, aufgeteilt nach fixen und variablen Verbütungsteilen, unter Namensnennung offengelegt wird, soweit nicht die Hauptversammlung mit Dreiviertelmehrheit anderweitig beschlossen hat, entspricht damit der derzeit gültigen gesetzlichen Regelung[1078]. Dies umfasst auch Zusagen auf Leistungen, die einem Vorstandsmitglied für den Fall der vorzeitigen oder regulären Beendigung der Tätigkeit als Vorstandsmitglied gewährt oder die während des Geschäftsjahres geändert worden sind.[1079]

Die Offenlegung der Vorstandsgehälter soll nach Ansicht der Kommission in einem Vergütungsbericht erfolgen, der als Teil des Corporate Governance Berichts auch das Vergütungssystem für die Vorstandsmitglieder in allgemein verständlicher Form erläutert (DCGK 4.2.5 S. 1).

Damit setzt sich der Kodex jedoch in Widerspruch zu den Offenlegungsvorschriften des VorstOG, wonach die Offenlegung Teil des Anhangs zum – prü-

---

1074 Vgl. zu den Reaktionen von Presse, Unternehmen und Politik Ringleb in Ringleb S. 215 ff m.w.N.

1075 Gesetz über die Offenlegung von Vorstandsvergütungen vom 3.8.2005, BGBl. I 2005 Nr. 47, S. 2267 f

1076 Gesetz zur Angemessenheit der Vorstandsvergütung vom 5.8.2009, BGBl. I 2009, S. 2509

1077 So schon Lutter ZIP 2003, S. 743

1078 Siehe dazu oben unter E.II.1.a)dd); § § 285 Nr. 9.a), 286 V S. 1 HGB

1079 Vgl. DCGK 4.2.4 S. 2

fungspflichtigen – Jahresabschluss bzw. Lagebericht ist,[1080] und nicht, wie der Kodex empfiehlt, als Bestandteil des - nicht prüfungspflichtigen - Geschäftsberichts. Allerdings kann durch die Positionierung der Offenlegung der Vorstandsgehälter im Geschäftsbericht den Aktionären und Investoren diese Thematik einheitlich und umfassend dargestellt werden. Die gesetzliche Pflicht darf dadurch jedoch nicht unterlaufen werden, so dass es durch die Kodexempfehlung zu einer unerwünschten Doppelung bzw. Verweisung kommen könnte,[1081] die vom Gesetzgeber bislang nicht aufgegriffen wurde.

Auch inhaltlich soll die Offenlegung transparent und verständlich sein, wie sich aus der Kodexempfehlung 4.2.5 ergibt[1082] und soll zudem Angaben zur Art der von der Gesellschaft erbrachten Nebenleistungen enthalten.

Dieser Vergütungsbericht soll die Grundlage für das Verständnis und die Beurteilung der Angemessenheit der offengelegten Komponenten der Vorstandsvergütung bilden.

Um größtmögliche Transparenz bei der Vorstandsvergütung sicherzustellen, soll der Aufsichtsratsvorsitzende nach Auffassung des Kodex zudem die Hauptversammlung über die Grundzüge des Vergütungssystems und deren Veränderung informieren,[1083] womit die Kommission auch die Bedeutung des Themas für die Gesellschaft und ihre Aktionäre betont, ohne eine förmliche regelmäßige Berichterstattung vorzugeben oder gar einen Antrag auf Beschluss der Hauptversammlung nach § 120 IV AktG zu fordern.

Ferner soll auch die Vergütung der Aufsichtsratsmitglieder im Corporate Governance Bericht individualisiert, aufgegliedert nach Bestandteilen ausgewiesen werden (DCGK 5.4.6 3. Absatz S. 1). Damit geht die Kommission über die gesetzliche Offenlegungspflicht, wonach im Anhang nur die Gesamtbezüge der Mitglieder des Aufsichtsrats anzugeben sind[1084], hinaus, um weitgehende Transparenz hinsichtlich des gesamten Vergütungssystems zu schaffen.

Zudem sollen die vom Unternehmen an die Mitglieder des Aufsichtsrats gezahlten Vergütungen oder gewährten Vorteile für persönlich erbrachte Leistungen, insbesondere Beratungs- und Vermittlungsleistungen, ebenfalls individualisiert im Corporate Governance Bericht gesondert angegeben werden (DCGK 5.4.6 3. Absatz).

1080 Vgl. § § 289 II Nr. 5 HGB, 315 II Nr. 4 HGB

1081 Vgl. Ringleb in Ringleb S. 220 f

1082 So auch die Empfehlung der Europäischen Kommission vom 30.4.2009 zur Regelung der Vergütung von Mitgliedern der Unternehmensleitung börsennotierter Gesellschaften (2009/385/EG) Abschnitt II 5.1. unter www.eur-lex.europa.eu

1083 Vgl. DCGK 4.2.3, 6. Absatz

1084 Siehe § 285 Nr. 9 HGB

Diese Kodexempfehlung ist im Kontext mit der Regelung des DCGK 5.5.4 zu sehen, wonach Berater- und sonstige Dienstleistungs- und Werkverträge eines Aufsichtsratsmitglieds mit der Gesellschaft der Zustimmung des Aufsichtsrats bedürfen. Damit soll möglichen Interessenkonflikten zwischen Vorstand und Aufsichtsrat als Auftragnehmer entgegengewirkt werden und mehr Transparenz erreicht werden,[1085] aber auch eine unsachliche Beeinflussung von Aufsichtsratsmitgliedern durch Sonderleistungen des Vorstands verhindert werden.[1086] Da gerade Beraterverträge mit Aufsichtsratsmitgliedern leicht missbräuchlich gehandhabt werden können, kommt der Offenlegung eine erhebliche präventive Wirkung zu.[1087]

Transparenzempfehlungen zum Vergütungssystem enthält der Kodex ferner in DCGK 7.1.3, wonach der Corporate Governance Bericht konkrete Angaben über Aktienoptionsprogramme und ähnliche wertpapierorientierte Anreizsysteme der Gesellschaft enthalten soll. Mit dieser Empfehlung soll das Informationsdefizit der Aktionäre und Analysten hinsichtlich Art und Umfang von wertpapierorientierten Vergütungsmodellen für Organmitglieder beseitigt werden, wobei die Kodexempfehlung 4.2.5 diese Veröffentlichung allerdings bereits vollständig abdeckt, so dass DCGK 7.1.3 teilweise als überflüssig betrachtet wird.[1088]

Allerdings umfasst die Empfehlung des DCGK 7.1.3 nicht nur Aktienoptionsprogramme in Bezug auf die Organmitglieder, sondern auch im Hinblick auf die Mitarbeiter. Insofern erscheint diese Empfehlung wichtig, da diese Diskussion in der Öffentlichkeit, angestoßen durch exzessive Optionspläne vor allem in den USA, zukünftig verstärkt geführt werden wird.[1089]

e) Information und Kommunikation im In- und Ausland

Der Kodex greift das allgemeine Gleichbehandlungsgebot des § 53 a AktG auf und stellt fest, dass die Gesellschaft die Aktionäre bei Informationen gleich behandeln wird (DCGK 6.3. S. 1). Weiter empfiehlt er, ihnen unverzüglich sämtliche neuen Tatsachen, die Finanzanalysten und vergleichbaren Adressaten mitge-

---

1085 Vgl. Mertens in KöKo AktG, § 114 Rdnr. 4 ff

1086 So auch die Zielsetzung des § 114 AktG, der sich in dieser Kodex-Empfehlung niederschlägt, vgl. Kremer in Ringleb S. 290 ff; BGH NZG 2007, S. 103; Hüffer AktG § 114 Rdnr. 1

1087 Vgl. Lutter/Krieger Rdnr. 733 ff

1088 Vgl. Oser/Wader in Pfitzer, Deutscher Corporate Governance Kodex, S. 266f

1089 Siehe Ringleb in Ringleb S. 320

teilt worden sind, zur Verfügung zu stellen,[1090] um ungerechtfertigte Informationsasymmetrien zwischen den Teilnehmern am Kapitalmarkt zu vermeiden, was als zentrales Element fairer Transparenz und guter Corporate Governance gesehen wird.[1091]

Um die Anteilseigner und Investoren rasch und gleichmäßig sowie kostengünstig zu informieren, bieten sich moderne Kommunikationsmedien wie insbesondere das Internet an. Dementsprechend greift auch der Kodex dies auf und empfiehlt, dass zur zeitnahen und gleichmäßigen Information der Aktionäre und Anleger die Gesellschaft geeignete Kommunikationsmedien, wie etwa das Internet nutzen soll (DCGK 6.4).

Diese Empfehlung vertieft der Kodex noch dadurch, dass von der Gesellschaft veröffentlichte Informationen über das Unternehmen auch über die Internetseite der Gesellschaft zugänglich sein sollen. Dazu soll die Internetseite übersichtlich gegliedert sein. Ferner regt der Kodex an, dass die Veröffentlichungen auch in englischer Sprache erfolgen sollten,[1092] da damit das Informationsgefälle zwischen In- und Ausland abgebaut werden kann.[1093]

Die Empfehlung des Kodex, Informationen, die die Gesellschaft im Ausland aufgrund der jeweiligen kapitalmarktrechtlichen Vorschriften veröffentlicht, auch im Inland unverzüglich bekannt zu geben (vgl. DCGK 6.5), entspricht dem Prinzip des Fair Disclosure. Damit soll verhindert werden, dass bestimmte Kapitalmarktteilnehmer über bessere Informationen verfügen, wenn ausländische Gesetze strengere Transparenzanforderungen stellen.[1094]

f) Directors′ Dealings Regeln

Transparenzregelungen bei Wertpapiergeschäften der Führungskräfte eines Unternehmens, den sogenannten „Directors′ Dealings“ sind internationaler Standard und auch in Deutschland seit 2002 gesetzlich verankert.[1095]

1090 Vgl. DCGK 6.3, der im wesenlichen Kapitel III, Abschnitt II, Art. 17 I der EU-Transparenzrichtlinie 2004/109/EG entspricht.

1091 Vgl. von Werder in Ringleb S. 302

1092 Vgl. DCGK 6.8

1093 Siehe von Werder in Ringleb S. 314

1094 So Göhner/Zipfel in Pfitzer, Deutscher Corporate Governance Kodex, S. 236; von Werder in Ringleb S. 303 ff

1095 Siehe § 15a WpHG, der durch das 4. Finanzmarktförderungsgesetz vom 21.6.2002 (BGBl. I, Nr. 39, S. 2010 ff), das AnSVG (Gesetz zur Verbesserung des Anlegerschutzes vom 28.10.2004, BGBl. I, Nr. 56, S. 2630 ff) sowie das TUG (Transparenzrichtlinie-Umsetzungsgesetz vom 5.1.2007, BGBl. I, Nr. 1, S. 10 ff) mehrfach geändert wurde; Fleischer ZIP 2002, S. 1217; Ringleb in Ringleb S. 307 ff

Um insbesondere den ausländischen Investoren deutlich zu machen, dass es auch in Deutschland angemessene Regelungen zu Directors' Dealings gibt, empfiehlt der Kodex „über die gesetzliche Pflicht zur unverzüglichen Mitteilung und Veröffentlichung von Geschäften in Aktien der Gesellschaft hinaus", dass der Besitz von Aktien der Gesellschaft oder sich darauf beziehender Finanzinstrumente, von Vorstands- und Aufsichtsratsmitgliedern angegeben werden soll, wenn er direkt oder indirekt größer als 1 % der von der Gesellschaft ausgegebenen Aktien ist. Übersteigt der Gesamtbesitz aller Vorstands- und Aufsichtsratsmitglieder 1 % der von der Gesellschaft ausgegebenen Aktien, soll der Gesamtbesitz getrennt nach Vorstand und Aufsichtsrat angegeben werden.

Diese Angaben sollen im Corporate Governance Bericht enthalten sein.[1096] Damit bezweckt der Kodex, Transparenz darüber zu schaffen, ob und ggfs. welchen Einfluss Verwaltungsmitglieder durch Beteiligungsbesitz auf die Gesellschaft ausüben können.

Das Gesetz selbst spricht von Geschäften, die einen Gesamtbetrag von 5.000 EUR im Kalenderjahr nicht erreichen und damit nicht mitteilungspflichtig sind, was dazu führt, dass diese Vorschrift nur noch als Placebo betitelt wird[1097] und aufgrund des anderenfalls notwendigen Verwaltungsaufwands de facto jedes Geschäft in Aktien oder darauf bezogenen Finanzinstrumenten gemeldet wird.

Auch wenn die Empfehlung des Kodex hinsichtlich der 1%-Regelung insbesondere bei größeren Gesellschaften selten greifen wird und damit hinter dem Gesetz zurückbleibt, sind diese Kodex-Ausführungen als willkommenes Mittel zur Schaffung von Transparenz und zur Erläuterung des deutschen Systems anzusehen[1098].

g) Finanzkalender

Für Anleger ist nicht nur die Veröffentlichung von Informationen des Unternehmens von Bedeutung, sondern auch ein Zeitplan, wann mit diesen zu rechnen ist. Daher empfiehlt der Kodex, dass im Rahmen der laufenden Öffentlichkeitsarbeit die Termine der wesentlichen wiederkehrenden Veröffentlichungen (u.a. Geschäftsbericht, Zwischenfinanz-berichte) und der Termin der Hauptversammlung in einem „Finanzkalender" mit ausreichendem Zeitvorlauf publiziert werden (vgl. DCGK 6.7).

1096 DCGK 6.6

1097 Vgl. Ringleb in Ringleb S. 310

1098 Vgl. im Gegensatz dazu die spanische Regelung des Art. 116 LMV sowie Orden ECO/3722/2003, veröffentlicht im BOE 7/2004 vom 8.1.2004 (Nr. 318, S. 389 ff) und Circular der CNMV 1/2004 vom 17.3.2004, wonach lediglich sämtliche Beteiligungen über 5% im jährlichen Corporate Governance Bericht veröffentlicht werden müssen.

Dadurch können die Anleger und andere Bezugsgruppen der Gesellschaft ihr Informationsverhalten auf die Veröffentlichungszeitpunkte einrichten.

h) Berichterstattung über Drittunternehmen und nahe stehende Personen

Eine weitere Transparenzregelung findet sich in DCGK 7.1.4, wonach die Gesellschaft eine Liste von Drittunternehmen veröffentlichen soll, an denen sie eine Beteiligung von für das Unternehmen nicht untergeordneter Bedeutung hält. Handelsbestände von Kredit- und Finanzdienstleistungsinstitutionen, aus denen keine Stimmrechte ausgeübt werden, bleiben hierbei unberücksichtigt. Es sollen angegeben werden: Name und Sitz der Gesellschaft, Höhe des Anteils, Höhe des Eigenkapitals und Ergebnis des letzten Geschäftsjahres.

Damit wollte der Kodex sicherstellen, dass Anleger und Kapitalmarkt über Beteiligungen des Unternehmens informiert werden, die für das Unternehmen wirtschaftlich bedeutsam sind.

Von der Einfügung einer festen Beteiligungsquote wurde abgesehen, um jedem Unternehmen die Möglichkeit zu geben, eigenverantwortlich eine dem Einzelfall gerecht werdende Entscheidung zu treffen.[1099]

Auch Beziehungen zu nahe stehenden Personen können auf das Unternehmensergebnis einen erheblichen Einfluss ausüben, da die Gefahr besteht, dass die Unternehmensleitung Geschäfte mit nahe stehenden Personen nicht nur aus wirtschaftlichen Erwägungen im Interesse der betroffenen Gesellschaft eingeht, sondern auch aufgrund von persönlichen Beziehungen[1100] bzw. dass diese Geschäfte nicht zu marktüblichen Konditionen abgewickelt werden. Dementsprechend soll die Berichterstattung über Beziehungen mit nahe stehenden Personen dem Kapitalmarkt die Beurteilung der Qualität dieser Beziehungen ermöglichen.[1101]

Der Kodex empfiehlt daher, dass im Konzernabschluss Beziehungen zu Aktionären erläutert werden, die im Sinne der anwendbaren Rechnungslegungsvorschriften als nahe stehende Personen zu qualifizieren sind (vgl. DCGK 7.1.5). Die anwendbaren Rechnungslegungsvorschriften der IFRS enthalten unter IAS 24 umfassende Angabepflichten und Definitionen, welche Unternehmen und Personen im Verhältnis zum berichtenden Unternehmen als nahe stehend betrachtet werden[1102]. Dazu gehören Personen (auch juristische), die die Gesell-

1099 Siehe Ringleb in Ringleb S. 321

1100 Vgl. Küting/Weber/Gattung in KoR 2003, S. 53

1101 Vgl. Küting/Weber/Gattung in KoR 2003, S. 54

1102 Siehe hierzu auch den Deutschen Rechnungslegungsstandard Nr. 11 des Deutschen Rechnungslegungs Standards Committee e.V., BAnz. 54 Nr. 67 a vom 10.4.2002

schaft allein oder gemeinsam mit einem anderen kontrollieren oder von ihr kontrolliert werden oder die auf andere Weise einen maßgeblichen Einfluss auf die Gesellschaft ausüben können.

Festzuhalten bleibt, dass der Kodex über die Erfordernisse des IAS 24 nicht hinausgeht, sondern vielmehr durch die bloße Bezugnahme auf die Beziehungen und nicht auf die konkret abgewickelten Geschäfte mit den nahe stehenden Personen, wie es IAS 24.17 und IAS 24.20 tun, den IFRS hinterherhinkt. Insofern wäre es sinnvoll, die Empfehlung in eine Aussage umzuformulieren und auf die umfangreichen Berichterstattungspflichten sowohl über Beziehungen als auch über Geschäfte mit nahe stehenden Personen hinzuweisen.[1103]

2. Spanien

Wie in Deutschland so gibt es auch in Spanien weitgehende gesetzliche Vorschriften zur Publizität einer börsennotierten Aktiengesellschaft. So müssen letztere gemäß der Generalklausel des Art. 82 LMV über alle Umstände kurzfristig berichten, die geeignet sind, den Börsenkurs zu beeinflussen[1104] und zur Gewährleistung dieser ad-hoc-Publizität eine eigene Webseite unterhalten (vgl. Art. 117.2 LMV).

Zudem sind börsennotierte Aktiengesellschaften bereits seit dem Transparenzgesetz 26/2003 vom 17.7.2003 verpflichtet, einen detaillierten Corporate Governance Bericht zu veröffentlichen, der Informationen zur Eigentümerstruktur, zur Struktur und inneren Ordnung der Verwaltung, zu Geschäften mit wesentlichen Aktionären, zur Risikokontrolle und inneren Ordnung der Hauptversammlung enthalten muss.[1105]

Allerdings betonte schon die Olivencia-Kommission, dass die Transparenz zum Schutz der Anlegerinteressen nur erreicht werden kann, wenn die Gesellschaft den Markt detailliert und verlässlich über ihre Aktivitäten und Ergebnisse informiert, wobei der Verwaltungsrat eine weit über die gesetzlich geforderten Veröffentlichungen hinausgehende, aktive Rolle spielen müsse.[1106]

1103 So auch Oser/Wader in Pfitzer, Deutscher Corporate Governance Kodex, S. 274

1104 Gleiches gilt in Deutschland wegen der ad-hoc-Publizität gemäß § 15 WpHG.

1105 Vgl. Art. 116 LMV sowie Orden ECO/3722/2003, veröffentlicht im BOE 7/2004 vom 8.1.2004 (Nr. 318, S. 389 ff). Darüber hinaus hat die CNMV die Circular 1/2004 vom 7.3.2004 zur Konkretisierung der Berichtspflicht erlassen. Siehe dazu auch Wagner RIW 2004, S. 258 ff

1106 Vgl. Olivencia RDM 1998, S. 767f

a) Offenlegung der Beschlussvorschläge

In Anlehnung an die Forderung der Aldama-Kommission sowie dem Ministerialerlass ECO/3722/2003 vom 26. Dezember 2003 sollen die börsennotierten Aktiengesellschaften die Beschlussvorschläge, die der Hauptversammlung durch den Verwaltungsrat vorgelegt werden sollen, im vorhinein veröffentlichen. Dies bedeutet, dass in dem Moment, in dem die Einberufung der Hauptversammlung öffentlich bekannt gemacht wird, auch die Beschlussvorlagen detailliert publiziert werden. Dies soll den Prozess der Entscheidungsfindung transparenter machen.[1107]

Dabei umfasst die vom Código vorgeschlagene Offenlegungspflicht auch die detaillierten Informationen über die Verwalter, die der Hauptversammlung zur Ernennung bzw. Bestätigung vorgeschlagen werden. So müssten beispielsweise das berufliche und persönliche Profil des Verwalters, dessen sonstige Verwalterposten, welche er innehat, die Kategorie des Verwalterpostens, den er einnehmen soll bzw. im Falle eines herrschenden Verwalterpostens den Aktionär, den er vertritt oder mit dem er in enger Verbindung steht, angegeben werden. Auch das Datum seiner ersten Ernennung zum Verwalter und der darauf folgenden Ernennungen sowie die Information über Aktien und Aktienoptionen[1108], die er von diesem Unternehmen hält, müssten nach Auffassung der Kommission vor der Beschlussfassung durch die Hauptversammlung öffentlich bekannt gemacht werden.[1109]

Da die Ankündigung der Einberufung der Hauptversammlung auf der Internetseite des Unternehmens veröffentlicht werden muss (Ministerialerlass ECO/3722/2003 vom 26. Dezember 2003 1.f)), bietet sich an, auch die o.a. Informationen per Internet zu publizieren.

Sinnvoll wäre allerdings gewesen, diesen wenn auch nicht innovativen[1110], so dennoch begrüßenswerten Vorschlag, explizit auch auf die Tagesordnungspunkte auszudehnen, die von den Aktionären und Aktionärsminderheiten gemäß

1107 Vgl. CUBG II. 4. und Erläuterung zu 4.

1108 Damit geht der spanische Código über den Vorschlag der deutschen Kommission hinaus, wo lediglich Aktienbesitz individualisiert angegeben werden muss, wenn er größer als 1% der von der Gesellschaft ausgegeben Aktien ist, vgl. DCGK 6.6.

1109 CUBG II. 4., 28.; vgl. auch die Empfehlung der Europäischen Kommission vom 15.2.2005 (2005/162/EG), Abschnitt III. 11.4

1110 Im Circular 1/2004 der CNMV werden die börsennotierten Aktiengesellschaften verpflichtet, die Beschlussvorschläge zu veröffentlichen, vgl. Rodríguez Artigas RdS 2006, S. 42; zudem ist in mehreren börsennotierten Gesellschaften die Veröffentlichung bereits gängige Praxis und in der Geschäftsordnung der Hauptversammlung geregelt, vgl. Mateu de Ros Cerezo S. 156

Art. 97 3. LSA zusätzlich vorgeschlagen werden, um dem Informationsrecht der Aktionäre umfassend zu entsprechen[1111].

Auch unterlässt es der Código, das Problem der nachträglichen inhaltlichen Änderung der Beschlussvorschläge aufzugreifen, die z.B. durch eine plötzliche Veränderung der Rechtslage oder durch eine Entscheidung des Verwaltungsrates verursacht werden. Hier wäre es angebracht gewesen, notwendige inhaltliche Änderungen der Beschlussvorschläge durch den Verwaltungsrat auf technische bzw. rechtliche Korrekturen zu beschränken und nur in Ausnahmefällen anderweitige Modifikationen zuzulassen, die dann vor den Aktionären vorab mitzuteilen wären.[1112]

b) Erklärungs- und Veröffentlichungspflicht bezüglich der Verwalter

Dieselben unter a) genannten beruflichen und privaten Informationen über jeden einzelnen Verwalter sollen nach Auffassung der spanischen Kommission ständig aktualisiert auch im Internet publiziert werden[1113]. Dies diene nicht nur der Vertrauensbildung, sondern spare den Investoren und Aktionären auch Geld und Zeit bei der Beschaffung der zum Teil bereits durch Gesetz vorgeschriebenen veröffentlichungspflichtigen Fakten, indem diese Informationen per Internet abrufbar sind.[1114]

Zusätzliche Transparenz will die Kommission bei der Ernennung von Verwaltern dadurch erzielen, dass der Verwaltungsrat der Hauptversammlung die Art jedes einzelnen Verwalters, also ob dieser herrschender, unabhängiger, geschäftsführender oder sonstiger Verwalter ist, vor dessen Ernennung bzw. Bestätigung erläutert. Nach entsprechender Prüfung durch den Ernennungsausschuss soll die Bestimmung der Art des Verwalters im jährlichen Corporate Governance Bericht bestätigt bzw. revidiert werden.

Weiter schlägt der Código vor, dass in diesem Bericht auch die Gründe für die Ernennung von herrschenden Verwaltern dargelegt werden, welche auf Betreiben von Aktionären erfolgt, die weniger als 5 % des Gesellschaftskapitals halten.

Zugleich sollen in diesem jährlichen Corporate Governance Bericht auch die Gründe angegeben werden, die dazu führten, dass die Anträge auf Entsendung von Verwaltern in den Verwaltungsrat, welche von Aktionären gestellt wurden,

---

1111 Vgl. Rodríguez Artigas RdS 2006, S. 43

1112 Vgl. dazu auch Rodríguez Artigas RdS 2006, S. 43 f; Mateu de Ros Cerezo S. 158

1113 CUBG II. 28.

1114 Der Aktienbesitz der Verwalter an der Gesellschaft ist bei der CNMV öffentlich zu registrieren, vgl. Art. 53 LMV.

die einen gleich hohen bzw. höheren Anteil am Gesellschaftskapital halten, nicht berücksichtigt wurden.[1115]

Damit will die Kommission ausdrücklich nicht verhindern, dass Aktionäre mit weniger als 5 % Gesellschaftsanteilen als herrschende Verwalter nominiert werden, sondern die Gesellschaften sollen dadurch aufgefordert werden, die Gründe für ihre Entscheidungen offen darzulegen, was insbesondere dann als wichtig angesehen wird, wenn die Entscheidungskriterien dazu führen, dass Aktionäre mit gleich hohem oder höherem Anteil am Gesellschaftskapital, die ebenfalls Zugang zum Verwaltungsrat suchen, anders behandelt werden bzw. dadurch dann keine herrschenden Verwalter in den Verwaltungsrat entsenden können.

Diese zusätzliche Transparenz bei der Nominierung insbesondere von herrschenden Verwaltern ist nach Auffassung der Kommission vor allem aufgrund der Tatsache angebracht, dass die Regelung des Minderheitenvertreters gemäß Art. 137 LSA in der Praxis nur selten Anwendung findet und in vielen börsennotierten Aktiengesellschaften in Spanien häufig herrschende Verwalter bestellt werden, die Aktionäre mit bedeutenden Anteilen vertreten.[1116]

In dieselbe Richtung geht der Vorschlag der Kommission, dass die Gesellschaft es offen legen sollte, wenn ein externer Verwalter weder als unabhängiger noch als herrschender Verwalter eingestuft werden kann. Zudem sollen dann auch seine Verbindungen mit der Gesellschaft, den leitenden Angestellten bzw. den Aktionären publik gemacht werden.[1117] Dadurch soll sichergestellt werden, dass Verwalter – wie in der spanischen Unternehmensrealität des öfteren anzutreffen[1118] –, die nicht (mehr) genau in die Kategorien unabhängig, herrschend und geschäftsführend eingeordnet werden können, dennoch als „sonstige Verwalter" in der Gesellschaft verbleiben können, aber ihre Verbindungen zu ihr offen gelegt werden und damit größtmögliche Transparenz geschaffen wird.[1119]

Auch wenn es sich dabei um einen Verwaltertypus ausserhalb der bislang durch den Código definierten Struktur handelt und ebensowenig in anderen Corporate Governance Kodizes bekannt ist[1120], so muss dieser pragmatische Vorschlag dennoch positiv bewertet werden, da er der Gesellschaft die Möglichkeit

---

1115 CUBG II. 14.

1116 CUBG II. Erläuterung zu 14.; vgl. auch Sánchez Calero, S. 364

1117 CUBG II. 11.

1118 Vgl. Sánchez-Calero Guilarte S. 25

1119 CUBG II. Erläuterung zu 11.; Esteban Velasco RdS 2006, S. 106

1120 Vgl. Esteban Velasco RdS 2006, S. 106; auf die Schwierigkeit der rechtlichen Einordnung und dementsprechender Konsequenzen weisen Marcos Fernández/Sánchez Graells RDM 2008, S. 552 ff hin, die eher eine Assimilierung in Richtung der definierten Verwalterkategorien befürworten.

gibt, für sie beispielsweise aufgrund deren Erfahrung oder Wissen wichtige Verwalter auch dann im Verwaltungsrat zu belassen, wenn die formellen Voraussetzungen für eine genaue Klassifizierung des Verwalters in die Standardtypen nicht gegeben sind.

Allerdings hätte der Código gut daran getan, den Ausnahmecharakter dieser Regelung hervorzuheben und z.B. eine maximale Anzahl und Dauer des Verbleibs dieser sonstigen Verwalter im Verwaltungsrat festzulegen. Auch wäre es zur Vermeidung von Missbrauch sinnvoll gewesen, klarzustellen, dass diese sonstigen Verwalter nicht als externe Verwalter im Sinne des Código gelten dürfen, um insbesondere die Zusammensetzung der Ausschüsse und des Verwaltungsrates dadurch nicht zu verfälschen. So könnten beispielsweise quasigeschäftsführende Verwalter als sonstige Verwalter klassifiziert werden und im Prüfungsausschuss sitzen.[1121]

c) Veröffentlichung der Vergütungen im Jahresbericht

Auch in Bezug auf die Vergütung der Verwalter fordert die spanische Kommission eine im Vergleich zu den vorhergehenden Kommissionen Olivencia und Aldama weitergehende Transparenz, indem sie die Offenlegung nicht nur der jährlichen Gesamtvergütung des Gesamtverwaltungsrates und jedes einzelnen Verwalters vorschlägt, sondern die Veröffentlichung der spezifischen Vergütungen jedes einzelnen Verwalters im Bericht zum Jahresabschluss fordert.

Ferner definiert der Código genau, was unter den zu veröffentlichenden Vergütungen zu verstehen ist[1122]:

Dazu gehören Teilnahme- und Anwesenheitshonorare sowie andere fixe Verwalterzahlungen und auch Zusatzvergütungen für die Tätigkeit als Vorsitzender oder Mitglied eines Ausschusses.

Ebenfalls dazugerechnet werden jegliche Zahlungen im Rahmen von Gewinnbeteiligungen, Bonussystemen und Altersvorsorgeplänen sowie sonstige dem Verwalter zugute kommende Benefits. Auch gezahlte oder zu zahlende Abfindungen (z.B. im Rahmen von Change-of-Control-Klauseln), Vergütungen für eine Verwaltertätigkeit in einer anderen Gesellschaft der Unternehmensgruppe sowie Zahlungen in Bezug auf die Position eines leitenden Angestellten zählen nach Auffassung der Kommission zu den zu veröffentlichenden Vergütungen eines Verwalters.

1121 Vgl. Esteban Velasco RdS 2006, S. 106 ; Mateu de Ros Cerezo S. 224

1122 Vgl. auch die Empfehlung der EU-Kommission vom 14.12.2004 zur Einführung einer angemessenen Regelung für die Vergütung von Mitgliedern der Unternehmensleitung börsennotierter Gesellschaften (2004/913/EG) Abschnitt III. 5.

Im übrigen soll jede Vergütung angegeben werden, unabhängig davon, welcher Art sie ist und welche Stelle innerhalb der Unternehmensgruppe sie zahlt, insbesondere, wenn es sich um eine Zahlung handelt, bei der nahe stehende Personen involviert sind oder wenn ihr Verschweigen die Gesamtvergütung des Verwalters in ein falsches Licht rücken würde.[1123]

Der CUBG führt zudem an, dass auch Aktien, Aktienoptionen und anderweitige aktienbasierte Instrumente bei der individuellen Vergütung eines Verwalters mit anzugeben sind. So wären die Anzahl der Aktien oder Aktienoptionen, die dem Verwalter im Berichtsjahr zugestanden wurden sowie deren Ausübungskonditionen aufzuführen. Ebenso zu veröffentlichen wäre die Anzahl der Aktienoptionen, die im Berichtsjahr ausgeübt wurden, inklusive der Anzahl der involvierten Aktien und des Ausübungspreises.

Ferner soll nach Auffassung der Kommission auch die Anzahl der Aktienoptionen angegeben werden, die am Ende des Jahres noch offen sind, inklusive deren Preis, Datum und sonstiger Ausübungskonditionen.

Im übrigen soll jede Änderung, die sich im Laufe des Jahres in Bezug auf die Ausübungskonditionen früher zugestandener Aktienoptionen ergeben hat, publiziert werden.[1124] Damit geht der Código weit über die vom deutschen Gesetzgeber geforderten Angaben hinaus[1125], um eine umfassende Transparenz bei der Vergütung in Aktien oder aktienbasierten Instrumenten, die auch in Spanien gängige Praxis sind[1126], zu erzielen.

Nicht zuletzt schlägt der Código vor, dass in dem Bericht auch die Relation zwischen dem im Berichtsjahr erzielten Unternehmensgewinn bzw. einer anderen für das Unternehmensergebnis relevanten Kennzahl und den Vergütungen der geschäftsführenden Verwalter aufgeführt wird.[1127]

Mit diesen Vorschlägen könnte die Transparenz im Bereich der Verwaltervergütung deutlich verbessert werden, welche im Vergleich zu Deutschland kaum gegeben ist, wo insbesondere durch das VorstOG breite Transparenz geschaffen wurde.[1128] In Spanien hingegen sieht das Gesetz nur rudimentäre An-

---

1123 CUBG II. 41. a) i) – viii); vgl. aber Mateu de Ros Cerezo S. 319, der die Zahlungen aufgrund Fälligkeit eines Vorsorgeplans und die bestehenden Rechte mangels expliziter Erwähnung im Código von einer Veröffentlichungspflicht ausnehmen will, was allerdings aufgrund der Generalklausel unter 41.a)viii) und dem Zweck der Vorschrift nicht angemessen erscheint.

1124 CUBG II. 41. b) i) – iv)

1125 Siehe § 285 Nr. 9 HGB; vgl. aber DCGK 7.1.3 wonach – im Gegensatz zu Spanien – auch Mitarbeiteraktienoptionsprogramme veröffentlicht werden sollen.

1126 Vgl. Martínez Sanz in Arroyo/Embid Band II, S. 1355

1127 CUBG II. 41. c)

1128 Vgl. Heidrick & Struggles S. 9, 31

sätze zur Definition und Transparenz der Verwaltervergütungen vor[1129], so dass die detaillierte Aufführung der zu veröffentlichenden Angaben nebst der Generalklausel, jede Vergütung individualisiert anzugeben, ein Schritt in die richtige Richtung sind[1130].

3. Gesamtbetrachtung

Die deutsche Kommission widmet dem Thema Transparenz einen eigenen Abschnitt und bezeichnet diese als die wichtigste Aufgabe des Kodex, so dass verständlich wird, dass Transparenzregelungen im ganzen Kodex verteilt aufzufinden sind. Umso überraschender ist jedoch, dass ein Großteil der Ausführungen zur Transparenz lediglich die Gesetzeslage wiedergibt und nur teilweise über das Gesetz hinausgehende Transparenzerfordernisse aufgestellt werden, wohingegen Spanien das Thema Transparenz im Código lediglich bezüglich der Vorstandsvergütungen explizit ausführt, aber gleichzeitig eine Reihe von Empfehlungen ausspricht, die zur stärkeren Transparenz und Offenlegung von Informationen führen.

Beiden Kodizes gemein ist eine starke Fokussierung auf das Thema der Offenlegung von Vergütungen.

Der deutsche Kodex gibt dabei vor allem die mit dem VorstOG geschaffene Rechtslage wieder und definiert einige weitere Angaben, wie z.B. die Aufsichtsratsvergütungen und Beraterleistungen von Aufsichtsräten sowie Aktienoptionsprogramme der Gesellschaft, die öffentlich gemacht werden sollen.

Der spanische Código hingegen widmet der Transparenz von Vergütungen einen großen Abschnitt, in dem er deutlich über das Gesetz hinausgehende Empfehlungen tätigt, da diese Thematik gesetzlich bislang unzureichend geregelt ist[1131]. Demensprechend spricht sich der CUBG für eine individualisierte Veröffentlichung der Verwaltervergütungen im Jahresbericht aus und definiert gleichzeitig, was diesbezüglich unter Verwaltervergütung zu verstehen ist, wobei er die Transparenz hinsichtlich von Aktienoptionen besonders hervorhebt.

Nicht zuletzt auch die Empfehlung, die Relation zwischen Unternehmensgewinn und Vergütungen der geschäftsführenden Verwalter publik zu machen, zeigt deutlich, dass auch Spanien mittlerweile auf die regulierende Wirkung transparenter und offengelegter Vergütungen setzt.

1129 Siehe E.II.2.a)ee); zur kritischen Diskussion dazu siehe Velasco San Pedro RdS 2006, S. 137, 146; Farrando Miguel RdS 2006, S. 373

1130 So auch Torrent RdS 2006, S. 223

1131 Siehe z.B. Art. 130 LSA

Mit dem bereits seit 2002 gesetzlich verpflichtend abzugebenden umfassenden jährlichen Corporate Governance Bericht geht Spanien über die derzeitige Gesetzeslage in Deutschland hinaus und war damit nicht nur den diesbezüglichen deutschen gesetzlichen Regelungen und Kodex-Empfehlungen, sondern auch den Entwicklungen in Europäischem Rat und Parlament voraus. Ergänzend empfiehlt der Código u.a., in diesem Bericht auch nähere Informationen über die Art der Verwalter aufzunehmen und den Aktionären zu erläutern, insbesondere, wenn es sich um herrschende Verwalter mit weniger als 5 % Besitz am Gesellschaftskapital handelt oder sogenannte sonstige Verwalter vorkommen.

Ebenfalls eine Vorreiterrolle nimmt Spanien in Bezug auf den Einsatz elektronischer Medien ein, wonach für das Internet in Bezug auf die Kommunikation und Offenlegung von Informationen ein fester Platz vorgesehen ist[1132]. So empfiehlt der CUBG konkret definierte Verwalterdaten ständig aktualisiert im Internet bereit zu stellen und diese Plattform auch für andere Informationen zu nutzen, die für den Aktionär wichtig sind. Beispielsweise könnte auch die vom Código geforderte Offenlegung der Beschlussvorschläge an die Hauptversammlung im Internet erfolgen.

Die deutsche Kommission hingegen scheint vor allem die gleichwertige Information und Behandlung der, auch ausländischen, Anleger im Visier zu haben, da sie eine Reihe von Empfehlungen bezüglich der Vermeidung von Informationsasymmetrien abgibt. In diesem Zusammenhang nennt der Kodex einen zu etablierenden Finanzkalender und bezieht sich auch auf das Internet und die Bereitstellung von Informationen in englischer Sprache, während er im übrigen lediglich den Gesetzestext wiedergibt. So stellt er die Ad-hoc-Publizität, Directors´ Dealings Regeln und die Veröffentlichungspflicht von Stimmrechtsveränderungen verkürzt dar und bleibt zudem bezüglich der Berichterstattung über die Beteiligung an Drittunternehmen sowie über Beziehungen zu nahe stehenden Personen hinter den Anforderungen der IAS zurück.

VI. Rechnungsprüfung und Jahresabschluss

Sowohl die Rechnungslegung eines Unternehmens als auch die Rolle, die der Abschlussprüfer im Rahmen des Jahresabschlusses einnimmt, stellen entscheidende Kriterien dafür dar, inwieweit gute Corporate Governance verwirklicht wird[1133].

1132 Näher dazu Martínez Martínez RDBB 2006, S. 40 ff; Morales/Sánchez Solé in Pérez-Ardá S. 246

1133 Vgl. Marsch-Barner in Marsch-Barner/Schäfer § 2 Rdnr. 2

Dies haben beide Kommissionen, die deutsche und die spanische, erkannt und gehen in den Schlusspassagen ihrer Kodizes auf diese Thematik ein.

1. Deutschland

Um das deutsche Corporate Governance System insbesondere für ausländische Investoren transparent und verständlich zu machen, weist der Kodex auf die Grundprinzipien der Rechnungslegung deutscher börsennotierter Gesellschaften hin und stellt bereits in der Präambel klar, dass die Rechnungslegung deutscher Unternehmen am True-and-fair-view-Prinzip orientiert ist und ein den tatsächlichen Verhältnissen entsprechendes Bild der Vermögens-, Finanz- und Ertragslage des Unternehmens vermittelt.[1134]

a) Abschlüsse, Zwischenberichte und internationale Rechnungslegungsgrundsätze

Mit der Feststellung, dass Anteilseigner und Dritte vor allem durch den Konzernabschluss informiert werden (DCGK 7.1.1 S.1), gibt der Kodex die auch empirisch belegte These des „Primats des Konzernabschlusses" wieder, der umfänglicher und transparenter als der Jahresabschluss Auskunft über die wirtschaftliche Situation der Gesellschaft gibt[1135].

Dennoch stehen den Aktionären und Investoren auch anderweitige Informationsmöglichkeiten zur Verfügung, wie der Kodex selbst offenlegt: Während des Geschäftsjahres werden sie zusätzlich durch den Halbjahresfinanzbericht sowie im ersten und zweiten Halbjahr durch Zwischenmitteilungen oder Quartalsfinanzberichte unterrichtet. Der Konzernabschluss und der verkürzte Konzernabschluss des Halbjahresfinanzberichts und des Quartalsfinanzberichts werden unter Beachtung der einschlägigen internationalen Rechnungslegungsgrundsätze aufgestellt (DCGK 7.1.1).

Damit gibt der Kodex die aufgrund der EU-Transparenzrichtlinie[1136] geänderte Rechtslage wieder und stellt die seit Verabschiedung der EU-Verordnung über die Anwendung internationaler Rechnungslegungsgrundsätze i.V.m. § 315a HGB für kapitalmarktorientierte Unternehmen bestehende Verpflichtung dar,

---

1134 DCGK 1. Präambel 9. Absatz; vgl. auch § 264 II S. 1 HGB

1135 Vgl. Oser/Wader in Pfitzer Deutscher Corporate Governance Kodex, S. 256; Ringleb in Ringleb S. 316

1136 Richtlinie 2004/109/EG vom 15.12.2004 zur Harmonisierung der Transparenzanforderungen in Bezug auf Informationen über Emittenten, deren Wertpapiere zum Handel auf einem geregelten Markt zugelassen sind, und zur Änderung der Richtlinie 2001/34/EG unter www.eur-lex.europa.eu. Für Spanien siehe Art. 35 LMV.

konsolidierte Abschlüsse unter Beachtung der International Financial Reporting Standards / International Accounting Standards (IFRS/IAS) aufzustellen.[1137]

b) Aufstellungs- und Veröffentlichungsfristen für Abschlüsse

Der Kodex stellt gesetzesbeschreibend fest, dass der Konzernabschluss vom Vorstand aufgestellt und vom Abschlussprüfer sowie vom Aufsichtsrat geprüft wird (vgl. DCGK 7.1.2 S. 1).

Ferner empfiehlt er, dass Halbjahres- und etwaige Quartalsfinanzberichte vom Aufsichtsrat oder seinem Prüfungsausschuss vor der Veröffentlichung mit dem Vorstand erörtert werden sollen[1138], da dies vom Gesetz bislang nicht vorgeschrieben ist und dadurch eine verlässlichere Informationsquelle geschaffen werden könnte.

Auch auf das gesetzlich festgelegte Enforcement-Verfahren geht der Kodex ein und stellt insbesondere zur Förderung der Transparenz des deutschen Corporate Governance Systems und des Vertrauens der internationalen und nationalen Anleger[1139] klar, dass die Prüfstelle für Rechnungslegung bzw. die Bundesanstalt für Finanzdienstleistungsaufsicht befugt sind, die Übereinstimmung des Konzernabschlusses mit den maßgeblichen Rechnungslegungsvorschriften zu überprüfen (vgl. DCGK 7.1.2 S. 3).

Einen Schritt weiter als das Gesetz geht der Kodex allerdings mit seiner Empfehlung, dass der Konzernabschluss binnen 90 Tagen nach Geschäftsjahresende, die Zwischenberichte binnen 45 Tagen nach Ende des Berichtszeitraums öffentlich zugänglich sein sollen (siehe DCGK 7.1.2 S. 4). Da die Anforderungen des globalen Kapitalmarkts an die schnelle Veröffentlichung von entscheidungsrelevanten Unternehmensdaten ständig steigen, unterschreitet der Kodex die gesetzlich vorgeschriebenen Fristen[1140] deutlich und liegt damit auf einer Linie mit den als „Fast Close“ Verfahren bekannten, zunehmend an Bedeutung gewinnenden Verfahren zur Beschleunigung der Erstellung und Offenlegung von Abschlussdaten.[1141]

1137 Vgl. Verordnung EG/1606/2002 des Europäischen Parlaments und des Rates betreffend die Anwendung internationaler Rechnungslegungsstandards in ABl. EG L 243 vom 11.9.2002, S. 1; Menzies S. 40

1138 Vgl. DCGK 7.1.2 S. 2

1139 So Ringleb in Ringleb S. 318

1140 Siehe E.V.1.a)

1141 Vgl. dazu auch Eggemann/Petry BB 2002, S. 1635; auch die EU-Transparenzrichtlinie sieht vor, dass der Jahresabschluss binnen vier Monaten und der Halbjahresfinanzbericht binnen zwei Monaten nach Ablauf des Berichtszeitraums zu veröffentlichen sind,

c) Die Abschlussprüfung

Die Abschlussprüfung spielt in der Diskussion zur Corporate Governance eine entscheidende Rolle, da der Abschlussprüfer mit der Erteilung des Bestätigungsvermerks bestätigt, dass der geprüfte Jahres- oder Konzernabschluss ein den tatsächlichen Verhältnissen entsprechendes Bild der Vermögens-, Finanz- und Ertragslage widerspiegelt, den angewandten Rechnungslegungsgrundsätzen entspricht und die Risiken der künftigen Entwicklung zutreffend darstellt. Dementsprechend ist es Ziel des Kodex, dieses bedeutende Element guter Corporate Governance zu stärken,[1142] indem die Unabhängigkeit des Abschlussprüfers und die zielorientierte Nutzung der Ergebnisse der Abschlussprüfung durch den Aufsichtsrat gewährleistet werden sollen. Dabei ist festzuhalten, dass sich die Zusammenarbeit zwischen Abschlussprüfer und Aufsichtsrat seit Veröffentlichung des DCGK erheblich intensiviert und verbessert hat.[1143]

aa) Unabhängigkeit des Abschlussprüfers

Ein wesentlicher Kritikpunkt ausländischer Investoren an deutscher Corporate Governance war in der Vergangenheit die Unabhängigkeit des Abschlussprüfers, da die deutschen Regelungen zur Abschlussprüfung als nicht ausreichend angesehen wurden, um die Unabhängigkeit des Abschlussprüfers und eine neutrale Prüfung sicherzustellen.[1144]

Mit einer Reihe von gesetzgeberischen Maßnahmen konnte diese Kritik wesentlich entschärft und ein guter Standard erreicht werden.[1145] Der Kodex setzt

vgl. Art. 4 I und Art. 5 I der EU-Transparenzrichtlinie 2004/109/EG vom 15.12.2004 (www.eur-lex.europa.eu).

1142 Vgl. schon Baums, Bericht der Regierungskommission, Rdnr. 279; Hopt/Leyens S. 9

1143 So Dörner in FS Röhricht S. 821; Nonnenmacher WPg-Sonderheft 2001, S. S 15

1144 Siehe Semler in MüKo AktG § 161 Rdnr. 512; Cromme ZfgK 2002, S. 503

1145 Vgl. Kremer in Ringleb S. 323; s.o. E.V.1.b); vgl. das 10-Punkte-Programm der Bundesregierung zur Unternehmensintegrität und Anlegerschutz vom 25.2.2003, das u.a. das Bilanzrechtsreformgesetz vom 4.12.2004 (BGBl. I 2004, S. 3166 ff) enthielt, mit dem die gesetzlichen Unabhängigkeitsregeln deutlich verschärft wurden, das Bilanzkontrollgesetz vom 15.12.2004 (BGBl. I 2004, S. 3408 ff), das die externe Prüfung der Jahres- und Konzernabschlüsse von börsennotierten Unternehmen auf Verstöße gegen Rechnungslegungsvorschriften neu geschaffen hat sowie das Abschlussprüferaufsichtsgesetz vom 27.12.2004 (BGBl. I 2004, S. 3846 ff), das u.a. ein Qualitätssicherungssystem für Abschlussprüfer vorsieht; dazu näher Dörner in FS Röhricht S. 810. Auf europäischer Ebene ist die Abschlussprüferrichtlinie zu nennen, vgl. Richtlinie 2006/43/EG des Europäischen Parlaments und des Rates vom 17.5.2006 über Abschlussprüfungen von Jahresabschlüssen und konsolidierten Abschlüssen, zur Änderung der Richtlinien 78/660/EWG und 83/349/EWG des Rates und zur Aufhebung der

hier nach und stärkt mit seinen Empfehlungen hinsichtlich des Abschlussprüfers die Unabhängigkeit und effiziente Abschlussprüfung auch aus internationaler Sicht, da sich international die Einsicht durchgesetzt hat, dass eine effiziente Kontrolle durch den Abschlussprüfer dessen hinreichende Distanz zum Unternehmen voraussetzt.[1146]

Demnach schlägt der Kodex vor, dass vor Unterbreitung des Wahlvorschlags der Aufsichtsrat bzw. der Prüfungsausschuss eine Erklärung des vorgesehenen Prüfers einholen soll, ob und ggfs. welche geschäftlichen, finanziellen, persönlichen oder sonstigen Beziehungen zwischen dem Prüfer und seinen Organen und Prüfungsleitern einerseits und dem Unternehmen und seinen Organmitgliedern andererseits bestehen, die Zweifel an seiner Unabhängigkeit begründen können. Die Erklärung soll sich auch darauf erstrecken, in welchem Umfang im vorausge-gangenen Geschäftsjahr andere Leistungen für das Unternehmen, insbesondere auf dem Beratungssektor, erbracht wurden bzw. für das folgende Jahr vertraglich vereinbart sind (DCGK 7.2.1 1. Abs.).[1147]

Der Aufsichtsrat soll ferner mit dem Abschlussprüfer vereinbaren, dass der Vorsitzende des Aufsichtsrats bzw. des Prüfungsausschusses über während der Prüfung auftretende mögliche Ausschluss- oder Befangenheitsgründe unverzüglich unterrichtet wird, soweit diese nicht unverzüglich beseitigt werden (DCGK 7.2.1 2. Abs.). Dadurch soll einerseits verhindert werden, dass der Aufsichtsrat über Ausschluss- bzw. Befangenheitsgründe unterrichtet werden muss, die schon nicht mehr relevant sind und andererseits soll dadurch deutlich gemacht werden, dass eine Offenlegung durch den Abschlussprüfer nur dann verzichtbar ist, wenn die potenziellen Auschluss- oder Befangenheitsgründe wirklich sehr kurzfristig beseitigt sind.[1148]

Auch damit wird die Unabhängigkeit des Abschlussprüfers positiv beeinflusst, ohne eine flexible Lösung für den Einzelfall auszuschließen.

Leider unterlässt es der Kodex, die mittlerweile im Gesetz verankerten Regelungen zur Sicherstellung der Unabhängigkeit des Abschlussprüfers zusammenfassend darzustellen, was im Interesse der Transparenz und Glaubwürdigkeit insbesondere gegenüber ausländischen Investoren angebracht wäre.

Richtlinie 84/253/EWG des Rates, welche durch das Bilanzrechtsreformgesetz bereits berücksichtigt worden war.

1146 Siehe Grundmann/Mülbert ZGR 2001, S. 222; Huwer S. 192

1147 Vgl. Kapitel X, Art. 42 I a), b) der Abschlussprüferrichtlinie 2006/43/EG vom 17.5.2006, in der ebenfalls die Erklärung einer Unabhängigkeit des Abschlussprüfers und die Angabe über von ihm gegenüber dem Unternehmen zusätzlich erbrachter Leistungen gefordert wird (www.eur-lex.europa.eu).

1148 Vgl. Kremer in Ringleb S. 329; kritisch dazu Peltzer, Deutsche Corporate Governance Rdnr. 363

bb) Prüfungsauftrag und Honorarvereinbarung

Laut Kodex erteilt der Aufsichtsrat dem Abschlussprüfer den Prüfungsauftrag und trifft mit ihm die Honorarvereinbarung.[1149] Diese Kodexfeststellung gibt im wesentlichen § 111 II S. 3 AktG wieder, wonach der Prüfungsauftrag durch den Aufsichtsrat und nicht durch den Vorstand erteilt wird.

Die gesetzliche Regelung wird vom Kodex noch um die Honorarvereinbarung erweitert, die ebenfalls durch den Aufsichtsrat erfolgt. Solange der Vorstand die Honorarvereinbarung abschloss, bestand die Gefahr, dass durch entsprechend niedrige Prüfungsgebühren die Qualität und der Prüfungsumfang verringert wurden, so dass der Abschlussprüfer den Aufsichtsrat nur bedingt bei dessen Überwachungsfunktion unterstützen konnte.[1150] Durch die Erteilung des Prüfungsauftrags durch den Aufsichtsrat kann dieser Prüfungsschwerpunkte mit dem Abschlussprüfer vereinbaren und den Prüfungsauftrag ohne Rücksprache mit dem Vorstand erweitern[1151].

Dabei darf er jedoch nicht die Funktion der Abschlussprüfung beeinträchtigen oder den dafür notwendigen, jedoch begrenzten Zeitrahmen sprengen.[1152]

cc) Redepflicht des Abschlussprüfers

Der Kodex empfiehlt dem Aufsichtsrat zu vereinbaren, dass der Abschlussprüfer über alle für die Aufgaben des Aufsichtsrats wesentlichen Feststellungen und Vorkommnisse unverzüglich berichtet, die sich bei der Durchführung der Abschlussprüfung ergeben.[1153]

Mit der Berichterstattung bereits während der Prüfung geht der Kodex über die gesetzlichen Informationspflichten des § 321 I S. 3 HGB deutlich hinaus, um aufgrund der Eilbedürftigkeit eventueller Gegenmaßnahmen bzw. bei Zweifeln an der Integrität des Vorstands dem Aufsichtsrat rechtzeitig und zeitnah Handlungsmöglichkeiten zu eröffnen. Gleichzeitig sollen durch den ständigen Kontakt zum Abschlussprüfer die Unabhängigkeit und Qualität der Abschlussprüfung überwacht und erkannt werden, ob der Abschlussprüfer zu nahe am Vorstand agiert.[1154]

Ferner soll der Aufsichtsrat vereinbaren, dass der Abschlussprüfer ihn informiert bzw. im Prüfungsbericht vermerkt, wenn er bei Durchführung der Abschlussprüfung Tatsachen feststellt, die eine Unrichtigkeit der von Vorstand und

1149 DCGK 7.2.2; vgl. auch Huwer S. 177

1150 Vgl. Stürz/Harms in Pfitzer, Deutscher Corporate Governance Kodex, S. 294

1151 Siehe Dörner in FS Röhricht S. 822; Peltzer NZG 2002, S. 14

1152 Vgl. Scheffler WPg 2005, S. 480

1153 Siehe DCGK 7.2.3 1. Abs.

1154 Vgl. Huwer S. 69

Aufsichtsrat abgegebenen Erklärung zum Kodex ergeben (DCGK 7.2.3 2. Abs.).

Zu den gesetzlichen Prüfungspflichten des Abschlussprüfers gehört es nicht, die Entsprechenserklärung von Vorstand und Aufsichtsrat nach § 161 AktG auf ihre Richtigkeit hin zu überprüfen.[1155] Nur wenn die Anhangsangabe nach § 285 Nr. 16 HGB, dass die Entsprechenserklärung nach § 161 AktG abgegeben und den Aktionären zugänglich gemacht worden ist, fehlt oder falsch ist, weil keine Entsprechenserklärung abgegeben oder die Entsprechenserklärung nicht den Aktionären zugänglich gemacht worden ist, kann der Prüfungsvermerk insoweit eingeschränkt werden.[1156] Dadurch lassen sich aus der gesetzlichen Abschlussprüfung für den Aufsichtsrat nur geringe Erkenntnisse zur praktizierten Corporate Governance im Unternehmen gewinnen.

Mit dieser Kodexempfehlung wird die als etwas „zahnlos" betrachtete Überprüfung durch den Abschlussprüfer, ob die Entsprechenserklärung vorliegt, aufgewertet.[1157], aber gleichzeitig sieht der Kodex keine gezielte Überprüfung der Geschäftsführung eines Unternehmens auf ihre Übereinstimmung mit den Kodex-Empfehlungen vor, da damit die Aufgabe des Abschlussprüfers überspannt würde.[1158]

Mit diesen beiden letztgenannten Empfehlungen hat die Kommission zwei wesentliche Schritte zu einer verbesserten Informationsversorgung des Aufsichtsrates und damit zu einer effizienteren Kontrolle der Geschäftsleitung unternommen.

dd) Teilnahme- und Berichtspflicht des Abschlussprüfers

Der Kodex gibt den Kern des § 171 I S. 2 AktG wieder, wonach der Abschlussprüfer dem Aufsichtsrat bei dessen Prüfung von Jahres- und Konzernabschluss sowie Lagebericht als unabhängige sachverständige Auskunftsperson zur Verfügung stehen soll. Durch die Kodexformulierung, dass der Abschlussprüfer an den Beratungen des Aufsichtsrats über den Jahres- und Konzernabschluss teilnimmt und über die wesentlichen Ergebnisse seiner Prüfung berichtet (vgl. DCGK 7.2.4), wird die gemäß Aktiengesetz vorgesehene persönliche Teilnahmepflicht des Abschlussprüfers bei den Beratungen des Gesamtaufsichtsrats und gegebenenfalls bei den vorbereitenden Sitzungen des Prüfungsausschusses zu den Tagesordnungspunkten, die den Jahres- und Konzernabschluss betreffen, klargestellt.

1155 Vgl. Kremer in Ringleb S. 331; Dörner in FS Röhricht S. 826

1156 Siehe § 322 IV HGB

1157 Vgl. Hopt/Leyens S. 10

1158 Vgl. Gelhausen/Hönsch AG 2002, S. 532; Lieder S. 603

2. Spanien

Den Inhalt und Umfang der Rechnungsprüfung und des Jahresabschlusses hat die spanische Kommission – ebenso wie die deutsche – nicht angetastet. Der Abschlussprüfer in Spanien muss auch weiterhin über ihm zufällig auffallende Risiken für die Finanzlage der Gesellschaft berichten, während allerdings in Deutschland die Prüfung von vornherein so anzulegen ist, dass derartige Risiken erkannt werden (vgl. § 317 I S. 3 HGB).

Auch zum Internen Kontrollsystem (§ 317 IV HGB) muss der Abschlussprüfer bei den Aktiengesellschaften in Deutschland Stellung nehmen, wohingegen in Spanien diese Verpflichtung nicht besteht.[1159]

Sofern das Unternehmen aus mehreren Gesellschaften besteht, soll der Prüfungsausschuss aus Kommissionssicht den Abschlussprüfer dazu bringen, für alle Gesellschaften der Gruppe die Abschlussprüfung zu erstellen,[1160] womit eine einheitliche und transparentere Prüfung erreicht werden könnte.

a) Der Prüfungsausschuss und der Abschlussprüfer

Durch das Finanzreformgesetz vom Dezember 2002 wurde die Installation des Prüfungsausschusses in börsennotierten Aktiengesellschaften in Spanien obligatorisch. In Anlehnung an die Empfehlung der Europäischen Kommission vom 15.02.2005[1161] und den gesetzlichen Vorgaben gemäß der 18. Zusatzregelung des Wertpapiermarkt-Gesetzes (Ley del Mercado de Valores) soll der Prüfungsausschuss – wie gezeigt[1162] – das interne Audit überwachen und wichtige Aufgaben im Bereich des Risikomanagements übernehmen.

Eine seiner wichtigsten Zuständigkeiten erstreckt sich dabei auf den externen Abschlussprüfer, dessen Auswahl, Ernennung, Wiederwahl und Ersatz er dem Verwaltungsrat vorschlagen soll. Auch die Konditionen seines Vertrages sollen vom Prüfungsausschuss an den Verwaltungsrat vorgelegt werden.[1163]

1159 Vgl. Streitbörger S. 165

1160 CUBG II. 50. d)

1161 Empfehlung der Kommission vom 15.2.2005 zu den Aufgaben von nicht geschäftsführenden Direktoren/Aufsichtsratsmitgliedern börsennotierter Gesellschaften sowie zu den Ausschüssen des Verwaltungs-/Aufsichtsrats (2005/162/EG); vgl. auch Kapitel X, Art. 41 der Abschlussprüferrichtlinie 2006/43/EG vom 17.5.2006 (www.eur-lex.europa.eu)

1162 Vgl. F. II. 2. c) bb)

1163 CUBG II. 50. 2. a)

Die Entscheidung über die Bestellung des Abschlussprüfers trifft jedoch weiterhin – wie in Deutschland auch (vgl. § 119 I Nr. 4 AktG) - die Hauptversammlung.[1164]

Wie in Deutschland so ist auch in Spanien der Abschlussprüfer von zentraler Bedeutung für das Überwachungssystem börsennotierter Aktiengesellschaften. Allerdings dient er nach spanischem Recht in erster Linie als Garant der öffentlichen Rechnungslegung der Gesellschaft gegenüber der Allgemeinheit und damit zum Schutz der Aktionäre und sonstigen betroffenen Personen[1165], während ihm in Deutschland eine Doppelfunktion zugeschrieben wird, d.h. also dass er eine Garantiefunktion und zusätzlich eine Unterstützungsfunktion für die Kontrolleure innehat.[1166]

aa) Unabhängigkeit des externen Abschlussprüfers

Um die Unabhängigkeit des Abschlussprüfers zu erhalten, schlägt die Kommission vor, dass die Gesellschaft jeden Wechsel des Abschlussprüfers gegenüber der CNMV als bedeutenden Vorfall anzeigen solle und dabei angeben müsse, ob und ggfs. welche Meinungsverschiedenheiten mit dem Abschlussprüfer bestanden.[1167]

Im Gegenzug empfiehlt die Kommission der CNMV bei jedem Wechsel des Abschlussprüfers einer Gesellschaft von letzterer die Erklärung einzufordern, ob es zwischen der Gesellschaft und dem Abschlussprüfer zu Differenzen kam und falls ja, welchen Inhalt diese hatten.[1168] Der scheidende Abschlussprüfer soll sich dann ebenfalls zu dieser Erklärung der Gesellschaft äussern.[1169]

Um die Unabhängigkeit des eintretenden neuen Abschlussprüfers sicherzustellen, empfiehlt die Kommission der CNMV, dem neuen Abschlussprüfer eine Erklärung abzuverlangen, wonach dieser mit der zu prüfenden Gesellschaft im Vorfeld keinerlei Absprachen zu den anzuwendenden Prüf- und Rechnungslegungskriterien getroffen hat.[1170]

Zum Teil werden diese Offenbarungsregelungen als überflüssig, sogar schädlich für das Unternehmen betrachtet angesichts der möglichen öffentlichen Polemik,

---

1164 Vgl. E. V. 2. b) und Art. 204 I LSA

1165 Vgl. Arana Gondra S. 87 ff; Galán in Arroyo/Embid Comentarios S.L. S. 1960; Carrera Giral S. 1183

1166 Vgl. dazu näher Hommelhoff/Mattheus AG 1998, S. 251; Mattheus ZGR 1999, S. 683 f

1167 Siehe CUBG II. 50. 2. c) i)

1168 Informe CUBG Annex II. 7. a)

1169 Informe CUBG Annex II. 7. b)

1170 Informe CUBG Annex II. 7. c)

die auch bei einem vertragsgemäßen Wechsel des Abschlussprüfers entstehen könnte.[1171] Zudem wäre die Aufsicht über die Abschlussprüfer durch das ICAC (Instituto de Contabilidad y Auditoría de Cuenta) ausreichend, da dieses die Verletzung von Prüfpflichten sanktioniert.[1172]

Allerdings scheinen diese Argumentationen etwas realitätsfern zu sein, da in der Praxis ein vertragsgemäßer Wechsel und die entsprechend den Empfehlungen der Kommission abzugebenden Erklärungen keinen Grund für das Unternehmen schädigende öffentliche Polemik darstellen.

Auch die Existenz der Aufsichtsbehörde ICAC alleine reicht für die Sicherstellung der Unabhängigkeit des Abschlussprüfers nicht aus, da die ICAC nur bekanntgewordene Verstöße gegen die Prüferpflichten sanktioniert und nicht die Unabhängigkeit des Abschlussprüfers garantiert.

Insofern ist also die Forderung der Kommission nach mehr Transparenz im Bereich des Abschlussprüfers zur Sicherstellung seiner Unabhängigkeit zu begrüßen.

Der Prüfungsausschuss soll nach Auffassung der spanischen Kommission ferner dafür Sorge tragen, dass die Gesellschaft und der Abschlussprüfer die geltenden Regelungen hinsichtlich der Dienstleistungen des Abschlussprüfers ausserhalb des Prüfungsbereiches einhalten und den Umfang der Geschäftstätigkeit des Abschlussprüfers beachten.

Im übrigen soll der Prüfungsausschuss gewährleisten, dass die Gesellschaft und der Abschlussprüfer alle generell die geltenden Normen beachten, die die Unabhängigkeit des Abschlussprüfers sicherstellen sollen.[1173]

Ein weiterer Punkt, um die Unabhängigkeit des Prüfers zu erhalten, ist der Vorschlag der spanischen Kommission, dass der Prüfungsausschuss im Falle der Niederlegung des Mandats durch den Abschlussprüfer selbst, die Umstände untersucht, die diesen dazu bewogen haben.[1174]

Mit all diesen Vorschlägen greift der Código ein sowohl für Deutschland als auch für Spanien zentrales Element der Corporate Governance Diskussion im

1171 Vgl. Mateu de Ros Cerezo S. 394

1172 Vgl. dazu näher Jané Bonet S. 160

1173 CUBG II. 50. 2. c) ii); vgl. dazu Ley de Auditoría de Cuentas 19/1988 vom 12.7.1988 mit den entsprechenden Modifikationen durch das Ley 44/2002 vom 22.11.2002; siehe auch Art. 41 der Richtlinie 2006/43/EG des Europäischen Parlaments und des Rates vom 17.5.2006 über Abschlussprüfungen von Jahresabschlüssen und konsolidierten Abschlüssen (www.eur-lex.europa.eu)

1174 CUBG II. 50. 2. c) iii)

Zusammenhang mit dem Abschlussprüfer auf: die Thematik der Unabhängigkeit des Abschlussprüfers[1175].

Bis zur mittlerweile obligatorischen Einrichtung eines Prüfungsausschusses waren in Spanien die Vorauswahl nebst Honorarverhandlungen in der Regel Sache der Geschäftsleitung, die damit auch die Möglichkeit hatte, einen kooperationsbereiten Prüfer zu bestimmen und diesen dann von der Hauptversammlung ernennen zu lassen.[1176] Damit war diese Situation der früheren Rechtslage in Deutschland vergleichbar, wonach der Vorstand für die Erteilung des Prüfungsauftrags zuständig war und damit entsprechenden Einfluss auf den Abschlussprüfer ausüben konnte.[1177] Durch den Übergang des Vorschlagsrechtes auf den spanischen Prüfungsausschuss kann die Distanz zwischen Geschäftsleitung und Prüfer und damit eine entsprechend verbesserte Objektivität des Prüfungsberichtes wenigstens teilweise hergestellt werden.

Allerdings wird dies dadurch relativiert, dass der Verwaltungsrat auch weiterhin den Prüfungsauftrag an den Abschlussprüfer vergibt[1178], wodurch eine die Unabhängigkeit des Prüfers beeinträchtigende Verbundenheit zur Geschäftsleitung entstehen kann.[1179]

Ferner fehlt die international häufig anzutreffende Empfehlung, den Abschlussprüfer in nicht zu langen Abständen rotieren zu lassen, um die Objektivität des Abschlussprüfers zu erhalten, was insbesondere aufgrund der relativ langen Bestelldauer spanischer Abschlussprüfer (mindestens drei und höchstens neun Jahre[1180]) notwendig gewesen wäre.

Auch die Spezifierung des Ausschließlichkeitsgedankens wird nicht erläutert, d.h. dass der Abschlussprüfer sich lediglich an die relativ weit gefassten gesetzlichen Vorgaben zur sonstigen Tätigkeit für die Gesellschaft halten muss und ihm damit – unter Beachtung der wenigen gesetzlichen Beschränkungen[1181] – auch ermöglicht wird, sowohl Dienstleistungen im Finanzbereich als auch in den übrigen Bereichen des zu prüfenden Unternehmens zu übernehmen.[1182]

1175 Vgl. Kremer in Ringleb S. 324; Fernández de la Gándara RdS 2006, S. 155; Farrando Miguel RdS 2006, S. 189

1176 Vgl. Arana Gondra S. 340 f; Sanz Paraíso in Velasco S. 406

1177 Siehe näher zur Lage vor dem KonTraG Stürz/Harms in Pfitzer Deutscher Corporate Governance Kodex S. 294

1178 Vgl. E. V. 2. b)

1179 Vgl. Streitbörger S. 159

1180 Siehe Art. 8.4 des Ley de Auditoría de Cuentas 19/1988 vom 12.7.1988

1181 Vgl. inbesondere Art. 8.2 des Ley de Auditoría de Cuentas 19/1988 vom 12.7.1988

1182 Vgl. Mateu de Ros Cerezo S. 107, 359 ; Pulgar Ezquerra in Rodríguez Artigas S. 1636 ff

Zudem wird die vage gehaltene gesetzliche Floskel, dass die Einnahmen aus dem Prüfauftrag keinen „über Gebühr erhöhten“ Prozentsatz des jährlichen Gesamteinkommens des Abschlussprüfers darstellen dürfen[1183], auch durch den Código nicht näher konkretisiert.

All diese Lücken tragen keineswegs zur Förderung der Unabhängigkeit des Abschlussprüfers bei und sind nur schwer als mit der Zielsetzung der Abschlussprüferrichtlinie[1184] vereinbar anzusehen.

bb) Informationspflichten

Der Abschlussprüfer soll nach Auffassung der Kommission den Prüfungsausschuss regelmäßig über den Ablauf der Prüfung und deren Ergebnisse informieren. Ferner soll der Prüfungsausschuss sichergehen, dass die Geschäftsleitung den Empfehlungen folgt.[1185]

Durch diesen Vorschlag wird die Problematik aufgegriffen, dass in der Vergangenheit der Abschlussprüfer den Geschäftsführungsausschuss als seinen Ansprechpartner ansah und ihm zum Teil sogar einen Entwurf des Berichtes zur Stellungnahme vorlegte, bevor der endgültige Bericht verfasst wurde.[1186]

Dementsprechend soll durch diese Empfehlungen des Código der Prüfungsausschuss als eine Art Vermittler zwischen dem externen Abschlussprüfer und der Gesellschaft fungieren und dem Abschlussprüfer die für seine Arbeit notwendigen Informationen bereitstellen, während der Abschlussprüfer die aufgedeckten Mängel und Unregelmäßigkeiten berichtet.[1187]

Damit zielt der spanische Código gleichzeitig in dieselbe Richtung wie der deutsche Kodex, wenn er vorschlägt, dass der Abschlussprüfer bereits während der Prüfung an den Prüfungsausschuss regelmäßig berichten soll, da damit zeitnahe Eingreifmöglichkeiten für den Prüfungsausschuss und ggfs. den Gesamtverwaltungsrat geschaffen werden.

b) Vorlage des Jahresabschlusses an die Hauptversammlung

Der CUBG schlägt vor, dass sich der Verwaltungsrat bemühen solle, der Hauptversammlung den Jahresabschluss ohne Vorbehalte und Einschränkungen im

1183 Art. 8.2 l. des Ley de Auditoría de Cuentas 19/1988 vom 12.7.1988

1184 Siehe vor allem Art. 22 (2) der Richtlinie 2006/43/EG des Europäischen Parlaments und des Rates vom 17.5.2006 (Abschlussprüferrichtlinie) unter www.eur-lex.europa.eu.

1185 CUBG II. 50. b)

1186 Vgl. Sanz Paraíso in Velasco S. 401

1187 So bereits vom Cadbury Kodex vorgeschlagen, vgl. dazu näher Fernández Pérez RdS 2000, S. 194

Prüfungsbericht vorzulegen. Falls solche Vorbehalte oder Einschränkungen dennoch vorkommen, so sollen der Vorsitzende des Prüfungsausschusses und die Abschlussprüfer den Aktionären den Inhalt und die Zielsetzung dieser Vorbehalte und Einschränkungen klar erläutern.[1188]

Dies ist inbesondere vor dem Hintergrund eine verständliche Empfehlung, da ein Verwalter durch die Verweigerung seiner Unterschrift und Angabe des Vorbehalts bzw. seiner Einschränkung des Prüfungsberichts seine Haftung für einen fehlerhaften Jahresabschluss ausschließen oder beschränken kann.[1189]

Die Hauptversammlung hingegen hat dann keine Möglichkeit mehr, den aufgestellten und vorgelegten Jahresabschluss inhaltlich abzuändern. Sie kann nur noch ihre Zustimmung verweigern[1190], wozu sie ausführlich über den Inhalt und die Zielsetzung der erteilten Vorbehalte und Einschränkungen informiert sein muss, um eine sachgerechte Entscheidung treffen zu können. Insofern ist diese Empfehlung des Código zu begrüßen.

3. Gesamtbetrachtung

Während der deutsche Kodex neben zwei kleineren Empfehlungen zu verkürzten Veröffentlichungsfristen und vorheriger Konsultation des Vorstands relativ ausführlich die Gesetzeslage in puncto Abschlüsse, Zwischenberichterstattungen, internationaler Rechnungslegung sowie Enforcementverfahren darstellt, unterlässt er es bei dem international intensiv diskutierten Thema der Unabhängigkeit des Abschlussprüfers Ausführungen zum Gesetz zu machen und versäumt damit, insbesondere gegenüber den ausländischen Kapitalmarktteilnehmern eine Erläuterung des deutschen Systems zu geben.

Der Kodex beschränkt sich vielmehr darauf, die Unabhängigkeit des Abschlussprüfers als ein zentrales Thema der Corporate Governance-Debatte zu erwähnen und eine diesbezügliche Unabhängigkeits-Erklärung des Abschlussprüfers sowie die sofortige Offenlegung im Falle des Eintritts von Ausschluss- oder Befangenheitsgründen zu empfehlen.

Einen wesentlichen Punkt, der die Unabhängigkeit des Abschlussprüfers unterstützen soll, nennt die deutsche Kommission allerdings durch die Klarstellung, dass der Aufsichtsrat und nicht der Vorstand den Prüfungsauftrag und die Honorarvereinbarung abschließt.

Ebenfalls klarstellenden Charakter hat die Ausführung des Kodex hinsichtlich der persönlichen Anwesenheitspflicht des Abschlussprüfers bei Bespre-

1188 CUBG II. 53.

1189 Vgl. García Luengo/Soto Vázquez S. 802

1190 Siehe dazu näher Boquera Matarredona in Arroyo/Embid Band III, S. 2037

chungen zum Jahresabschluss, um dadurch dem Aufsichtsrat als Partner zur Seite zu stehen.

Die effiziente Zusammenarbeit zwischen Abschlussprüfer und Aufsichtsrat als Kontrollgremien der Geschäftsleitung steht auch im Mittelpunkt der Kodexempfehlung, wonach der Abschlussprüfer unverzüglich über eine etwaige Unrichtigkeit bezüglich der Kodexerklärung unterrichten soll und bereits während der Prüfung über wesentliche Feststellungen und Vorkommnisse den Aufsichtsrat informieren soll.

In dieselbe Richtung geht der spanische Código durch seine Empfehlung zur regelmäßigen Berichterstattung des Abschlussprüfers an den Prüfungsausschuss und damit nicht an den gesamten Verwaltungsrat.

Damit will die spanische Kommission insbesondere die Unabhängigkeit der überwachenden Gremien stärken und erläutert demensprechend auch intensiv die Aufgaben des seit 2002 zwingend zu etablierenden Prüfungsausschusses. Demnach soll dieser dem Verwaltungsrat die Auswahl des Abschlussprüfers und dessen Honorarvereinbarung vorschlagen und auf die Einhaltung der Regelungen achten, die v.a. die Unabhängigkeit des Abschlussprüfers intendieren.

Diese Unabhängigkeit des Abschlussprüfers will die spanische Kommission damit sicherstellen, dass im Falle des Wechsels von Abschlussprüfern, dies gegenüber der CNMV angezeigt wird und eventuelle Meinungsverschiedenheiten des Abschlussprüfers mit dem Unternehmen von beiden Parteien erörtert werden. Auch der neu eintretende Abschlussprüfer, soll - in deutlich verringertem Ausmaß als die Unabhängigkeits-Erklärung des deutschen Prüfers – erklären, dass er keine relevanten Absprachen mit dem zu prüfenden Unternehmen getroffen hat.

Durch diese Vorschläge lässt die spanische Kommission allerdings eine Reihe von Zweifeln hinsichtlich der Unabhängigkeit des Abschlussprüfers bestehen, z.B. die unverhältnismäßig lange Bestelldauer des Abschlussprüfers ohne rotieren zu müssen oder die fehlende weitere Spezifizierung der gesetzlich genannten Ausschlussgründe. Vor allem aber bleibt die Nähe des Abschlussprüfers zum Verwaltungsrat und damit zur zu überprüfenden Geschäftsleitung weiterhin dadurch bestehen, dass der Verwaltungsrat und nicht der Prüfungsausschuss den Prüfungsauftrag an den Abschlussprüfer vergibt.

Insofern bleibt festzuhalten, dass die bei beiden Kodizes im Vordergrund stehende Unabhängigkeit des Abschlussprüfers in Spanien, sicher bedingt aufgrund der engeren Einbindung des Abschlussprüfers in die Organisationsstruktur, nicht auf einer so deutlichen Abgrenzung zum zu überwachenden Organ fußt wie in Deutschland.

G. Schlussbetrachtung, Tendenzen und Ausblick

I. Zielsetzungen und Ausgestaltung der beiden Kodizes

Ausgehend von den Unterschieden in der Organisationsverfassung und der Zielsetzungen der mit der Ausarbeitung der Corporate Governance Kodizes befassten Kommissionen sind die auch als soft law benannten Kodizes in Deutschland und Spanien unterschiedlich ausgestaltet.

Das durch nationale und internationale Unternehmensskandale erschütterte Vertrauen in gesellschaftsexterne Kontrollmechanismen hat bei beiden Kommissionen dazu geführt, den Interessenausgleich und die Lösung des principal-agent-Problems v.a. innerhalb der Organisation zu suchen[1191].

Während die deutsche Kodex-Kommission allerdings den Auftrag hatte, auf der Grundlage der bestehenden ausdifferenzierten und strengen Gesetzeslage Handlungsspielräume für die Gesellschaften vorzuschlagen und best practice – Regeln darzustellen, sollte die spanische Kommission zwar auch best practice – Regeln aufstellen, gleichzeitig aber vor allem auch Gesetzesänderungen vorschlagen und die Lücken des weitgehend auf Privatautonomie basierenden Aktiengesetzes füllen[1192].

Konsequenterweise hat der Corporate Governance Kodex in Deutschland verstärkt die Wiedergabe des bestehenden detaillierten und starren Aktienrechts im Visier, während in Spanien gerade die detailliertere Ausgestaltung des relativ freizügigen Aktienrechts im Fokus des Código zur Corporate Governance steht, um das principal-agent-Problem zu lösen[1193].

Die spanische Kommission konzentrierte sich dementsprechend vor allem auf die Ausgestaltung der Organisationsverfassung, wobei als wesentliche Problem-

1191 Vgl. auch Marsch-Barner in Marsch-Barner/Schäfer § 2 Rdnr. 3; Alcalá Díaz in Rodríguez Artigas Vol. I, S. 631 f; die spanische Kommission sieht allerdings die Kontrollfunktion des Marktes auch weiterhin als wichtig an, vgl. CUBG II. 1. und Erläuterungen zu 1.

1192 So auch in UK und USA, wo die Kodizes häufig fehlende Organisationsvorschriften ersetzen, vgl. Lieder S. 595

1193 Vgl. für Spanien hingegen McKean S. 124, die den Schutz der Minderheitsaktionäre vor den Mehrheitsaktionären als dominierend für die Corporate Governance Diskussion in Spanien sieht, wobei sie jedoch verkennt, dass die Minderheitsaktionäre bereits aufgrund der Organisationsverfassung eine besondere Stellung einnehmen, vgl. E.IV.2.c)

bereiche die Verhinderung des Machtmissbrauchs und der Postenhäufung, sowie der Mangel an Gewaltenteilung, die Vorsorge gegen Interessenkonflikte, der Missbrauch im Markt, das Fehlen von sorgfältigem Verhalten der Verwalter und die mangelnde Kontrolle des Verwaltungsrates durch die Hauptversammlung aufgrund des Desinteresses der Aktionäre erkannt wurden.[1194]

Allerdings geht die spanische Corporate Governance Kommission im Gegensatz zur deutschen nicht auf bereits ihrer Auffassung nach gesetzlich ausreichend geregelte Bereiche ein, so dass beim mit der spanischen Gesetzgebung wenig vertrauten Leser leicht der Eindruck entstehen könnte, dass der Código Unificado deutliche Lücken beinhaltet.[1195]

Der deutsche Kodex ist im Gegensatz dazu über weite Passagen eine Wiedergabe der Gesetzeslage und erfüllt so ganz bewusst die Funktion eines für die Kapitalmärkte verständlichen Gesetzeskommentars,[1196] so dass seine weitere Hauptaufgabe ebenfalls erreicht wurde: die insbesondere für ausländische Investoren verständliche Darstellung des komplizierten deutschen Systems[1197]. Damit markiert der DCGK einen wichtigen Schritt auf dem Weg der Modernisierung und der besseren Kommunizierung der Governancesituation in Deutschland.[1198]

Beide Kodizes stützen sich auf das Prinzip des „comply or explain“, um ihren Vorschlägen bei den Unternehmen Geltung zu verschaffen.

Während beim deutschen Gesetzgeber dieses Prinzip allerdings auch das zukunftsgerichtete Verhalten der Aktiengesellschaften betrifft und erst seit 2009 auch eine Begründung für die Nichteinhaltung der Empfehlungen des Kodex abgegeben werden muss, ist diese Erklärung in Spanien lediglich auf die Vergangenheit ausgerichtet und erforderte schon vor der weltweiten Wirtschafts- und Finanzkrise einen zwingenden Bericht des Unternehmens zur Corporate Governance, in dem auch die Nichteinhaltung von Empfehlungen begründet werden muss.

Da zudem beide Länder die Nichtabgabe der Erklärung zur Einhaltung der Corporate Governance Kodizes als Gesetzesverstoß sanktionieren, kann davon ausgegangen werden, dass beide Gesetzgeber versuchen, unter Berücksichtigung der jeweiligen sozialen, historischen und wirtschaftlichen Rahmenbedingungen weitgehende Akzeptanz bei den Unternehmen für die Regelungen der Kodizes zu erreichen.

1194 Vgl. Mateu de Ros Cerezo S. 16

1195 Vgl. Mateu de Ros Cerezo S. 66

1196 So Schneider DB 2000, S. 2413 ff

1197 Vgl. Messerschmidt in Deilmann/Lorenz S. 46

1198 Vgl. von Werder DB 2002, S. 801

II. Die Kernthematiken der beiden Kodizes im Vergleich

Ausgehend von einer bereits gesetzlich strikt in Geschäftsführung und Überwachung getrennten Leitung der Gesellschaft, konzentriert sich der deutsche Kodex vor allem auf den Aufsichtsrat[1199] und auf die Verbesserung der Effizienz und Effektivität dessen Tätigkeit. Zielsetzung ist dabei, Anforderungskriterien zu definieren, die die Kontrollfunktion und die Unabhängigkeit des Aufsichtsrats sicherstellen sollen sowie den Aufsichtsrat verstärkt in die Zusammenarbeit mit dem Vorstand einzubinden.

Die entgegengesetzte Zielrichtung verfolgt hingegen der spanische Código, der die Struktur und Transparenz des Verwaltungsrates näher festlegen will, um eine stärkere Trennung zwischen Geschäftsführungs- und Kontrollfunktion zu erreichen[1200]. Durch die Stärkung der unabhängigen Verwalter und durch die Vermeidung der Aushöhlung der Gesamtplenumszuständigkeiten versucht der Código die gesetzlich nicht definierten Verantwortungsbereiche konkret zuzuordnen und damit eine gewisse Struktur für die börsennotierte Aktiengesellschaft in Spanien in Richtung „Verwaltungsrat der Aktionäre“ zu schaffen, die das Gesetz offenlässt.

Diesen, bedingt durch die unterschiedlichen Organisationsverfassungen, differierenden Vorgehensweisen ist jedoch gemein, dass sie der relativ unbeschränkten Vertretungsmacht der Geschäftsführung Grenzen setzen wollen und damit mehr Kontrolle bzw. letztendlich mehr Vertrauen bei den Anlegern erreichen wollen. Ein Schlüsselaspekt dafür ist nicht die Hauptversammlung, deren Rolle als effizientes Kontrollorgan zur Überwachung der Gesellschaftsorgane vorwiegend negativ bewertet wird[1201], sondern die Transparenz, die in beiden Kodizes als zentraler Punkt erkennbar ist.

Nicht nur bei den Vergütungen von Vorstand und Aufsichtsrat sowie Verwaltungsratsmitgliedern spielt die Transparenz und Offenlegung eine entscheidende Rolle, die von beiden Kodizes aufgegriffen wird und durch flankierende Maßnahmen wie Leistungsbeurteilungen, Caps oder sonstigen Vergütungsbeschränkungen, das Vertrauen der Investoren, Aktionäre und der Öffentlichkeit generell in die Führung der börsennotierten Aktiengesellschaften insbesondere nach den öffentlichkeitswirksamen Unternehmensskandalen in den vergangenen Jahren wieder herstellen soll.

1199 Siehe Claussen in FS Priester S. 49; Vetter BB 2005, S. 1689

1200 Vgl. Esteban Velasco RdS 2006, S. 85 f

1201 Tapia Hermida in Homenaje Sánchez Calero S. 2924; Roth ZIP 2003, S. 369 ff; Semler in FS Lutter S. 731

Transparenz spielt vor allem auch bei der Information der Öffentlichkeit bezüglich relevanter Unternehmensdaten, bei (potenziellen) Interessenkonflikten und insbesondere hinsichtlich der Corporate Governance des Unternehmens eine bedeutende Rolle, die z.T. von der deutschen Kommission als gesetzesergänzende Empfehlungen und Anregungen aufgegriffen wurden, aber im Großen und Ganzen gesehen, insbesondere aufgrund der jüngst erfolgten Gesetzesänderungen, wenig Neuerungen brachten.

Spaniens Gesetzgeber hingegen stellt sich in Bezug auf diese Thematiken, Information der Öffentlichkeit, Offenlegung potenzieller Interessenkonflikte und in Bezug auf die Berichterstattung über die Corporate Governance der Unternehmen als Vorreiter dar und setzt schon seit Jahren auf den Einsatz elektronischer Medien, um die Aktionäre und die Öffentlichkeit effizienter und schneller zu informieren bzw. den Ablauf der Hauptversammlung unkomplizierter zu gestalten.

Eine ähnlich progressive Haltung nimmt auch die spanische Kommission ein, die nicht nur das bislang im Bereich Corporate Governance vernachlässigte, aber gesellschaftlich drängende Problem der Diversity, d.h. hier der mangelnden Präsenz von Frauen in Verwalterposten, aufgreift, sondern auch Empfehlungen an den Gesetzgeber ausspricht, in denen aktuelle Probleme der Organisationsverfassung angegangen werden. So setzt sich die spanische Kommission dafür ein, dass der Gesetzgeber bestimmte Hauptversammlungszuständigkeiten konkret definiert und bezüglich missbräuchlicher Aktionärsklagen sowie der Regelungen zur Stimmabgabe und –delegation tätig werden solle.

Der deutsche Kodex hingegen übernimmt erst in 2009 den Hinweis auf die zu beachtende Diversity und thematisiert erst 2010 konkret die mangelnde Repräsentanz von Frauen in Führungsebenen, enthält sich aber jeglicher Gesetzesänderungsvorschläge, da dies nicht innerhalb des Regierungsauftrags an die Kommission lag.

III. Kritikpunkte und vergleichende Diskussion

Der deutsche Kodex wurde zum Teil als „schwammig“, „wachsweich“ und „schlaff“ bezeichnet[1202], was angesichts der Maxime des Kodex, in seinen For-

1202 Vgl. die Nachweise bei Schüppen DB 2002, S. 1117; Perina in DIE ZEIT 15.3.2007, S. 33; insbesondere die Sollte-Anregung zur Offenlegung von Vorstandsvergütungen, die mittlerweile durch das Gesetz zur Offenlegung von Vorstandsvergütungen vom

mulierungen dem Ziel der leichten Verständlichkeit Vorrang vor der juristischen Präzision einzuräumen, als zwar verständliche, aber letztendlich nicht überzeugende Kritik angesehen werden muss.

Fakt ist, dass die Kommission sowohl anerkannte Standards guter Corporate Governance festhalten sollte und zugleich das deutsche System insbesondere für ausländische Kapitalmarktteilnehmer verständlich darstellen sollte und dabei eine Unmenge von Material verarbeiten musste. Das Ergebnis ist eine hochkomprimierte Darstellung des deutschen Corporate Governance Systems,[1203] in dem sinnvolle Regeln von der Praxis für die Praxis aufgestellt wurden[1204] und dementsprechend nicht jede gesetzlich bereits fein austarierte Formulierung übernommen werden konnte.

Nicht übersehen werden darf allerdings, dass die Kommission – u.a. auch aufgrund ihres beschränkten Tätigkeitsauftrages – drängende Probleme der deutschen börsennotierten Gesellschaften nicht aufgegriffen hat. Dazu gehören die Debatte um die Mitbestimmung und die Anforderungen an die Aufsichtsratsmitglieder, die die Arbeitnehmerseite repräsentieren, genauso wie die ungeschriebenen Hauptversammlungszuständigkeiten und die missbräuchlichen Aktionärsklagen.

Der deutsche Kodex unterlässt es zudem, die gesetzlich definierten Unabhängigkeitskriterien des Abschlussprüfers zur Klarstellung insbesondere für ausländische Investoren zu erwähnen und damit die im deutschen System mittlerweile deutlich erkennbare strikte Abgrenzung des Abschlussprüfers zum zu überwachenden Organ als weiteres Element guter Corporate Governance herauszustellen.

Einen weiteren Vorwurf, den sich die deutsche Kommission gefallen lassen muss, ist die Tatsache, dass die Kommission weder die Bedeutung der Aktionäre und der Hauptversammlung noch der Ausschüsse stärkt. Diesbezüglich werden lediglich Gesetzesregelungen wiedergegeben bzw. geringfügige Ergänzungen zu mittlerweile erfolgten Gesetzesänderungen empfohlen und angeregt, was insbesondere hinsichtlich der fehlenden Regelungen zur Unabhängigkeit und Professionalität des Prüfungsausschusses als misslich bezeichnet werden muss.

Demselben Vorwurf sieht sich auch die spanische Kommission ausgesetzt, die in puncto Besetzung und Effizienz der Kontrollausschüsse kaum über den Status

---

3.8.2005, BGBl. I 2005, S. 2267, gesetzlich verankert wurde, stieß auf Ablehnung, vgl. Berg/Herz/Trömel, Handelsblatt vom 4.3.2002, S. 1

1203 Vgl. Schüppen DB 2002, S. 1117; Eisenhardt S. 269 f

1204 Vgl. Seibert BB 2002, S. 582

quo hinausgeht. Sie unterlässt es zudem, eine klare Trennung zwischen Abschlussprüfer und zu prüfendem Organ zu schaffen.

Der spanische Abschlussprüfer kann die Tätigkeit des Aufsichtsrats oder der überwachenden Verwalter nicht ersetzen, sondern nur ergänzen. Er stellt eine nicht permanente Überwachungseinrichtung dar, die aber wegen ihrer weitgehenden Einbindung in die spanische Gesellschaftsverfassung von Teilen der Lehre sogar als Gesellschaftsorgan bezeichnet wird[1205].

Dadurch, dass der Verwaltungsrat und nicht der Prüfungsausschuss auch weiterhin den Prüfungsauftrag vergibt und die Honorarvereinbarung trifft, bleibt der Abschlussprüfer in Spanien weiterhin eng mit dem zu prüfenden Organ verbunden.

Die übrigen Vorschläge des Código zur Sicherstellung der Unabhängigkeit des Abschlussprüfers können nicht darüber hinwegtäuschen, dass der Código diesbezüglich deutlich zu kurz greift. Dies umso mehr als die Vorschläge des Código auch im Vergleich zur bereits gesetzlich klar definierten Rolle des Abschlussprüfers in Deutschland und zu den zusätzlich erfolgten Vorschlägen der deutschen Kommission hinterherhinken.

Beide Kommissionen sahen sich mit der Situation konfrontiert, einen Kodex zu erarbeiten, der trotz seiner Freiwilligkeit Akzeptanz in der Wirtschaft finden sollte. In Deutschland kam noch erschwerend hinzu, dass viele der Kommissionsmitglieder selbst im Vorstand bzw. Aufsichtsrat börsennotierter Unternehmen waren. Diese Konstellationen haben dazu geführt, dass beide Kommissionen in zwei für die Corporate Governance sensiblen Punkten zu viel Rücksicht auf die herrschende Unternehmenspraxis nehmen:

In Deutschland ist dies der Wechsel von Vorstandsmitgliedern in den Aufsichtsrat, der vom Kodex nur zwangsweise aufgrund einer Gesetzesänderung vor Ablauf der Cooling-off-Periode von zwei Jahren als generell unzulässig betrachtet wird.

In Spanien hingegen ist dies die Personenidentität zwischen Präsident des Verwaltungsrats und CEO, welche als Problem erkannt wird, aber aufgrund der Vorzüge, die sie bietet, anderweitig entschärft werden soll.

Damit vermeiden beide Kommissionen[1206] die harte Konfrontation mit den Unternehmen, bei denen diese Praktiken an der Tagesordnung sind. Da es weder in Deutschland noch in Spanien Organisationen oder Einrichtungen gibt, die ei-

1205 Vgl. García Luengo/Soto Vázquez S. 837 f; Jané Bonet S. 86 f

1206 Auch wenn der deutsche Kodex eine über das Gesetz hinausgehende Begründungspflicht im Falle der Übernahme des Aufsichtsratsvorsitzes empfiehlt (DCGK 5.4.4 S. 2), so wird damit nicht die Flexibilität der Unternehmen und insbesondere der Großaktionäre zur Beibehaltung dieser üblichen Vorgehensweise beschnitten.

nen funktionierenden Ehrenkodex für einen Wirtschaftsbereich einrichten könnten und damit schlecht geführte Unternehmen zur Räson bringen könnten,[1207] muss den Kommissionen zugute gehalten werden, dass die deutsche Kommission durch die über das Gesetz hinausgehende Empfehlung einer Begründungspflicht für den Wechsel in den Aufsichtsratsvorsitz sowie die spanische Kommission allein schon durch das Ansprechen der Thematik zumindest die Sensibilität für die Probleme geweckt haben und gleichzeitig verhindern, dass die Unternehmen die Befolgung des Kodex zu großen Teilen verweigern, zumal sich Deutschland und Spanien damit ins Abseits bei den internationalen Investoren katapultieren würden.

Dennoch wird auch der spanische CUBG zum Teil als überflüssig, konfus, praxisfern[1208] und als zu umfangreich[1209] betrachtet, während er von anderer Seite als weder inhaltlich noch formell von Seiten der Empfehlungen her nicht weitgehend genug angesehen wird[1210].

Fakt bleibt jedoch, dass in Spanien die Begriffe der Transaktionen zwischen nahe stehenden Personen und unabhängige Prüfungsausschüsse bis vor ca. 10 Jahren unbekannte Begriffe waren und man jetzt beginnt, den übertriebenen Respekt vor dem Prinzip der Privatautonomie als nicht mehr zielführend anzusehen.[1211] Insofern geht dieser Código die Zielsetzungen zur besseren Strukturierung des Verwaltungsrates und zur Förderung der unabhängigen Kontrolle der Geschäftsführung intensiver, einfallsreicher und innovativer an als alle vorhergehenden Kommissionen und eröffnet wieder die Debatte über die großen Konflikte der Aktiengesellschaften und ihre Lösungsmöglichkeiten.[1212]

IV. Die jeweilige Umsetzung von Corporate Governance in der Praxis

Bislang scheinen die praktischen Fortschritte in Spanien im Bereich Corporate Governance noch auf sich warten zu lassen. Für viele Unternehmen beschränkt sich Corporate Governance auf die Erfüllung der gesetzlich vorgeschriebenen Verpflichtungen (z.B. Erstellung eines jährlichen Corporate Governance Berichts, Errichtung eines Prüfungsausschusses, Zulässigkeit von Stimmabgaben

1207 Vgl. Mateu de Ros Cerezo S. 15
1208 Z.B. Torrent RdS 2006, S. 241 f m.w.N.; Calzada Terrados S. 158
1209 So Manuel Olivencia in Corella S. 2
1210 Vgl. Mateu de Ros Cerezo S. 14, 32
1211 Mateu de Ros Cerezo S. 14 f
1212 Vgl. Mateu de Ros Cerezo S. 17 f, 75

auf elektronischem Weg etc.), ohne die wirklich drängenden Probleme anzupacken, wie die Trennung zwischen Verwaltungsratspräsident und CEO, die wirkliche Unabhängigkeit von externen Verwaltern, die Zurückdrängung der Rolle von Geschäftsführungsausschüssen, die Größe der Verwaltungsräte, die Anzahl der Sitzungen etc.

Diesbezüglich befindet sich die unternehmerische Wirklichkeit in Spanien fast auf demselben Stand wie vor Beginn der Corporate Governance Diskussion 1996.[1213]

Wichtig scheint aber, dass die Corporate Governance Diskussion in Spanien, die mit dem Código Olivencia begann, weitergeht.[1214] Spanien hat in Bezug auf die Umsetzung von Corporate Governance Regelungen in den letzten Jahren einen positiven Trend zu verzeichnen, der durch die drei Kommissionen zur Corporate Governance und die damit einhergehenden gesetzlichen Änderungen angestoßen wurde und von dem erwartet wird, dass er sich – insbesondere nach den Erfahrungen der jüngsten Wirtschafts- und Finanzkrise – fortsetzt.[1215]

Allerdings hat der Versuch des Código Unificado de Buen Gobierno, Verhaltensänderungen in den Unternehmen durch freiwillige Selbstregulierung und durch den Druck des Marktes zu erzielen, wenig Erfolg gebracht. Seit 2006 lässt sich eine Stagnation im Aufbau und in der Umsetzung von Corporate Governance Standards in Spanien beobachten. Spanien ist mittlerweile das Land, wo einige der bestbezahlten Verwalter mit der schlechtesten Anwesenheitsrate in den Sitzungen zu finden sind, was vielleicht mit der in der Vergangenheit üblichen Vorgehensweise zu begründen ist, wonach bedeutenden Aktionärsfamilien ein Verwaltungsratssitz eingeräumt wurde.[1216] Ferner mag der noch mangelnde positive Niederschlag guter Corporate Governance in den Aktienkursen eine Erklärung für die Trägheit der spanischen Aktiengesellschaften in Bezug auf die Umsetzung von Corporate Governance Regeln sein.[1217] Zum Teil wird in der Literatur deshalb gefordert, nicht nur ein zweites Transparenzgesetz (Ley de Transparencia 26/2003) zu erlassen, sondern eine umfassende Reform des Gesellschaftsrechts durchzuführen, worin die Forderungen der spanischen Kommission zum Código Unificado aufgegriffen werden,[1218] da sich gezeigt hat, dass

1213 Vgl. Mateu de Ros Cerezo S. 43 ; im Ergebnis auch Heidrick&Struggles S. 30 f

1214 Vgl. Manuel Olivencia in Corella S. 1

1215 Dazu auch Gómez Ansón in Mallin, Handbook S. 25 f

1216 So Heidrick&Struggles S. 3; siehe auch Ramos Herranz RDM 2005, S. 188

1217 Vgl. McKean S. 120

1218 Vgl. Rodríguez Artigas RdS 2006, S. 53; Mateu de Ros Cerezo S. 31 f ; Alonso Ureba RdS 2006, S. 77, der zudem die Erarbeitung eines spanischen Konzernrechts einfordert. S. auch die Diskussion zum neuen Ley de Sociedades de Capital unter www.noticias.juridicas.com

Änderungen in der Gesetzeslage die Umsetzung von Corporate Governance Regeln effektiver beschleunigen als die reine Selbstverpflichtung durch einen Código[1219].

Dies hat sich auch in Deutschland bestätigt, wo die verpflichtende Erklärung nach § 161 AktG erheblich zur Verbreitung des DCGK und zu einer erhöhten Aufmerksamkeit der Marktteilnehmer für Corporate Governance beigetragen hat.[1220] Dementsprechend erfreut sich der Kodex in der deutschen Wirtschaft einer breiten Akzeptanz: Die durchschnittlichen Befolgungsquoten der Kodexempfehlungen betrugen 2008 im DAX ca. 95 % und im MDAX ca. 92 %, während bei den Anregungen des DCGK von den DAX-Unternehmen ca. 76 % und von den MDAX- Unternehmen ca. 68 % befolgt wurden, Tendenz steigend.[1221]

Allerdings wird Deutschland im europäischen Vergleichsranking bei der Umsetzung von Corporate Governance Standards lediglich der letzte Platz bescheinigt. Verantwortlich dafür sind insbesondere die Größe und Ineffizienz der Aufsichtsräte, die durchgehend fast rein deutsche Besetzung der Vorstands- und Aufsichtsratsposten, die Besetzung von Aufsichtsratssitzen mit ehemaligen Vorstandsmitgliedern sowie die fehlende Unabhängigkeit der Aufsichtsräte.[1222]

All diese, für internationale Investoren kritischen Punkte werden jedoch vom DCGK entweder unzureichend oder gar nicht angesprochen und diskutiert, geschweige denn gelöst. Insofern bleibt festzuhalten, dass der Auftrag an die Kodex-Kommission, die geltende deutsche Rechtslage nicht anzutasten und lediglich auf Basis derselben, Vorschläge für Corporate Governance Regeln zu erarbeiten, eindeutig zu kurz greift.

V. Ausblick

Die weltweite Wirtschafts- und Finanzkrise und die damit einhergehenden Zweifel an der gegenwärtigen Organisation der Publikumsgesellschaften[1223] haben in Deutschland zu einer akuten Gesetzeswelle geführt, die vielfach Themen der Corporate Governance aufgegriffen hat und die auch im DCGK entsprechend umgesetzt bzw. dort noch intensiviert wurden, während die öffentliche Debatte

1219 Vgl. Sánchez Calero RDBB 2003, S. 196; die verstärkte Einmischung des Gesetzgebers verlangt auch Embid Irujo RDM 2003, S. 977

1220 So Schwarz, Regulierung durch CG Kodizes, S. 150

1221 Siehe von Werder/Talaulicar BCCG S. 8; diesselben in DB 2008, S. 825 ff

1222 Vgl. Heidrick&Struggles S. 22 f

1223 Siehe dazu Schiltknecht S. 17

dazu in Spanien anhält[1224] und bislang keine normativen Konsequenzen bzw. Veränderungen des CUBG vorgenommen wurden.

Man darf nicht so weit gehen zu sagen, dass Corporate Governance Kodizes in unkundigen Händen eine Gefahr sind,[1225] aber richtig ist sicher, dass ein Unternehmen auch bei bester Einhaltung der Regelungen eines Corporate Governance Kodex in den Ruin geführt werden kann, dass Ausschüsse zu installieren, keine richtigen Entscheidungen garantiert und dass die „Schiedsrichter" für gute Unternehmensführung zufriedene Kunden und nicht die Aktionäre sind.[1226]

Insofern müsste der nächste Schritt der weiter entwickelten Corporate Governance Diskussion in Deutschland und in Spanien die Fokussierung auf unverzichtbare Elemente richtiger Unternehmensführung sein: auf professionelles Innovationsmanagement und eine stabile Unternehmenskultur sowie eine funktionierende Unternehmensstruktur.

Dann würde sich ggfs. auch das insbesondere in Deutschland nachgewiesene aussergewöhnlich hohe Ausmaß an Misstrauen gegenüber Großunternehmen und ihren Führungskräften[1227] reduzieren lassen.

Auch die Medien als notwendige Kontrollinstanz[1228] sind insofern gehalten, ihren Fokus verstärkt auf gute Corporate Governance bzw. auf die Abweichungen davon zu legen und die Wertpapieraufsichtsbehörden müssten intensiver in die Überwachung der Corporate Governance der Unternehmen eingebunden werden, obwohl die CNMV in Spanien bereits weitreichende Zuständigkeiten in Corporate Governance Fragen hat. In Deutschland aber muss sich die BaFin bis heute nur sehr wenig mit dem DCGK beschäftigen. [1229]

„Good corporate governance is a journey, not a destination."[1230] In diesem Sinne bleibt festzuhalten, dass sowohl in Deutschland als auch in Spanien die Entwick-

1224 Vgl. z.B. die Presseartikel Mateu de Ros "El buen gobierno corporativo en época de crisis" vom 28.12.2008 unter www.elpais.com oder „La falta de buen gobierno no ha sido el principal causante de la crisis" vom 1.6.2009 unter www.inforpress.es ; siehe auch Pérez Carrillo, „Gobierno corporativo y responsabilidad social de las empresas" , die die Frage nach dem Herangehen an Corporate Governance in Zeiten der Krise stellt.

1225 Vgl. Malik m.o.m.-Letter 6/08 S. 91

1226 Vgl. Malik m.o.m.-Letter 6/08 S. 98; noch weiter geht Teichmann ZGR 2001, S. 649, der für eine erfolgreiche Unternehmensführung die Zufriedenstellung aller Leistungsträger fordert; siehe dazu auch Schiltknecht S. 207

1227 69 % der deutschen Bevölkerung vermuten bei Managern unmoralische Verhaltensweisen (internationaler Mittelwert 39 %), vgl. Delbrück S. 1 m.w.N.

1228 Siehe Müller in Deutscher Corporate Governance Report 2008, S. 69

1229 Vgl. dazu Sanio in Corporate Governance Report 2007, S. 9 f

1230 Lubrano/Blume S. 2

lungen in Sachen Corporate Governance weitergehen und die vielbesagte Konvergenz der beiden Systeme[1231] durch die Aussagen und Vorschläge sowohl des deutschen DCGK als auch des spanischen CUBG verstärkt wird.

Dies ist zu beobachten an der Stärkung der externen Verwalter in Spanien, d.h. also durch Unabhängige, die eher überwachen als leiten und dadurch mit dem deutschen Aufsichtsrat verglichen werden können[1232] und dem gleichzeitigen Zurückdrängen des Einflusses herrschender Verwalter. Auch durch die feste Etablierung von Geschäftsführungsausschüssen, welche mit dem Vorstand gleichgesetzt werden können[1233] und durch die Diskussion, die Funktionen von CEO und Präsident zu trennen, nähert sich die spanische Kommission, wenngleich ungewollt[1234], dem dualistischen System an, so dass zum Teil schon von einer „schlechten Version des deutschen Systems“[1235] gesprochen wird.

Auch auf der deutschen Seite ist ein Sich-Zu-Bewegen auf die monistische Struktur durch die Intensivierung des Zusammenwirkens von Vorstand und Aufsichtsrat bei der Unternehmensführung, die von den Unternehmen in der jüngeren Vergangenheit verstärkt praktiziert wird[1236], erkennbar, so dass sich beide Systeme in Zukunft wohl weiter aneinander annähern werden.

Eine völlige Gleichschaltung wird jedoch auch zukünftig nicht erreicht werden,[1237] zumal auch in den beiden Kodizes erkennbar ist, dass nur die Schwächen des jeweils eigenen Systems ausgeglichen, aber nicht die grundsätzliche Organisationsverfassung der Aktiengesellschaft verändert werden sollten.

Solange aber die Organisationsverfassungen unterschiedlich sind, werden auch die Corporate Governance Systeme differieren, um die jeweiligen Schwä-

---

1231 So Fernández Pérez RdS 2000, S. 194 ff; Sánchez Calero Administradores, Band IV, S. 470; vgl. auch Marsch-Barner in Marsch-Barner/Schäfer § 2 Rdnr. 17 ff

1232 Vgl. Hopt ZGR 2000, S. 783 f; Lutter GesRZ Sonderheft Corporate Governance 2002, S. 23; Kraakman in Feddersen/Hommelhoff/Schneider Corporate Governance, S. 129; siehe auch Alonso Ureba RdS 2006, S. 70

1233 Vgl. Grechenig S. 81

1234 Vgl. CUBG Erläuterungen zu 16., wonach die Einheit des Verwaltungsrates betont wird; siehe auch, allerdings differenzierend, Alonso Ureba RdS 2006, S. 72; von der unvermeidlichen Annäherung an das dualistische System im Rahmen eines „erneuerten monistischen Modells“ spricht Esteban Velasco RdS 2006, S. 86; ebenso Farrando Miguel RdS 2006, S. 179 f

1235 Vgl. Torrent RdS 2006, S. 243

1236 Vgl. Endres ZHR 1999 (163), S. 456; von Werder in Ringleb S. 47; siehe auch Müller in Corporate Governance Report 2008, S. 66 ff; Burgmans in Corporate Governance Report 2006, S. 56 f; Röller geht davon aus, dass mehr Teile des dualen Systems übernommen werden als dieses aus dem monistischen System adaptiert, Corporate Governance Report 2008, S. 88.

1237 Vgl. Grechenig S. 102

chen der Systeme auszugleichen, auch wenn die Zielrichtung, eine gute Unternehmensführung durch ausreichende Kontrollmechanismen und Organisationsstrukturen sowie durch Berücksichtigung der widerstreitenden Interessen sicherzustellen, die gleiche ist.

Es gibt kein universell perfektes Corporate Governance System, das für alle Länder passt. Insofern muss jedes nationale Corporate Governance Regelwerk in seinem eigenen Zusammenhang betrachtet werden und man kann nicht das eine direkt mit dem anderen vergleichen, da jedes System spezifisch auf die vorherrschenden wirtschaftlichen, kulturellen historischen, juristischen und sozialen Anforderungen eingehen muss,[1238] wie in dieser Arbeit für Deutschland und Spanien versucht wurde, darzustellen.

1238 Vgl. dazu auch Teichmann ZGR 2001, S. 675

Literaturverzeichnis

Abeltshauser, Thomas / Buck, Petra: Corporate Governance, Hannover, 2004 (zitiert: Verfasser in Abeltshauser / Buck, Corporate Governance, S.)

Águila-Real, Álfaro Jesús: Imperialismo Económico y Docmática Jurídica, RDM 1999 (233), S. 925 ff

Alcalá Díaz, María Ángeles: El derecho de impugnación del socio en la sociedad anónima cotizada, Madrid, 2006

Alcover Garau, Guillermo: Aproximación al régimen jurídico del voto electrónico, RDM 2004 (254), S. 1341 ff

Alcover Garau, Guillermo: La representación proporcional de la minoría en el Consejo de administración de la sociedad anónima y el principio mayoritario en el funcionamiento de la junta general de accionistas, RdS 1994 (2), S. 83 ff

Aldama y Miñón, Enrique de: Report by the Special Commission to Foster Transparency and Security in the Markets and in Listed Companies (Informe Aldama), 2003, www.cnmv.es/index.htm

Alfonso Sánchez, Rosalía / Sánchez Ruiz, Mercedes: Aspectos generales sobre el buen gobierno de las cooperativas y de los grupos cooperativos, RDM 2007 (266), S. 1051 ff

Alonso Ureba, Alberto: El modelo de administración de la SA cotizada (Competencias y funcionamiento del Consejo y de la Comisión Ejecutiva), RdS 2006 (27), S. 65 ff

Arana Gondra, Francisco Javier: Ley de Auditoría in: Comentarios a la Legislación Mercantil, Madrid, 1995

Arlt, Marie-Agnes / Bervoets, Cécile / Grechenig, Kristoffel / Kalss, Susanne: Die Europäische Corporate-Governance-Bewegung (Frankreich, Niederlande, Spanien, Italien), GesRZ Sonderheft Corporate Governance 2002, S. 64 ff

Arroyo Martínez, Ignacio / Embid Irujo, José Miguel: Comentarios a la Ley de sociedades anónimas, Bände I – III, Madrid, 2001 (zitiert: Verfasser in Arroyo/Embid Band , S.)

Arroyo Martínez, Ignacio / Embid Irujo, José Miguel: Comentarios a la Ley de sociedades de responsabilidad limitada, Madrid, 1997 (zitiert: Verfasser in Arroyo/Embid Comentarios S.L., S.)

Bachmann, Gregor: Namensaktie und Stimmrechtsvertretung, WM 1999, S. 2100 ff

Bachmann, Gregor: Verwaltungsvollmacht und "Aktionärsdemokratie": Selbstregulative Ansätze für die Hauptversammlung, AG 2001, S. 635 ff

Barca, Fabrizio / Becht, Marco: The Control of Corporate Europe, Oxford, 2001, S. 207 ff (zitiert: Verfasser in Barca/Becht S.)

Bassols, Clara: „Ley Orgánica 3/2007 für die tatsächliche Gleichheit zwischen Mann und Frau“: Ein Gesetz mit dem Ziel, die spanische Gesellschaft zu ändern, Informaciones 2007, S. 81 ff

Baums, Theodor: Anlegerschutz und Neuer Markt, ZHR 2002 (166), S. 376 ff

Baums, Theodor: Der fehlerhafte Aufsichtsratsbeschluß, ZGR 1983, S. 300 ff

Baums, Theodor: Bericht der Regierungskommission Corporate Governance, Unternehmensführung, Unternehmenskontrolle, Modernisierung des Aktienrechts, Köln, 2001

Baums, Theodor: Der Aufsichtsrat – Aufgaben und Reformfragen, ZIP 1995, S. 11 ff

Baums, Theodor / Buxbaum, Richard M. / Hopt Klaus J.: Institutional Investors and Corporate Governance, Berlin u.a., 1994 (zitiert: Verfasser in Baums Institutional Investors, S.)

Baums, Theodor / Drinhausen, Florian: Weitere Reform des Rechts der Anfechtung von Hauptversammlungsbeschlüssen, ZIP 2008, S. 145 ff

Baums, Theodor / Keinath, Astrid / Gajek, Daniel: Fortschritte bei Klagen gegen Hauptversammlungsbeschlüsse? Eine empirische Studie, ZIP 2007, S. 1629 ff

Baums, Theodor / Scott Kenneth E.: Taking Shareholder Protection Seriously? Corporate Governance in the United States and Germany, Working Paper No. 16, Frankfurt, 2005

Bayer, Walter / Habersack, Mathias: Aktienrecht im Wandel, Band II Grundsatzfragen des Aktienrechts, Tübingen, 2007 (zitiert: Verfasser in Bayer/Habersack S.)

Becker, Michael: Verwaltungskontrolle durch Gesellschafterrechte, Dresden, 1997

Bender, Christian / Vater, Hendrik : Lückenhaft und unverbindlich – Der Deutsche Corporate Governance Kodex lässt auch nach der Überarbeitung wichtige Kernprobleme der Unternehmensüberwachung ungelöst, DStR 2003, S. 1807 ff

Berg, Jan / Herz, Carsten / Trömel, Anna: Vorstandschefs gegen Blick ins Portemonnaie, Handelsblatt vom 4.3.2002, S. 1

Berger, Caroline / Eckert, Georg / Grechenig, Kristoffel: Regelungsschwerpunkte der Minderheitsvertretung im Aufsichtsrat aus rechtsvergleichender Sicht, ZfRV 2002 (5), S. 163 ff

Berle Adolph, Means Gardiner: The Modern Corporation and Private Property, New York, 1956 (18. Nachdruck, Original New York, 1932)

Bernhardt, Wolfgang : Der Deutsche Corporate Governance Kodex: Zuwahl (comply) oder Abwahl (explain)?, DB 2002, S. 1841 ff

Berrar, Carsten: Die Entwicklung der Corporate Governance in Deutschland im internationalen Vergleich, Frankfurt am Main, 2001

Berrar, Carsten: Die zustimmungspflichtigen Geschäfte nach § 111 Abs. 4 AktG im Lichte der Corporate Governance-Diskussion, DB 2001, S. 2181 ff

Beyerle, Hubert: Aufsichtsrat wird zum Hauptberuf, Financial Times Deutschland vom 9.6.2008, A 2

Biedenkopf, Kurt : Kommission zur Modernisierung der deutschen Unternehmensmitbestimmung: Bericht der wissenschaftlichen Mitglieder der Kommission mit Stellungnahmen der Vertreter der Unternehmen und der Vertreter der Arbeitnehmer, Berlin, 2006 (zitiert: Bericht der Mitbestimmungskommission, S.)

Biedenkopf, Kurt H. / Zöllner, Wolfgang: Kölner Kommentar zum Aktiengesetz, 3. Auflage, Köln u.a., 2004 (zitiert: Verfasser in KöKo AktG, § Rdnr.)

Bisbal Mendez, Joaquim: El Gobierno de las Compañías Mercantiles: Teoría, Materiales y Práctica, RDM 1997 (226), S. 1673 ff

Bleicher, Knut / Leberl, Diethard / Paul, Herbert: Unternehmensverfassung und Spitzenorganisation: Führung und Überwachung von Aktiengesellschaften im internationalen Vergleich, Wiesbaden, 1989

Blum, Alexander: Corporate Governance, Köln, 2005

Bolás, Alfonso Juan: La Junta General de Accionistas, Valencia, 1999

Bosse, Christian: Das Gesetz zur Angemessenheit der Vorstandsvergütung (VorstAG) – Überblick und Handlungsbedarf, BB 2009, S. 1650 ff

Bosse, Christian: Grünes Licht für das ARUG : das Aktienrecht geht online, NZG 2009, S. 807 ff

Bress, Stefan: Corporate Governance in Deutschland, Köln, 2008

Broseta Pont, Manuel: La reforma de la empresa en el sistema neocapitalista español, RDM 1970 (115), S. 265 ff

Büschemann, Karl-Heinz / Knipper, Til: Umverteilung in der Chefetage, Süddeutsche Zeitung vom 4.4.2008, S. 30 f

Bunke, Caspar: Fragen der Vollmachtserteilung zur Stimmrechtsausübung nach § § 134, 135 AktG, AG 2002, S. 57 ff

Calzada Terrados, Blas: El Buen Gobierno en España: Un Análisis Crítico, Madrid, 2006

Candelario Macías, María Isabel: Aproximación al derecho de representación de la minoría en la sociedad bursátil, RdS 2001 (16), S. 163 ff

Candelario Macías, María Isabel: La tutela de la minoría en la sociedad cotizada en bolsa, Barcelona, 2007

Carrera Giral, Juan: Ley de Sociedades Anónimas, Barcelona, 1991

Castellanos Ramírez, María José: La presunción de solicitud pública de representación del accionista en la Junta General, RDM 2006 (259), S. 193 ff

Clarke, Thomas: International Corporate Governance – A Comparative Approach, New York, 2007

Claussen, Carsten P.: Aktienrechtsreform 1997, AG 1996, S. 481 ff

Claussen, Carsten P.: Hauptversammlung und Internet, AG 2001, S. 161 ff

Claussen, Carsten P.: Corporate Governance – eine Standortbeschreibung, Festschrift für Hans-Joachim Priester, Köln, 2007, S. 41 ff

Claussen, Carsten P.: Nachtrag zur „kleinen AG", Festschrift für Volker Röhricht, Köln, 2005, S. 63 ff

Claussen, Carsten P. / Bröcker, Norbert: Corporate Governance-Grundsätze in Deutschland – nützliche Orientierungshilfe oder regulatorisches Übermaß ? AG 2000, S. 481 ff

Corella, Arantxa: ´El Código Olivencia fue más liberal que el Conthe ´, Madrid, 2007, http://www.cincodias.com/articulo/empresas/Codigo/Olivencia

Cromme, Gerhard: Corporate Governance Report 2003, Vorträge und Diskussionen der 5. Konferenz Deutscher Corporate Governance Kodex, Stuttgart 2003 (zitiert: Verfasser in Corporate Governance Report 2003, S.)

Cromme, Gerhard: Corporate Governance Report 2006, Vorträge und Diskussionen der 5. Konferenz Deutscher Corporate Governance Kodex, Stuttgart 2006 (zitiert: Verfasser in Corporate Governance Report 2006, S.)

Cromme, Gerhard: Corporate Governance Report 2007, Vorträge und Diskussionen der 6. Konferenz Deutscher Corporate Governance Kodex, Stuttgart 2007 (zitiert: Verfasser in Corporate Governance Report 2007, S.)

Cromme, Gerhard : Corporate Governance Report 2008, Vorträge und Diskussionen der 7. Konferenz Deutscher Corporate Governance Kodex, Stuttgart 2008 (zitiert: Verfasser in Corporate Governance Report 2008, S.)

Cromme, Gerhard: Die Bedeutung des Deutschen Corporate Governance Kodex für die Praxis, ZfgK 2002, S. 502 ff

DAV-Handelsrechtsausschuss: Handelsrechtsausschuss des Deutschen Anwaltvereins: Stellungnahme zum Entwurf eines Gesetzes zur Angemessenheit der Vorstandsvergütung (VorstAG), NZG 2009, S. 612 ff

Davies, Paul: Struktur der Unternehmensführung in Großbritannien und Deutschland: Konvergenz oder fortbestehende Divergenz?, ZGR 2001, S. 268 ff

Davies, Paul: Corporate Governance from a UK Perspective, GesRZ 2002, Sonderheft Corporate Governance, S. 14 ff

Deckert, Martina: Effektive Überwachung der AG-Geschäftsführung durch Ausschüsse des Aufsichtsrates, ZIP 1996, S. 985 ff

Deilmann, Barbara / Lorenz, Manuel: Die börsennotierte Aktiengesellschaft, München, 2005 (zitiert: Verfasser in Deilmann/Lorenz S.)

De la Cámara, Manuel: La Administración de la Sociedad Anónima, RJN 4/1992, Rz. 51 ff

De la Oliva Santos, Andrés: Debe limitarse el derecho de impugnación de acuerdos en las sociedades anónimas cotizadas ?, RDBB 2006 (104), S. 163 ff

Delbrück, Moritz: Der Deutsche Corporate Governance Kodex – Eine kritische Analyse, Bayreuth, 2007

Deutsches Aktieninstitut: DAI-Factbook 2007, Statistiken, Analysen und Graphiken zu Aktionären, Aktiengesellschaften und Börsen, Frankfurt a.M., 2007

Díaz Echegaray, José Luis: La responsabilidad civil de los administradores de la Sociedad Anónima, Madrid, 1995

Díaz Ruiz, Emilio: Los investores institucionales y el buen gobierno corporativo, RDM 2007 (263), S. 193 ff

Dörrwächter, Jan / Trafkowski, Armin: Anmerkungen zum Abfindungs-Cap in Nummer 4.2.3 n.F. des Deutschen Corporate Governance Kodex, NZG 2007, S. 846 ff

Dörner, Dietrich: Der Aufsichtsratsvorsitzende im Lichte verschärfter Corporate Governance-Vorschriften, Festschrift für Volker Röhricht, Köln, 2005, S. 809 ff

Dreher, Meinrad: Der Abschluss von D&O-Versicherungen, ZHR 2001 (165), S. 293 ff

Eggemann, Gerd / Petry, Martin: Fast Close – Verkürzung von Aufstellungs- und Veröffentlichungszeiten für Jahres- und Konzernabschlüsse, BB 2002, S. 1635 ff

Ehrhardt, Olaf / Nowak, Eric : Die Durchsetzung von Corporate-Governance-Regeln, AG 2002, S. 336 ff

Eisenhardt, Ulrich: Gesellschaftsrecht, 13. Auflage, München, 2007

Embid Irujo, José Miguel: El Buen Gobierno Corporativo y los Grupos de Sociedades, RdM 2003 (249), S. 933 ff

Embid Irujo, José Miguel: En torno a las modificaciones estructurales de las sociedades mercantiles (fusión, escisión y otros procedimientos similares), CDC 1991 (9), S. 13 ff

Embid Irujo, José Miguel / Martínez Sanz, Fernando: Gesellschaftsvertragliche Gestaltungsfreiheit im spanischen Recht der Kapitalgesellschaften, ZGR Sonderheft 13, Gestaltungsfreiheit im Gesellschaftsrecht, 1997, S. 228 ff

Endres, Michael : Organisation der Unternehmensleitung aus der Sicht der Praxis, ZHR 1999 (163), S. 441 ff

Esteban Velasco, Gaudencio : El Gobierno de las Sociedades Cotizadas, Madrid/Barcelona 1999 (zitiert: Verfasser in Velasco S.)

Esteban Velasco, Gaudencio: Reorganización de la composición del Consejo: clases de consejeros, en particular los consejeros independientes, RdS 2006 (27), S. 85 ff

Farrando Miguel, Ignacio: La retribución de los administradores de las sociedades cotizadas y el mercado de los ejecutivos, RdS 2006 (27), S. 355 ff

Farrando Miguel, Ignacio: Una aproximación al « Buen Gobierno » de las sociedades anónimas abiertas, RdS 2006 (26), S. 157 ff

Feddersen, Dieter / Hommelhoff, Peter / Schneider, Uwe: Corporate Goverance, Köln, 1996 (zitiert: Verfasser in Feddersen/Hommelhoff/Schneider, Corporate Governance, S.)

Fernández de la Gándara, Luis: Las comisiones de supervisión y control del Consejo de Administración, RdS 2006 (27), S. 149 ff

Fernández del Pozo, Luis: Operaciones societarias de modificación estructural, Valencia, 2001

Fernández Pérez, Nuria: La protección juridica del accionista inversor, RdS 2000 (14), S. 194 ff

Fernández-Tresguerres García, Ana: Protocolo familiar: un instrumento para la autorregulación de la sociedad familiar, RdS 2002 (19), S. 89 ff

Figge, Jutta: Mitbestimmung auf Unternehmensebene in Vorschlägen der Europäischen Gemeinschaften, Baden-Baden, 1992

Fischer, Klaus-Bernd: Das spanische Gesetz 3/2009 über strukturelle Änderungen der Handelsgesellschaften, RIW 2009, S. 435 ff

Fleischer, Holger: Das Gesetz zur Angemessenheit der Vorstandsvergütung (VorstAG), NZG 2009, S. 801 ff

Fleischer, Holger: Das Vorstandsvergütungs-Offenlegungsgesetz, DB 2005, S. 1611 ff

Fleischer, Holger: Directors´ Dealings, ZIP 2002, S. 1217 ff

Fleischer, Holger: Ungeschriebene Hauptversammlungszuständigkeiten im Aktienrecht: Von „Holzmüller" zu „Gelatine", NJW 2004, S. 2335 ff

García Luengo, Ramón-Bernabé / Soto Vázquez, Rodolfo: El Nuevo Régimen Jurídico de la Sociedad Anónima, Granada, 1991

Garrigues, Joaquín / Uria Gonzáles, Rodrigo /Menéndez Menéndez, Aurelio: Comentario a la Ley de Sociedades Anónimas, Band I, 3. Auflage, Madrid, 1976

Gelhausen, Hans Friedrich / Hönsch, Henning: Deutscher Corporate Governance Kodex und Abschlussprüfung, AG 2002, S. 529 ff

Gersbach, Hans / Glazer, Amihai: High Compensation Creates a Ratchet Effect, IZA Discussion Paper No. 1143, May 2004, www.opus.zbw.kiel.de

Geßler, Ernst: Einberufung und ungeschriebene Hauptversammlungszuständigkeiten, Festschrift für Walter Stimpel, Berlin, 1985, S. 771 ff

Girón Tena, José: Derecho de Sociedades Anónimas, Valladolid, 1991

Goette, Wulf: Leitung, Aufsicht, Haftung – zur Rolle der Rechtsprechung bei der Sicherung einer modernen Unternehmensführung, Festschrift aus Anlass des fünfzigjährigen Bestehens von Bundesgerichtshof, Bundesanwaltschaft und Rechtsanwaltschaft beim Bundesgerichtshof, Köln/München u.a., 2000, S. 123 ff

Goette, Wulf: Organisation und Zuständigkeit im Konzern, AG 2006, S. 522 ff

Götz, Heinrich: Die Sicherung der Rechte der Aktionäre der Konzernobergesellschaft bei Konzernbildung und Konzernleitung, AG 1984, S. 85 ff

Grechenig, Kristoffel: Spanisches Aktien- und GmbH-Recht, Wien, 2005

Grechenig, Kristoffel / Berger, Karoline / Eckert, Georg: Regelungsschwerpunkte der Minderheitsvertretung im Aufsichtsrat aus rechtsvergleichender Sicht, ZfRV 2002 (14/5), S. 163 ff

Grima, Juan: Jornada sobre "El Informe Olivencia y el Corporate Governance", RGD 1998, S. 9378 f

Großmann, Adolf: Unternehmensziele im Aktienrecht, Köln, 1980

Grumann, Marc-Olaf / Soehlke, Raphael: Namensaktie und Hauptversammlung, DB 2001, S. 576 ff

Grundmann, Stefan / Mülbert, Peter: Corporate Governance – Europäische Perspektiven, ZGR 2001, S. 215 ff

Guerra Martín, Guellermo : El gobierno de las Sociedades Cotizadas Estadounidenses – Su influencia en el Movimiento de Reforma del Derecho Europea, Madrid, 2003

Habersack, Mathias: Die erfolgsabhängige Vergütung des Aufsichtsrats und ihre Grenzen, ZGR 2004, S. 721 ff

Habersack, Mathias: Aktienrecht und Internet, ZHR 2001 (165), S. 172 ff

Hecker, Andreas: Die aktuellen Änderungen des Deutschen Corporate Governance Kodex im Überblick, BB 2009, S. 1654 ff

Heidrick & Struggles International Inc.: Corporate Governance in Europe: Raising the Bar, 2007 report, Paris, 2007

Heinrich, Ralph P.: Complementarities in Corporate Governance, Kiel, 2002

Henn, Günter: Die Wahrung der Interessen der Aktionäre innerhalb und außerhalb der Hauptversammlung, BB 1982, S. 1185 ff

Henn, Günter / Frodermann, Jürgen / Jannott, Dirk: Handbuch des Aktienrechts, 8. Auflage, Heidelberg, 2009 (zitiert: Verfasser in Henn/Frodermann/Jannott S.)

Henze, Hartwig: Leitungsverantwortung des Vorstands – Überwachungspflicht des Aufsichtsrats, BB 2000, S. 209 ff

Hirte, Heribert: Die aktienrechtliche Satzungsstrenge: Kapitalmarkt und sonstige Legitimationen versus Gestaltungs-freiheit, ZGR 1998, Sonderheft 13, S. 61 ff

Hirte, Heribert: Der Einfluss neuer Informationstechniken auf das Gesellschaftsrecht und die corporate-governance Debatte, Festschrift für Richard M. Buxbaum, London, 2000, S. 283 ff

Höpner, Martin: Die Argumente der Kritiker, Die Mitbestimmung 2003 (9), S. 52 ff

Hoffmann – Becking, Michael: Münchener Handbuch des Gesellschaftsrechts, Band 4, Aktiengesellschaft, 3. Auflage, München, 2007 (zitiert: Verfasser in Hoffmann-Becking § Rdnr.)

Hoffmann – Becking, Michael: Rechtliche Anmerkungen zur Vorstands- und Aufsichtsratsvergütung, ZHR 2005 (169), S. 155 ff

Hoffmann – Becking, Michael : Vorstandsvergütung nach Mannesmann, NZG 2006, S. 127 ff

Holzborn, Timo / Bunnemann, Jan: Änderungen im AktG durch den Regierungsentwurf für das UMAG, BKR 2005, S. 51 ff

Hommelhoff, Peter: Die OECD-Principles on Corporate Governance – ihre Chancen und Risiken aus dem Blickwinkel der deutschen corporate governance-Bewegung, ZGR 2001, S. 238 ff

Hommelhoff, Peter / Hopt, Klaus J. / von Werder, Axel: Handbuch Corporate Governance, Köln, 2003 (zitiert: Verfasser in Hommelhoff/Hopt/von Werder, Handbuch Corporate Governance, S.)

Hommelhoff, Peter / Mattheus, Daniela: Corporate Governance nach dem KonTraG, AG 1998, S. 249 ff

Hommelhoff, Peter / Rowedder, Heinz / Ulmer, Peter: Max Hachenburg – Fünfte Gedächtnisvorlesung 2002, Heidelberg, 2003 (zitiert: Verfasser in Hommelhoff, Gedächtnisvorlesung, S.)

Hopt, Klaus J.: Europäisches Gesellschaftsrecht und deutsche Unternehmensverfassung – Aktionsplan und Interdependenzen, ZIP 2005, S. 461 ff

Hopt, Klaus J.: Arbeitnehmervertretung im Aufsichtsrat – Auswirkungen der Mitbestimmung auf corporate governance und wirtschaftliche Integration in Europa - , Festschrift für Ulrich Everling, Band I, Baden-Baden, 1995, S. 475 ff

Hopt, Klaus J.: Auswirkungen des europäischen Gesellschaftsrechts auf die deutsche Unternehmensverfassung, Wirtschaftsrat – Herausforderung für deutsche Unternehmen: Corporate Governance in Europa, Berlin, 2005

Hopt, Klaus J.: ECLR Interessenwahrung und Interessenkonflikte im Aktien-, Bank- und Berufsrecht; Zur Dogmatik des modernen Geschäftsbesorgungsrechts, ZGR 2004, S. 1 ff

Hopt, Klaus J.: Gemeinsame Grundsätze der Corporate Governance in Europa?, ZGR 2000, S. 779 ff

Hopt, Klaus J.: Modern Company and Capital Market Problems: Improving European Corporate Governance after Enron, JCLS 2003, S. 221 ff

Hopt, Klaus J.: Unternehmensführung, Unternehmenskontrolle, Modernisierung des Aktienrechts, ZHR 2002 (166), Beiheft 71, S. 27 ff

Hopt, Klaus J. / Leyens, Patrick C.: Board Models in Europe. Recent Developments of Internal Corporate Governance Structures in Germany, the United Kingdom, France, and Italy, Working Paper Nr. 18/2004, Hamburg 2004

Hopt, Klaus J. / Voigt, Hans-Christoph: Prospekt- und Kapitalmarktinformationshaftung, Berlin, 2005 (zitiert: Verfasser in Hopt/Voigt S.)

Hopt, Klaus J. / Wiedemann, Herbert: Großkommentar zum Aktiengesetz, 4. Auflage, Berlin, 2003 (zitiert: Verfasser in Hopt/Wiedemann, Großkomm AktG, § , Rdnr.)

Hopt, Klaus J. / Wymeersch, Eddy: Capital Markets and Company Law, Oxford, 2003 (zitiert: Verfasser in Hopt/Wymeersch S.)

Hopt, Klaus J. / Wymeersch, Eddy: Comparative Corporate Governance, Berlin, 1997 (zitiert: Verfasser in Hopt, Comparative Corporate Governance,S.)

Hüffer, Uwe: Aktienbezugsrechte als Bestandteil der Vergütung von Vorstandsmitgliedern und Mitarbeitern – gesellschaftsrechtliche Analyse ZHR 1997 (161), S. 214 ff

Hüffer, Uwe: Aktiengesetz, 8. Auflage, München, 2008

Hüffer, Uwe: Die leitungsbezogene Verantwortung des Aufsichtsrates, NZG 2007, S. 47 ff

Hüffer, Uwe: Die Unabhängigkeit von Aufsichtsratsmitgliedern nach Ziffer 5.4.2 DCGK, ZIP 2006, S. 637 ff

Hüffer, Uwe: Zur Holzmüller-Problematik: Reduktion des Vorstandsermessens oder Grundlagenkompetenz der Hauptversammlung?, Festschrift für Peter Ulmer, Berlin, 2003, S. 279 ff

Hüther, Mario: Namensaktien, Internet und die Zukunft der Stimmrechtsvertretung, AG 2001, S. 68 ff

Huwer, Wolfram: Der Prüfungsausschuss des Aufsichtsrats, Berlin, 2008

Igartua Arregui, Fernando / Juste Mencía, Javier: Deberes de los administradores (Reforma de la LSA por la Ley de Transparencia), RdS 2005 (24), S. 75 ff

Jäger, Axel: Aktiengesellschaft, München, 2004

Jané Bonet, Juan: Análisis jurídico de la auditoría de cuentas, Barcelona, 1995

Jiménez de Parga, Rafael: Reglamentación Interna de los Consejeros de Administración, RDBB 1998 (69), S. 127 ff

Jiménez Sánchez, Guillermo J.: Derecho Mercantil, Barcelona, 2000

Jordan Marinel-lo, Enrique: Reform und Anpassung der Handelsgesetzgebung im Bereich der buchhalterischen Regelung in Spanien, Informaciones 2009, S. 35 f

Jürgenmeyer, Michael: Das Unternehmensinteresse, Heidelberg, 1984

Kanavelis, Thomas: Die Funktion des mitbestimmten Aufsichtsrats in der Aktiengesellschaft, München, 1987

Kindler, Peter: Der Aktionär in der Informationsgesellschaft, NJW 2001, S. 1678 ff

Koch, Stefan: Neuerungen im Insiderrecht und der Ad-hoc-Publizität, DB 2005, S. 267 ff

Kort, Michael: Bekanntmachungs-, Berichts- und Informationspflichten bei „Holzmüller"-Beschlüssen der Mutter im Falle von Tochter-Kapitalerhöhungen zu Sanierungszwecken, ZIP 2002, S. 685 ff

KPMG: Audit Committee Quarterly I/2008, Frankfurt, 2008

Kreitmeier, Florian: Corporate Governance: Aufsichtsgremien und Unternehmensstrategien, München, 2001

Krieger, Gerd: Gewinnabhängige Aufsichtsratsvergütungen, Festschrift für Volker Röhricht, Köln, 2005, S. 349 ff

Kropff, Bruno / Semler, Johannes: Münchener Kommentar zum Aktiengesetz, 3. Auflage, München, 2008 (zitiert: Verfasser in MüKo AktG, § Rdnr.)

Küting, Karlheinz / Weber, Claus-Peter / Gattung, Andreas: Nahe stehende Personen (related parties) nach nationalem und internationalem Recht, KoR 2003, S. 53 ff

Kuhner, Christoph: Unternehmensinteresse vs. Shareholder Value als Leitmaxime kapitalorientierter Aktiengesellschaften, ZGR 2004, S. 244 ff

Lange, Oliver: Der Wechsel aus dem Vorstand in den Aufsichtsrat, NZG 2004, S. 265 ff

Liebscher, Thomas: Ungeschriebene Hauptversammlungszuständigkeiten im Lichte von Holzmüller, Macrotron und Gelatine, ZGR 2005, S. 1 ff

Lieder, Jan: Das unabhängige Aufsichtsratsmitglied, NZG 2005, S. 569 ff

Lieder, Jan: Der Aufsichtsrat im Wandel der Zeit, Jena, 2006

Lingemann, Stefan: Angemessenheit der Vorstandsvergütung – Das VorstAG ist in Kraft, BB 2009, S. 1918 ff

López Iturriaga, Félix Javier / Pereira, Liduina: Análisis internacional de los códigos de buen gobierno, Universia Business Review Nr. 11, 2006, S. 10 ff

Lorsch, Jay W.: Empowering the Board, Harvard Business Review 1995, S. 107 ff

Lozano, Félix J.: The Spanish Code for Good Corporate Governance (Olivencia Report): An Ethical Analysis, JBE 2000 (Vol. 27/4), S. 175 ff

Lubrano, Mike / Blume, Daniel: Case Studies of Good Corporate Governance Practices, International Finance Corporation/Global Corporate Governance Forum, 2. Auflage, Washington, 2006

Lutter, Marcus: Aktienoptionen für Führungskräfte – de lege lata und de lege ferenda, ZIP 1997, S. 1 ff

Lutter, Marcus: Corporate Governance und ihre aktuellen Probleme, vor allem: Vorstandsvergütung und ihre Schranken, ZIP 2003, S 737 ff

Lutter, Marcus: Das Abfindungs-Cap n Ziff. 4.2.3 Abs. 3 und 4 des Deutschen Corporate Governance-Kodex, BB 2009, S. 1874 ff

Lutter, Marcus: Der deutsche Corporate-Governance-Kodex, GesRZ 2002 Sonderheft Corporate Governance, S. 19 ff

Lutter, Marcus: Die Erklärung zum Corporate Governance Kodex gemäß § 161 AktG, ZHR 2002 (166), S. 523 ff

Lutter, Marcus: Die Gründung einer Tochtergesellschaft im Ausland, GesRZ 2002, Sonderheft 3, 3. Auflage (zitiert: Verfasser in Lutter GesRZ 2002, Sonderheft 3, S.)

Lutter, Marcus: Organzuständigkeiten im Konzern, Festschrift für Walter Stimpel, Berlin, 1985, S. 825 ff

Lutter, Marcus: Vergleichende Corporate Governance – Die deutsche Sicht, ZGR 2001, S. 224 ff

Lutter, Marcus / Krieger, Gerd: Rechte und Pflichten des Aufsichtsrats, 5. Auflage, Köln, 2008

Malik, Fredmund: Die neue Corporate Governance, 3. Auflage, St. Gallen, 2002

Malik, Fredmund: Funktionierende Corporate Governance, m.o.m.-Letter 6/08, www.malik-mzsg.ch

Mallin, Christine A.: Handbook on International Corporate Governance, Cheltenham u.a., 2006 (zitiert: Verfasser in Mallin, Handbook S.)
Mallin, Christine A.: International Corporate Governance, Cheltenham u.a., 2006 (zitiert: Verfasser in Mallin S.)
Marcos Fernández, Francisco / Sánchez Graells, Albert: Necesidad y sentido de los consejeros independientes. Dificultades para el trasplante al derecho de las sociedades cotizadas españolas, RdM 2008 (268), S. 499 ff
Marsch – Barner, Reinhard: Aktuelle Rechtsfragen zur Vergütung von Vorstands- und Aufsichtsratsmitgliedern einer AG, Festschrift für Volker Röhricht, Köln, 2005, S. 401 ff
Marsch-Barner, Reinhard / Schäfer, Frank A.: Handbuch börsennotierte AG, Aktien- und Kapitalmarktrecht, Köln, 2005 (zitiert: Verfasser in Marsch-Barner/Schäfer § Rdnr.)
Martens, Klaus-Peter: Die Vorstandsvergütung auf dem Prüfstand, ZHR 2005 (169), S. 124 ff
Martínez Martínez, Teresa: Derecho de información del accionista e instrumentos y obligaciones de información de la sociedad, RdS 2005 (24), S. 19 ff
Martínez Martínez, Teresa: El impacto de las nuevas tecnologías de la comunicación sobre la convocatoria y la información ante la junta general de las sociedades cotizadas, RDBB 2006 (104), S. 37 ff
Martínez Martínez, Teresa: La Directiva sobre el ejercicio de los derechos de los accionistas en la Junta general de las sociedades cotizadas, y su impacto sobre el Derecho español, RdS 2007 (29), S. 39 ff
Martínez Sanz, Fernando: La Representación Proporcional de la Minoría en el Consejo de Administración de la Sociedad Anónima, Madrid, 1992
Mateos Werner, Marga: Änderungen des spanischen Aktiengesetzes, Informaciones 2006, S. 154 ff
Mateu de Ros Cerezo, Rafael: El buen gobierno corporativo en época de crisis, 28.12.2008, www.elpais.com
Mateu de Ros Cerezo, Rafael: El Código Unificado de Gobierno Corporativo, Cizur Menor (Navarra), 2007
Mattheus, Daniela: Die gewandelte Rolle des Wirtschaftsprüfers als Partner des Aufsichtsrates nach dem KonTraG, ZGR 1999, S. 682 ff
McKean, Ashley: Corporate Governance Law in Spain: A Vibrant Transition Fueld by the Recent Reforms of Aldama, Georgetown Journal of International Law, Vol. 35, Fall 2003, S. 105 ff
Menzies, Christof: Sarbanes-Oxley und Corporate Compliance, Stuttgart, 2006
Merkt, Hanno: Die monistische Unternehmensverfassung der SE im deutschen Recht, ZGR 2003, 650 ff

Merkt, Hanno / Binder, Jens-Hinrich: Änderungen im Übernahmerecht nach Umsetzung der EG-Übernahmerichtlinie: Das deutsche Umsetzungsgesetz und verbleibende Problemfelder, BB 2006, S. 1285 ff

Meyer, Justus / Ludwig, Sören: Aktienoptionen für Aufsichtsräte ade?, ZIP 2004, S. 940 ff

Micheler, Eva: Corporate Governance und Aktienoptionen nach englischem Recht, GesRZ Sonderheft Aktienoptionen, 2001, S. 86 ff

Millentrup, Jochen: Aktionärsgruppen und Entscheidungsmacht in der spanischen Aktiengesellschaft, Münster, 1996

Monks, Robert A.G. / Minow, Nell: Corporate Governance, 3. Auflage, Malden, 2004

Montero García-Noblejas, Pilar: Procedencia y alcance de la constancia estatutaria de la retribución de los administradores de sociedades cotizadas consistente en programas de opciones sobre acciones y sistemas similares, RdS 2008 (30), S. 163 ff

Müller, Klaus-Peter: Ausführungen anlässlich der 8. Konferenz Deutscher Corporate Governance Kodex am 19.6.2009 in Berlin, „Corporate Governance in Deutschland – Den nächsten Schritt wagen, die richtigen Lehren ziehen", www.corporate-governance-code.de/ger/download/090619_Draft_Pressefassung_DCGK_Rede_Klaus-Peter_Mueller_final.pdf

Noack, Ulrich: ARUG: das nächste Stück der Aktienrechtsreform in Permanenz, NZG 2008, S. 441 ff

Nonnenmacher, Rolf: Möglichkeiten zur weiteren Verbesserung der Zusammenarbeit zwischen Aufsichtsrat und Abschlussprüfer, WPg Sonderheft Reformbedarf der deutschen Corporate Governance im Globalen Wettbewerb, 2001, S. S 15 ff

Nowotny, Christian: Höchststimmrecht als Abwehrmechanismus gegen feindliche Übernahmen?, RdW 2001 (153), S. 130 ff

Olcese Santonja, Aldo: Teoría y práctica del buen gobierno corporativo, Madrid, 2006

Olcese Santonja, Aldo: Observatorio de Gobierno Corporativo de las grandes sociedades cotizadas en el mercado de valores español (IBEX-35), Fundación de Estudios Financieros, 2004, www.fef.es (zitiert: Olcese IBEX-35, S.)

Olivencia Ruíz, Manuel: El Gobierno de las Sociedades (Informe de la Comisión Especial para el Estudio de un Código Ético de los Consejos de Administración de las Sociedades), RDM 1998 (228), S. 733 ff

Olivencia Ruíz, Manuel: Los Codigos de Buen Gobierno : Valoración, El Cronista del Estado Social y Democrático de Derecho, 2008/0, S. 26 ff

Olivencia Ruíz, Manuel: Tendencias actuales en la administración de la sociedad anónima, RGD 1994, S. 12833 ff

Ortuño Baeza, Teresa: Reducción de capital en la sociedad anónima. Un análisis a la luz del principio de paridad de trato, Cizur Menor (Navarra), 2004

Padrós Reig, Carlos: Die in Spanien ansässige Europäische Aktiengesellschaft: Schlussetappe einer langen Geschichte, Informaciones 2006, S. 31 ff

Pala Berdejo, Francisco: El computo de la mayoría en la junta general de accionistas, RDM 1965 (95), S. 41 ff

Paefgen, Walter G.: Börsenpreisorientierte Vergütung und Überwachungsaufgabe des Aufsichtsrats, WM 2004, S. 1169

Paz-Ares, Cándido: La responsabilidad de los administradores como instrumento de gobierno corporativo, RdS 2003 (20), S. 67 ff

Peltzer, Martin: Das Mannesmann-Revisionsurteil aus der Sicht des Aktien- und allgemeinen Zivilrechts, ZIP 2006, S. 205 ff

Peltzer, Martin: Corporate Governance Codices als zusätzliche Pflichtenbestimmung für den Aufsichtsrat, NZG 2002, S. 10 ff

Peltzer, Martin: Deutsche Corporate Governance, 2. Auflage, München, 2004

Peltzer, Martin: Empfehlen sich gesetzliche Regeln zur Einschränkung des Einflusses der Kreditinstitute auf Aktiengesellschaften?, JZ 1996, S. 842 ff

Peltzer, Martin: Handlungsbedarf in Sachen Corporate Governance, NZG 2002, S. 593 ff

Peltzer, Martin: Reparaturbedarf des Kodex – Kritische Anmerkungen zu kontraproduktiven und änderungsbedürftigen Aussagen des DCGK, Festschrift für Hans-Joachim Priester, Köln, 2007, S. 573 ff

Peltzer, Martin / von Werder, Axel: Der „German Code of Corporate Governance (GCCG)“ des Berliner Initiativkreises, AG 2001, S.1 ff

Pérez-Ardá Javier, Fernando Vives: La Sociedad Cotizada, Madrid, 2006 (zitiert: Verfasser in Pérez-Ardá S.)

Pérez Carillo, Elena: El deber de diligencia de los administradores de sociedades, RdS 2000 (14), S. 275 ff

Pérez Carillo, Elena: Gobierno corporativo y responsabilidad social de las empresas, Madrid, 2009

Perina, Udo: Die Macht ist ungezähmt, DIE ZEIT 15.3.2007, S. 33

Peters, Heinrich: Kapitalmarkt Aktuell – Abgeltungssteuer 2009, Helaba Volkswirtschaft/Research, Frankfurt 13.06.2007

Pfitzer, Norbert / Oser, Peter / Orth Christian: Reform des Aktien-, Bilanz- und Aufsichtsrechts, 3. Auflage, Stuttgart, 2008 (zitiert: Verfasser in Pfitzer/Oser/Orth S.)

Pfitzer, Norbert / Oser, Peter / Orth, Christian: Deutscher Corporate Governance Kodex, 2. Auflage, Stuttgart, 2005 (zitiert: Verfasser in Pfitzer, Deutscher Corporate Governance Kodex, S.)

Picot, Arnold: Corporate Governance: Unternehmensüberwachung auf dem Prüfstand, Stuttgart, 1995 (zitiert: Verfasser in Picot, Corporate Governance, S.)

Pikó, Rita / Preissler, Tino: Die Online-Hauptversammlung bei Publikumsaktiengesellschaften mit Namensaktien, AG 2002, S. 223 ff

Polo Díez, Antonio: Reflexiones sobre la reforma del ordenamiento jurídico mercantil, Estudios de Derecho Mercantil en Homenaje a Rodrigo Uría, Madrid, 1978, S. 549 ff

Potthoff, Erich / Trescher, Karl: Das Aufsichtsratsmitglied – Ein Handbuch der Aufgaben, Rechte und Pflichten, 6. Auflage, Stuttgart, 2003

Quijano González, Jesús: Estatuto de los administradores (Selección, nombramiento y cese de consejeros. Información y dedicación de los consejeros), RdS 2006 (27), S. 115 ff

Raiser, Thomas: Unternehmensziele und Unternehmensbegriff, ZHR 1980 (144), S. 206 ff

Ramos Herranz, Isabel: El reglamento de la Junta General en las Sociedades Anónimas cotizadas, RdM 2005 (255), S. 187 ff

Rebhahn, Robert: Das kollektive Arbeitsrecht im Rechtsvergleich, NZA 2001, S. 763 ff

Recalde Castells, Andrés Juan: La Reforma de las Sociedades Cotizadas, RdS 1999 (13), S. 172 ff

Recalde Castells, Andrés Juan: Publicidad de los datos personales incluidos en los registros de accionistas, RdS 2002 (18), S. 77 ff

Reckhorn-Hengemühle, Monika: Die spanische Aktiengesellschaft nach der Reform des Aktiengesetzes von 1989, München, 1992

Reiter, Christian: Der Schutz des Whistleblowers nach dem Sarbanes-Oxley Act im Rechtsvergleich und im internationalen Arbeitsrecht, RIW 2005, S. 168 ff

Rellermeyer, Klaus: Der Aufsichtsrat - Betrachtungen zur neueren Rechtsprechung des Bundesgerichtshofs, ZGR 1993, S. 77 ff

Richter, Stefan: Aktienoptionen für den Aufsichtsrat?, BB 2004, S. 949 ff

Ringleb, Henrik-Michael / Kremer, Thomas / Lutter, Marcus / v. Werder, Axel: Kommentar zum Deutschen Corporate Governance Kodex, 3. Auflage, München, 2008 (zitiert: Verfasser in Ringleb S.)

Rode, Oliver: Der Wechsel eines Vorstandsmitglieds in den Aufsichtsrat – eine gute Corporate Governance?, BB 2006, S. 341 ff

Rodewald, Jörg / Unger, Ulrike: Corporate Compliance – organisatorische Vorkehrungen zur Vermeidung von Haftungsfällen der Geschäftsleitung, BB 2006, S. 113 ff

Rodríguez Artigas, Fernando u.a.: Derecho de Sociedades Anónimas Cotizadas, Madrid, 2006 (zitiert: Verfasser in Rodríguez Artigas, Vol.,S.)

Rodríguez Artigas, Fernando: Junta General y Derechos del Accionista, RdS 2006 (27), S. 31 ff

Roncero Sánchez, Antonio: La captación del voto a través de la solicitud pública de representación: transparencia, igualdad de oportunidades y conflictos de interés, Derecho de Sociedades Anónimas Cotizadas 2006, vol. I, Cizur Menor (Navarra), S. 399 ff

Roncero Sánchez, Antonio: La representación del accionista en la Junta General de la sociedad anónima, Madrid 1996

Roth, Günther H.: Die (Ohn-)Macht der Hauptversammlung, ZIP 2003, S. 369 ff

Rubio Vicente, Pedro J.: Cabe la extensión del régimen jurídico de la escisión a los supuestos de segregación patrimonial de sociedad por aportación ?, RdS 1995 (5), S. 235 ff

Ruhwedel, Peter / Epstein, Rolf: Eine empirische Analyse der Strukturen und Prozesse in den Aufsichtsräten deutscher Aktiengesellschaften, BB 2003, S. 161 ff

Sánchez Álvarez, Manuel María: El Código Olivencia y la Responsabilidad de los Miembros de Consejo de Administración, RdS 1999 (11), S. 133 ff

Sánchez Álvarez, Manuel María : Naturaleza y fuerza jurídica del Reglamento del Consejo de las sociedades cotizadas, RdS 2006 (26), S. 257 ff

Sánchez Calero, Fernando: Comentarios a la Ley de Sociedades Anónimas, Administradores Band IV, Madrid, 1994

Sánchez Calero, Fernando: El declinar de la junta y el buen gobierno corporativo, RDBB 2006 (104), S. 9 ff

Sánchez Calero, Fernando: Los administradores en las sociedades de capital, Madrid, 2005

Sánchez Calero, Francisco Javier: Líneas generales del régimen del comité de auditoría de las sociedades cotizadas, RDBB 2003 (89), S.191ff

Sánchez Calero, Francisco Javier: Observaciones preliminares al proyecto de ley de modificación del régimen de las sociedades cotizadas y de las anónimas en general, tras el Informe Aldama, RdS 2003 (20), S. 27 ff

Sánchez-Calero Guilarte, Juan: Los Consejeros Independientes – Análisis de su Presencia en el IBEX-35, Madrid, 2006 www.ucm.es/eprints

Schäfer, Franz W. / Eichner, Christian: Abwehrmöglichkeiten des Vorstands von börsennotierten Aktiengesellschaften bei feindlichen Übernahmeversu-

chen – ein Rechtsvergleich zwischen Deutschland und den USA, NZG 2003, S. 150 ff
Scheffler, Eberhard: Aufgaben und Zusammensetzung von Prüfungsausschüssen (Audit Committees), ZGR 2003, S. 236 ff
Scheffler, Eberhard: Corporate Governance – Auswirkungen auf den Wirtschaftsprüfer, WPg 2005, S. 477 ff
Scheffler, Eberhard: Corporate Governance, Wiesbaden, 1995 (zitiert: Verfasser in Scheffler, Corporate Governance, S.)
Scheffler, Eberhard: Der Aufsichtsrat – nützlich oder überflüssig?, ZGR 1993, S. 63 ff
Schiessl, Maximilian: Deutsche Corporate Governance post Enron, AG 2002, S. 593 ff
Schiltknecht, Kurt: Corporate Governance, 2. Auflage, Zürich, 2009
Schmidt, Karsten: Gesellschaftsrecht, 4. Auflage, Köln, 2002
Schmidt, Karsten / Lutter, Marcus: Aktiengesetz Kommentar, I. Band, Köln, 2008 (zitiert: Verfasser in Schmidt/Lutter AktG S.)
Schneider, Uwe: Gesetzliches Verbot für Stimmrechtsbeschränkungen bei der Aktiengesellschaft, AG 1990, S. 56 ff
Schneider, Uwe H.: Kapitalmarktorientierte Corporate Governance Grundsätze, DB 2000, S. 2412 ff
Schüppen, Matthias: To comply or not to comply – that´s the question! "Existenzfragen" des Transparenz- und Publizitätsgesetzes im magischen Dreieck kapitalmarktorientierter Unternehmensführung, ZIP 2002, S. 1269 ff
Schüppen, Matthias: Der Kodex – Chancen für den Deutschen Kapitalmarkt!, DB 2002, S. 1117 ff
Schulze-Osterloh, Joachim: Das deutsche Gesellschaftsrecht im Banne der Globalisierung, ZIP 2001, 1433 ff
Schwark, Eberhard: Corporate Governance: Vorstand und Aufsichtsrat, ZHR-Beiheft 71, 2002, S. 75 ff
Schwarz, Günter Christian: Europäisches Gesellschaftsrecht, Baden-Baden, 2000
Schwarz, Sebastian Henner: Regulierung durch Corporate Governance Kodizes, Berlin, 2005
Schwerdtfeger, Armin: Gesellschaftsrecht, München, 2007 (zitiert: Verfasser in Schwerdtfeger, S.)
Schwintowski, David: Räuberische Aktionäre: Konsequenzen der empirischen Forschung, DB 2007, S. 2695 ff
Seibert, Ulrich: Aktienrechtsreform in Permanenz?, AG 2002, S. 417 ff
Seibert, Ulrich: Der Referentenentwurf eines Gesetzes zur Umsetzung der Aktionärsrechterichtlinie (ARUG), ZIP 2008, S. 906 ff

Seibert, Ulrich: Im Blickpunkt: Der Deutsche Corporate Governance Kodex ist da, BB 2002, S. 581 ff

Seibert, Ulrich: OECD Principles of Corporate Governance – Grundsätze der Unternehmensführung und –kontrolle für die Welt, AG 1999, S. 337 ff

Seibt, Christoph H.: Deutscher Corporate Governance Kodex: Antworten auf Zweifelsfragen der Praxis, AG 2003, S. 465 ff

Seibt, Christoph, H.: Deutscher Corporate Governance Kodex und Entsprechens-Erklärung (§ 161 AktG-E), AG 2002, S. 249 ff

Sell, Axel: Die Genesis von Corporate Governance, Bremen, 2004

Semler, Johannes: Zur aktienrechtlichen Haftung der Organmitglieder einer Aktiengesellschaft, AG 2005, S. 321 ff

Semler, Johannes: Rechtsvorgabe und Realität der Organzusammenarbeit in der Aktiengesellschaft, Festschrift für Marcus Lutter, Köln, 2000, S. 721 ff

Semler, Johannes / von Schenck, Kersten: Arbeitshandbuch für Aufsichtsratsmitglieder, 3. Auflage, Frankfurt, 2008, (zitiert: Verfasser in Semler/von Schenck § , Rdnr.)

Sieg, Oliver: Tendenzen und Entwicklungen der Managerhaftung, DB 2002, S. 1759 ff

Sihler, Helmut: Unternehmensüberwachung: Erfahrungen eines Aufsichtsratsvorsitzenden, WPg-Sonderheft S 34, 2001, S. 11 ff

Sison, Alejo José G.: The Cultural Dimension of Codes of Corporate Governance: A Focus on the Olivencia Report, JBE 2000 (Vol. 27/4), S. 181 ff

Spindler, Gerald: Die Empfehlungen der EU für den Aufsichtsrat und ihre deutsche Umsetzung im Corporate Governance Kodex, ZIP 2005, S. 2033 ff

Storbeck, Olaf: Banker im Aufsichtsrat richten Schaden an, Handelsblatt vom 14.4.2008, S. 1, 11

Streitbörger, Yorck Tilman: Corporate Governance – Die Reformbewegung in Spanien, Heidelberg, 2006

Strenger, Christian: Corporate Governance: Entwicklung in Deutschland und internationale Konvergenz, DStR 2001, S. 2225ff

Strieder, Thomas: Der deutsche Aufsichtsrat im Fokus von Wissenschaft und Praxis, ZCG 1/07, Editorial S. 1

Sünner, Eckart: Aktionärsschutz und Aktienrecht – Anmerkungen zur Seehafenbetriebe-Entscheidung des BGH, AG 1983, S. 169 ff

Sünner, Eckart: Effizienz von Unternehmensorganen als Grundsatz der Corporate Governance, AG 2002, S. 492 ff

Tapia Hermida, Alberto Javier: La Junta General de accionistas de la sociedad anónima cotizada, in Homenaje Sánchez Calero, Madrid 2002, S. 2917 ff

Tartler, Jens: Managergehälter – Politik entfacht Debatte neu, FTD 25.3.2009, S. 5

Teichmann, Arndt: Rechtsmissbrauch durch eine Klage, JuS 1990, S. 269 ff

Teichmann, Christoph: Corporate Governance in Europe, ZGR 2001, S. 645 ff

Torrent, Armando: Reflexiones sobre el gobierno corporativo: la comisión de nombramientos, RdS 2006 (26), S. 219 ff

Torrent, Armando / Rivero Menéndez, José Ángel / Alvarado Riquelme, María: Comités de auditoría, RdM 2003 (250), S. 1615

Trías Sagnier, Miguel: El consejo de administración como órgano garante del buen gobierno en la sociedad cotizada, RdS 2003 (21), S. 165 ff

Trías Sagnier, Miguel: El sistema de protección del accionista inversor, RdS 2000 (14), S. 197 ff

Tricker, Robert Ian: Corporate Governance, Oxford, 2009 (zitiert: Verfasser in Tricker, Corporate Governance, S.)

Ulmer, Peter: Aufsichtsratsmitglied und Interessenkollision, NJW 1980, S. 1603 ff

Ulmer, Peter: Der Deutsche Corporate Governance Kodex – ein neues Regulierungsinstrument für börsennotierte Aktiengesellschaften, ZHR 2002 (166), S. 150 ff

Ulmer, Peter: Paritätische Arbeitnehmermitbestimmung im Aufsichtsrat von Großunternehmen – noch zeitgemäß?, ZHR 2002 (166), S. 271 ff

Uría González, Rodrigo / Menéndez Menéndez, Aurelio: Curso de Derecho Mercantil, 2. Auflage, Madrid 2006 (zitiert: Verfasser in Uría/Menéndez S.)

Uría González, Rodrigo / Menéndez Menéndez, Aurelio / Olivencia Ruiz, Manuel: Comentarios al régimen legal de las sociedades mercantiles, Madrid 1992 (zitiert: Verfasser in Uría/Menéndez/Olivencia S.)

Valpuesta Gastaminza, Eduardo: Sociedades Anónimas y de Responsabilidad Limitada: Legislación Concordada, Jurisprudencia y Bibliografía, Cizur Menor (Navarra), 2007

Vañó Vañó, María José: Información y gobierno electrónico en las sociedades cotizadas, RDBB 2004 (95), S. 77 ff

Velasco San Pedro, Luis Antonio: El Gobierno de las Sociedades Cotizadas (Corporate Governance) en España: El "Informe Olivencia", Derecho de Sociedades, Libro Homenaje al Profesor Fernando Sánchez Calero, Vol. III, Madrid, 2002

Velasco San Pedro, Luis Antonio: Retribuciones de los consejeros y altos directivos, RdS 2006 (27), S. 137 ff

Vetter, Eberhard: Der Deutsche Corporate Governance Kodex nur ein zahnloser Tiger ?, NZG 2008, S. 121 ff

Vetter, Eberhard: Deutscher Corporate Governance Kodex, DNotZ 2003, S. 748 ff

Vetter, Eberhard: Update des Deutschen Corporate Governance Kodex, BB 2005, S. 1689 ff

Viera González, Arístides Jorge: Las Sociedades de Capital Cerradas – Un Problema de Relaciones entre los Tipos SA y SRL, Navarra, 2002

von Rechenberg, Freiherr Wolf-Georg: Die Hauptversammlung als oberstes Organ der Aktiengesellschaft, Heidelberg, 1986

von Werder, Axel / Talaulicar, Till: Umsetzung der Empfehlungen und Anregungen des Deutschen Corporate Governance Kodex, Berlin Center of Corporate Governance, Berlin, 2008

von Werder, Axel: Der Deutsche Corporate Governance Kodex – Grund- lagen und Einzelbestimmungen, DB 2002, S. 801 ff

von Werder, Axel: Shareholder Value-Ansatz als (einzige) Richtschnur des Vorstandshandelns?, ZGR 1998, S. 69 ff

von Werder, Axel / Talaulicar, Till: Kodex Report 2008: Die Akzeptanz der Empfehlungen und Anregungen des Deutschen Corporate Governance Kodex, DB 2008, S. 825 ff

von Werder, Axel / Wieczorek, Bernd J.: Anforderungen an Aufsichtsratsmitglieder und ihre Nominierung, DB 2007, S. 297 ff

Wagner, Jens: Corporate Governance in Spanien: Das Gesetz zur Transparenz börsennotierter Aktiengesellschaften, RIW 2004, S. 258 ff

Weber-Rey, Daniela: Whistleblowing zwischen Corporate Governance und Better Regulation, AG 2006, S. 406 ff

Wentges, Paul: Corporate Governance und Stakeholder-Ansatz, Wiesbaden, 2002

Werner, Winfried: Zuständigkeitsverlagerungen in der Aktiengesellschaft durch Richterrecht ?, ZHR 1983 (147), S. 429 ff

Wiemken, Florian / Hempel, Jan Markus: Corporate Governance und Sarbanes-Oxley Act – Haftungsrechtliche Anforderungen an die Unternehmensleitung und Risikomanagement von Aktiengesellschaften, Oldenburg, 2005

Wiesner, Peter M.: Neue Brüsseler Impulse für Corporate Governance und Gesellschaftsrecht, BB 2003, S. 213 ff

Wulff, Jakob: Aktienoptionen für das Management, Köln 2000

Wymeersch, Eddy: Gesellschaftsrecht im Wandel: Ursachen und Entwicklungslinien, ZGR 2001, S. 321 ff

Zechner, Anna Katharina: Frauen per Gesetz in die Verwaltung von Aktiengesellschaften? – Aktuelle Maßnahmen zur Stärkung der Präsenz von weiblichen Vorstands- und Aufsichtsratsmitgliedern, Aufsichtsrat aktuell 3/2005, S. 10 ff

Zetzsche, Dirk: Die virtuelle Hauptversammlung, Berlin, 2002 (zitiert: Verfasser in Zetzsche, S.)

Zöllner, Wolfgang: Aktienrechtsreform in Permanenz – Was wird aus den Rechten des Aktionärs?, AG 1994, S. 336 ff

Zöllner, Wolfgang: Die sogenannten Gesellschafterklagen im Kapitalgesellschaftsrecht, ZGR 1988, S. 393 ff

Zöllner, Wolfgang: Gerechtigkeit bei der Kapitalerhöhung, AG 2002, S. 585 ff

Zypries, Brigitte: Rede zur 6. Konferenz Deutscher Corporate Governance Kodex am 5. Juli 2007, Berlin, www.bundesjustizministerium.biz/service/pressestelle/reden

Schriften der Deutsch-Spanischen Juristenvereinigung

Band 1 Santiago Gonzáles-Varas: Die Verwaltung in Privatrechtsform in Spanien und Deutschland. 2002.

Band 2 Eva Romanski: Sozialstaatlichkeit und soziale Grundrechte im Grundgesetz der Bundesrepublik Deutschland und in der spanischen Verfassung. 2000.

Band 3 Alexander von Kuhlberg: Änderung und Revision der spanischen Verfassung vom 29. Dezember 1978. 2000.

Band 4 Kai Christian Fischer: Verbraucherschutz im spanischen Vertragsrecht im Lichte der europäischen Rechtsangleichung. Eine Studie mit rechtsvergleichenden Bezügen zum deutschen Recht. 2000.

Band 5 Miguel Félix Rodríguez y Rowinski: Die Haftung für Hilfspersonen im spanischen Recht. 2001.

Band 6 Ole Brühl: Immissionsschutzrechtliche Vorhabengenehmigung in Deutschland und Spanien. Eine rechtsvergleichende Untersuchung unter besonderer Berücksichtigung der Rechtslage in den Autonomen Gemeinschaften Spaniens. 2001.

Band 7 Florian Pagenkemper: Die Mängelhaftung des Bauunternehmers in Spanien nach der *Ley de Ordenación de la Edificación* und dem *Código civil*. Eine Untersuchung der vertraglichen und gesetzlichen Haftung mit rechtsvergleichenden Bemerkungen zum deutschen Recht. 2002.

Band 8 Daniel Friedrich Berg: Die Rückabwicklung gescheiterter Verträge im spanischen und deutschen Recht. Eine rechtsvergleichende Untersuchung unter besonderer Berücksichtigung des Einheitsrechts. 2002.

Band 9 Maria Isabel Haas: Der Durchgriff im deutschen und spanischen Gesellschaftsrecht. Eine rechtsvergleichende Analyse. 2003.

Band 10 Sonja Kohtes: Das Recht der vorformulierten Vertragsbedingungen in Spanien. Die Umsetzung der Richtlinie 93/13/EWG über missbräuchliche Klauseln in Verbraucherverträgen. 2004.

Band 11 Markus Artz: Kollisionsrecht und ausländisches Recht in spanischen und deutschen Zivilverfahren. Eine rechtsvergleichende Untersuchung. 2004.

Band 12 Johannes F.K. Rheinheimer: Arbeitsrechtliche Fragen nationaler und internationaler Telearbeit in der Europäischen Union an den Beispielen Deutschland und Spanien. 2004.

Band 13 Julia B. Spaethe: Spaniens Abstammungsrecht in Geschichte und Gegenwart. Unter besonderer Berücksichtigung der Nichtehelichkeit. 2004.

Band 14 Thomas Reineke: Das Recht der Arbeitnehmerüberlassung in Spanien und Deutschland und sein Verhältnis zu der geplanten europäischen Regelung. 2004.

Band 15 Christian Gohm: Maßnahmen zur Beschleunigung und Konzentration im neuen spanischen und deutschen Zivilprozess.Eine rechtsvergleichende Analyse im Lichte der Europäisierung des Zivilprozessrechts. 2004.

Band 16 Till Pense: Das spanische Schwurgericht. Die Jury im Spannungsfeld von Rechtsstaat und Demokratie. 2006.

Band 17 Jan Hückel: Persönlichkeitsschutz und Geldersatz im deutschen und spanischen Zivilrecht. 2006.

Band 18 Ilja I. Selenkewitsch: Spanisches Tarifrecht. Mit spezieller Betrachtung der arbeitszeitrechtlichen Regelungen. 2006.

Band 19 Sven Klaiber: Mitwirkungsbefugnisse des Bürgers auf Seiten der Strafverfolgungsorgane in Deutschland und in Spanien im Rechtsvergleich. 2006.

Band 20 Raimundo Baglietto Bergmann: Der einstweilige Rechtsschutz nach der neuen spanischen Zivilprozeßordnung und der deutschen Zivilprozeßordnung. Eine rechtsvergleichende Untersuchung der Art. 721–747 LEC und der §§ 916–945 ZPO für den Bereich des Zivilprozeßrechts. 2007.

Band 21 Holger Dierkes: Sicherungspflichten des Bauträgers in Spanien und Deutschland. Insbesondere aus Art. 19 Ley de Ordenación de la Edificación und aus §§ 3 und 7 Makler- und Bauträgerverordnung. 2007.

Band 22 Nele Rades: Die *Sociedad Limitada Nueva Empresa.* Eine Diskussion des spanischen Gesetzes Nr. 7/2003 im Kontext des spanischen und deutschen GmbH-Rechts. 2008

Band 23 Peter Stadler: Das interregionale Recht in Spanien. Darstellung unter besonderer Berücksichtigung des Ehegüter- und Erbrechts. 2008.

Band 24 Christian Ochs: Die Haftung des GmbH-Geschäftsführers im deutschen und spanischen Recht. 2008.

Band 25 Janire Mimentza: Der Auskunftsanspruch im deutschen und spanischen Markenrecht. Vor dem Hintergrund der europäischen Richtlinie 2004/48/EG zur Durchsetzung der Rechte des geistigen Eigentums. 2008.

Band 26 Thomas Kaiser: Steuerliche Gewinnermittlung in Spanien und Deutschland. 2008.

Band 27 Thomas M. Mannsdorfer / Susana Navas Navarro: Spanisches Haftungs- und Versicherungsrecht. 2008.

Band 28 Annemarie Hofedank: Arbeitsmarkt und Kündigungsschutz in Spanien. 2009.

Band 29 Tobias Rösner : Verlust des Stammkapitals und Geschäftsführerhaftung in der GmbH. Ein deutsch-spanischer Rechtsvergleich. 2009.

Band 30 Sebastian Schalk: Deutsche Präjudizien und spanische „Jurisprudencia" des Zivilrechts. Eine vergleichende Gegenüberstellung. 2009.

Band 31 Anna-Maja Schaefer: Das autonome internationale Insolvenzrecht Spaniens im Vergleich zum deutschen Recht. 2009.

Band 32 Volkart Tresselt: Die Rechtsstellung des Verwalters einer spanischen Sociedad de Responsabilidad Limitada und des Geschäftsführers einer deutschen GmbH im Rechtsvergleich. 2009.

Band 33 Festschrift 25 Jahre Deutsch-Spanische Juristenvereinigung. Conmemoración de la Asociación Hispano-Alemana de Juristas. Herausgegeben von Marc André Gimmy und der Deutsch-Spanischen Juristenvereinigung. Editado por Marc André Gimmy y la Asociación Hispano-Alemana de Juristas. 2009.

Band 34 Alexander Tacer: Die territoriale Struktur Spaniens. Der Weg zum asymmetrischen Föderalismus. 2010.

Band 35 Hendrik R. Bott: Absicherung der Mängelrechte im spanischen Bauvertragsrecht unter rechtsvergleichenden Aspekten. Eine Untersuchung der Rechtsverhältnisse zwischen Besteller und Unternehmer. 2010.

Band 36 Ingo R. Müller: Spanisches Anwaltshaftungsrecht. 2010.

Band 37 Katharina Grüter: Kapitalaufbringung und Kapitalerhaltung bei der spanischen Sociedad de Responsabilidad Limitada und der deutschen Gesellschaft mit beschränkter Haftung. 2010.

Band 38 Florian Michallik: Instrumentarien zur Steuerung von Einzelhandel in Deutschland und Spanien. Ein Beitrag zu nachhaltiger Raum- und Stadtentwicklung. 2010.

Band 39 Franziska Hohlers: Der Vertragsschluss im e-Commerce nach deutschem und spanischem Recht. Unter besonderer Berücksichtigung der europarechtlichen Vorgaben zu den Informationspflichten. 2010.

Band 40 Kristina Orthmann: Kapitalmarktinformationshaftung der Vorstände von Aktiengesellschaften in Deutschland und Spanien. 2011.

Band 41 Bettina Janka: Corporate Governance in Deutschland und Spanien. 2011.

www.peterlang.de